V 262
/E1

MÉMOIRES
POUR SERVIR A L'HISTOIRE
DE LA
RÉVOLUTION
OPÉRÉE
DANS LA MUSIQUE
Par M. le Chevalier GLUCK.

Quæ sunt ampla & pulchra diù placere possunt : Quæ lepida & concinna, citò satietate afficiunt aurium sensum fastidiosissimum.
CICERO *ad Herenium*, Lib. IV. 23.

A NAPLES,

Et se trouve A PARIS,

Chez BAILLY, Libraire, rue Saint-Honoré, à côté de la Barrière des Sergens.

M. DCC. LXXXI.

AVANT-PROPOS.

Tout le monde convient que, pour juger de la Peinture il ne suffit pas d'avoir des yeux; mais beaucoup de gens prétendent qu'il suffit d'avoir des oreilles pour juger de la Musique; delà ces vives contestations, ces disputes éternelles sur le plus doux & le plus aimable des Arts.

Lorsqu'en 1774 M. le Chevalier Gluck nous apporta son *Iphigénie en Aulide*, le Public & quelques Gens de Lettres du premier ordre se divisèrent sur le mérite de cet ouvrage. Le Public, qui ne règle point ses plaisirs sur des opinions & des phrases, semble s'être réuni aujourd'hui en faveur de l'Auteur d'*Orphée*, d'*Alceste*, d'*Armide* & des deux *Iphigénies*; mais les Gens de Lettres, dont un très-grand nombre tient à ses opinions beaucoup plus qu'à ses plaisirs, plaident encore avec une sorte d'acharnement, les uns pour les intérêts de l'Art, les autres, pour ceux de leur amour-propre.

Observons que long-temps avant que M. Gluck parût en France, les Connoisseurs les plus sensibles & les plus éclairés de l'Italie l'avoient proposé pour modèle à tous les Compositeurs Dramatiques de leur pays; ajoutons que dans un Poëme Espagnol sur la Musique, récemment imprimé à Madrid, l'Auteur, après avoir donné à ce grand

AVANT-PROPOS.

Muſicien les titres d'Homme immortel & d'inventeur ſublime, dit hardiment que *c'eſt par lui que notre ſiècle ſera le ſiècle d'or de la Scène Lyrique.* Cet accord des principaux connoiſſeurs des différentes Nations de l'Europe ſuffiroit ſans doute pour déterminer le ſuffrage d'un ſourd, mais tous les ſiècles nous ont appris combien il eſt difficile d'arracher l'aveu ſolemnel d'une erreur à des perſonnes qui ſe croient faites pour créer & diriger l'opinion publique.

Du reſte, comme la révolution que M. le Chevalier Gluck a faite dans la Muſique Théâtrale eſt une des plus importantes & des plus brillantes époques de l'hiſtoire de ce bel Art, un Amateur ſans prétention a cru devoir la conſacrer en raſſemblant les divers écrits qui ont paru à ce ſujet pour & contre. Les François ſe ſont toujours piqués de reſſembler aux Athéniens; il faudroit en excepter ſans doute ceux de nos Gens du monde ou de nos Gens de Lettres qui mettroient quelque gloire à dédaigner des diſcuſſions auxquelles les Athéniens prenoient tant d'intérêt.

RÉVOLUTION

RÉVOLUTION
DE
LA MUSIQUE.

LETTRE

A M. D. un des Directeurs de l'Opéra de Paris.

A Vienne en Autriche, le premier Août 1772.

L'ESTIME qui est vous dûe, Monsieur, & pour vos talens, certainement très-distingués, & pour l'honnêteté de votre caractère, qui m'est particulièrement connue, m'a déterminé à me charger de vous écrire, pour vous faire part que le fameux M. Gluck, si connu dans toute l'Europe, a fait un Opéra François, qu'il désireroit qui fût donné sur le Théâtre de Paris. Ce grand homme, après avoir fait plus de quarante Opéras Italiens qui ont eu le plus grand succès sur tous les Théâtres où cette Langue est admise, s'est convaincu par une lecture refléchie des Anciens & des Modernes, & par de profondes méditations sur son Art, que les Italiens s'étoient écartés de la véritable route dans

A

leurs compofitions théâtrales ; que le genre François étoit le véritable genre dramatique mufical ; que s'il n'étoit pas parvenu jufqu'ici à fa perfection, c'étoit moins aux talens des Muficiens François, vraiment eftimables, qu'il falloit s'en prendre, qu'aux Auteurs des Poëmes, qui, ne connoiffant point la portée de l'Art mufical, avoient, dans leurs compofitions, préféré l'efprit au fentiment, la galanterie aux paffions, & la douceur & le coloris de la verfification au pathétique de ftyle & de fituation. D'après ces réflexions, ayant communiqué fes idées à un homme de beaucoup d'efprit, de talent & de goût, il en a obtenu deux Poëmes Italiens, qu'il a mis en mufique. Il a fait exécuter lui-même ces deux Opéras fur les Théâtres de Parme, Milan, Naples, &c ; ils y ont eu un fuccès incroyable, & ont produit en Italie une révolution dans le genre. L'hiver dernier la ville de Bologne, en l'abfence de M. Gluck, a fait repréfenter un de ces Opéras. Son fuccès, dans cette ville, a attiré plus de vingt mille étrangers empreffés à en voir les repréfentations ; & de compte fait, Bologne a gagné par ce fpectacle, au-delà de quatre-vingt mille ducats, environ 900000 livres de France. De retour ici M. Gluck, éclairé par fa propre expérience, a cru s'appercevoir que la Langue Italienne, plus propre, par la répétition fréquente des voyelles, à fe prêter, à ce que les Italiens appellent des paffages, n'avoit pas la clarté & l'énergie de la Langue Françoife ; que l'avantage que nous venons d'accorder à la première étoit même deftructif du véritable genre dramatique mufical, dans lequel tout paffage étoit difparate, ou du moins affoibliffoit l'expreffion. D'après ces obfervations, M. Gluck s'eft indigné contre les affertions hardies de ceux de nos Écrivains fameux qui ont osé calomnier la Langue Françoise, en soutenant qu'elle n'étoit pas susceptible de se prêter à la grande composition musicale. Personne, sur cette matière, ne peut être juge plus compétent que M. Gluck : il possède parfaitement les deux Langues ; &, quoiqu'il parle la Françoise avec difficulté, il la sait à fond ; il en a fait une étude particulière ; il en connoît enfin toutes les finesses, & sur-tout la prosodie, dont il est très-scrupuleux observateur. Depuis long-temps il a essayé ses talens sur les deux Langues dans différens genres, & a obtenu des succès dans une Cour où elles sont également familières, quoique la Françoise y soit préférée pour l'usage ; dans une Cour d'autant plus en état de juger des talens de ce genre, que les oreilles & le goût y sont continuellement exercés. Depuis ces observations, M. Gluck désiroit de pouvoir appuyer son opinion en faveur de la Langue Françoise sur la démonstration que produit l'expérience, lorsque le hazard a fait tomber entre ses mains la Tragédie-Opéra d'*Iphigénie en Aulide*. Il a cru trouver dans cet ouvrage ce qu'il cherchoit.

L'Auteur, ou, pour parler plus exactement, le rédacteur de ce Poëme me paroît avoir suivi Racine avec la plus scrupuleuse attention. C'est son Iphigénie même mise en Opéra. Pour parvenir à ce point, il a fallu qu'on abrégeât l'exposition, & qu'on fît disparoître l'épisode d'Eriphile. On a introduit Calchas au premier Acte, à la place du confident Arcas ; par ce moyen l'exposition s'est trouvée en action : le sujet a été simplifié, & l'action plus resserrée, a marché plus rapidement au but. L'intérêt n'a point été altéré par ces changemens ; il m'a paru même aussi entier que dans la Tragédie de

Racine. Par le retranchement de l'épisode d'Eriphile le dénouement de la pièce de ce grand homme n'ayant pu servir pour l'Opéra dont il s'agit, il y a été suppléé par un dénouement en action, qui doit faire un très-bon effet, & dont l'idée a été fournie à l'Auteur, tant par les Tragiques Grecs que par Racine lui-même, dans la préface de son Iphigénie. Tout l'ouvrage a été divisé en trois Actes, division qui me paroît la plus favorable au genre qui exige une grande rapidité d'action. On a tiré sans effort du sujet, & l'on a amené naturellement dans chaque Acte un divertissement brillant lié au sujet de manière qu'il en fait partie, en augmente l'action ou la complette. On a eu grand soin de mettre en opposition les situations & les caractères, ce qui produit une variété piquante & nécessaire pour tenir le spectateur attentif, & pour l'intéresser pendant tout le temps de la représentation. On a trouvé moyen, sans avoir recours aux machines, & sans exiger des dépenses considérables, de présenter aux yeux un spectacle noble & magnifique. Je ne crois pas qu'on ait jamais mis au Théâtre un Opéra nouveau qui demande moins de frais, & qui cependant soit plus pompeux. L'Auteur de ce Poëme, dont la représentation entière ne doit durer au plus que deux heures & demie, y compris les divertissemens, s'est fait un devoir de se servir des pensées, & même des vers de Racine, lorsque le genre, quoique différent, l'a pu permettre. Ces vers ont été enchassés avec assez d'art, pour qu'on ne puisse pas appercevoir trop de disparité dans la totalité du style de l'ouvrage. Le sujet de l'Iphigénie en Aulide m'a paru d'autant mieux choisi, que l'Auteur, en suivant Racine, autant qu'il a été possible, s'est assuré de l'effet de son ouvrage, & que par la certitude du succès, il est amplement dédommagé de ce qu'il peut perdre du côté de l'amour-propre.

Le nom seul de M. Gluck me dispenseroit, Monsieur, de vous parler de la musique de cet Opéra, si le plaisir qu'elle m'a fait à plusieurs répétitions, me permettoit de garder le silence. Il m'a paru que ce grand homme avoit épuisé toutes les ressources de l'art dans cette composition. Un chant simple, naturel, toujours guidé par l'expression la plus vraie, la plus sensible, & par la mélodie la plus flatteuse; une variété inépuisable dans ses sujets & dans ses tours; les plus grands effets de l'harmonie employés également dans le terrible, le pathétique & le gracieux; un récitatif rapide, mais noble & expressif du genre; enfin, des morceaux de notre récitatif françois de la plus parfaite déclamation; des airs dansans de la plus grande variété, d'un genre neuf & de la plus agréable fraîcheur; des chœurs, des duo, des trio, des quatuor également expressifs, touchans & déclamés; la prosodie de la Langue scrupuleusement observée, tout, dans cette composition, m'a paru dans notre genre; rien ne m'y a semblé étranger aux oreilles Françoises; mais c'est l'ouvrage du talent: partout M. Gluck est Poëte & Musicien; partout on y reconnoît l'homme de génie, & en même temps l'homme de goût: rien n'y est foible ni négligé.

Vous savez, Monsieur, que je ne suis point enthousiaste, & que dans les querelles qui se sont élevées sur la préférence des genres de musique, j'ai gardé une neutralité absolue: je me flatte donc que vous ne vous préviendrez pas contre l'éloge que je vous fais ici de la musique de l'Opéra d'Iphigénie; je suis convaincu que vous serez empressé à y applaudir; je sais que personne ne défire plus que vous les progrès de votre Art; vous y avez déjà beaucoup contribué par vos productions & les applaudiffemens que je vous ai vu donner à ceux qui s'y diftinguoient. Vous verrez donc avec plaifir, & comme homme de talent & comme bon citoyen, qu'un Étranger auffi fameux que M. Gluck, s'occupe à travailler fur notre Langue, & la venge, aux yeux de toute l'Europe, des imputations calomnieufes de nos propres Auteurs.

M. Gluck défire favoir fi la Direction de l'Académie de Mufique auroit affez de confiance dans fes talens pour fe déterminer à donner fon Opéra. Il eft prêt à faire le voyage de France; mais il veut préalablement être affuré, & que fon Opéra fera repréfenté, &, dans quel temps à peu près il pourra l'être. Si vous n'aviez rien de fixé pour l'hiver, le Carême ou la rentrée après Pâques, je crois que vous ne pourriez mieux faire que de lui affigner une de ces époques. M. Gluck eft demandé avec beaucoup d'empreffement à Naples pour le mois de Mai prochain; il n'a voulu prendre, de ce côté, aucun engagement, & il eft déterminé à faire le facrifice des avantages qu'on lui propofe, s'il peut être affuré que fon Opéra fera agréé par votre Académie, à laquelle je vous prie de communiquer cette Lettre, & de me faire paffer fa détermination qui fixera celle de M. Gluck. Je ferois bien flatté de partager avec vous, Monfieur, l'avantage de faire connoître à notre Nation tout ce qu'elle peut fe promettre en faveur de fa Langue, embellie par l'Art que vous profeffez. C'eft dans ces fentimens que je fuis, avec la plus véritable eftime,

MONSIEUR,

Votre, &c.

P. S. Si la Direction n'avoit pas assez de confiance dars le jugement que j'ai porté des paroles de cet Opéra, je vous le ferois passer par la première occasion.

Mercure de France, Octobre 1772.

LETTRE
DE M. LE CHEVALIER GLUCK
A L'AUTEUR DU MERCURE DE FRANCE.

M.

On auroit de justes reproches à me faire, & je m'en ferois moi-même de très-graves, si, après avoir lu la Lettre écrite d'ici à un des Directeurs de l'Académie Royale de Musique, que vous avez insérée dans le Mercure d'Octobre dernier, & dont l'*Iphigénie* Opéra est l'objet; si, dis-je, après avoir témoigné ma reconnoissance à l'Auteur de cette Lettre, des louanges qu'il lui a plu de me prodiguer, je ne m'empressois pas de déclarer que son amitié & une prévention trop favorable, sans doute, l'ont entraîné, & que je suis bien loin de me flatter de mériter les éloges qu'il me donne. Je me ferois encore un reproche plus sensible si je consentois à me laisser attribuer l'invention du nouveau genre d'Opéra Italien dont le succès a justifié la tentative : c'est à M. de *Calzabigi* qu'en appartient le principal mérite ; & si ma musique a eu quelqu'éclat je crois devoir reconnoître que c'est à lui que j'en suis redevable, puisque c'est lui qui m'a mis à portée de développer les ressources de mon Art. Cet Auteur plein de génie & de talent, a suivi une route peu connue des Italiens dans ses Poëmes d'*Orphée*, d'*Al-*

cefte & de *Paris*. Ces ouvrages font remplis de ces fituations heureufes, de ces traits terribles & pathétiques qui fourniffent au Compofiteur le moyen d'exprimer de grandes paffions, de créer une mufique énergique & touchante. Quelque talent qu'ait le Compofiteur, il ne fera jamais que de la mufique médiocre, fi le Poëte n'excite pas en lui cet enthoufiafme fans lequel les productions de tous les Arts font foibles & languiffantes; l'imitation de la nature eft le but reconnu qu'ils doivent tous fe propofer; c'eft celui auquel je tâche d'atteindre; toujours fimple & naturel, autant qu'il m'eft poffible, ma mufique ne tend qu'à la plus grande expreffion & au renforcement de la déclamation de la Poéfie. C'eft la raifon pour laquelle je n'emploie point les *trilles*, les *paffages* ni les *cadences* que prodiguent les Italiens. Leur Langue, qui s'y prête avec facilité, n'a donc à cet égard aucun avantage pour moi; elle en a fans doute beaucoup d'autres : mais né en Allemagne, quelqu'étude que j'aie pu faire de la Langue Italienne ainfi que de la Langue Françoife, je ne crois pas qu'il me foit permis d'apprécier les nuances délicates qui peuvent faire donner la préférence à l'une des deux, & je penfe que tout étranger doit s'abftenir de juger entr'elles; mais ce que je crois qu'il m'eft permis de dire, c'eft que celle qui me conviendra toujours le mieux, fera celle où le Poëte me fournira le plus de moyens variés d'exprimer les paffions: c'eft l'avantage que j'ai cru trouver dans les paroles de l'Opéra d'*Iphigénie*, dont la poéfie m'a paru avoir toute l'énergie propre à m'infpirer de la bonne mufique. Quoique je n'aie jamais été dans le cas d'offrir mes ouvrages à aucun Théâtre, je ne peux favoir mauvais gré à l'Auteur de la Lettre à un des Directeurs, d'avoir proposé mon *Iphigénie* à votre Académie de Musique. J'avoue que je l'aurois produite avec plaisir à Paris, parce que par son effet, & avec l'aide du fameux M. Rousseau de Genève, que je me proposois de consulter, nous aurions peut-être ensemble, en cherchant une mélodie noble, sensible & naturelle, avec une déclamation exacte selon la prosodie de chaque Langue & le caractère de chaque peuple, pû fixer le moyen que j'envisage de produire une musique propre à toutes les nations, & de faire disparoître la ridicule distinction des musiques nationales. L'étude que j'ai faite des ouvrages de ce grand homme sur la Musique, la Lettre entr'autres dans laquelle il fait l'analyse du monologue de l'Armide de Lully, prouvent la sublimité de ses connoissances & la sûreté de son goût, & m'ont pénétré d'admiration. Il m'en est demeuré la persuasion intime que, s'il avoit voulu donner son application à l'exercice de cet Art, il auroit pu réaliser les effets prodigieux que l'Antiquité attribue à la Musique. Je suis charmé de trouver ici l'occasion de lui rendre publiquement ce tribut d'éloges que je crois qu'il mérite.

Je vous prie, Monsieur, de vouloir bien insérer cette Lettre dans votre prochain Mercure.

J'ai l'honneur d'être, &c.

Chevalier GLUCK.

Mercure de France, Février 1773.

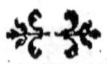

ANNONCE
DE L'OPÉRA
D'IPHIGÉNIE EN AULIDE.

On devoit donner le 13 de ce mois, pour l'ouverture de ce théâtre, la première représentation de l'Opéra d'*Iphigénie*, mis en musique par M. le Chevalier Gluck; mais l'indisposition d'un des principaux Acteurs a suspendu cette représentation, qui n'eut lieu que le Mardi 19 Avril 1774.

Jamais le public n'a montré, dit le Journaliste, plus d'impatience pour une nouveauté; les répétitions d'*Iphigénie* ont été recherchées & suivies avec un empressement extraordinaire; les Amateurs sont déja divisés, & la chaleur prématurée des partis sembleroit annoncer le renouvellement de la petite guerre musicale que les Bouffons Italiens exciterent en 1751.

Ces guerres d'opinions peuvent bien avoir quelques côtés ridicules, mais les effets en seront toujours favorables aux progrès des Arts & du goût.

La réputation méritée de M. Gluck est bien faite pour justifier les espérances d'une partie du Public, & les craintes d'une autre. Il est impossible que le nouveau genre de Musique Théâtrale qu'il se propose d'établir, réunisse les suffrages des partisans des divers genres de Musique.

Ce Compositeur célèbre, après avoir donné avec les plus grands succès, un grand nombre d'Opéras sur les différens Théâtres d'Italie, a cru s'appercevoir que la forme des Opéras Italiens étoit incompatible avec un intérêt continu, & que la Musique, en sacrifiant tout à l'oreille, s'éloignoit chaque jour de plus en plus du véritable objet de toute action dramatique; un Poëte Italien pénétré des mêmes principes, M. *Calzabigi*, a composé sur une forme nouvelle, des Poëmes sur lesquels M. Gluck a fait l'épreuve de ses idées de musique dramatique. Ces Poëmes sont *Alceste*, *Orphée*, *Paris & Hélene*; ils ont été exécutés sur tous les Théâtres d'Italie, où, malgré la force de l'habitude & les oppositions des Amateurs de l'ancien genre, ils ont enlevé les suffrages du peuple le plus sensible aux charmes de la Musique. L'*Alceste* fut joué à Vienne près de deux ans de suite, sans qu'on voulût y entendre un autre Opéra. L'*Orphée* fut représenté pour la première fois à Vienne en 1764. Cette nouveauté excita d'abord un grand soulèvement de la part des Amateurs du goût Italien; mais les grandes beautés dont il étoit plein subjuguerent bientôt toutes les préventions; à la cinquième représentation, l'Opéra fut généralement applaudi, & il fut suivi, à plusieurs reprises, pendant deux ans de suite, avec le plus grand succès.

M. Gluck ayant été appellé à Parme pour les Fêtes du mariage de l'Infant, il proposa de jouer l'*Orphée*; on s'éleva d'abord contre ce projet, parce qu'on craignoit que ce nouveau genre ne déplût à un peuple jaloux de sa Musique & accoutumé à servir de modèle à cet égard aux autres Nations. Le Compositeur connoissant le peuple à qui il avoit à faire, & le jugeant encore plus sensible que vain, plus attaché à ses plaisirs qu'à ses opinions, insista & prit sur lui les risques de l'événement, l'Opéra emporta tous les suffrages dès la première représentation; & lorsqu'après un certain temps on voulut en remettre un autre, l'*Orphée* fut redemandé à grands cris. Il a été depuis donné avec un succès constant sur la plupart des Théâtres de l'Europe.

Une autre singularité qui distingue cette composition, c'est que c'est le premier Opéra Italien qui ait été gravé. On sait qu'en Italie on se contente de faire copier à la main les plus beaux airs de chaque Opéra nouveau.

Ce même Opéra a eu, le Carnaval dernier, le succès le plus éclatant sur le Théâtre de Naples.

M. Gluck a senti cependant que la forme & les accessoires de l'Opéra François seroient encore plus favorables à ses vues, & plus propres à produire de grands effets; & il n'a pas cru notre Langue incompatible avec la Musique la plus riche & la plus expressive, & nos oreilles incapables de l'entendre. Un homme de beaucoup d'esprit a cru trouver dans l'*Iphigénie de Racine* une action intéressante, rapide & variée, telle que M. Gluck la demandoit; il l'a dépouillée de l'épisode d'Eriphile; il a coupé les Scènes & les vers de manière à l'adapter à la Musique, & a mis le dénouement en tableau. Forcé de mutiler les vers du plus harmonieux de nos Poëtes, il a laissé à M. Gluck le soin de substituer une autre mélodie à celle qu'il avoit fallu détruire; c'est au Public à apprécier le mérite des efforts & du Poëte & du Musicien.

Nous avons cru faire plaisir à nos Lecteurs en leur donnant ici la traduction d'une Epitre dédicatoire que M. Gluck a mise à la tête de son Opéra d'*Alceste*, & où il rend compte des principes qui l'ont guidé dans la recherche d'un nouveau genre de Musique dramatique. C'est un petit ouvrage qui, à ce qu'il nous semble, fait autant d'honneur à son esprit qu'à son goût.

Gazette de Politique & de Littérature, Février 1774.

ÉPITRE DÉDICATOIRE

DE L'OPÉRA D'ALCESTE,

PAR M. GLUCK.

Lorsque j'entrepris de mettre en musique l'Opéra d'*Alceste*, je me proposai d'éviter tous les abus que la vanité mal entendue des Chanteurs & l'excessive complaisance des Compositeurs, avoient introduits dans l'Opéra Italien, & qui, du plus pompeux & du plus beau de tous les spectacles, en avoient fait le plus ennuieux & le plus ridicule; je cherchai à réduire la musique à sa véritable fonction, celle de seconder la poésie, pour fortifier l'expression des sentimens & l'intérêt des situations, sans interrompre l'action & la refroidir par des ornemens superflus; je crus que la musique devoit ajouter à la poésie ce qu'ajoute à un dessin correct & bien composé, la vivacité des couleurs & l'accord heureux des lumières & des ombres, qui servent à animer les figures sans en altérer les contours.

Je me suis donc bien gardé d'interrompre un Acteur dans la chaleur du Dialogue pour lui faire attendre une ennuieuse ritournelle, ou de l'arrêter au milieu de son discours sur une voyelle favorable, soit pour déployer dans un long passage l'agilité de sa belle voix, soit pour attendre que l'Orchestre lui donnât le temps de reprendre haleine pour faire un point d'orgue.

Je n'ai pas cru non plus devoir ni passer rapidement

sur la seconde partie d'un air, lorsque cette seconde partie étoit la plus passionnée & la plus importante, afin de répéter régulièrement quatre fois les paroles de l'air; ni finir l'air où le sens ne finit pas, pour donner au Chanteur la facilité de faire voir qu'il peut varier à son gré & de plusieurs manières un passage.

Enfin j'ai voulu proscrire tous ces abus contre lesquels, depuis long-temps, se recrioient en vain le bon sens & le bon goût.

J'ai imaginé que l'Ouverture devoit prévenir les spectateurs, sur le caractère de l'action qu'on alloit mettre sous leurs yeux, & leur en indiquer le sujet; que les instrumens ne devoient être mis en action qu'en proportion du degré d'intérêts & de passions, & qu'il falloit éviter sur-tout de laisser dans le Dialogue une disparate trop tranchante entre l'air & le récitatif, afin de ne pas tronquer à contre-sens la période, & de ne pas interrompre mal-à-propos le mouvement & la chaleur de la scène.

J'ai cru encore que la plus grande partie de mon travail devoit se réduire à chercher une belle simplicité, & j'ai évité de faire parade de difficultés aux dépens de la clarté; je n'ai attaché aucun prix à la découverte d'une nouveauté, à moins qu'elle ne fût naturellement donnée par la situation & liée à l'expression; enfin il n'y a aucune regle que je n'aie cru devoir sacrifier de bonne grace en faveur de l'effet.

Voila mes principes; heureusement le poëme se prêtoit à merveille à mon dessein; le célébre Auteur de l'*Alceste*, ayant conçu un nouveau plan de Drame Lyrique, avoit substitué aux descriptions fleuries, aux comparaisons inutiles, aux froides & sententieuses moralités,

moralités, des passions fortes, des situations intéressantes, le langage du cœur & un spectacle toujours varié. Le succès a justifié mes idées, & l'approbation universelle dans une ville aussi éclairée, m'a démontré que la simplicité & la vérité sont les grands principes du beau dans toutes les productions des Arts, &c.

Gazette de Littérature.

TRADUCTION
DE
L'ÉPITRE DÉDICATOIRE

Que M. le Chevalier GLUCK *a mise à la tête de son Opéra de* PARIS *&* HÉLÈNE.

JE ne me suis déterminé à publier la musique d'*Alceste*, que dans l'espérance de trouver des imitateurs; j'osois me flatter qu'en suivant la route que j'ai ouverte, on s'efforceroit de détruire les abus qui se sont introduits dans l'Opéra Italien, & qui le déshonorent; je l'avoue avec douleur, je l'ai tenté vainement jusqu'ici. Les demi-savans, les docteurs de goût, (*i buongustai*) espèce malheureusement trop nombreuse, & de tout temps mille fois plus funeste au progrès des Beaux-Arts que celle des ignorans, se sont déchaînés contre une méthode, qui, en s'établissant, anéantiroit leurs prétentions.

On a cru pouvoir prononcer sur l'*Alceste* d'après des répétitions informes, mal dirigées & plus mal exécutées; on a calculé dans un appartement l'effet que cet Opéra pourroit produire sur un Théâtre; c'est avec la même sagacité que dans une ville de la Grèce on voulut juger autrefois à quelques pieds de distance, de l'effet de statues faites pour être placées sur de hautes colonnes. Un de ces délicats Amateurs qui ont mis toute leur ame dans leurs oreilles, aura trouvé un air trop âpre, un passage trop ressenti, ou mal *préparé*, sans songer que, dans la situation, cet air, ce passage étoit le sublime de l'expression, & formoit le plus heureux contraste. Un harmoniste pédant aura remarqué une négligence ingénieuse, ou une faute d'impression, & se sera empressé de dénoncer l'une & l'autre comme autant de péchés irrémissibles contre les mystères de l'harmonie; bientôt après, une foule de voix se seront réunies pour condamner cette Musique comme barbare, sauvage, extravagante.

Il est vrai que les autres Arts ne sont guère plus heureux, & qu'on n'en juge ni avec plus de justice, ni avec plus de lumières, & VOTRE ALTESSE en devine aisément la raison; plus on s'attache à chercher la perfection & la vérité, plus la précision & l'exactitude deviennent nécessaires; les traits qui distinguent *Raphaël* de la foule des Peintres, sont en quelque sorte insensibles; de légères altérations dans les contours ne détruiront point la ressemblance dans une tête de caricature; mais elles défigureront entièrement le visage d'une belle personne; je n'en veux d'autre preuve que mon air d'Orphée, *che farò senza Euridice?* faites-y le moindre changement, soit dans le mouvement, soit dans la tournure de l'expression, & cet air deviendra un air de marionnettes; dans un ouvrage de ce genre une note plus ou moins soutenue, un renforcement de ton ou de mesure négligé, une *appogiature* hors de place, un trille, un passage, une roulade, peuvent détruire l'effet d'une scène toute entière. Aussi lorsqu'il s'agit d'exécuter une musique faite d'après les principes que j'ai établis, la présence du Compositeur est-elle, pour ainsi dire, aussi nécessaire que le Soleil l'est aux ouvrages de la Nature, il en est l'ame & la vie; sans lui tout reste dans la confusion & le chaos: mais il faut s'attendre à rencontrer ces obstacles tant qu'on rencontrera dans le monde de ces hommes, qui, parce qu'ils ont une paire d'yeux & d'oreilles, n'importe de quelle espèce, se croient en droit de juger des Beaux-Arts, &c.

Ce ne sera pas hors de propos, dit le Journaliste, que nous citerons ici le passage suivant du P. *Martini*, le plus savant Musicien qui soit en Europe, qui travaille depuis cinquante ans à une Histoire de la Musique, dont il a déja donné deux vol. in-4°. » Il seroit à désirer qu'il se rencon-
» trât un homme de génie & de talent, un homme qui
» fût profondément versé dans toutes les parties de la
» Musique, & sur-tout qui fût instruit de la valeur
» & des propriétés de l'harmonie & de la mélodie ; &
» que sans se mettre en peine du bavardage des au-
» tres Compositeurs, qui, tout occupés à défendre leur
» style & leur manière, se déchaînent contre tout ce
» qui passe leurs petites connoissances, fît renaître
» à l'imitation des Grecs, la vraie éloquence de la Mu-
» sique, c'est-à-dire, l'art de remuer les passions &
» d'intéresser l'ame & les oreilles des gens de goût,
» excédés & ennuiés de la Musique de nos jours, &c. *Istoria della Musica*, vol. II. p. 300.

Gazette de Littérature.

Nous ne doutons pas qu'on ne voie avec plaisir le morceau suivant, écrit par le célébre J. J. Rousseau, & qui n'a jamais été imprimé. Nous dirons seulement, pour l'intelligence du titre, que par allusion au reproche qu'on lui avoit fait de n'être pas l'Auteur du Devin de Village, il désigne par le nom de Petit-Faiseur, *l'Auteur prétendu de sa musique, dont il se suppose le* Prête-nom.

EXTRAIT
D'UNE RÉPONSE
DU PETIT FAISEUR
A SON PRÊTE-NOM,

Sur un morceau de L'Orphée de Gluck.

Quant au passage enharmonique de l'*Orphée* de Gluck que vous me dites avoir tant de peine à entonner & même à entendre, j'en sais bien la raison; c'est que vous ne pouvez rien sans moi, & qu'en quelque genre que ce puisse être, dépourvu de mon assistance, vous ne serez jamais qu'un ignorant. Vous sentez du moins la beauté de ce passage, & c'est déjà quelque chose, mais vous ignorez ce qui la produit, je vais vous l'apprendre.

C'est que du même trait, & qui plus est, du même

accord, ce grand Muficien a fu tirer dans toute leur force les deux effets les plus contraires, la raviffante douceur du chant d'Orphée, & le ftridor déchirant du cri des Furies. Quel moyen a-t-il pris pour cela? un moyen très-fimple, comme font toujours ceux qui produifent les grands effets. Si vous euffiez mieux médité l'article *Enharmonique* que je vous dictai jadis, vous auriez compris qu'il falloit chercher cette caufe remarquable, non fimplement dans la nature des intervalles & dans la fucceffion des accords, mais dans les idées qu'ils excitent, & dont les plus grands ou moindres rapports, fi peu connus des Muficiens, font pourtant, fans qu'ils s'en doutent, la fource de toutes les expreffions qu'ils ne trouvent que par inftinct.

Le morceau dont il s'agit eft en *mi*-bémol majeur, & une chofe digne d'être obfervée, eft que cet admirable morceau eft, autant que je puis me le rappeller, tout entier dans le même ton, ou du moins fi peu modulé que l'idée du ton principal ne s'efface pas un moment; du refte n'ayant plus ce morceau fous les yeux, & ne m'en fouvenant qu'imparfaitement, je n'en puis parler qu'avec doute.

D'abord ce *Nò* des Furies, frappé & réitéré de temps à autre pour toute réponfe, eft une des plus fublimes inventions en ce genre que je connoiffe; & fi peut-être elle eft dûe au Poëte, il faut convenir que le Muficien l'a faifie de manière à fe l'approprier. J'ai oui dire que dans l'exécution de cet Opéra l'on ne peut s'empêcher de frémir à chaque fois que ce terrible *Nò* fe répète, quoiqu'il ne foit chanté qu'à l'uniffon ou à l'octave, & fans fortir dans fon harmonie de l'accord parfait jufqu'au paffage dont il s'agit; mais au moment qu'on s'y attend le moins, cette dominante diézée forme un glapissement affreux auquel l'oreille & le cœur ne peuvent tenir, tandis qu'au même instant le chant d'Orphée redouble de douceur & de charme; & ce qui met le comble à l'étonnement, est qu'en terminant ce court passage on se retrouve dans le même ton par où l'on vient d'y entrer, sans qu'on puisse presque comprendre comment on a pu nous transporter si loin & nous ramener si proche avec tant de force & de rapidité.

Vous aurez peine à croire que toute cette magie s'opére par un passage tacite du Mode majeur au mineur & par le retour subit au majeur: vous vous en convaincrez aisément sur le Clavecin, au moment que la basse qui sonnoit la dominante avec son accord, vient à frapper l'*ut* bémol. Vous changez, non de ton, mais de Mode, & passez en *mi* bémol tierce mineure; car non-seulement cet *ut*, qui est la sixième note du ton, prend le bémol qui appartient au Mode mineur; mais l'accord précédent qu'il garde à la fondamentale près, devient pour lui celui de 7e diminuée sur le *ré*, appellé naturellement l'accord parfait mineur sur le *mi* bémol. Le chant d'Orphée, *furie*, *larve*, appartenant également au majeur & au mineur, reste le même dans l'un & dans l'autre; mais aux mots *ombre sdegnose* il termine tout-à-fait le Mode mineur. C'est probablement pour n'avoir pas pris assez tôt l'idée de ce Mode que vous avez eu peine à entonner ce trait dans son commencement; mais il rentre en finissant au majeur, c'est dans cette nouvelle transition à la fin du mot *sdegnose* qu'est le grand effet de ce passage; & vous éprouverez que toute la difficulté de le chanter juste s'évanouit quand en quittant ce *la* bémol on prend à l'instant l'idée du Mode majeur pour entonner le *sol* naturel qui en est la médiante.

Cette seconde superflue ou 7ᵉ diminuée se suspend en passant alternativement & rapidement du majeur au mineur, & *vice versa* par l'alternation de la basse entre la dominante *si* bémol & la sixième note *ut* bémol; puis il se résout enfin tout-à-fait sur la tonique dont la basse sonne la médiante après avoir passé par la sous-dominante *la* bémol portant tierce mineure & triton, ce qui fait toujours le même accord de 7ᵉ diminuée sur la note sensible *ré*.

Passons maintenant au glapissement *Nò* des Furies sur le *si* béquarre. Pourquoi ce *si* béquarre & non pas *ut* bémol comme à la basse? Parce que ce nouveau son (quoiqu'en vertu de l'enharmonique il entre dans l'accord précédent) n'est pourtant point dans le même ton & en annonce un tout différent. Quel est ce ton annoncé par le *si* béquarre? C'est le ton d'*ut* mineur dont il devient note sensible : ainsi l'âpre discordance du cri des Furies vient de cette duplicité de ton qu'il fait sentir, gardant pourtant, ce qui est admirable, une étroite analogie entre les deux tons ; car l'*ut* mineur comme vous devez au moins le savoir, est l'analogue correspondant du *mi* bémol majeur, qui est ici le ton principal.

Vous me ferez une objection. Toute cette beauté, me direz-vous, n'est qu'une beauté de convention, & n'existe que sur le papier, puisque ce *si* béquarre n'est réellement que l'octave de l'*ut* bémol de la basse. Car comme il ne se résout pas comme note sensible, mais disparoit ou redescend sur le *si* bémol, dominante du ton, quand on le noteroit par *ut* bémol comme à la basse, le passage & son effet seroit le même absolument au jugement de l'oreille, ainsi toute cette merveille *enharmonique* n'est que pour les yeux.

Cette objection, mon cher Prête-nom, seroit solide si la division tempérée de l'Orgue & du Clavecin étoit la véritable division harmonique, & si les intervalles se modifioient dans l'intonation de la voix sur les rapports dont la modulation donne l'idée, & non sur les altérations du tempérament. Quoiqu'il soit vrai que sur le Clavecin le *si* béquarre soit l'octave de l'*ut* bémol, il n'est pas vrai qu'entonnant chacun de ces deux sons relativement au mode qui le donne, vous entonniez exactement ni l'unisson, ni l'octave. Le *si* béquarre, comme note sensible s'éloignera davantage du *si* bémol dominant, & s'approchera d'autant par excès de la tonique *ut* qu'appelle ce béquarre; & l'*ut* bémol, comme 6e note en Mode mineur, s'éloignera moins de la dominante qu'elle rappelle, & sur laquelle elle va retomber; ainsi le semiton que fait la basse en montant du *si* bémol à l'*ut* bémol est beaucoup moindre que celui que font les Furies en montant du *si* bémol à son béquarre. La 7e superflue que semblent faire ces deux sons surpasse même l'octave, & c'est par cet excès que se fait la discordance du cri des Furies; car l'idée de note sensible jointe au béquarre porte naturellement la voix plus haut que l'octave de l'*ut* bémol; & cela est si vrai, que ce cri ne fait plus son effet sur le Clavecin comme avec la voix, parce que le son & l'instrument ne se modifient pas de même.

Ceci, je le sais bien, est directement contraire aux calculs établis & à l'opinion commune qui donne le nom de semi-ton mineur au passage d'une note à son dièze ou à son bémol supérieur, ou au dièze inférieur; mais dans ces dénominations on a eu plus d'égard à la différence du dégré qu'au vrai rapport de l'intervalle; comme s'en convaincra tout homme qui aura de l'oreille & de la bonne foi ; & quant au calcul, je vous déveloperai quelque jour, mais à vous seul, une théorie plus naturelle qui vous fera voir combien celle sur laquelle on a calculé les intervalles est à contresens.

Je finirai ces observations par une remarque qu'il ne faut pas omettre : c'est que tout l'effet du passage que je viens d'examiner, lui vient de ce que le morceau dans lequel il se trouve est en Mode majeur ; car s'il eût été en mineur, le chant d'Orphée restant le même eût été sans force & sans effet. L'intonation des Furies par le béquarre eût été impossible & absurde, & il n'y auroit rien eu d'enharmonique dans ce passage. Je parirois tout au monde qu'un François ayant eu ce morceau à faire l'eût traité en Mode mineur ; il y auroit pu mettre d'autres beautés sans doute, mais aucune qui fût aussi simple & qui valut celle-là.

Voilà ce que ma mémoire a pu me suggérer sur ce passage & sur son explication. Ces grands effets se trouvent par le génie qui est rare, & se sentent par l'organe sensitif, dont tant de gens sont privés ; mais ils ne s'expliquent que par une étude réfléchie de l'art. Vous n'auriez pas besoin maintenant de mes analyses, si vous aviez un peu plus médité sur les réflexions que nous faisions jadis quand je vous dictois notre Dictionnaire ; mais avec un naturel très-vif vous avez un esprit d'une lenteur inconcevable. Vous ne saisissez aucune idée que long-temps après qu'elle s'est présentée à vous ; & vous ne voyez aujourd'hui que ce que vous avez regardé hier. Croyez-moi, mon cher Prête-nom, ne nous brouillons jamais ensemble, car sans moi vous êtes nul. Je suis complaisant, vous le savez ; je ne me refuse jamais au travail que vous désirez, quand vous vous donnez la peine de m'appeller & le temps de m'attendre, mais ne tentez jamais rien sans moi dans aucun genre, ne vous mêlez jamais de l'impromptu en quoi que ce soit, si vous ne voulez gâter en un instant par votre ineptie ce que j'ai fait jusqu'ici pour vous donner l'air d'un homme pensant.

RÉVOLUTION

IPHIGÉNIE EN AULIDE.

On a donné Mardi 19 Avril (1774) la première représentation d'*Iphigénie*; nous ne sommes pas encore en état de rendre compte du jugement du Public éclairé sur cette Tragédie-Opéra, mais nous osons croire que le succès remplira parfaitement les espérances qu'on a dû concevoir du génie & des talens de M. le Chevalier *Gluck*. Il étoit impossible que les Auditeurs ne fussent pas vivement frappés de la multitude des beautés neuves, grandes, fortes, simples, qui éclatent dans une Musique toujours passionnée, agissante & dramatique ; mais il y en a une foule d'autres qui ont dû échapper à une représentation, parce qu'elles tiennent à des combinaisons d'harmonie, à des rapports du chant à l'Orchestre, que les oreilles Françoises ne sont pas encore habituées à saisir. Nous nous réservons de parler dans une autre feuille de la manière distinguée dont les Acteurs & l'Orchestre ont rempli leurs différens rôles, ainsi que de quelques défauts dans l'exécution qui ont nui à l'intérêt & à la rapidité de l'action. Nos Lecteurs nous sauront gré de transcrire ici une Lettre qui nous a été communiquée : on y reconnoîtra le ton & le style d'un homme de beaucoup d'esprit, passionné pour tous les Arts, qui, à cette sensibilité précieuse sans laquelle on ne peut jamais juger sainement de leurs productions, joint ces connoissances approfondies qui étendent & assurent le goût, & cette chaleur d'imagination qui anime & colore l'expression de la pensée, & qui fait passer dans les ames sensibles les impressions qu'on a reçues.

Gazette de Littérature, Avril 1774.

LETTRE
DE M. L'A. A**.
A MADAME D' ***.

L'INTÉRÊT que je prends au succès de l'Ouvrage de M. le Chevalier *Gluck*, n'a d'autre principe que mon goût, ou plutôt ma passion pour les Arts. La Musique de nos Opéras me sembloit en général plus inquiète qu'active, celle des Opéras Italiens plus riche que belle; je trouvois à la verité dans ces derniers, des récitatifs & des airs de la plus grande force & du plus grand effet; mais ces beautés s'y présentent beaucoup trop rarement, & toujours à côté de morceaux de facture & de routine, dénués d'intention, de caractère & de vraisemblance. Je désirois un grand ensemble de Musique qui m'offrît le même plan, les mêmes gradations, les mêmes développemens, le même accroissement d'intérêt qu'une Tragédie bien conduite & bien faite; & tout cela, j'ai cru l'appercevoir dans l'*Iphigénie* de M. le Chevalier *Gluck*.

Prêtez l'oreille à l'Ouverture, voyez comment, après en avoir lié le début au sujet, non par des rapports vagues, mais par les formes mêmes, le Musicien précipite tout-à-coup tous les instrumens sur une même note; comment, après s'être élevés ensemble & à l'unisson, jusqu'à l'octave de cette note, ces instrumens se divisent & concourent, chacun de son côté, à préparer l'ame à un grand événement; comment, pour conserver le sentiment du *rythme*, affoibli par la célérité avec laquelle se meuvent les parties supérieures, le Compositeur fait frapper aux autres instrumens l'*anapeste* (1), celui de tous les pieds qui convient le plus aux chants de guerre; comment, pour reposer l'oreille & en même temps pour indiquer les parties douces & sensibles du drame, du sein de ces formes guerrières & passionnées, il fait sortir un chant qui, sans se ralentir, prend une tournure aimable & gracieuse; avec quel sentiment exquis & quelle adresse il conduit ce chant à des plaintes nobles & touchantes, qui établissent le pathétique & le tragique de l'action. Si je m'adressois aux jeunes Artistes, je leur parlerois de la netteté du dessin de toutes les parties, de leurs contrastes, de la manière dont les *pensées*, qui se sont emparées les premières de l'oreille, se développent & se transforment en dialogues, & je leur ferois sentir ce que peut l'Art, lorsqu'il est au service du génie.

Vous avez été frappée, Madame, de la noblesse du commencement du premier Acte; mais vous ne dites rien des vœux de *Calchas*, toujours repoussés par l'Orchestre, qui, dès ce moment, prend le caractère de la Divinité courroucée & inflexible. Faites attention à l'harmonie qui gémit sous ces paroles chantées sur un même ton: *que de cris! que de pleurs!* ainsi qu'à celle qui accom-

―――――――――――

(1) Pied composé de deux brèves & d'une longue.

pagne tout cet admirable morceau, & vous sentirez jusqu'à quel degré d'expression & de vie le talent peut élever les proportions musicales. Quant à la prière d'*Agamemnon*, on ne peut trop admirer la vérité avec laquelle la Musique en exprime tous les détails ; écoutez les basses, au moment même que cette prière commence, la marche en est toujours ascendante, & c'est en effet la seule progression qui puisse donner quelque idée des mouvemens d'une ame qui s'élance, & ne croyez pas que ce soit ici l'observation d'un enthousiaste qui a pris le parti de tout admirer ; pour en sentir toute la justesse, vous n'avez qu'à renverser ce procédé, en conservant aux sons leurs rapports harmoniques, & vous verrez toute imitation, toute vérité disparoître. Mais ce qui est sublime, ce qui ne peut appartenir qu'à une profonde sensibilité réveillée & mise en mouvement par le génie, c'est la manière dont le Musicien annonce & exprime les cris que la nature élève au fond du cœur d'*Agamemnon*. Cette voix gémissante des hautbois, la sombre réponse des basses, la progression chromatique du chant & des instrumens qui l'accompagnent de loin en loin, ce murmure harmonieux & intermédiaire, qui, remplissant l'intervalle des accens plaintifs & monosyllabiques des hautbois & des basses, accorde & réunit toutes les parties de l'Orchestre, sans nuire à l'effet du dialogue ; ce sont-là des beautés dont une seule suffiroit pour couvrir un millier de défauts ; oh ! que vous les avez bien senties, lorsque vous m'avez fait l'honneur de m'écrire : *Ce chant d'*Agamemnon, *a fait sur moi un effet qui m'étoit inconnu ; trois fois j'ai fait un mouvement en avant, sans pouvoir m'expliquer ce que je cherchois : c'étoit peut-être pour aller au secours de ce malheureux père.*

Mais pourquoi ne me parlez-vous pas de l'entrée d'*Iphigénie* ? Que ce moment a d'intérêt ! que le chœur est doux ! qu'il est jeune ! qu'il est frais ! qu'il est virginal ! comme il contraste avec la Musique précédente, & sur-tout avec la situation d'*Agamemnon* qui frémit sur les bords du Théâtre pendant que tout se réjouit autour de sa fille !

La coupe & les formes du *duo* sont Italiennes, j'en conviens ; mais vous conviendrez aussi que le Compositeur a su les fléchir & les adapter aux paroles, sans faire la moindre violence à la Langue. Ces sortes d'emprunts, lorsqu'ils sont faits avec goût, font à-peu-près sur l'oreille la même impression que fait sur l'esprit une métaphore heureuse & nouvelle. C'est ainsi encore qu'une parure étrangère, si elle s'assortit à l'air d'une belle personne, rend sa beauté plus piquante. Il y a dans la partie dialoguée de ce *duo* une intention dont la finesse ne vous a pas sans doute échappé ; *Achille* s'y plaint des soupçons d'*Iphigénie* ; *Iphigénie* lui répond de la manière la plus tendre & la plus touchante. *Achille* cependant recommence ses plaintes & répète ses reproches ; dès-lors *Iphigénie* ne lui donne plus le temps d'achever : allarmée, impatiente, elle l'interrompt au milieu du vers en prenant elle-même la parole ; elle est pressée de calmer son amant ; elle ne veut plus entendre un langage qui la déchire ; les fleurs sont moins tendres, moins délicates que le cœur d'une fille jeune & sensible, qui obéit pour la première fois aux impressions de l'amour. Oui, *Tibulle*, *Racine* & *Fénélon* eussent envié à notre Compositeur le mouvement qu'exprime ici sa Musique. M. *Gluck* a jeté dans la partie du *duo* où les voix s'unissent, l'agrément & la vivacité qu'exigent les paroles ;

paroles; mais, parvenu à une invocation à l'Hymen, il change de mouvement, & coupe par des accens graves & religieux le chant agréable & léger qu'il a développé jusqu'alors : ces accens, trop courts pour faire oublier l'unité de dessin & de mélodie qui règne dans ce morceau, lui ont paru sans doute nécessaires, tant pour rappeler la dignité du genre qu'il traite, que pour conserver celle qui convient au caractère & à la situation des Acteurs; enfin, lorsqu'il reprend le *duo*, écoutez les sons qu'il détache du corps de l'harmonie; transportés à une octave plus haut & parés de trilles brillans qui sont à l'oreille ce qu'est aux yeux la scintillation de la lumière, ces sons planent sur l'Orchestre, & réveillent toutes les formes du chant qui s'est déjà fait entendre.

La *passacaille* est un des plus beaux morceaux de Musique instrumentale qu'on ait entendu sur le Théâtre de l'Opéra, & c'est à mon sens une chose bien sentie par le Musicien d'en avoir tempéré le style noble & relevé par deux gavottes que *Rameau* auroit avouées. L'air que vous appellez *Tirolois* est un air d'esclaves à qui la liberté vient d'être rendue. J'avoue que cet air n'est pas noble ; mais faut-il qu'il le soit ? Vous conviendrez du moins qu'il est piquant & vraiment original, & vous avez été frappée, sans doute, de la variété des modulations que le Compositeur y parcourt dans un espace très-resserré ; c'est une sorte de labyrinthe harmonieux; on est enchanté de se retrouver, après avoir éprouvé plus d'une fois l'inquiétude de se voir égaré sans ressource. Vous avez dû remarquer que les formes de ce chœur du premier Acte dont vous avez été étonnée, représentent on ne peut pas plus fidèlement, les rumeurs confuses & turbulentes de la populace mutinée. Les autres chœurs, dites-vous, vous ont fait moins de plaisir : n'en trouveroit-on pas la raison dans la longue habitude où vous êtes d'entendre dans nos chœurs une Musique excessivement figurée ? Dans la plupart de nos Opéras les personnages du chœur, presque toujours oisifs, ne font guère d'autre fonction que celle de tuyaux sonores, qui font entendre une savante pièce d'orgue ; mais ici tous les chœurs sont en action. Si vous les figurez d'une manière trop artificielle, vous troublerez, vous obscurcirez la parole au lieu de l'embellir ou de la fortifier ; aussi, non-content de les faire procéder presque toujours syllabiquement, le Compositeur en rapproche tant qu'il peut l'harmonie, parce que plus il les tiendra près de l'unisson, plus la parole sera nette & distincte, plus il fera disparoître tout soupçon d'artifice & d'invraisemblance. Faites attention que le chœur *Chantons, célébrons notre Reine*, le seul qui soit sans mouvement & sans action, est aussi le seul dont le Compositeur ait figuré les parties d'une manière plus ressentie.

Je sais que des personnes de beaucoup d'esprit prétendent qu'il n'y a point de chant dans cet Opéra, & cela parce qu'on n'y trouve pas un seul *Cantabile*. J'apprends même que ce propos en a imposé ; car on rencontre à tous pas de bonnes gens toujours prêts à sacrifier leurs sensations à des opinions même empruntées. Venons au secours des foibles. Il faut distinguer dans tout air de Musique, les notes essentielles & constitutives du chant, d'avec les notes d'ornement & de passage ; dans les *Cantabilés*, le Compositeur, pour laisser au Chanteur la liberté de faire briller son organe & son habileté, ne place les premières qu'à des distances très-considérables les unes des autres,

enforte qu'à proprement parler, le *Cantabile* n'est autre chose qu'une mélodie étendue & délayée; pour s'en convaincre, il suffit de jeter les yeux sur une partition; partout où les notes constitutives de la mélodie se trouvent plus rapprochées & rendent le chant plus substantiel & plus plein, vous verrez les basses changer à chaque instant de situation, au lieu que dans les *Cantabilés* elles demeurent sur la même note l'espace de trois ou quatre mesures. Les morceaux de ce dernier genre peuvent réussir en Italie, où l'on n'assiste jamais à une action Théâtrale, où l'on va à l'Opéra comme à un Concert, c'est-à-dire, pour entendre deux ou trois airs, sans jamais s'occuper ni de ce qui suit, ni de ce qui précéde; mais en France où le Spectateur demande un intérêt continu, il faut attacher & intéresser continuellement le Spectateur: vous sentez à quel point ces ornemens excessifs & recherchés contrarieroient & refroidiroient l'action : il y avoit, ce me semble, un raisonnement beaucoup meilleur & bien plus simple à faire. Le voici: » on se souvient
» encore à Rome, à Naples, à Milan, à Venise, des
» *Cantabilés* que M. *Gluck* y a fait entendre : les ta-
» lens de la plus célèbre Cantatrice qu'ait aujourd'hui
» l'Italie, Mlle. *Gabrieli*, ne se développent jamais d'une
» manière plus avantageuse que lorsqu'elle exécute les
» morceaux de ce genre qui sont de la composition
» de ce grand Musicien ; cependant M. *Gluck* n'en a
» point mis dans son Opéra d'*Iphigénie* ; sans doute
» il a eu ses raisons, & il se pourroit à toute force
» que ces raisons fussent préférables à celles que nous
» lui opposons, nous qui n'avons point fait d'Opéras,
» qui ne sommes ni Compositeurs, ni même Musi-
» ciens «. Mais d'après quelques exemples heureux,

on a établi des maximes générales, on les a répandues, on les a publiées, elles ont eu du succès; il en couteroit trop d'en faire le sacrifice; il est bien plus glorieux, bien plus selon l'amour-propre de les justifier & de les défendre. Vaines prétentions! vains efforts! Gens d'esprit, amoncelez des remarques, bâtissez des théories, créez & imposez des loix; un homme de génie viendra, & tel qu'un torrent qui renverse & entraîne les digues qu'on lui oppose, il fera disparoître pour jamais & les Loix & les Législateurs.

Au sortir de l'avant-dernière répétition, j'entendis un soi-disant Amateur à qui l'on demandoit son avis sur l'Opéra, répondre froidement que les airs de Danse lui paroissoient foibles; je me ressouvins à l'instant qu'un prétendu Connoisseur en peinture, après avoir examiné long-temps un grand tableau d'*Annibal Carrache*, ne parla ni de la grandeur de l'ordonnance, ni de la beauté de la composition, ni de la correction du dessin, ni de la vérité des expressions, ni de la belle distribution des ombres & des lumières; mais il prononça gravement qu'il y avoit dans un bout de draperie quelques plis qui ne lui sembloient pas heureux.

Qu'à des danses dont le caractère est absolument étranger a celui du Drame, & dont M. *Gluck* n'a composé les airs que par complaisance, on substitue des Danses nobles, religieuses, militaires, telles qu'en a fait *Noverre* sur la Musique poétique & pittoresque du même Compositeur, & notre Théâtre lyrique n'aura rien à envier au Théâtre d'*Athènes*.

Ce que vous dites du récitatif, Madame, est plein tout-à-la-fois de finesse & de profondeur, & suppose une grande connoiſſance de la Langue & de la Muſique ; mais en y introduiſant, comme vous ſemblez le déſirer, les ports de voix, les coulés, les cadences feintes, les trilles, &c. n'eſt-il pas à craindre qu'on n'en détruiſe l'eſſence, que ce ne ſoit alors le chant proprement dit, que la déclamation n'en demeure trop lente, & ne conſerve les inconvéniens & les défauts dont on s'occupe depuis ſi long-temps à la délivrer ? Il y a dans la Muſique de M. le Chevalier *Gluck* trois ſortes de récitatifs, l'un qui eſt preſque *parlé*, l'autre qui prend plus d'inflexions, & s'approche davantage du chant, & enfin le récitatif *pathétique* qu'on appelle platement *obligé*. Permettez-moi de vous demander en paſſant, ſi vous n'êtes pas bien étonnée que le Dictionnaire de celui de tous les Arts qui eſt le plus animé, ſoit le plus inanimé des Dictionnaires ? Vous convenez que ſur les lèvres de Mademoiſelle *Arnoult*, le récitatif de M. *Gluck* n'a rien qui vous bleſſe ; il ne faut donc pas mettre ſur le compte du Compoſiteur l'offenſe que quelques autres Acteurs ont pu faire à votre oreille. En effet, lorſque pour échapper à l'uniformité des déſinences féminines, toujours accompagnées ou d'un port de voix languiſſant & niais, ou d'un trille deſtructeur de toute vraiſemblance, le Compoſiteur, à l'exemple des Italiens, laiſſe à la baſſe le ſoin de terminer la phraſe ; il n'a garde d'affecter deux différentes notes à la pénultième & à la dernière ſyllabe, mais il aſſigne le même ſon à l'une & à l'autre, en ſorte qu'en appuyant ſur la pénultième, la dernière n'a plus que la foible réſonnance qu'exige le caractère de la Langue. Du reſte, vous conviendrez que la quantité y eſt on ne peut pas plus religieuſement obſervée ; il eſt vrai qu'on y rencontre des routes d'harmonie auxquelles les oreilles ne font pas encore accoutumées ; mais il faut s'en prendre à nos Muficiens qui, depuis le célébre *Lulli*, fe font toujours mûs dans le même cercle, & femblent s'être fait une religion d'étendre toute modulation qu'ils ont une fois entamée. Il doit y avoir, furtout dans le récitatif où l'on eft privé des reffources d'une mefure conftante & déterminée, autant de rapidité dans les changemens de modulation, d'accords & de paffages qu'il y en a dans les mouvemens de l'ame de l'Auteur. C'eft là le vrai triomphe de la Mélopée, & le feul moyen d'animer la déclamation chantante.

Ce feroit ici le lieu de vous dire un mot, Madame, des *récitatifs obligés*, de celui d'*Agamemnon*, de celui de *Clitemneftre* ; je voudrois vous parler encore de l'admirable *Trio* du fecond Acte, du *Quatuor* de la fin, des *Adieux d'Iphigénie*, des *Fureurs d'Achille*, du mouvement de l'*Orcheftre* transformé par M. Gluck en une multitude d'Acteurs paffionnés & éloquens, & revenir enfuite fur le mérite de l'enfemble, mérite que le Public, accoutumé à ne trouver que des détails dans nos Opéras, n'a pas encore fenti. Mais je ne faurois traiter ces divers objets d'une manière fatisfaifante, fans avoir la partition fous les yeux. Je me contenterai d'obferver qu'il ne faut point s'étonner que notre Mufique ait tardé fi longtemps à s'enrichir du récitatif obligé. Cela tient, fi je ne me trompe, à la différence qui fe trouve entre notre verfification & la verfification Italienne. L'Italien, lorfqu'il déclame fes vers, laiffe entre les mots des intervalles confidérables ; ces intervalles font devenus pour le Muficien autant de *jours* dont il a profité, tantôt pour annoncer, tantôt pour commenter & développer la fituation de l'Ac-

DE LA MUSIQUE.

teur, seules fonctions du récitatif *obligé*. Dans notre versification au contraire, où le concours des mots qui se touchent par des voyelles n'est jamais permis, ces mots se pénétrant les uns les autres, & ne formant qu'un seul & même tissu, le Musicien a dû se borner long-temps à accompagner simplement la parole. Cette vue auroit besoin d'être développée; mais il me sera plus commode & surtout plus agréable de la discuter dans la conversation que dans cette Lettre déjà beaucoup trop longue; d'ailleurs ma tête se lasse; je sens que mes idées s'éteignent, & qu'il n'y a que votre présence qui puisse les ranimer.

J'ai l'honneur d'être, &c.

Gazette de Littérature.

LETTRE
DE M. L. A.
A MADAME L. C. D. B.

Toutes les Musiques que je connois sont à celle de M. Gluck, ce que les Tableaux de genre sont aux Tableaux d'histoire, ce que l'Epigramme & le Madrigal sont au Poëme épique: jamais on ne donna ce caractère de magnificence & de grandeur aux Compositions musicales. Ce ne sont là ni de ces longs gazouillemens dont le bon-sens murmure & qui tuent toute expression, ni de ces jolies chansonnettes qui chatouillent un moment l'oreille, mais qui ne disent rien à l'esprit & ne laissent rien dans le cœur; ni de ces chants recherchés & bisarres qu'enfante la crainte de ressembler & le défaut de talent; c'est une mélodie enchanteresse & toujours imitative, une harmonie céleste & toujours en action; c'est une suite de tableaux intéressans aussi fièrement dessinés qu'admirablement coloriés; en un mot c'est l'ouvrage du génie: voilà, voilà les hommes devant lesquels je me prosterne, & à qui je décerne un culte, parce qu'en même temps qu'ils me rendent mon existence plus chère, ils me donnent une grande idée de la nature humaine. Le sentiment de l'effet que fit hier sur moi la musique de M. Gluck élève encore mon ame & mon style, qui, comme vous voyez, n'est pas

DE LA MUSIQUE. 41

celui de l'Épitre; mais vous me le pardonnerez sans doute; ce n'est point aux ames sensibles à condamner la sensibilité, quand même elle seroit excessive. &c.

LETTRE

DE M. LE CHEVALIER GLUCK,

A M. L. B. D. R.

JE viens de recevoir, mon ami, votre Lettre du 15 Janvier, par laquelle vous m'exhortez à continuer de travailler sur les paroles de l'Opéra de *Roland ;* cela n'est plus faisable, parce que quand j'ai appris que l'Administration de l'Opéra, qui n'ignoroit pas que je faisois *Roland*, avoit donné ce même ouvrage à faire à M. *Piccini*, j'ai brûlé tout ce que j'en avois déjà fait, qui peut-être ne valoit pas grand'chose, & en ce cas, le Public doit avoir obligation à M. Marmontel d'avoir empêché qu'on ne lui fît entendre une mauvaise Musique. D'ailleurs, je ne suis plus un homme fait pour entrer en concurrence. M. *Piccini* auroit trop d'avantage sur moi, car, outre son mérite personnel, qui est assûrément très-grand, il auroit celui de la nouveauté, moi ayant donné à Paris quatre Ouvrages bons ou mauvais, n'importe; cela use la fantaisie, & puis je lui ai frayé le chemin, il n'a qu'à me suivre. Je ne vous parle pas de ses protections. Je suis sûr qu'un certain Politique de ma connoissance, donnera à dîner & à souper aux trois quarts de Paris, pour lui faire des prosélites, & que Marmontel, qui sait si bien faire des Contes, contera à tout le Royaume le mérite exclusif du sieur *Piccini*. Je plains, en vérité, M. Hebert, d'être tombé dans les griffes de tels personnages, l'un Amateur exclusif de Musique Italienne, l'autre Auteur Dramatique d'Opéras prétendus Comiques. Ils lui feront voir la Lune à midi. J'en suis vraiment fâché ; car c'est un galant homme que ce M. Hébert, & c'est la raison pour laquelle je ne m'éloigne pas de lui donner mon *Armide*, aux conditions cependant que je vous ai marquées dans ma précédente Lettre, & dont les essentielles, je vous le répéte, sont qu'on me donnera au moins deux mois, quand je serai à Paris, pour former mes Acteurs & Actrices; que je serai le maître de faire faire autant de répétitions que je croirai nécessaires ; qu'on ne laissera doubler aucun Rôle, & qu'on tiendra un autre Opéra tout prêt, au cas que quelque Acteur ou Actrice soit incommodé. Voilà mes conditions, sans lesquelles je garderai l'*Armide* pour mon plaisir. J'en ai fait la Musique de manière qu'elle ne vieillira pas sitôt.

Vous me dites, mon cher ami, dans votre Lettre, que rien ne vaudra jamais l'*Alceste*; mais moi, je ne souscris pas encore à votre prophétie. *Alceste* est une Tragédie complette, & je vous avoue que je crois qu'il manque très-peu de chose à sa perfection ; mais vous n'imaginez pas de combien de nuances & de routes différentes la Musique est susceptible ; l'ensemble de l'*Armide* est si différent de celui de l'*Alceste*, que vous croirez qu'ils ne sont pas du même Compositeur. Aussi ai-je employé le peu de suc qui me restoit pour achever l'*Armide*; j'ai tâché d'y être plus Peintre & plus Poëte que Musicien : enfin, vous en jugerez, si on veut l'entendre. Je vous confesse qu'avec cet Opéra, j'aimerai à finir ma carrière. Il est vrai que pour le Public, il faudra au moins autant de temps pour le comprendre, qu'il lui en a fallu pour comprendre l'*Alceste*. Il y a une espèce de délicatesse dans l'*Armide* qui n'est pas dans l'*Alceste*: car j'ai trouvé le moyen de faire parler les personnages, de manière que vous connoîtrez d'abord à leur façon de s'exprimer, quand ce sera *Armide* qui parlera, ou une suivante, &c. &c. Il faut finir, autrement vous croiriez que je suis devenu fou ou Charlatan. Rien ne fait un si mauvais effet que de se louer soi-même, cela ne convenoit qu'au grand *Corneille*; mais quand Marmontel ou moi nous nous louons, on se mocque de nous, & on nous rit au nez. Au reste, vous avez grande raison de dire qu'on a trop négligé les Compositeurs François; car, ou je me trompe fort, je crois que *Gossec* & *Philidor*, qui connoissent la coupe de l'Opéra François, serviroient infiniment mieux le Public que les meilleurs Auteurs Italiens, si l'on ne s'enthousiasmoit pas pour tout ce qui a l'air de nouveauté. Vous me dites encore, mon ami, qu'*Orphée* perd par la comparaison avec *Alceste*. Eh mon Dieu! comment peut-on comparer ces deux ouvrages qui n'ont rien de comparable? L'un peut plaire davantage que l'autre; mais faites exécuter l'*Alceste* avec vos mauvais Acteurs, & toute autre Actrice que Mlle. Le Vasseur, & *Orphée*, avec ce que vous avez de meilleur, & vous verrez qu'*Orphée* emportera la balance: les choses les mieux faites, mal exécutées, deviennent d'autant plus insupportables. Une comparaison ne peut subsister entre deux ouvrages de différente nature. Que si, par exemple, *Piccini* & moi, nous faisons chacun pour notre compte l'Opéra de *Roland*, alors on pourroit juger lequel des deux l'auroit le mieux fait; mais les divers Poëmes doivent nécessairement produire différentes Musiques, lesquelles peuvent être pour l'expression des paroles, tout ce qu'on peut trouver de plus sublime chacune dans son genre ; mais alors toute comparaison *claudicat*. Je tremble presque qu'on ne veuille comparer l'*Armide* & l'*Alceste*, Poëmes si différens, dont l'un doit faire pleurer, & l'autre faire éprouver une voluptueuse sensation ; si cela arrive, je n'aurai pas d'autre ressource que de faire prier Dieu, pour que la bonne ville de Paris retrouve son bon-sens.

Adieu, mon cher ami, je vous embrasse, &c. &c.

Année Littéraire, 1776, Tome *VIII*, pag. 322.

N. B. Cette Lettré, écrite dans la confiance de l'amitié, n'étoit pas faite, comme on le voit bien, pour être rendue publique. On l'a imprimée sans la participation de M. Gluck & de la personne à qui elle est adressée.

LA SOIRÉE PERDUE A L'OPÉRA.

P. M. L. A.

On donnoit *Alceste* pour la cinquième fois; & je voyois pour la cinquième fois *Alceste*; l'Opéra ne faisoit que de commencer, lorsqu'un de mes voisins m'adressant la parole : voilà, dit-il, une triste Musique. —— Vous avez voulu dire une Musique triste ? —— A la bonne heure. —— Mais les paroles vous semblent-elles bien gaies ? —— Qu'importe ? C'est un mal de plus. —— Sans doute Monsieur n'aime pas la Tragédie ? —— Belle raison ! La Tragédie a-t-elle jamais été chantée ? —— Elle l'étoit chez les Grecs. —— Bah ! Les Grecs étoient des Grecs. —— Oui, Monsieur, & tout ce qui n'étoit pas eux étoit barbare.... Oh ! dit un autre, c'est un drôle d'Opéra que celui-ci ; on m'a assuré qu'il n'y avoit point de danse. —— Eh, Monsieur, en voilà une, & sur un air si noble, si touchant, si religieux ; sur un air qui devroit vous transporter au milieu des Temples, vous mettre au pied des Autels, & vous inspirer le plus profond recueillement. —— Vous appellez donc cela une danse ? —— Eh, ne voudriez-vous pas que des Prêtres, des Prêtresses vinssent adorer & prier en battant des entrechats ? Tous ces mouvemens, parfaitement d'accord avec ceux de l'Orchestre, ne peignent-ils pas ce qu'ils doivent peindre, n'expriment-ils pas ce qu'ils doivent exprimer ? Or, Monsieur, auriez-vous la bonté de me dire, quelles sont les passions ou les idées que réveillent en vous les cabrioles, les entrechats, les gargouillades & les moulinets; croyez-moi, ce que vous cherchez ici ne devroit, le plus souvent, se rencontrer qu'à la foire : lisez *Noverre*... —— Mais, Monsieur, pas une cadence ! D'où peut donc venir l'aversion du Chevalier Gluck pour les cadences ? —— Mais, Monsieur, comment les cadences vous ont-elles inspiré ce tendre intérêt, & quel grand plaisir peuvent donc vous faire des tremblemens de voix, des convulsions de gosier, de fréquentes & longues oscillations d'une note à l'autre ? Quand même ce prétendu agrément seroit propre à représenter ou le ramage des oiseaux, ou le frémissement des feuilles doucement remuées par un vent léger, seroit-ce une raison pour s'obliger à l'attacher constamment à la terminaison de toutes les phrases de chant ? N'est-ce pas là, dites-moi, l'abus le plus étrange, & de toutes les pédanteries musicales, la plus impertinente & la plus ridicule ?... Voilà un chœur agréable, dit un quatrième, mais il est pillé de l'Opéra de *Golconde*. —— Attendez, Monsieur, il y a, à la fin du second Acte, un des plus beaux airs qu'on ait jamais entendus sur aucun Théâtre lyrique, & dans cet air, l'inflexion la plus pathétique & la plus heureuse que l'Art ait encore empruntée à la Nature; eh bien ! ce même accent, ce même trait se rencontre dans un air de l'*Olympiade* de M. Sacchini; mais il faut que vous sachiez que long-temps avant la naissance & de l'*Olympiade* de M. Sacchini, & de l'Opéra de *Golconde*, celui d'*Alceste* avoit vu le jour, & le grand jour, c'est-à-dire, qu'il avoit été représenté, gravé, publié. Oh! vous ne connoissez pas tous les vols qui ont été faits à ce pauvre Chevalier Gluck : on trouvoit, avec raison, qu'il étoit bien plus aisé de le piller, que de l'imiter.... —— Je crois, Monsieur, que voilà l'air dont vous venez de nous parler; il faut l'avouer, l'accompagnement en est charmant, oh! oui, c'est une chose charmante que cet accompagnement ! —— Qu'est-ce que vous dites là, Monsieur ? Quoi! cet Orchestre, d'abord plein de gémissemens, de sanglots & de larmes, & ensuite de mouvement, d'action & de vie; cet Orchestre, qui devroit vous représenter la Nature entière, partageant la situation & tous les sentimens de l'Actrice, vous l'appelez une chose charmante ! Ah! Monsieur, vous avez furieusement négligé l'*instruction* (1) de vos oreilles : venez, venez souvent ici, & si cette Musique ne les forme pas, n'y reparoissez que lorsqu'on vous donnera les innocentes psalmodies de Lulli (2), ou les savans *mélogryphes* de **, ou les

---

(1) Pour être en état de juger des Arts, il ne suffit pas d'avoir reçu de la Nature des organes bien conformés; il faut encore les avoir beaucoup exercés, cultivés, instruits : cette éducation est d'autant plus importante, que c'est de nos sensations que se forment nos idées, & qu'il est impossible que celles-ci soient jamais correctes & saines, si celles-là ne le sont pas.

(2) Qu'on fasse attention au siècle & à la circonstance où je parle; car s'il faut se transporter au temps de Lulli, dès ce moment je partage tous les sentimens de ses plus grands Admirateurs. Lulli eut de la sensibilité, du naturel, de la grâce, une imagination vive & tendre, & sur-tout cette noble audace

pastiches

pastiches bruyans de **.——Plût au Ciel, s'écria un vieux Officier ; plût au Ciel, qu'on pût nous les donner ces Psalmodies de M. de Lulli ! Mais il faudroit pour cela des Acteurs , & malheureusement nous n'en avons plus. — Il y a quelque chose de vrai dans ce que Monsieur vient de vous dire. Comme la Musique de Lulli, ainsi que celle de presque toute l'École Françoise, ne faisoit rien pour les Acteurs, les Acteurs avoient tout à faire pour la Musique ; de-là ces remuemens de tête, de bras, de sourcils, ces ports de voix langoureux, ces cadences molles, ces cris *inhumains*, ces sons arrachés du fond des entrailles &

qui porte aux grandes entreprises, & décele les talens supérieurs. Aucun Musicien de son siécle ne connut mieux son Art, & n'en fit un plus heureux usage ; mais ses compositions, correctes, faciles, naturelles, & souvent même élégantes, manquoient de mouvement & de vie ; elles n'avoient ni la variété, ni la force, ni le feu, ni l'expression qui se font remarquer aujourd'hui dans les beaux morceaux des Opéras des grands Maîtres Italiens, & dans l'ensemble de ceux du Chevalier Gluck. Il faut observer que la partie instrumentale de la Musique, très-foible, très-imparfaite au temps de Lulli, ne lui permettoit pas d'y puiser les étonnantes ressources qu'elle a fournies depuis ; enfin, il en est de sa Musique comme de la Peinture avant que *Michel-Ange* & *Raphael* eussent animé & aggrandi le dessin, & que *Georgion* & le *Titien* eussent porté au plus haut degré l'intelligence du coloris, & l'effet du clair-obscur.

Quant à Rameau, ce fut sans doute un grand homme ; on ne peut lui contester la gloire d'avoir révélé le premier le secrets de l'harmonie, & enlevé la Musique aux tâtonemens de la routine. Mais ce fut la profondeur même de ses connoissances dans la théorie, qui l'égara dans la pratique : trop souvent il substitua la science à l'art, & l'art au génie.

D

accompagnés de longs râlemens, & tout cet immense amas d'affectations & de minauderies qu'on avoit la bonté de prendre pour de l'*expression* (1)... J'avoue, dit un jeune-homme, qu'en pensant à ce que la Musique d'*Orphée* a fait de Monsieur le Gros, & à ce que fait aujourd'hui de Mademoiselle le Vasseur (2) celle d'*Alceste*, je serois tenté de croire que la *manière* du Chevalier Gluck, est en effet plus animée & plus Théâtrale que celle des autres Compositeurs ; mais qu'est-ce qu'un Opéra où il n'y a point de chant ? —— Ah ! Barbare.... Mille pardons, Monsieur, de ma vivacité ; j'ai voulu soulager mon cœur, & non pas vous offenser. Vous trouvez donc qu'il n'y a point de chant dans cet Opéra ? Seroit-ce parce qu'il n'y a ni Chansonnettes, ni Noëls, ni Brunettes, ni Vaudevilles, ni Cantiques, ni airs à boire ? —— Eh ! qui peut penser à de pareilles misères ? Croyez, Monsieur, qu'il y a beau temps que mes oreilles sont déniaisées. —— Monsieur, Monsieur, ne dédaignons rien. Toutes ces petites choses, mises à leur place, ont leur mérite & leur prix ; mais ici !... —— Mais ici, je veux autre chose que ce que j'entends ; & puisqu'il faut parler net, ce n'étoit pas la peine que M. le Chevalier Gluck, qui n'ignoroit pas les progrès que la Musique

---

(1) Il faut excepter Mademoiselle A**, qui a tant d'obligation au Rôle d'*Iphigénie*, & à qui tous les autres Rôles ont tant d'obligation. Peu de Cantatrices ont réuni, à un si haut degré, la sensibilité, l'intelligence & les grâces.

(2) Cette Actrice qui, jusqu'à présent, n'avoit paru propre qu'aux Rôles de gaieté, s'est montrée vraiment Tragique & sublime dans celui d'*Alceste*.

a faits en France, fit deux fois le voyage de Vienne à Paris, pour nous apporter des Opéras sans Ariettes. —— Ah ! Monsieur, au nom d'Apollon & de toutes les Muses, laissez, laissez à la Musique ultramontaine, les pompons, les colifichets & les extravagances qui la déshonorent depuis trop long-temps ; gardez-vous de porter envie à de fausses & misérables richesses, & n'invoquez point une *manière* proscrite par tout ce qu'il y a de Philosophes, de gens d'esprit & d'Amateurs éclairés en Italie (1). Quoi ! vous trouverez bon qu'au moment même où l'on devroit porter au plus haut degré l'émotion à laquelle on avoit préparé votre ame, l'Acteur s'amuse à broder des voyelles, & reste, comme par enchantement, la bouche ouverte au milieu d'un mot, pour donner passage à une foule de sons inarticulés ! De toutes les invraisemblances que vous pouvez dévorer, voyez s'il en est de plus forte & de plus choquante. Que diriez-vous d'un Acteur, qui déclamant une scène tragique, entremêleroit ses gestes des *lazzi* d'Arlequin ; ou d'un Orateur qui, ayant à tonner, à foudroyer, à bouleverser son auditoire, enfileroit bout-à-bout toutes les figures badines de la Rhétorique ? Lorsqu'il ne s'agira que de charmer mes loisirs en amusant mon oreille, qu'on défie tant qu'on voudra, par le plus long & le plus joli des ramages, les serins & les rossignols, à la bonne heure : mais réduire la Musique à ces gentillesses, quand mon ame demande des émotions, c'est se jouer ouvertement du bon sens & de toutes les convenances ; c'est insulter tout à-la-fois & à l'Art & à la Nature. —— Je vous

---

(1) Les Notes correspondantes à ce passage, sont à la fin de cette pièce.

abandonne les Ariettes, dit un autre jeune homme, qui m'écoutoit attentivement & avec intérêt; mais un Opéra peut-il se passer de *Cantabilés* (1)? —— Avez-vous déjà vu celui-ci? —— Non, mais j'ai vu des Connoisseurs... —— Eh! Monsieur, que ne jugez-vous par vous-même; & pourquoi soumettre vos sensations à l'opinion de quelques personnes, qui bien souvent, sans avoir ni la connoissance ni les sentimens des véritables beautés des Arts, parviennent à imposer, en prononçant au hazard certains mots techniques, auxquels elles n'ont jamais attaché d'idée distincte & précise? Abandonnez-vous à vos propres impressions, & non à des opinions empruntées; jugez de cette Mu-

---

(1) Le *Cantabilé* se forme de phrases de Musique divisées en parties égales ou presqu'égales; coupées par des repos imparfaits & parfaits, lesquels représentent fidèlement les virgules & les points de la phrase verbale; enchaînées & variées par des modulations faciles, naturelles & voisines du mode principal; soumises à une mesure réglée, constante & sensible, sans qu'elle soit ni trop lente, ni trop rapide; & construites enfin de manière qu'elles aillent toujours en fortifiant les sensations qu'elles ont d'abord fait naître.

Observons que si le *Cantabilé* appartient au genre Tragique, les notes doivent y être en très-petit nombre; c'est par les moyens les plus simples que s'opèrent les plus grands effets: d'ailleurs, des traits chargés & trop riches, manifesteroient l'artifice, & détruiroient la vraisemblance & l'illusion. Il faut encore que les sons ne soient ni trop graves, ni trop aigus; mais qu'en se développant, ils décrivent, pour ainsi dire, une courbe, de sorte qu'ils n'aient rien d'anguleux, rien qui puisse heurter ni blesser l'oreille. Nous nous croyons obligés de dire à ceux qui désirent des *Cantabilés* dans la Musique du Chevalier Gluck, que c'est d'après la Musique du Chevalier Gluck, que nous avons tracé cette définition du *Cantabilé*.

sique, comme on juge des odeurs & des couleurs, sans écouter les pédans, les cœurs froids, & tous ces assassins des Arts, qui voudroient prescrire à l'Artiste la marche de l'Artisan, & substituer la méthode à la liberté, Déesse du Génie. L'examen, la discussion, l'analyse, sont nécessaires, sans doute, toutes les fois qu'il faut prononcer sur des ouvrages de raisonnement ; mais s'agit-il des productions des beaux Arts, si vous pensez, si vous raisonnez avant d'applaudir & de vous écrier, c'est la faute de l'Artiste ou celle de vos organes. Voyez avec quelle rapidité partent les applaudissemens qui se font entendre dans toutes les parties de la Salle ; regardez autour de vous : levez les yeux sur les Loges : on y bâilloit autrefois, & aujourd'hui on y pleure. —— Un moment, un moment, Monsieur l'admirateur éternel, s'écria avec emportement, un homme qui pleuroit de rage, quand toutes les personnes sensibles pleuroient d'attendrissement : vous allez entendre un morceau dont je vous invite à entreprendre l'éloge.... Le voilà : Eh bien, qu'en dites-vous, Messieurs : quatre vers entiers sur le même ton, sur la même note ! y a-t-il rien de plus misérable, & n'est-ce pas là le contraire de la Musique ? —— Il est vrai que le propre de la Musique, & sur-tout de la Musique Théâtrale, est de saisir l'accent des passions, de l'embellir, de le fortifier & de le rendre plus sensible ; mais ce sont des *Ombres* qui sont sur la Scène, & il n'y a plus de passions au-delà de la vie ; ces vers ne sont point susceptibles d'une autre déclamation : & c'est en les privant même de leurs accens naturels & ordinaires, que le Chevalier Gluck nous prouve à quel point il sent & respecte les convenances. Cependant, comme il ne s'agit pas seulement d'imiter, & que l'imitation doit se faire en Musique, réservez pour l'Orchestre un bout de vos oreilles, & vous verrez qu'à cette déclamation monotone, le Compositeur attache une harmonie très-variée, très-expressive, & très-pittoresque, une harmonie faite pour émouvoir toutes les personnes sensibles, & pour pénétrer, tout à-la-fois, de terreur & d'admiration celles qui, à la sensibilité, joignent la connoissance de l'Art.

Comment se peut-il qu'*Iphigénie* & qu'*Orphée* ne vous aient pas accoutumé à écouter plus attentivement l'Orchestre ? Cette indifférence n'est pardonnable que dans tous vos autres Opéras, où, à l'exception d'un très-petit nombre de morceaux, les Instrumens accompagnent la voix, comme un valet accompagne son maître, & non comme les bras, les mains, les yeux, les mouvemens du visage & de tout le corps, accompagnent le langage du sentiment & de la passion. —— Vous avez beau admirer, louer, pérorer, nous savons que votre Chevalier Gluck n'est regardé que comme un Compositeur du second ordre. —— Par qui donc, Monsieur, s'il vous plaît? —— Partout le monde en Italie & dans le reste de l'Europe. —— Je n'avois pas entendu dire cela ; mais ce que je sais parfaitement, c'est que l'Auteur du meilleur Traité qui ait encore paru sur la Musique Dramatique, Auteur Italien, & de plus Napolitain, compare les Opéras du Chevalier Gluck, aux chef-d'œuvres de Raphael; que le même Auteur, après avoir invité les *Jomelli*, les *Piccini*, les *Traetta* & les *Sacchini* à ramener enfin sur la scène la véritable Mu-

fique (1), celle qui peint les paſſions, & qui parle au cœur, leur propoſe le Chevalier Gluck pour modèle ; & que c'eſt ſur l'*Alceſte* de ce même Chevalier Gluck, que cet Écrivain Philoſophe fonde toute ſa théorie. Je ſais encore, que l'homme de l'Angleterre le plus profondément verſé dans l'hiſtoire & la ſcience de l'Art Muſical, le Docteur *Burney*, appelle le Chevalier Gluck le *Michel-Ange* de la Muſique. L'illuſtre Citoyen de Genève n'a pas diſſimulé ſon admiration pour les talens & les ouvrages de ce grand Artiſte : & voici les expreſſions d'un des plus célèbres Écrivains de l'Allemagne, M. *Wieland*. » Grâces au génie
» puiſſant du Chevalier Gluck, nous voilà donc par-
» venus à l'époque où la Muſique a recouvré tous ſes
» droits : c'eſt lui, & lui ſeul qui l'a rétablie ſur le
» trône de la Nature, d'où la barbarie l'avoit fait
» deſcendre, & d'où l'ignorance, le caprice, & le
» mauvais goût la tenoient juſqu'à préſent éloignée.
» Frappé d'une des plus belles maximes de Pytha-
» gore, IL A PRÉFÉRÉ LES MUSES AUX SIRÈNES : il a
» ſubſtitué à de vains & faux ornemens, cette noble &
» précieuſe ſimplicité qui, dans les Arts, comme dans
» les Lettres, fut toujours le caractère du vrai, du
» grand & du beau. Eh ! quels nouveaux prodiges
» n'enfanteroit pas cette ame de feu, ſi quelque Sou-
» verain, de nos jours, vouloit faire pour l'Opéra,
» ce que fit autrefois Periclès pour le Théâtre d'A-
» thènes ?..... » Mais je vous vois rougir & pâlir

---

(1) Tempo ſarebbe ormai che i Jomelli, i Piccinni, i Traetti, i Sacchini prendendo per mano la vera Muſica *vocale* la rimenaſſero ſulle ſcene.

Planelli, dell'Opera in muſica e Napoli, 1772.

tour-à-tour : je n'acheverai point, Monsieur ; mon intention n'étoit pas de vous faire de la peine ; je ne voulois que vous détromper. Je me contenterai donc de vous dire que M. le Chevalier Gluck n'est ni de la première, ni de la seconde classe des Compositeurs, mais qu'il occupe une place à part, & qu'il y a peu d'apparence que beaucoup de Musiciens viennent s'asseoir sur la même ligne. Adieu, Messieurs, vous m'avez privé d'un grand plaisir ; si l'on donne trente représentations de cet Opéra, je ne l'aurai bien vu que vingt-neuf fois ; *vous m'aurez fait perdre une soirée ;* mais si j'ai détruit vos préjugés, je m'en console, & vous pardonne.

NOTES.

« Qualunque sia cotesto mio povero Dramma, non
» crescerà certamente di merito fra le mani di presenti can-
» tori.... » Perche contenti d'aver grattato le orecchie con
una Sonatina di gola nelle lor arie, il più delle volte nojose...
Han ridotto il nostro Teatro Drammatico ad un vergognoso
& intolerabile miscuglio d'inverisimili.

Quel que soit ce pauvre Drame, assurément ce ne sont pas
nos Musiciens d'aujourd'hui qui le feront valoir.... Contens
d'avoir, dans leurs Airs, le plus souvent ennuyeux, chatouillé
les oreilles avec une *Sonate de gosier*, ils ont fait de notre
Théâtre Dramatique, un amas d'invraisemblances honteux &
intolérable.

Lettre de M. l'Abbé Metastasio à M. Mattei.

» O quante volte accade di dover dire ad alcune arie quello
» che soleva l'ingegnosissimo Autore dei *Mondi* il Signor di
» *Fontenelle*, *Musica, che vuoi tu*? S'ascoltano delle arie eccel-
lentemente intonate, dette con una prodigiosa agilità, con una
perfetta eguaglianza di corde nella voce, con esatissimo rigore
di tempo, trilli, con lunghezza mirabile di cadenze senza
prender fiato. *Musica, che vuoi tu?* Ancora non lo sò, se non
mi desti nel cuore verun sentimento. Io hò ascoltato delle
voci, alle quali non si poteva rimproverare verun difetto, ma
il mio animo faceva loro il rimprovero massimo poiche non
sentiva nulla. I Ballerini dà corda si pagano perche si faccian
maraviglia, i Musici, si pagano perche si movano, eppure la
massima parte de' Musici vuol fare da Ballerini da corda.

Oh! combien de fois devrions-nous adresser à plusieurs de
nos Airs, le mot de Fontenelle, *Musique, que me veux-tu?* Ces
Airs sont chantés parfaitement juste, & exécutés avec une
agilité prodigieuse; il y règne une parfaite égalité de sons dans

la voix ; le Tems & la Mesure y sont scrupuleusement observés ; ils sont enrichis de trils & de cadences d'une longueur admirable ; encore une fois : *Musique, que me veux-tu ?* En vérité je l'ignore, si tu ne m'inspires aucun sentiment. Je connois des voix auxquelles on ne pouvoit rien reprocher : mais mon cœur leur faisoit le plus grand de tous les reproches, car elles ne lui disoient rien. On paye les Danseurs de corde pour étonner ; on paye les Musiciens pour émouvoir, & la plus grande partie des Musiciens veulent faire les Danseurs de corde.

Extrait d'une Dissertation du célèbre Beccaria.

———

„ Le nostre arie consistono in una unione eterogenea d'idee, „ e di vari Pezzi uniti insieme più dall'accidente che dalla ragione, senza unità e senza ordine, la quale unione eccita per lo più negli animi degli uditori un miscuglio di affetti frà di loro opposti, che in niun modo possono nè dilettare, nè muovere.

E desiderabile che rinasca qualche Professore di raro talento e ben instruito di tutte le parti della Musica.... Il quale poco curante delle dicerie degli altri Professori, faccia rinascere ad imitazione dé Greci, la vera e giusta mozione degli effetti e sollevi gli animi degli uditori *Già annoiati dalla presente Musica.*

E siccome la Scuola Romana fece rinascere nella Musica la perfetta armonia, e la Scuola Napoletana la vivacità delle idee ; così è da sperarsi che alcuni professori de' nostri giorni, che già danno gran saggio della loro distinta cognizione, superiore alla comune degli altri, possano procurare quel pregio alla nostra Musica, che aveva quella de' Greci.

Nos Airs consistent dans un assemblage hétérogène d'idées, & de différens morceaux cousus au hazard, sans dessein, sans ordre & sans unité ; assemblage qui n'excite le plus souvent dans l'ame des Auditeurs, qu'un mélange de sentimens opposés les uns aux autres, & dont l'on ne peut attendre ni plaisir, ni émotion.

Il est à désirer qu'il se présente enfin quelque Professeur

doué d'un rare talent, & parfaitement instruit de toutes les parties de la Musique, lequel, sans se mettre en peine des propos impertinens de tous ses rivaux, fasse renaître, à l'imitation des Grecs, l'Art d'émouvoir les passions, & délivre enfin les Auditeurs de l'ennui que leur fait éprouver la Musique de nos jours (1).

On doit à l'École Romaine la renaissance de la parfaite harmonie dans la Musique, & à l'École de Naples, la chaleur & la fécondité des idées. Il faut espérer que quelques Professeurs de nos jours, qui nous ont déjà donné des preuves d'un talent vraiment supérieur, procureront à notre Musique tous les avantages qui caractérisoient celle des Grecs.

Extrait de l'Histoire de la Musique, par le Père Martini.
A Boulogne, 1769.

Io non vado al Teatro per ammirare il Musico che canta, ma per esser toccato, e per sentire la cosa che imita.... Il volgo che ode per l'altrui orecchie, come vede per gli occhi altrui, sente ancora sovente col cuore altrui, ed applaude ai trilli, ai ricami, ai precipizi della voce, per la stessa ragione che applaudiva nel XVII secolo a quelle gonfie e stravaganti poesie, ove sudavano i suocchi, e s'avvelenava l'obblio coll'inchiostro. Qual nome debbo dar ad una Musica nella quale il compositore gareggia col modulatore, a chi più offuschi, o confonda il senso delle parole? Non è questa certamente una Musica nè Italiana, nè Latina, nè Ebrea perche coloro che intendono queste lingue nulla intendono delle parole espresse dal modulatore.... Quando si canta in un Opera, o in una chiesa, io non cerco d'udire un rossignolo od altro, che mi solletichi; ma un uomo che parli dolcemente al mio cuore, alla mia fantasia, alla mia mente.

---

(1) Il paroîtra sans doute étonnant, que quelques personnes appellent avec empressement en France, ce même genre de Musique, dont les Italiens sont rassasiés, excédés, ennuyés; car lorsque le Père Martini a publié son Ouvrage, tous les Théâtres de l'Italie avoient retenti des productions des *Jomelli*, des *Traetta*, des *Piccini*, des *Sacchini*, &c.

C'est pour être ému, & pour jouir du charme de l'imitation, que je vais au Théâtre, & non pour admirer le Muſicien qui chante. Le vulgaire qui ne voit, n'entend, & ne ſent que par les yeux, les oreilles & le cœur d'autrui, applaudit les trils, les broderies, les ſauts & les bonds de la voix, comme il applaudiſſoit au dix-ſeptième ſiècle cette poéſie empoulée & extravagante, où l'on *faiſoit ſuer le feu*, & où l'on *empoiſonnoit l'oubli avec de l'encre*. Quel nom donner à une Muſique, où le Compoſiteur & le Chanteur ſe diſputent à qui confondra davantage le ſens des paroles ? Cette ſorte de Muſique n'eſt aſſurément ni Italienne, ni Latine, ni Hébraïque ; car je défie les perſonnes qui ſavent ces langues, d'entendre un ſeul mot des paroles que l'on chante.

Quand je vais à l'Égliſe ou à l'Opéra, ce n'eſt point le chant d'un oiſeau que je veux entendre, mais la voix d'un homme qui parle doucement à mon eſprit, à mon imagination, à mon cœur.

Extrait d'une Diſſertation de l'Abbé Conti.

Quel plaiſir peut-on avoir à ces ſortes de Spectacles, dit M. Eximeno, en parlant de l'Opéra ? A mon ſens, la preuve la plus certaine de l'ennui qu'on y éprouve, c'eſt le bruit qu'on ne ceſſe d'y faire ; il eſt vrai qu'à la fin de l'air, lorſque la cadence arrive, il règne un profond ſilence, & qu'après que le Chanteur a parcouru, d'une haleine, une longue ſuite de ſons qui ne ſignifient rien, le Théâtre retentit de cris & de battemens de mains : les Muſiciens ne pourroient-ils pas s'excuſer en alléguant ces deux vers ?

E poichè paga il volgo ſciocco, è giuſto
Sciocamente cantar per dargli guſto.

Che gode dunque il popolo in ſi fatti ſpettacoli ? A me pare, che il continuo cicalare è un indizio infallibile della noja. Pure in arrivando alla cadenza dell'aria, ſi mettono tutti in un profundo ſilenzio ; e dopo d'aver il Muſico girato e rigirato fuor di propofito per tutti i toni fi prorompa in uno ftrepitofo sbatimento di mani. Oh! con quanta ragione potrebbero i muſici adurre per iſcuſa de' lor diffetti quei verſi.

E poichè paga, &c.

Voyez le Traité *dell'origine e delle regole della Muſica*, par D. EXIMENO. Roma, 1774.

LE SOUPER DES ENTHOUSIASTES.

Connoissez-vous l'Abbé Afmene ? Il n'eſt pas comme tant d'autres, Abbé ſans Abbaye ; le revenu de la ſienne eſt fort honnête ; il ſait bien s'en faire honneur.

L'Abbé Afmene eſt le meilleur homme qui ſoit ſous le ciel : une condition eſſentielle pour être bien venu chez lui, eſt de n'être ni grave ni méchant ; du reſte, il ne s'informe pas de quelle ſecte ni de quel parti vous êtes ; il n'aime pas qu'on parle des affaires d'État ; mais pour les plaiſirs & pour les Arts qui nous les procurent, la carrière eſt libre ; en parle qui veut & comme il veut.

Je me trouvai, il y a quelques jours, à dîner chez le bon Abbé. J'arrivois de ma Province ; j'avois été voituré très-commodément & à fort bon compte, par les nouvelles Meſſageries. Quelqu'un propoſa une partie de campagne pour l'après-midi. L'Abbé refuſa ; c'étoit un Dimanche ; il alloit voir *Alceſte*, dont il avoua qu'il n'avoit manqué aucune repréſentation.

Y penſez-vous, lui dit quelqu'un ? Vous voulez donc tomber en conſomption. Au lieu de venir reſpirer le bon air des champs, vous allez bâiller à cette lamentable jérémiade ; vous que nous connoiſſons pour homme de bon ſens, vous allez entendre larmoyer en chantant, & cela ne vous choquera pas ?

Pour moi, j'aimerois autant une Meſſe des morts en faux-bourdon. Je vais à l'Opéra pour m'amuſer, non pour être ſans ceſſe attriſté. Le chant n'eſt établi que pour flatter agréablement l'oreille, pour porter la joie & le plaiſir dans l'ame ; car on ne chante pas quand on eſt triſte. Gémir, ſe déſeſpérer, deſcendre aux Enfers en cadence, eſt le comble de la déraiſon. Maſcarille (1) parlant de mettre l'Hiſtoire Romaine en Madrigaux, ne propoſoit rien de plus extravagant. Que n'entreprend-on auſſi de mettre Phedre en Vaudevilles & Athalie en ariettes ? Auſſi vous voyez que cet Opéra a révolté le plus grand nombre. Je l'ai vu une fois, & c'eſt déjà trop. On prétend que la Muſique en eſt ſavante; il faut donc la laiſſer aux Savans ; pour nous autres, il nous faut du chant. Dans *Iphigénie* on en trouvoit encore quelques traits; mais dans *Alceſte*, il n'y en a pas la moindre apparence. Quoi ! point de cadences, un récitatif preſſé, qui eſt moins chanté que prononcé ! Autant vaudroit faire déclamer les Chanteurs.

Ici celui qui parloit déplora la perte du chant François. Que ſervira déſormais, dit-il, d'avoir une voix ſonore ? Legros, dans ſes admirables éclats, faiſoit retentir la ſalle ; maintenant il y a des momens où on l'entend à peine. Il en eſt de même de Mlle. Levaſſeur: ce ſont ou des cris, ou des lamentations : ce qui choque davantage, eſt de ne pas trouver un ſeul air de ballet. Enfin, tout cet Opéra eſt une déplorable pſalmodie, tout au plus bonne à exécuter à des enterremens.

Tout cela s'étoit dit avec beaucoup de vivacité: les Rieurs n'étoient pas pour l'Abbé, qui d'abord

---

(1) Dans les Précieuſes ridicules.

garda le silence ; puis quand il eut placé son mot, il promena ses regards sur l'assemblée, & parla ainsi.

Si vous n'aviez jamais vu de Tableaux, & qu'on vînt vous dire qu'un Artiste, avec des couleurs étendues sur une surface plane, représente les objets avec tant de vérité, que l'ame, trompée par les yeux, croit voir réellement ces objets mêmes, dont les couleurs n'offrent pourtant qu'une vaine image ; si l'on vous disoit que ce même Artiste, non-seulement peint au naturel des hommes, des animaux, des prairies, des forêts, des campagnes, mais qu'il pousse l'illusion jusqu'au point de rendre une action, un trait d'Histoire, d'exprimer sur les figures, les caractères, les passions, & de leur donner le mouvement, la chaleur & la vie : concevriez-vous aisément de tels prodiges ?

Pourquoi donc l'habile Musicien ne surprendroit-il pas la Nature dans ses accens, comme le Peintre la saisit dans ses formes ? Et, si celui-ci parle à vos yeux avec des couleurs, pourquoi l'autre avec des sons ne peindroit-il pas à votre oreille ? Ignoreriez-vous les effets surprenans de la Musique chez les Anciens ? Que ne disent point là-dessus leurs Historiens ? Tantôt ce sont des jeunes gens rendus furieux, & ensuite appaisés par le son d'une flûte ; tantôt c'est un grand Prince (1), tellement agité par le son du même instrument, qu'il se lève comme un forcené & se jette sur ses armes. Ici le Musicien Terpandre appaise une sédition par ses chants accompagnés de la cithare : là les mœurs sont réformées par le changement d'un Mode en un autre.

---

(1) Alexandre le Grand.

Mais

Mais c'est peu de ces autorités, ajouta l'Abbé, raisonnons.

Les cris d'un furieux ne portent-ils pas souvent la terreur dans l'ame des assistans, & la connoissance de la Musique ou des sons ne peut-elle pas être telle dans le Musicien, qu'il imite parfaitement ces cris de fureur ? Ne peut-il pas également imiter l'accent de toutes les passions ; &, comme plusieurs des objets que nous voyons rendent des sons qui leur sont propres, l'Art Musical ne peut-il pas les saisir & s'étendre ainsi sur toute la nature ? Le bruit d'un torrent ou d'un ruisseau, d'un vent doux ou impétueux de la mer ou des forêts agitées par les orages, les hurlemens des bêtes féroces, &c. &c. tout cela bien imité éveillera en vous l'idée des objets mêmes, comme l'odeur qui s'exhale d'une rose, la rappelle à votre esprit, quoique vous ne la voyiez pas.

Allons plus avant, & supposons un Musicien qui connoisse parfaitement le cœur humain, qui, dans les différentes situations où l'on peut se trouver, n'ignore ni les sentimens dont on est affecté, ni par quel langage ils se manifestent, & trouve dans son Art des ressources pour rendre ce langage si varié : ne concevez-vous pas qu'un tel Artiste pourra, par le seul effet de la Musique, exprimer les passions, qui feront l'ame d'une action théâtrale, & saura leur donner différens degrés de force par le chant, qu'il rendra tel que le Chanteur, en le suivant exactement, soit forcé de donner aux paroles l'expression qui leur est propre, & par l'Orchestre, dont il fera pour ainsi dire l'ame de ses personnages, en y rejetant ces émotions délicieuses ou terribles qui agissent fortement à l'intérieur quand la bouche parle foiblement ?

Ici l'Abbé fut interrompu : on lui demanda ce que tous ces raisonnemens prouvoient en faveur d'Alceste. Rien encore, répondit-il, j'ai voulu seulement montrer que la Musique, dans laquelle vous ne voulez voir qu'un Art méchanique, est propre à exprimer le langage des passions, & ne convient pas moins à la douleur qu'à la joie & au plaisir, comme la Poésie qu'on emploie avec succès dans les Comédies, est encore plus convenable aux Tragédies, dont la noblesse & l'élévation ne peuvent être dignement soutenues que par le langage des Dieux ; c'étoit en chantant ses peines qu'Orphée charmoit les tigres & les ours, & Melpomène en pleurs est représentée une Lyre à la main.

Mais venons à Alceste. Je ne suis pas assez fou pour vouloir vous prouver par des raisonnemens que cet Opéra est beau : nouveau Don Quichote, je ne romprai pas des lances pour une Dulcinée que vous ne connoissez pas, car vous n'avez vu de cet Opéra que la première représentation, & il s'en falloit de beaucoup qu'il fût exécuté alors comme aujourd'hui.

D'un autre côté, vos oreilles accoutumées à vos sons François, que nous nommons Musique, ont-elles pu se faire aussitôt à des chants si différens ?

Enfin n'est-il pas souvent arrivé que les meilleures choses ont déplu par la seule raison qu'elles choquoient un usage reçu ? Lorsqu'Athalie parut, ne fut-on pas révolté de n'y pas trouver d'intrigue amoureuse, & d'y voir des personnages qui n'étoient ni Grecs, ni Romains ? Mais les vraies beautés se font sentir à la fin, & cette Tragédie d'abord si méprisée, que, dans une illustre société, la lecture en étoit imposée comme une pénitence, fut ensuite placée au rang qui lui convenoit. Dans tous les genres & dans tous les temps, les Novateurs ont essuyé de grandes difficultés.

Quoi qu'il en soit, nous voilà en querelle ouverte : pour la terminer, faisons un pari, & soyez-en les juges. Allez tous à cet Opéra : comme je suis certain que vous y porterez un esprit impartial, que vous ne vous arrêterez à rien de ce qui lui est étranger, & ne ferez pas plus d'attention au peu de succès qu'il a eu d'abord, que je n'en fais à celui qu'il a maintenant, mais que vous le considérerez en lui-même dans son tout & dans ses parties ; quand vous l'aurez vu trois fois, prononcez. Si vous persistez dans votre sentiment, je me condamne moi-même à ne plus voir cet Opéra, malgré le plaisir que j'y trouve. Je ferai plus : vous savez qu'il y a une souscription ouverte pour faire exécuter en marbre le buste du Chevalier Gluck : je me proposois d'aller souscrire en vous quittant. Ce seroit une peine pour moi de ne pas donner à ce célèbre Musicien ce foible témoignage de mon admiration. Eh bien ! je m'imposerai cette peine.

Mais, si mon attente n'est pas trompée, si vous ne pouvez pas vous défendre d'être enchantés, il faut que chacun de vous s'engage à souscrire. Par-là j'aurai le double avantage d'augmenter le nombre de vos plaisirs, & celui de contribuer à l'inauguration d'une statue si bien méritée.

Ici l'Abbé s'arrêta. Son pari fut accepté de tous : quelqu'un cependant avoit d'abord objecté que c'étoit beacoup hazarder, que de s'en rapporter à nous pour juger des beautés d'un Opéra, puisque aucun de nous ne savoit la Musique. Je ne la sais pas plus que vous, avoit répondu l'Abbé, mais l'homme senfible ne peut-il pas, fans être Muficien, être affecté d'une Mufique expreffive, comme, fans être Verfificateur, il fent les beautés d'un Poëme ? La Nature étant à la portée de tous, l'effet d'un Art qui confifte dans l'imitation de la Nature ne doit être étranger à perfonne.

On n'ajouta rien de plus; & dès le foir même, au lieu d'aller à la campagne, nous allâmes tous à l'Opéra.

En fortant, j'étois tout étourdi: dans des momens j'avois cru me fentir ému, mais l'effet de ces émotions n'avoit pas duré. Je n'aurois pu me rendre compte à moi-même de ce que j'avois éprouvé. L'Abbé à qui je l'avouai m'en expliqua la raifon: votre attention, me dit-il, partagée entre les paroles, le chant, l'orcheftre, l'action, le fpectacle, n'a pu faifir à-la-fois tant de chofes: ce font des tableaux qui ont paffé trop rapidement fous vos yeux; mais, avant de revenir, lifez bien les paroles.

Nous fuivîmes tous fon confeil, &, à la repréfentation fuivante, quelques-uns, en attendant le commencement de l'Opéra, releverent plufieurs défauts dans le Poëme. L'Abbé ne les contredit point, mais il nous fit obferver que la Mufique que nous avions entendue avoit été compofée fur un Poëme Italien.

Pour nous en faire paffer les beautés, ajouta-t-il, le Poëte François a été obligé de s'affervir à la marche qu'avoit fuivie l'Auteur Original. Convenez, au furplus, que dans les deux premiers Actes il n'y a rien de bien choquant: à l'égard du troifième, confidérez chaque fituation en elle-même, fans être trop rigoureux fur la manière dont elle eft amenée: remarquez enfin que dans le ftyle il y a de la chaleur, de la force, du sentiment, dont le langage est le seul que la Musique puisse exprimer; car je ne conçois pas plus comment un Musicien peut rendre une pointe d'esprit, un Madrigal, que comment il rendroit les calculs d'un Algébriste, & les argumens d'un Métaphysicien.

Cependant l'Opéra commença; ce que l'Abbé m'avoit promis arriva. Chaque chose me frappa davantage, & m'émut plus vivement; mais la troisième représentation fut véritablement le débrouillement du chaos. Il se fit en moi une entière révolution. Je vis chaque chose à sa place: j'éprouvai successivement les émotions les plus douces & les plus véhémentes. Mes voisins n'étoient pas plus tranquilles. Il en étoit de même du plus grand nombre de Spectateurs. L'Abbé qui nous regardoit de temps en temps, s'applaudissoit en voyant nos transports & les larmes qui couloient de nos yeux; &, dans un moment où les Spectateurs crioient *bravo*, nous lui criâmes, *l'Abbé, vous avez gagné*.

La Pièce finie, nous le rejoignîmes. Je me suis bien attendu, nous dit-il, à ce qui est arrivé. Il n'est aucun de vous qui ne soit sensible: nos goûts sont les mêmes pour tous les Arts dont les beautés sont puisées dans la Nature: les Tragédies de Racine, de Corneille & de Voltaire, les Comédies de Molière, les Fables de la Fontaine, les Œuvres du fameux Citoyen de Genève nous affectent tous également. Je sentois bien qu'il étoit impossible que nous fussions long-temps d'opinion différente sur des beautés qui ne sont pas moins naturelles: votre première répugnance étoit venue de ce que vous n'aviez pas assez entendu cette Musique; c'étoit une Langue que vous ne connoissiez pas assez : je le voyois, je l'avois moi-même éprouvé, & c'est pour cette raison que j'ai exigé que vous vînssiez ici trois fois.

Cependant nous étions tous remplis d'Alceste. Nous avions besoin d'en parler comme des Amans de leurs Maîtresses. Pour l'Abbé, il voyoit en nous de nouveaux convertis : il nous retint à souper ; &, le souper fini, mes Amis, dit-il, me voici comme le Grand-Prêtre au moment de l'inspiration. Vous êtes de véritables admirateurs ; votre esprit n'a point jugé, mais votre ame a senti.

Odi profanum vulgus & arceo.

O Bacchus ! *délieur de toutes choses, & surtout de la langue*, comme dit le vieux Traducteur du bon Plutarque : je le sens, tu as délié la mienne ; la chaleur de mon cœur est montée à mon cerveau ; aussi promptes que mes pensées, les paroles se présentent en foule ; je suis encore dans la Salle. Je vois le lieu de la Scène. Me voici au moment de l'ouverture.

Ce ne sont point des haut-bois, des flûtes, &c. c'est un seul instrument résultant de l'accord de tous ; c'est une voix unique qui me fait entendre des sanglots, des cris douloureux & plaintifs ; déjà mon ame est émue, déjà elle est préparée à quelque funeste événement. La toile se lève. Ici je me crois véritablement retourné au temps de l'ancienne Tragédie Grecque. Ce ne sont plus d'immobiles Figurans, étrangers à l'action, c'est tout un Peuple animé qui fait des vœux pour la santé d'un Roi chéri. Quelle noble invocation, & ensuite quels regrets touchans à la nouvelle du danger d'Admète ! Les mêmes paroles

DE LA MUSIQUE. 71

sont chantées dans un mouvement d'abord lent, & ensuite précipité, parce que telle est la marche de la douleur : elle pénètre l'ame avant de l'agiter fortement, comme le feu gagne avant que l'incendie se déclare.

Alceste paroît; les voix se partagent pour exhaler leurs plaintes sur son sort, sur le sort d'Admète & de leurs enfans; car ce chœur représente le Peuple; & comment croire que ceux qui le composent prononceront toujours la même chose dans le même moment? Cependant les voix se réunissent ensuite, & s'écrient toutes ensemble :

  O Dieux qu'allons-nous devenir ?
  O Dieux qu'allez-vous devenir ?

Cette exclamation exprimée par les sons les plus pathétiques, est répétée plusieurs fois, parce qu'elle fait mieux sentir que tout le reste la perte dont on est menacé ; elle est le résultat de tous les regrets.

Mais faites silence. Alceste n'a plus d'espoir que dans les Dieux; elle va les implorer : qu'entends-je ! quels accens ! Ils expriment déjà son ardente ferveur, prélude de la noble prière qu'elle prépare : son chant majestueux s'élève ; il parvient jusqu'à la voûte céleste. Cieux, ouvrez-vous ; Dieux, prêtez une oreille attentive; mais elle ramène sa pensée sur elle-même. Comme sa voix s'abaisse ! comme son chant, qui prend tout-à-coup un caractère plus humble, & non moins pressant, change encore à mesure qu'elle passe d'un sentiment à un autre ! Ce sont alternativement les alarmes d'une mère & d'une épouse, sa douleur, son désespoir, & dans l'orchestre, les mouvemens tumultueux dont son ame est tourmentée : comme ils se renforcent à mesure qu'elle s'en pénètre davantage ! Quel trouble ! Comme mes sens sont émus ! Je suis hors de moi.

Cette agitation cesse ; me voici dans le Temple d'Apollon : quand même le changement de décoration ne m'en feroit pas appercevoir, n'en serois-je pas assez averti par la sourde mélodie que j'entends ? Ses sons s'enflent & s'élèvent ; son mouvement est grave & mesuré ; il y règne quelque chose de mystique qui porte au recueillement : c'étoit sans doute par un air de cette espèce, que Pythagore, au rapport de Quintilien, rendit la tranquillité & le bon sens à des jeunes gens furieux au point de vouloir faire violence à une chaste maison.

On sonne la trompette sacrée ; les Prêtres & le Peuple appellent le Dieu à grands cris ; les voix ont toute leur étendue ; &, pour le fléchir, elles ont ensuite toute leur douceur, & je ne sais quel accent suppliant.

Mais où suis-je ? Quel transport me saisit ? Le Grand-Prêtre est tout-à-coup inspiré. N'étoit-il pas inspiré aussi, le Musicien qui a trouvé dans son Art assez de force pour rendre cette fureur divine du Grand-Prêtre, cette sainte horreur, cet effroi respectueux qu'éprouve le Peuple ?

Après ce morceau de vigueur, quel trait de génie ? Tout-à-l'heure il sembloit que le Temple ébranlé jusques dans ses fondemens, alloit s'écrouler. Au bruit effroyable succède un silence non moins effrayant ; enfin le Dieu parle : il parle & ne chante pas.

Ici l'Abbé,

L'œil farouche, l'air sombre & le poil hérissé,

semblable enfin au Grand-Prêtre dont il venoit de parler, fut interrompu au milieu de son enthousiasme. Quelqu'un lui demanda pourquoi le Dieu ne chantoit pas. Qu'avez-vous fait, répondit l'Abbé ? J'étois possédé du démon de l'enthousiasme, il me quitte, il faut donc reprendre un langage humain. Le Dieu ne chante pas, poursuivit-il, parce qu'il ne doit pas chanter, parce qu'un Dieu est exempt de toute passion humaine dont le chant est l'expression. Mais si le Dieu est impassible, il n'en est pas de même d'Alceste, ni du Peuple; aussi le saisissement & la douleur qui entrent dans leur ame à mesure que l'Oracle se déclare, est-il exprimé par le chant qui est rejeté dans l'orchestre.

Voyez maintenant l'effet de cet Oracle. Tous sont d'abord étourdis du coup, & un bruit sourd exprime le murmure d'un Peuple interdit. Ensuite, le premier mouvement de chacun en revenant à lui, est de s'examiner soi-même. Nul ne veut s'immoler pour son Roi; mais qui osera le premier se déclarer ? Chacun sent sa propre lâcheté, sans connoître celle des autres; c'est pour cela que ceux qui se hasardent pour la première fois à laisser échapper le mot *fuyons*, le chantent à voix basse & l'articulent à peine, pour n'être pas remarqués; mais tous, après s'être observés, sont bientôt sûrs les uns des autres; & quand le Grand-Prêtre s'écrie enfin : *votre Roi va mourir*, remarquez alors comme la Musique augmente de force, & rend bien cette fuite hâtée d'une foule nombreuse qui se précipite les uns sur les autres.

Voilà Alceste restée seule. Ici les beautés se succèdent si rapidement, qu'il faudroit presque s'arrêter à chaque mot. Quelle force & quelle expression dans le récitatif où Alceste prend sa généreuse résolution ! avez-vous remarqué sur-tout ce vers :

Si quelqu'autre pour toi ne se livre à la mort ?

Comme cette terrible condition est ce qui affecte davantage Alceste, c'est aussi sur ce vers que le Musicien la fait plus appuyer.

Ne semble-t-il pas ensuite que ces mots *tout m'abandonne*, résonnent dans un lieu désert ? Et ces autres mots, *un si pénible effort*, pouvoient-ils mieux être exprimés que par un chant qui ne peut en effet se rendre sans effort ?

Mais c'est peu d'avoir vu Alceste absorbée dans la douleur, remarquez comme tout-à-coup elle se relève par une exclamation si noble :

Ah ! l'amour seul en est capable.

Un si généreux sentiment élève Alceste au-dessus d'elle-même ; & il y a tant d'expression dans le chant, que pour le rendre, la Chanteuse a besoin de toutes ses forces.

Remarquez encore les trois vers suivans :

Cher époux, tu vivras, tu me devras le jour ;
Ce jour dont te privoit la Parque impitoyable
Te sera rendu par l'Amour.

Alceste se livre entièrement au plaisir de sauver les jours de son époux ; il n'y a là qu'un seul sentiment dont toute la force est dans le dernier vers. Voyez aussi comme le chant si pressé pour rendre les deux premiers, s'adoucit en se ralentissant au troisième, &

prend l'accent de la plus vive tendresse. Remarquez encore par quel trait d'Orchestre le récitatif est lié à l'air suivant.

Ces sons qui ont je ne sais quoi de douloureux, dont le cœur est oppressé, & cet admirable cri du *non* qui commence l'air, n'exprime-t-il pas l'effort d'Alceste pour s'arracher à elle-même ?

Quand elle est arrivée là, voyez comme elle passe légérement sur ces mots suivans : *ce n'est point un sacrifice;* elle n'appuie sur aucune syllabe, ce qui semble exprimer le peu que ce sacrifice lui coûte.

Il n'en est pas de même des autres vers,

> Eh ! pourrois-je vivre sans toi,
> Sans toi, cher Admète ! ah ! pour moi
> La vie est un affreux supplice.

Quelle force de sentiment dans le chant, & comme cette force est bien proportionnée à celle des paroles ! Remarquez en effet que les endroits les plus pathétiques du chant portent sur les mots sur lesquels est la force du sentiment. La voix s'arrête sur le mot *toi* qui termine le premier vers, plus que sur ce qui précède, elle pèse encore davantage sur *cher Admète*, & finit par s'appesantir douloureusement sur *affreux supplice*.

Mais ne faut-il pas avoir un cœur de bronze pour ne pas être ravi d'admiration aux deux reprises de cet air ? Avant la première, l'Orchestre fait entendre des sons qui ne différent de ceux qui précèdent l'air entier, qu'en ce qu'ils ont quelque chose de plus douloureux encore ; il s'agit en effet de rendre d'abord ce premier vers :

> Effort cruel ! ô désespoir !

Mais auroit-on pu croire avant cet Opéra, qu'un même chant pût exprimer à la fois deux sentimens, & sur-tout deux sentimens opposés ? O Rubens ! Peintre immortel, ton Art n'aura pas seul dérobé ce secret à la nature (1). Le chant de ces trois vers,

> Il faut donc renoncer, cher objet de ma flamme,
> Renoncer pour jamais à regner dans ton ame,
> Au plaisir de t'aimer, au bonheur de te voir :

en exprimant la douleur d'Alceste, ne rend-il pas en même temps le doux sentiment que lui fait éprouver le souvenir de ce bonheur auquel il faut qu'elle renonce ?

A la seconde reprise, on perd toute idée de chant & d'orchestre. C'est une mère au moment d'être privée de ses enfans, & les cris que la tendresse maternelle lui arrache sont si bien exprimés, que l'Actrice ne peut pas plus se dispenser de verser des larmes, que de faire couler celles de tout Spectateur sensible.

Enfin, elle se dévoue à la mort, elle a banni de son ame tout ce qui l'attache à la vie, & dans le récitatif qui commence par ces mots, *Arbitres du sort des humains*, la Musique monte au dernier degré de sublimité ; la voix d'Alceste semble n'avoir plus rien d'humain, on croit déjà l'entendre dans une autre région.

Son dévouement accepté, qu'elle belle opposition fait à l'air du Grand-Prêtre, le chant du seul vers de récitatif qui suit ! Ne fait-il pas sentir la parfaite

---

(1) Dans son Tableau représentant Médicis au moment où elle se voit mère, le plaisir que lui cause l'aspect d'un fils auquel elle vient de donner le jour, & les douleurs de l'enfantement sont exprimés sur sa figure.

résignation d'Alceste, qui voit que sa mort sauve les jours d'Admète ? Mais, par quel chant doux & naturel est exprimé, dans l'air suivant, le sentiment de plaisir que lui fait éprouver cette idée ! De quel horrible *ribombo* retentit l'Orchestre, dans ce même air, quand Alceste parle des Divinités du Styx ! & par quels sons éclatans est rendu le noble transport avec lequel elle vole où son amour l'appelle !

Ici finit le premier Acte. Le bon Abbé avoit parlé avec feu, il s'arrêta. Pour nous qui nous étions tant déchaînés, quelques jours auparavant, contre cet Opéra, nous étions passés à l'autre extrémité ; car, malgré tout ce qu'il venoit de dire, il nous sembloit qu'il n'en avoit pas encore assez dit, & nous ne concevions pas qu'on pût demeurer insensible à tant de beautés.

Vous vous trompez, nous dit l'Abbé. Il est des gens qui n'ont jamais senti, & qui ne sentiront jamais, il est impossible que ceux-là aiment *Alceste* ; ils voient d'un œil sec la vertu malheureuse, de véritables traits de générosité & de grandeur d'ame ne les touchent point ; & vous voudriez qu'ils fussent émus par des fictions ! Ils pouvoient se plaire aux autres Opéras, ils venoient voir les Actrices, les Danseuses ; leurs sens engourdis avoient besoin d'être excités, d'ailleurs on pouvoit entrer & sortir, parler de ses affaires ; mais que voulez-vous qu'ils fassent ici ? Quoi, une action suivie à laquelle il faut qu'ils prêtent quelqu'attention, un langage passionné, pour des ames froides & sans passions ! C'est vouloir parler François à un Turc. Remarquez qu'*Alceste* plaît, principalement à de bonnes gens, à des pères de famille, à des mères tendres, à de bons amis, à des jeunes gens sensibles : aussi commence-t-on à se plaindre que le Spectacle est mal composé : si cela continue, vous verrez que *les honnêtes gens* ne pourront plus aller à l'Opéra.

L'Abbé nous parla encore de ces vieillards endurcis, qui, ne jouissant plus que par la mémoire, sont persuadés qu'il ne peut y avoir de beau que ce qui a été fait de leur temps, & de ceux dont les oreilles entièrement gâtées par notre Musique Gauloise, ne peuvent se former à celle-ci.

Il nous rappela à ce propos l'histoire de Timothée, Poëte-Musicien, qui se faisoit payer par ceux qui venoient à lui pour apprendre à jouer de la cithare, après avoir eu un autre Maître, le double du prix ordinaire, à cause de la peine qu'il étoit obligé de se donner pour faire oublier au Disciple les mauvais principes dont il étoit imbu. Enfin il nous observa que ce qui avoit nui davantage au succès d'*Alceste*, étoit l'excellence même de la Musique ; car, ajouta-t-il,

> Sitôt que d'Apollon un Génie inspiré
> Trouve loin du vulgaire un chemin ignoré,
> En cent lieux contre lui les cabales s'amassent,
> Ses rivaux obscurcis autour de lui croassent,
> Et son trop de lumière, importunant les yeux,
> De ses propres amis lui fait des envieux.
>
> (BOILEAU, *Epître à Racine.*)

Cependant la nuit s'avançoit, mais personne ne s'en appercevoit, le souvenir du Spectacle prolongé par ce que l'Abbé venoit de dire, l'agréable souper que nous avions fait, tout cela nous avoit exaltés ; la joie rayonnoit dans les yeux de l'Abbé ; dans son délire il toit au milieu de nous, comme Horace s'écriant au milieu de ses amis:

Nunc est bibendum, nunc pede libero
Pulsanda tellus.

Il profita de cette situation pour passer au second Acte.

Vous tous, dit-il, qui refusez à l'Auteur d'*Alceste* le mérite de faire de la Musique dansante, venez entendre ces airs sur lesquels une partie du peuple chante, pendant que l'autre danse; ils sont vifs & animés, & néanmoins ils ont quelque chose de *molle* & *languido*, qui porte l'ame à l'attendrissement.

Je ne suis pas entièrement de votre avis, dis-je à l'Abbé, en l'interrompant; plusieurs de ces airs me semblent déplacés.

Vous avez raison, me répondit l'Abbé, mais ne vous en prenez pas au Musicien qui les avoit rejetés à la fin de l'Opéra; ce déplacement est l'ouvrage de Messieurs de la Danse. Honteux de se voir ranger dans la classe des décorations, & de ne faire que l'accessoire du Spectacle, dont ils font la partie essentielle dans les autres Opéras, ils ont voulu augmenter ici le nombre des Ballets.

Il arrive de-là, que ces airs, étrangers à la situation, font perdre de vue l'action principale, ce qui ne seroit point arrivé, si, au lieu de ces Danses symmétriques & maussades que l'on connoît toujours d'avance, on eût mis sur les seuls airs que le Musicien avoit placés ici, des Ballets expressifs & pantomimes, dont Noverre a si inutilement donné l'exemple (1). Il falloit voir le peuple dans cet abandon, dans cette

(1) Dans son Ballet de Médée.

ivresse désordonnée causée par la joie d'un événement aussi désiré que le rétablissement de la santé d'un bon Roi. Des Ballets faits dans cet esprit, seroient bien rentrés dans l'action principale, ils en auroient fait l'ornement.

N'avez-vous pas entendu parler de la Fête qui eut lieu lors de la convalescence du feu Roi ? La joie étoit universelle ; la Fête n'étoit point dans les préparatifs somptueux, dans les superbes arcs de triomphes ; chacun la portoit dans son cœur ; un heureux désordre régnoit partout : voilà ce que rendent les airs en question, & ce que la Danse devoit rendre à son tour.

Admète paroît au milieu de la Fête ; il vient de recouvrer la santé, & la douce ivresse que lui fait éprouver la joie de son Peuple est rendue par un récitatif dont les accens sont bien l'expression d'un cœur qui s'ouvre aux plus douces affections. Quand il se plaint ensuite de ne respirer qu'aux dépens des jours d'un inconnu, voyez comme le chant du chœur, par lequel le Peuple lui répond, résonne mélodieusement aux oreilles, & affecte l'ame délicieusement !

Mais il revoit Alceste ; voyez comme la Musique va croître en force à mesure que l'intérêt s'augmentera. Remarquez d'abord quel beau contraste entre la joie du Peuple & la douleur qu'Alceste s'efforce en vain de contraindre. Ensuite Admète, dans le récitatif le plus touchant, exprime la douce langueur que lui causent tous les objets qui l'environnent ; vous entendez un air de flûte qui, en surpassant tous les précédens par la charmante douceur convenable à la Fête, sert pourtant d'accompagnement aux accens douloureux que laisse enfin échapper Alceste.

Admète

Admète voit ses pleurs; après s'être vainement efforcé d'en arrêter le cours par un air où le sentiment de plaisir qu'il éprouve & qu'il cherche à faire passer dans l'ame d'Alceste, est peint dans sa douceur comme dans ses éclats, par des accens non-moins vifs que touchans, il la presse de lui déclarer le sujet de ses larmes : remarquez alors comme le récitatif est bien coupé, comme il donne bien à la voix les inflexions nécessaires pour faire sentir les interrogations & les exclamations; remarquez sur-tout comme l'expression des paroles est augmentée, sans que leur prononciation soit ralentie. Quelle Actrice, si parfaite que vous la supposiez, pourroit, avec le seul organe de la voix parlante, mettre la même expression qui se fait sentir dans le récitatif des deux vers qu'Alceste répond à Admète, qui semble douter de son cœur? cependant, le charme qu'il fait éprouver n'est que le prélude d'un air dont on sentira mieux la beauté en le comparant à ceux du premier Acte.

Dans chacun de ces airs, comme Alceste éprouve successivement différens sentimens, le chant varie à proportion, & prend un différent caractère à mesure que l'Actrice passe d'un sentiment à un autre, ce qui n'arrive point ici, parce que son ame n'est affectée que d'une seule manière; presqu'au moment de mourir pour Admète, elle ne lui répond qu'en exprimant toute sa tendresse, aussi l'air qui n'a à rendre que ce sentiment, n'a-t-il qu'un seul caractère. Dans le chant & dans l'orchestre, ce sont toujours des accens aussi doux que pathétiques, toute l'ame d'Alceste semble passée dans sa voix; mais voyez comme le chant en descendant tout-à-coup à ces vers,

Jusques dans la nuit éternelle,

fait prendre à la voix de la Cantatrice je ne fais quel fon fépulchral qui donne bien en effet l'idée de la *nuit éternelle* ; & remarquez que, malgré tout cela, le chant conferve toujours l'accent du fentiment de tendreffe qu'éprouve Alcefte. L'émotion délicieufe que caufe cet air redouble encore dans le chant & dans l'accompagnement de ces deux vers :

> Et de ma tendreffe fidelle
> La mort ne triomphera pas.

Peut-on rien entendre fur-tout de plus mélodieux & de plus enchanteur que le trait de hautbois, qui femble exprimer ces étreintes de cœur, ces élans de tendreffe, partage des véritables Amans ?

Enfin Alcefte ne peut plus réfifter aux inftances d'Admète ; il apprend que c'eft elle qui doit mourir pour lui : c'eft ici le moment pathétique de l'Opéra ; c'eft auffi le moment où le Muficien raffemble toutes les forces de fon Art. Ce font d'abord des accens fourds & étouffés qui expriment l'accablement où Admète eft plongé ; enfuite viennent les grands éclats ; c'eft l'amour offenfé qui s'exhale en reproches ; &, foit dans le récitatif, foit dans l'orcheftre, c'eft une vive chaleur qui redouble encore à ce vers :

> Et les Dieux fouffriroient cet affreux facrifice ?

La Mufique s'augmente tout-à-coup : les fons les plus aigus & les plus forts donnent à l'efpèce d'imprécation que renferme ce vers, tout le terrible qui lui convient : mais comment donner une idée de ce qui fuit ? Tandis qu'on entend dans le récitatif les accens d'un cœur défefpéré, l'Orcheftre en rend les agitations convulsives. C'est là que sont employés tous les grands moyens, une musique forte, bouillante & impétueuse, à laquelle succède un air (1) qui rend si bien le dernier excès d'attendrissement dont le cœur d'Admète est suffoqué.

Dans son désespoir il quitte Alceste, pour aller prier les Dieux de reprendre leur première victime. Cependant Alceste va porter ses pas à l'Autel de la Mort : elle est environnée d'un Peuple qui l'aime, qui plaint sa beauté, ses graces, ses vertus : ce ne sont plus des plaintes immodérées, c'est une douleur adoucie par la présence de celle qui en est l'objet ; c'est de l'affection, ce sont de tendres regrets ; aussi le chant que le Musicien emploie dans les deux chœurs qu'on entend ici, ne respire-t-il qu'une douce tristesse qui porte à la compassion, & ajoute encore à l'effet de l'air que chante alors Alceste.

La peine qu'elle éprouve en quittant tout ce qui lui est cher, occupe entièrement, & navre son cœur ; & l'on n'entend autre chose pendant les huit premiers vers, que les accens d'un cœur noyé de larmes : ensuite la douleur devient trop forte ; Alceste ne peut plus la soutenir ; &, pendant les quatre derniers vers, ce sont les cris aigus & déchirans qu'arrache le désespoir.

L'Abbé s'arrêta encore ici comme à la fin du premier Acte, & la conversation étant devenue générale, quelqu'un demanda comment il se pouvoit faire que la Musique fût le seul des Arts dans lequel les François n'eussent pas excellé. Seroit-ce, nous dit-il, parce que nos Musiciens auroient manqué de science ?

---

(1) Barbare, non sans toi je ne puis vivre.

Je l'ignore, répondis-je ; mais ce qu'il y a de certain, c'est que la science ne donne point le génie.

La connoissance physique de la Musique est un Art purement méchanique. Celui qui sait les règles de la Composition, n'est pas plus avancé que ne l'est en Poësie, celui qui connoît bien la mesure d'un vers. Le Compositeur qui se contente de placer des sons, même les plus réguliers, sur les syllabes des paroles, sans qu'il y ait entre les unes & les autres de véritables rapports, fait comme le Versificateur qui composeroit des vers de mots sans suite. Il arrivera alors ce qui est arrivé chez nous : le chant étant étranger aux paroles, ne servira qu'à en distraire l'attention.

La Musique n'est pour le Compositeur que la matière de son Art, comme la terre entre les mains du Sculpteur, & les couleurs sur la palette du Peintre. Tout l'art consiste à savoir trouver dans les sons l'accent des sentimens ou des autres choses à exprimer ; & comment le trouver, si l'on n'est point affecté, comme le Poëte lui-même, des sentimens qu'on a à rendre ? C'est pour cela que les Musiciens Grecs étoient Poëtes aussi : *Musici qui erant quondam idem Poëtæ*, dit Cicéron. Un grand homme nous a déjà donné l'idée de ce que seroit un tel Musicien (1).

Votre remarque, dit alors l'Abbé, me conduit à une autre. Si nos Musiciens n'ont rien été de ce que vous venez de dire, ne faut-il pas aussi s'en prendre aux paroles qu'on leur a données ?

Pour moi, je crois que la même cause qui a nui autrefois au progrès de notre Théâtre François, a retardé jusqu'à présent le progrès de notre Musique ; car

---

(1) J. J. Rousseau dans son *Devin du Village*.

dans le temps où les Contemporains & les Devanciers de Corneille mettoient dans leurs Pièces de Théâtre cette froide galanterie si éloignée de la nature, la Tragédie étoit dans son enfance.

Le même jargon emmiellé n'a cessé de régner dans nos Opéras. On a cru suppléer au sentiment par de l'esprit : or, quand le Poëte n'a rien senti, que peut exprimer le Musicien ?

Il faut donc rendre graces à l'Auteur du Poëme d'Alceste, qui le premier dans son Iphigénie s'est écarté de cette route accoutumée.

Venons au troisième Acte de notre Opéra : il commence par ce lamentable & lugubre chœur, où tout le Peuple ensemble, pleurant le sort d'Alceste qui est allée à l'autel de la Mort, fait entendre de profonds gémissemens ; ce sont des explosions de soupirs & de sanglots.

Remarquez l'effet que produit le passage ingénieux de ce premier chœur au second, qui répète absolument la même chose, avec cette différence, qu'ici les Chanteurs sont en bien moindre nombre, & qu'au lieu de tous les instrumens qui accompagnoient auparavant, on n'en entend plus qu'un seul ; ce qui fait une double illusion, en faisant paroître le chœur éloigné, & en donnant l'idée d'un peuple nombreux. C'est encore avec le même art que ce chœur, revenant pour la troisième fois lorsqu'Hercule est instruit du sort d'Alceste, donne au Héros le temps de concevoir le projet de la délivrer, & rend bien plus intéressant l'air qu'il chante ensuite. Cet air, en donnant de l'espérance au Peuple & aux enfans d'Alceste donne aussi quelque relâche au Spectateur, qui, jusqu'alors, n'a rien vu que de triste.

Mais Alceste arrive aux portes de l'Enfer. Quelle vive peinture, dans le récitatif qu'elle chante, de son effroi & des objets mêmes dont elle est effrayée !

Un Connoisseur a déjà fait sentir la raison pour laquelle le chœur des Divinités infernales qui arrêtent Alceste au passage, est privé de toute espèce de chant. Suivant lui, » ce sont des Ombres qui sont sur la » Scène, & il n'y a plus de passions au-delà de la » vie. Ces vers ne sont point susceptibles d'une autre » déclamation, & c'est en les privant même de leurs » accens naturels, que le Chevalier Gluck nous prouve » à quel point il sent & respecte les convenances ».

Pour moi, outre cette raison, il me semble que la sombre monotonie de ce chœur, à côté des sons rauques & affreux, par lesquels l'orchestre semble faire entendre tout l'Érèbe qui mugit, produit un effet bien plus effrayant que quelque chant qu'on eût imaginé.

Mais comme les contraires se touchent ! A cette harmonie terrible, voyez quel chant mélodieux succède ; c'est la lumière après les ténèbres.

Nous avons déjà remarqué que le Musicien ne met jamais plus de chant, que dans les occasions où il n'a qu'un sentiment unique à rendre ; aussi comme tous les efforts d'Alceste, qui ne veut plus que mourir, sont employés ici à attendrir les Divinités infernales, pour les engager de hâter son trépas, le chant le plus pur ne cesse de couler avec la plus tendre mollesse.

Admète arrive de son côté. Ici se fait entre les deux Époux un combat de générosité : chacun veut mourir. On croiroit qu'Admète a épuisé au second Acte tous les accens de la tendresse ; mais la situation n'est plus la même : là c'étoit une tendresse mêlée de fureur, c'étoit l'amour indigné : ici c'est la tendresse seule & sans mélange. Il ne s'agit plus de convaincre Alceste par des raisonnemens, mais de la fléchir par la force du sentiment ; aussi elle est telle dans l'accent de l'air que le Musicien met dans la bouche d'Admète, que chaque mot semble sortir du fond de son cœur.

L'accompagnement de l'air que chante ensuite Caron, n'est-il pas véritablement

Il rauco suon della tartarea tromba ?

Dans le chœur des Divinités infernales qui viennent entraîner Alceste, ne semble-t-il pas entendre trembler

Le spaziose atre caverne ?

Enfin le chant du peu de mots que dit Admète en s'opposant à cet enlèvement, n'exprime-t-il pas l'effort qu'il fait pour retenir Alceste ?

Tant de beautés n'empêchent pas de regretter celles dont on nous a privés, & surtout un *Duo* qui n'a été chanté qu'aux répétitions (1) : je ne l'ai pas entendu ; mais il étoit le seul de tout l'Opéra ; il le terminoit, & l'on connoît ceux d'*Iphigénie* & d'*Orphée*.

Voilà une partie de ce que j'ai trouvé dans *Alceste* : je dis une partie, car si vous voulez détailler chaque chose en particulier, vous verrez qu'il n'est presqu'aucun mot dont l'idée qui lui est propre ne soit rendue par la Musique, qui cependant exprime en même-temps le sentiment dont le personnage est af-

―――――――――――――――――――

(1) On a aussi supprimé un *Duo* dialogué, qui a été chanté aux premières représentations.

fecté. Confidérez enfuite l'Opéra dans fon tout; n'êtes-vous pas frappés de cet enchaînement de beautés? N'admirez-vous pas comme les mêmes fentimens font exprimés dans leurs différentes nuances, & comme chaque phrafe de chant eft toujours parfaitement d'accord avec la phrafe grammaticale? Et fi dans tout ce que vous venez d'entendre, je ne fuis que l'écho de ceux des Spectateurs qui font connus pour avoir de la fenfibilité, fi tous font affectés de la même manière, dans les mêmes endroits; fi, par exemple, dans le moment où Alcefte s'écrie,

O mes fils, mes chers fils, je ne vous verrai plus.

les larmes coulent de leurs yeux; s'il en eft de même à proportion des autres fituations, ne reconnoîtrez-vous pas avec moi, dans cette Mufique, l'accent de la nature? N'eft-ce pas une véritable déclamation notée, qui oblige le Chanteur, s'il eft fenfible, à entrer dans la paffion qu'il exprime?

En effet, continua-t-il, pour en rendre véritablement l'accent, la Mufique emprunte de la Nature les mêmes fons que feroit entendre un homme qui fe trouveroit dans la fituation où le perfonnage eft repréfenté; & comme, pour chanter exactement cette Mufique, il faut que l'organe de la voix du Chanteur fe trouve dans le même état où il feroit en effet, fi ce Chanteur éprouvoit réellement ce qu'il exprime, il s'enfuit de-là que, malgré lui, il eft obligé de donner à fon chant l'expreffion convenable, parce que cette expreffion eft dans le chant.

Cela me fait concevoir pourquoi tant de Chanteurs, froids auparavant, fe font animés tout-à-coup à la flamme de ce puiffant Génie. C'eft Prométhée qui a dérobé le feu du Ciel. Je suis bien éloigné cependant de porter atteinte au mérite de l'admirable Actrice qui remplit si parfaitement le rôle d'Alceste; car je ne concevrai jamais que l'on puisse donner de la sensibilité à qui n'en a pas; mais de quelque sensibilité qu'on porte en soi le germe, s'il ne se trouve point d'occasion pour le développer, ce sera un trésor qui demeurera caché à tous les yeux.

C'est ainsi que la plupart des Grands, élevés loin du Peuple, ne compatissent point à ses maux qu'on leur laisse ignorer; non qu'ils manquent de sensibilité, mais parce que cette qualité n'a point été éveillée en eux.

Avant l'Opéra d'*Alceste*, il est certain que l'Actrice dont je parle avoit le germe du talent qu'elle nous a montré depuis, mais il étoit inconnu à elle-même. Depuis que le Chevalier Gluck, en le développant, lui en a révélé le secret, voyez quel essor elle a pris. Si vous l'envisagez comme Cantatrice, voyez comme sa voix sonore passe facilement du chant le plus doux au chant le plus fort; comme elle articule bien, comme l'expression qu'elle donne n'ôte rien à la précision : si vous l'envisagez comme Actrice, voyez quelle noblesse & quelle vérité dans son jeu; confondez ensuite l'Actrice avec la Chanteuse, & voyez quel accord parfait entre son jeu & son chant, accord bien difficile à tenir, si l'on considère que le trop d'attention à garder la précision dans la mesure ou dans le chant, ou trop d'expression peuvent se nuire réciproquement. (1).

---

(1) On peut appliquer à ceci ce que dit Plutarque dans son Traité de la Musique, où l'on voit que *trois choses doivent se rencontrer*

Les observations précédentes m'expliquent encore ce qu'il faut entendre par le chant que les Grecs employoient dans leurs Pièces Dramatiques; c'étoit sans doute un récitatif tel que celui d'*Orphée*, d'*Iphigénie* & d'*Alceste*. Maintenant en effet que vous en connoissez bien l'accent naturel & déclamatoire, seriez-vous choqués de le voir adapter à nos Tragédies?

Si vous craignez que ce récitatif ne ralentisse l'action, récitez avec le seul organe de la voix parlante, le passage du poëme d'Alceste où le Grand-Prêtre est inspiré, vous verrez que votre déclamation ne durera pas moins de temps que le récitatif.

Ainsi ce récitatif, sans rien faire perdre aux paroles de la précision nécessaire, en augmente prodigieusement l'expression par l'accent de la voix chantante & par l'orchestre, qui ne parlant seul, que quand l'Acteur doit en effet se taire, loin de nuire à l'action, la rend au contraire plus vive, en remplissant ces momens de silence par des traits relatifs à la situation; de manière que l'esprit du Spectateur n'est pas un seul instant distrait de son objet.

L'Abbé alla plus loin encore; il mit les vers dont il venoit de parler, en comparaison avec ceux que Racine fait dire à Joad dans Athalie, (Acte III, Scène VII).

Les deux situations sont les mêmes, nous dit-il, dans l'une comme dans l'autre : c'est un Prêtre inspiré; mais malgré l'étonnante supériorité que l'Auteur d'*Alceste* sera sans doute le premier à reconnoître dans Racine, comparez cependant, & vous éprouverez

---

ensemble en l'ouie; savoir, le son, le temps, & la syllabe ou la lettre. (Plutarque, traduct. d'Amyot.)

avec surprise, que celui dont la lecture vous plaît davantage, n'est pas celui qui vous émeut le plus à la représentation.

Comment expliquer cette différence, sinon par la force que la Musique ajoute à l'expression des sentimens renfermés dans les paroles ? Faites attention d'ailleurs que dans ces Tragédies notées, l'action ne seroit pas coupée par des airs, & vous serez convaincus que le temps nécessaire pour les représenter excéderoit à peine la durée des représentations actuelles. Ce récitatif, qui n'est autre chose, comme vous l'avez vu, que l'accent même de la nature, seroit moins extraordinaire que l'usage des vers, qui, loin de nous choquer, nous enchante.

Racine lui-même semble l'avoir senti. Dans le bel endroit dont je viens de parler, après ces premiers vers :

Mais d'où vient que mon cœur frémit d'un saint effroi ?
Est-ce l'esprit divin qui s'empare de moi ?
C'est lui-même, il m'échauffe, il parle, mes yeux s'ouvrent,
Et les siècles obscurs devant moi se découvrent.

Il ajoute ceux-ci :

Lévites, de vos sons, prêtez-nous les accords,
Et de ses mouvemens secondez les transports.

C'étoit donc à l'orchestre qu'il laissoit le soin d'exprimer les mouvemens de l'ame de son personnage. Le chœur chante ensuite au son de la symphonie, qui reprend plusieurs fois dans le cours de cette scène.

O le plus accompli des Poëtes ! toi, qui dans un temps où notre Musique étoit encore au berceau, n'as cependant pas dédaigné de l'admettre dans la plus majeſtueuſe de tes Tragédies, que ton ombre immortelle quitte ces lauriers toujours verds qui couronnent le Pinde, viens entendre ces ſavans accords, ces accens dérobés à la nature, & qui l'embelliſſent encore; tu ne les placeras plus ſeulement dans tes chœurs, mais faiſant ſuccéder à l'organe ſec de la voix parlante l'organe plus étendu, plus touchant, plus expreſſif, & en même temps plus fort & plus terrible de la voix chantante, tu verras augmenter l'effet de la déclamation de tes inimitables Poëmes, & nous y gagnerons cet avantage qu'ils pourront être entendus par un plus grand nombre de Spectateurs à-la-fois.

Le bon Abbé ne dit rien de plus; nous n'avions perdu aucune de ſes paroles; nos regards étoient fixés ſur les ſiens; nous partagions ſon enthouſiaſme. Cependant il fallut nous quitter; mais avant de partir, nous conclûmes de ce qui venoit d'être dit, que la Muſique d'*Alceſte* étoit de tous les temps & de tous les pays, & qu'elle vivroit auſſi long-temps qu'il y auroit des hommes ſenſibles, parce qu'elle eſt l'expreſſion des ſentimens que la nature a placés dans les cœurs de tous les hommes.

Le lendemain nous nous rejoignîmes, & nous allâmes tous ſouſcrire, comme nous nous l'étions promis.

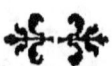

VERS
SUR L'OPÉRA D'ALCESTE,
ADRESSÉS
A M. LE CHEVALIER GLUCK.

L'œil humide des pleurs que tu m'as fait verser,
O Gluck ! j'écris ces vers, enfans de mon délire ;
    Le sentiment me les inspire....
Je retiens mes sanglots, & je vais les tracer.

  Dieux ! quels transports ! quel oubli de soi-même
Tes sublimes accens font naître dans les cœurs !
    Tu nous a fait oublier les Acteurs.
D'un peuple pour son Roi j'ai vu l'amour extrême ;
D'Alceste j'ai senti les mortelles douleurs ;
Avec ceux de ses fils j'ai confondu mes pleurs....
Mais quel autre tableau ?... sous des voutes sacrées
Ces Prêtres vers le Ciel élèvent leurs concerts,
Au culte du Soleil ces Vierges consacrées,
Dont les pas innocens cadencés sur tes airs
Peignent de la candeur le calme & l'assurance,
Ces chants qui dans mon cœur raniment l'espérance,
Tout m'annonce des Dieux l'auguste majesté....
Hélas ! ils vont parler... ah malheureuse Alceste !...
Tes pleurs n'ont pu fléchir la colère céleste,
Ton Époux doit mourir, son arrêt est porté....

O Gluck ! Rival heureux du Dieu de l'Harmonie,
Dis-moi donc par quel art cédant à ton génie
  J'éprouve à ton gré tour-à-tour
L'espérance, la crainte, & la haine, & l'amour ?
Ah ! cessez pour jamais d'étonner mes oreilles !
  Disparoissez, fabuleuses merveilles
  Du Chantre des Thébains !
Si le marbre animé par ses accords divins
En fastueux remparts s'arrangeoit en cadence,
Ses prodiges par Gluck ont été surpassés.
 A l'orgueilleuse & stupide opulence,
  A ces êtres glacés
  Dont notre Sybaris abonde,
Et qu'un Peuple frivole à nommés le Beau Monde,
Ses chants ont arraché des sanglots & des pleurs.
Je les ai vus surpris de répandre des larmes,
Ces hommes sans vertus, & ces femmes sans mœurs,
Respecter des Époux le lien plein de charmes,
Et rendus vertueux par tes divins tableaux,
Pour la première fois pleurer au nom de mère.
Indignes d'éprouver des transports si nouveaux,
Qui les font trop rougir pour ne pas leur déplaire,
Peu faits pour écouter l'accent de la douleur,
Ces cris du désespoir, ces airs pleins d'énergie,
  Qui dans l'ame attendrie
Portent des passions le trouble séducteur ;
Leur mollesse n'a pu supporter ton génie.
Ils eussent préféré ces fades roulemens,
Ces fredons éternels, ces éclats glapissans,
Ces airs faits au compas, dont la froideur extrême
Laisse le Spectateur s'occuper de lui-même,
Et de tous tes Rivaux font les rares talens.
Laissons-les dédaigner les chants de la Nature,

DE LA MUSIQUE.

    Ils ne font pas faits pour fentir.
Avec les tendres cœurs allons les applaudir,
Viens goûter, ma Zélis, une volupté pure.
    D'une époufe pour fon époux
    Viens voir le dévouement fublime.
      Pour un cœur qui s'eftime
      Ce fpectacle eft fi doux !
L'ame aimante d'Alcefte & fon courage extrême
Sur ton beau fein feront couler tes pleurs ;
    En te voyant partager fes douleurs,
    Je me dirai, c'eft ainfi qu'elle m'aime.
Et toi qui vis l'orgueil, l'ignorance & l'envie,
Vouloir en vain flétrir ce fruit de ton génie,
Et pendant quelque temps la France dédaigner
Ce chef-d'œuvre immortel qu'admiroit l'Italie,
Reviens, & tu verras ton Bufte s'élever,
Monument que le goût confacre à ta mémoire.
    Tu le verras figurer avec gloire
Au-deffus des Lullis, au-deffus des Rameaus ;
Et pour ne point bleffer ton air fimple & modefte,
    Pour tout éloge on y lira ces mots:
      Tu vois l'Auteur d'Alcefte.

                    Par M. MILCENT.

LETTRE
DE M. FRAMERY,
A L'AUTEUR DU MERCURE.

Monsieur, je ne sais si vous avez quelque connoissance d'une petite brochure intitulée : *La Soirée perdue à l'Opéra*. On y trouve une phrase qui paroît avoir attiré l'attention du Public. C'est la seule qui m'intéresse, & la seule à laquelle je m'attacherai ; la voici.

» Voilà un chœur agréable (dit un Interlocuteur).
» Mais il est pillé de l'Opéra de *Golconde*. —— Atten-
» dez, Monsieur, il y a à la fin du second Acte un
» des plus beaux airs qu'on ait jamais entendus sur
» aucun Théâtre lyrique, & dans cet air, l'inflexion
» la plus pathétique & la plus heureuse que l'Art ait
» encore empruntée à la Nature : eh bien ! ce même
» accent, ce même trait se rencontre dans l'*Olym-*
» *piade* de M. Sacchini. Mais il faut que vous sachiez
» que long-temps avant la naissance de l'*Olympiade*
» de M. Sacchini & de l'Opéra de *Golconde*, celui d'*Al-*
» *ceste* avoit vu le jour & le grand jour ; c'est-à-dire
» qu'il avoit été représenté, gravé, publié. Oh ! vous
» ne connoissez pas tous les vols qui ont été faits à ce
» pauvre Chevalier Gluck : on trouvoit, avec raison,
» qu'il étoit bien plus aisé de le piller que de l'imi-
» ter, &c. »

N'est-il pas vrai, Monsieur, que quand on accuse si ouvertement

ouvertement un homme comme M. Sacchini, de plagiat envers un homme comme M. Gluck, il faut être bien sûr de son fait?

Je sais que l'*Alceste* Italien a été représenté il y a une douzaine d'années, sur le petit Théâtre de Bologne. J'ignore avec toute l'Italie, si cet Opéra est gravé, ce qui n'est pas d'usage dans ce pays : mais s'il l'est, ou si seulement il est publié, rien n'est si facile que de convaincre M. Sacchini du crime qu'on lui reproche. Que l'on publie en France l'air original de M. Gluck, (je paierai, si l'on veut, les frais de la gravure) & alors il sera démontré que M. Sacchini, oubliant sa réputation solidement établie dans toute l'Europe, s'est donné faussement pour le créateur d'un trait d'expression qui appartenoit à un autre Opéra joué dans une petite Ville.

Un léger exposé historique éclairciroit peut-être bien des choses. Sur la fin de la saison de 1773, M. Sacchini fut chargé d'arranger un *Pasticcio* de l'*Olympiade*, c'est-à-dire, un Opéra composé de différens morceaux de différens Auteurs. M. Millico, qui jouoit le rôle de Mégacle, pria le Maître de lui donner un air de lui sur ces fameuses paroles : *Se cerca, se dice*, &c. M. Sacchini avoit déjà fait une *Olympiade* à Rome, & une autre à Milan ; mais comme les Compositeurs Italiens ne sont pas dans l'usage de garder leur Musique (encore moins celle des autres) M. Sacchini fit exprès l'air en question, lequel est écrit d'un style clair, simple, touchant, en un mot d'une facture entièrement différente de celle de l'air d'*Alceste* ; mais le trait reproché s'y trouve.

M. Millico, enchanté de cet air & de son succès, vient à Paris, loge avec M. Gluck son ami, chante cette Scène partout où M. Gluck le mène, la fait chanter par Mlle. Gluck, & part avec eux pour Vienne.

Or, *il faut que vous sachiez*, Monsieur, que l'*Alceste* François est entièrement différent de l'*Alceste* Italien pour la Musique. Presque tous les airs sont refaits à neuf. L'*Alceste* ne peut donc plus dater de *long-temps avant la naissance de l'Olympiade*.

Tout Ouvrier se connoît aux ouvrages de son métier. Je parodie des airs, & j'ai la prétention de m'y connoître. Je puis donc avancer sans crainte d'être démenti, que l'air en question est fait sur des paroles. Un air parodié n'a point cette coupe, cette tournure : il est presque impossible de s'y tromper.

Veut-on me confondre ? j'en ai donné le moyen ; qu'on fasse graver l'air original, s'il existe.

Si M. Gluck est le héros de l'Anonyme, M. Sacchini est le mien ; c'est à moi de prendre sa défense, quand il n'est pas à portée de la prendre lui-même ; sa gloire me coûte assez pour continuer de la soutenir. J'y ai sacrifié mes veilles & le peu de prétention que j'aurois pu avoir au mérite littéraire dans la *Colonie*: sacrifice que je fais aujourd'hui dans l'*Olympiade* à tous égards. On ne peut se faire une idée de la difficulté du travail que j'ai entrepris ; & quand cette difficulté sera vaincue, j'aurai tout fait pour la réputation de M. Sacchini & rien pour la mienne. J'essuierai toujours des reproches, surtout à l'égard du style, parce que toute la peine que j'ai prise d'ailleurs sera comptée pour rien. Mais je m'en consolerai en comptant pour beaucoup le plaisir d'avoir fait entendre de *véritable Musique* sur notre grand Théâtre.

DE LA MUSIQUE. 99

Il n'est donc pas généreux à l'Anonyme de chercher d'avance à prévenir le Public sur un ouvrage qui n'est pas encore soumis à son jugement.

J'ai l'honneur d'être, &c.

FRAMERY.

Mercure de France, Septembre 1776.

L'intrépidité & la confiance de M. *Framery est remarquable.* On en peut juger par la réponse suivante. On a pu juger aussi par le succès de l'OLYMPIADE *parodiée,* qu'on a jouée aux Italiens, combien M. *Framery se connoît en* VÉRITABLE MUSIQUE. T.. ? le ton, tels sont les moyens que les ennemis de .. *Gluck ont employés contre lui avec un acharnement de plusieurs années.*

RÉPONSE[*]
DE M. LE CHEVALIER GLUCK,
A UN ÉCRIT

Que le sieur FRAMERY a fait paroître dans le Mercure de France du mois de Septembre 1776.

Il y a dans le Mercure du mois de Septembre 1776 une Lettre d'un certain sieur Framery, au sujet de M. Sacchini, lequel seroit fort à plaindre, s'il avoit besoin d'un tel défenseur pour soutenir sa réputation. Presque tout ce que M. Framery s'avise de dire sur M. Gluck, sur M. Sacchini & sur M. Millico est faux. L'*Alceste* Italienne de M. Gluck n'a jamais été représentée ni à Bologne, ni en aucunes autres Villes de l'Italie, à cause de la difficulté de l'exécution, si M. Gluck n'est pas présent pour guider son ouvrage.

Il ne l'a donnée qu'à Vienne en Autriche en 1768. A la reprise de cet Opéra, le sieur Millico chanta dans le rôle d'Admète. Il est vrai que M. Sacchini a inséré le passage contesté dans son air : *Se cerca, se dice*; & cette phrase musicale se trouve dans l'*Alceste* Italienne de M. Gluck : *Ah! per questo già stanco mio cuore*, imprimé à Vienne en 1769 ; nous dirons de plus qu'il y a un autre passage sur la fin du même air, pris de

---
[*] Nous copions exactement la Lettre de M. le Chevalier Gluck.

Paride ed Helena, de l'air : *Di Scordami*, imprimé aussi à Vienne. M. Framery ne sait pas qu'un Compositeur Italien est très-souvent forcé de s'accommoder au caprice & à la voix du Chanteur, & c'est le sieur Millico qui a obligé M. Sacchini à insérer les susdites phrases dans son air; c'est ce que M. Gluck lui-même a reproché à son ami Millico : car alors M. Gluck n'avoit pas encore donné son *Alceste* à Paris, mais il avoit l'idée de l'y donner. M. Sacchini, génie comme il est, & plein de belles idées, n'a pas besoin de piller les autres; mais il a été assez complaisant envers le Chanteur pour emprunter ces passages, où le Chanteur croyoit qu'il brilleroit le plus. La réputation de M. Sacchini est établie depuis longtemps : elle n'a nullement besoin d'être sauvée; mais peut-être qu'on la diminue en parodiant ses airs faits pour la Langue Italienne, sur des paroles Françoises, vû la différence entre les deux mélodies & les deux prosodies. M. Framery, comme homme de Lettres, pourroit bien faire quelque chose de mieux, que de confondre ainsi le caractère national des François & des Italiens, & de mettre en usage une Musique hermaphrodite, en parodiant des airs qui, quoique soufferts dans l'Opéra-Comique, ne sont pas convenables pour les grands Opéras.

Mercure de France, Novembre 1776.

ANECDOTE.

On donnoit la semaine dernière, à l'Opéra, *Alceste*, Tragédie de M. le Chevalier Gluck. Mlle. Le Vasseur jouoit le rôle d'Alceste ; lorsque cette Actrice, à la fin du second Acte, chanta ce vers, sublime par son accent, *il me déchire & m'arrache le cœur ;* une personne s'écria : *ah ! Mademoiselle, vous m'arrachez les oreilles.* Son voisin, transporté par la beauté de ce passage & la manière dont il étoit rendu, lui répliqua : *ah ! Monsieur, quelle fortune, si c'est pour vous en donner d'autres !*

Journal de Paris, 21 *Janvier* 1777.

AU RÉDACTEUR
DU
COURIER DE L'EUROPE.

Je n'ai pu lire, Monsieur, sans indignation les indécentes assertions hazardées contre M. le Chevalier Gluck, & dont je ne sais quel correspondant obscur salit vos feuilles depuis près d'un mois. Quelque supérieure que soit la réputation des grands hommes à ces sortes d'invectives, l'admiration sentie qu'on doit aux talens distingués, l'hommage d'ailleurs qu'il convient de rendre à la vérité, m'obligent, sinon d'éclairer cet Antagoniste sur les beautés d'un Art qu'il n'est pas fait pour sentir, du moins de réfuter les faussetés qu'il s'est permis de publier pour ternir la gloire du plus célébre Compositeur qui ait encore paru dans le genre de la Musique dramatique : le peu d'espace que vous donnez dans vos feuilles aux objets relatifs aux Arts, ne me permet pas d'entreprendre une dissertation qui nous meneroit trop loin, & de prouver par des raisonnemens, pris dans la nature même, combien il s'en faut qu'un seul des Compositeurs Italiens tant prônés, d'ailleurs estimables à tous égards, aient, je ne dis pas approché de la perfection de la Musique dramatique, mais soupçonné même son existence. Je ne m'arrêterai qu'aux faits avancés par ce Correspondant hardi, parce que, s'il est permis de manquer de goût, il ne le fut jamais d'en imposer audacieusement à toute l'Europe : je réfuterai les calomnies par des faits avérés, qui sont au su de la France, de l'Allemagne & de toute l'Italie : je marquerai les époques, je citerai même les témoins respectables dont je ne crains pas d'être désavoué, & nous verrons si le zèle chevaleresque de ce Don-Quichote des virtuoses ultramontains aura quelque chose à nous opposer.

Je répondrai d'abord à l'histoire des prétendues disgraces de M. *Gluck* en Italie, ce que Bayle répondoit à ce Capucin si revéche : *mentiris impudentissimè* ; je dirai que le Chevalier *Gluck* a eu pendant vingt ans le succès le plus décidé en Italie, je dirai qu'il l'a eu à Rome, qu'un Ministre, aussi célébre en Europe par son goût éclairé pour les Arts & les productions du génie, qu'il l'est par ses grands talens en Politique, instruit qu'il s'étoit formé une cabale effroyable contre ce grand homme, lui offrit d'y opposer tout son crédit, que le sieur *Gluck*, sans manquer à la reconnoissance qu'il devoit à un appui aussi glorieux, refusa de s'en servir, & que la supériorité seule de ses talens triompha de l'envie, & lui mérita les applaudissemens les plus constans de la part des Romains dont le Théâtre est le plus scabreux de l'Europe ; je dirai que ses succès ont été les mêmes à Venise & à Florence ; je dirai qu'ayant donné le *Demofonte* à Milan il y a plus de quinze ans, on y parle encore avec admiration de cet ouvrage, & je m'appuierai du témoignage de tout ce qu'il y a à Milan d'hommes distingués par la naissance & le mérite personnel ; je dirai encore que le Théâtre de Vienne étoit regardé, du temps de l'Empereur *François*, comme le premier de l'Europe ; que tous les Virtuoses des deux sexes se disputoient la gloire d'y briller ; que la célébre Gabrieli, les Guadagni, les Millico, &c. y ont paru enfemble & féparément ; que les Compofiteurs les plus fameux s'empreſſerent alors de travailler pour ce Théâtre, que Trajetta, le premier de tous ceux qui exiſtent aujourd'hui, y fut appelé, & qu'après avoir eſſayé de tous les talens reconnus, qui tous afpiroient à l'honneur d'être attachés à la Cour de Vienne, le Chevalier *Gluck* fut préféré comme celui dont la réputation étoit la plus éclatante, la mieux méritée, & que l'Empereur lui fit un don brillant pour fe l'attacher : je dirai qu'au mariage de l'Infant de Parme, le magnifique Miniſtre du Chille préparant les plus fomptueufes Fêtes, M. *Gluck* fut appelé en concurrence avec Trajetta , que celui-ci fit repréfenter l'*Armide* comme fon chef-d'œuvre, que M. *Gluck* lui oppofa fon *Orphée*, & que l'*Armide* difparut : il y a ici vingt témoins oculaires de ce fait. J'ajouterai qu'en 1771, M. *Gluck* n'ayant pas voulu fe rendre aux follicitations des Entrepreneurs de l'Opéra de Boulogne, ils firent exécuter en fon abfence l'Opéra d'*Orphée*, & que le fuccès de cet ouvrage fut fi prodigieux & attira une affluence fi confidérable d'Étrangers, que, de l'aveu des Magiſtrats, il enrichit cette Ville de plus de cent mille fequins : je certifierai, & je citerai pour garant de ce que j'avance, M. le Bailli du Roullet, qui en eſt témoin, qu'en 1772 & 1773 les Entrepreneurs de l'Opéra de Naples firent les plus vives inſtances à M. *Gluck* pour le déterminer à venir leur donner deux Opéras, & lui offrirent le double de ce qu'il eſt en uſage de donner aux meilleurs Compofiteurs Italiens ; j'enchérirai, & je dirai que M. le D de * * *, ayant prié le Prince d'Ardoré de lui envoyer le meilleur ouvrage de Théâtre qui eût paru à Naples, celui-ci le plus grand connoisseur en Musique qu'ait peut-être toute l'Italie, envoya en réponse à ce Seigneur la partition de l'Opéra d'*Orphée* de M. le Chevalier Gluck; je dirai... & que ne dirois-je pas? Mais je m'apperçois que ma Lettre déja trop longue, est plus que suffisante pour détruire les invectives qu'un Anonyme, trop facile à deviner, s'est plu de répandre dans vos feuilles.

J'espère, Monsieur, & vous devez cette complaisance plus encore au Public qu'à la gloire de M. Gluck, que vous voudrez bien insérer dans votre Courier cette réfutation, fondée en faits dont personne ne peut nier l'authenticité.

Je suis, &c.

Courier de l'Europe, 14 Février 1777.

On nous a envoyé le morceau suivant auquel nous n'avons fait aucun changement. On y défend un homme de génie; & c'est une des occasions où un peu d'enthousiasme & d'exagération peut être très-excusable.

M. Gluck n'a que ce qu'il mérite : on ne vient pas réformer impunément le goût, les idées & les Spectacles d'une Nation vaine & polie.

Il a été bercé avec la Musique d'Italie & en a appris les secrets dans les meilleures écoles. Il a passé vingt-cinq ans à composer des Opéras pour les Théâtres d'Italie, & y a excité autant de *viva* & de *bravo* que les plus célèbres Maîtres de Chapelle. Mais ses Ouvrages comme les leurs étoient oubliés au bout de quinze jours, & ne laissoient même pas le désir de les revoir.

Il a senti que ce seroit un Art bien frivole que celui qui ne seroit destiné qu'à faire des impressions si passagères & si peu profondes; mais il a senti aussi que ce n'étoit pas la faute de la Musique.

Il s'est mis à étudier notre Langue, notre Poésie & notre Théâtre. Il a vu dans l'Opéra François un plan de Spectacle magnifique, auquel il ne manquoit que de la Musique. Il a trouvé dans les richesses de la Musique Italienne des couleurs propres à peindre toutes les affections de l'ame, tous les effets de la Nature, lorsqu'au lieu de s'amuser à enluminer de jolies découpures, on saura en composer de grands tableaux. Il a trouvé un Poëte digne de l'entendre & de le seconder, & ils ont donné l'*Orphée* & l'*Alceste*. En Italie, en Allemagne, en Angleterre, le succès de ce genre nouveau a été prodigieux; mais il manquoit au Chevalier Gluck d'en faire l'essai en France. Sans autre mission que son zèle pour les progrès de l'Art, & son goût pour notre Langue, il est venu à Paris & a donné son *Iphigénie*, l'une des conceptions des Arts la plus admirable & la plus étonnante pour quiconque est digne d'en saisir l'ensemble & d'en sentir les détails.

Ce n'étoit rien que d'avoir créé une Musique Dramatique, il falloit des Acteurs, des Chanteurs, des Exécuteurs. Il trouva un Orchestre qui ne voyoit guère dans la Musique que des *ut* & des *ré*, des noires & des croches ; des assortimens de Mannequins qu'on appelloit des Chœurs ; des Acteurs dont les uns étoient aussi inanimés que la Musique qu'ils chantoient, & les autres s'efforçoient de réchauffer à force de bras & de poumons une triste & lourde psalmodie ou de froides chansons. Prométhée secoua son flambeau, & les statues s'animerent. Les instrumens de l'orchestre devinrent des voix sensibles qui rendoient des sons touchans ou terribles, qui poussoient tantôt des cris, tantôt des gémissemens, qui s'unissoient toujours à l'action pour en fortifier ou en multiplier les effets. Les Acteurs apprirent qu'une Musique tout-à-la-fois parlante & expressive, n'avoit besoin que d'être bien sentie pour entraîner une action forte & vraie. Les figurans des Chœurs mis en mouvement par l'ame qui animoit toute la machine, furent étonnés de se trouver des Acteurs, & les Danseurs furent encore plus étonnés de n'etre plus rien sur un Théâtre où ils étoient accoutumés à être presque tout.

L'effet de ce Spectacle nouveau fut extraordinaire. On vit pour la première fois une Tragédie en Musique, écoutée d'un bout à l'autre avec une attention continue & un intérêt toujours croissant, faisant verser des larmes jusques dans les coulisses, & excitant dans toute la Salle des cris d'admiration. Les représentations multipliées avec un excès qui sembloit provoquer la satiété, ne firent qu'augmenter la foule, l'émotion & l'enthousiasme. Un tel succès étoit trop éclatant pour ne pas faire des ennemis à l'Auteur, car la médiocrité seule en est exempte. Les préjugés, les prétentions, la routine, le mauvais goût & les petits intérêts contrariés réunirent contre M. Gluck les épigrammes & les hypothèses, les intrigues & les calembourgs. Les uns ne voyoient dans ses Opéras que la vieille Musique Françoise renforcée, les autres que la Musique Italienne bâtarde; les uns trouvoient son chant plat & commun, les autres Welche & baroque. On lui reprocha surtout de manquer d'*unité* & de *motifs*, quoiqu'il se reprochât lui-même d'avoir perdu trente ans de sa vie à filer & parfiler des *motifs* à l'Italienne, & que considérant un Opéra comme un seul tout en Musique, il sacrifiât beaucoup de beautés faciles à cette grande & précieuse *unité*; on alla même jusqu'à l'accuser d'être Allemand; il lui fut impossible de se corriger de tous ces vices là; mais tandis que les fins connoisseurs le déchiroient dans les soupers, la plus grande partie des Musiciens étrangers & nationaux, & des Amateurs les plus distingués lui élevoient une Statue.

Lorsqu'un homme de génie paroîtra dans le monde, dit Swift, vous le reconnoîtrez à cette marque: c'est que tous les petits esprits se ligueront contre lui. Malheureusement on voit quelquefois aussi des hommes de beaucoup d'esprit se déchaîner contre le génie; j'en suis bien fâché pour ces hommes d'esprit.

Journal de Politique & de Littérature.

LETTRE
AUX AUTEURS
DU JOURNAL DE PARIS.

Un jeune-homme près de qui j'étois hier au Parterre de l'Opéra, s'adreſſant à un de ſes voiſins, *Monſieur*, lui dit-il, *n'étiez-vous pas au dernier Concert des Amateurs ?* — *Oui, Monſieur, j'y étois.* — *Eh bien ! vous venez d'entendre l'Opéra d'Iphigénie ; ne penſez-vous pas comme moi, que ce n'eſt pas là de la Muſique ?* — *Vous avez bien raiſon, Monſieur ; c'eſt ainſi qu'en voyant les Tableaux du Correge, du Titien, de Wandick, les vrais Connoiſſeurs ont toujours dit :* CE N'EST PAS-LA DE LA PEINTURE. J'ignore quelle eſt au fond votre façon de penſer ſur les Ouvrages du Chevalier Gluck ; mais il eſt impoſſible de les mieux louer.

Le Chevalier Gluck a dit plus d'une fois qu'avant de mettre un Opéra en Muſique, il ne faiſoit qu'un vœu, celui d'oublier qu'il étoit Muſicien. Ce mot plein de ſens & de profondeur, & que les ſots ont dû prendre & ont pris en effet pour une ſottiſe, m'en rappelle un de M. Chardin, qu'on ne ſauroit rapporter plus à propos.

Un particulier demandoit à ce Peintre célèbre un Tableau, & vouloit ſurtout que les couleurs en fuſſent vives & brillantes. » *Eh ! qui vous a dit*, s'écria l'Artiste avec vivacité, *qu'on fait des Tableaux avec des couleurs ?* «

DE LA MUSIQUE.

Malheur à tout imitateur qui dans ses ouvrages laisse trop voir les moyens qui lui servent à faire son imitation !

Savez-vous, dit hier quelqu'un à l'Amphithéâtre de l'Opéra, que le Chevalier Gluck arrive incessamment avec la Musique d'*Armide* & de *Roland* dans son porte-feuille ? —— De *Roland* ! dit un de ses voisins ; mais *M. Piccini travaille actuellement à le mettre en Musique.* —— Eh bien ! repliqua l'autre, tant mieux : nous aurons un *Orlando* & un *Orlandino* *.

On sait que ces deux Poëmes sont très-estimés en Italie.

Journal de Paris, 19 *Février* 1777.

---

* INDÈ MALI LABES.

LETTRE
AUX AUTEURS
DU JOURNAL DE PARIS.

Ayez pitié, Messieurs, d'un pauvre ignorant dont l'âme a quelque sensibilité, & qui se présente toujours aux effets des Arts sans s'armer jamais d'aucun préjugé.

Quelques-uns de ces hommes supérieurs dont la *façon de penser* doit régler la *façon de sentir*, ayant prétendu qu'il n'y avoit ni mélodie, ni chant, ni véritable harmonie dans la Musique du Chevalier Gluck, je les conjure de vouloir bien nous dire ce que c'est qu'une Musique où il n'y a ni mélodie, ni chant, ni véritable harmonie. J'ai fait plus d'un voyage en Italie ; j'ai entendu les plus beaux Opéras des plus habiles Compositeurs : ils m'ont quelquefois amusé, beaucoup plus souvent ennuyé ; jamais ils ne m'ont intéressé. La Musique du Chevalier Gluck est la seule qui soit allée à mon cœur & qui m'ait fait verser des larmes ; mais si, comme le prétendent ces grands Connoisseurs, cette Musique n'en est pas une, daigneroient-ils nous apprendre comment nous devons nommer l'Art du Chevalier Gluck, cet Art si simple, si grand, si sublime & si pathétique ? car il seroit trop cruel de nous en priver, parce qu'ils ne sauroient quel nom lui donner.

Journal de Paris, 3 *Mars* 1777.

M.

M. de la Harpe, en annonçant dans le Journal de Politique & de Littérature, *du 5 Mars 1777, la reprise* d'Iphigénie en Aulide, *avoit dit :*

» Ceux qui reprochent à M. Gluck de manquer
» souvent de mélodie, remarquent à l'avantage des
» Compositeurs Italiens que leurs airs séparés de l'ac-
» compagnement sont encore d'une grande beauté.
» Mais on ne peut nier du moins qu'il ne répare au-
» tant qu'il est possible ce défaut de chant par sa
» profonde connoissance de l'harmonie, & des effets
» qu'on en peut tirer.

» On a fait une autre observation à propos du *duo*
» d'Achille & d'Agamemnon au second Acte. C'est
» qu'il n'est nullement convenable à la dignité de deux
» Héros de parler tous les deux ensemble, comme il
» arrive dans les querelles du vulgaire ; & en effet ce
» conflit de menaces & de cris qui s'entre-choquent,
» manque absolument de la noblesse qui doit carac-
» tériser cette scène, & n'inspire point la terreur que
» l'on doit ressentir lorsqu'on voit en présence deux
» hommes tels qu'Achille & Agamemnon. On pour-
» roit aller plus loin, & observer que la Musique pa-
» roît se prêter avec peine à l'expression principale de
» toute cette scène. L'accent de l'orgueil est dur &
» anti-harmonique ; & ce dialogue d'Achille & d'A-
» gamemnon est d'un genre de récitatif dont l'oreille
» est au moins étonnée. Il est fort au-dessous de la
» déclamation dont cependant on s'est efforcé de le
» rapprocher ; & peut-être Achille & Agamemnon ne

» peuvent pas se braver en Musique. Ce qui est certain,
» c'est que l'effet de cette scène chantée est très-
» inférieur à celui de la même scène déclamée ; &
» quoiqu'il soit généralement vrai que la Musique
» peut tout rendre, peut-être est-ce une partie de
» l'Art de ne pas l'employer aux objets où il ne
» sauroit s'appliquer heureusement. »

Cette critique donna lieu à la réponse suivante de la part d'un homme de Lettres aujourd'hui très-connu, mais déguisé long-temps sous le nom de l'*Anonyme de Vaugirard*.

LETTRE AUX AUTEURS DU JOURNAL DE PARIS.

Vaugirard, le 7 Mars 1777.

Messieurs,

J'aime la Musique, je la cultive, & je crois qu'il est important pour la perfection de ce bel Art, de rectifier les jugemens qu'en portent des Amateurs qui en parlent souvent sans en avoir des idées nettes & précises.

M. de la Harpe, par exemple, qui juge avec tant de justesse & de goût les Ouvrages d'Éloquence & de Poésie, n'a pas été aussi exact en parlant de Musique, quoiqu'il en parle avec impartialité.

Dans le Journal Politique & Littéraire du 5 de ce mois, il loue l'*Iphigénie* de M. Gluck d'une manière vague & générale, mais avec le sentiment d'un homme qui en a été vivement affecté. C'est à exprimer leur sentiment que devroient se borner toujours ceux qui n'ont pas la connoissance des moyens de l'Art, & une grande habitude d'en comparer les effets.

Il y a des critiques à faire de la Musique d'*Iphigénie*; mais ce ne sont pas celles que M. de la Harpe rapporte : il ne fait, dit-il, que les répéter d'après d'autres; mais un homme qui a autant d'esprit n'auroit pas dû les répéter.

Je ne parle pas du reproche qu'on fait à M. Gluck *de manquer de chant*, quoiqu'il y ait plus de chant, de ce que tout le monde appelle *du chant*, dans l'*Iphigénie* que dans aucun Opéra Italien.

Je ne parle pas du compliment qu'on fait aux Compositeurs Italiens, de ce que *leurs airs séparés de l'accompagnement sont encore d'une grande beauté*. Un Virtuose Italien riroit au nez du Critique, s'il lui proposoit de chanter sans accompagnement un grand air pathétique de Jomelli ou de Piccini.

Je veux parler seulement du duo d'Agamemnon & d'Achille. Les critiques qu'on en fait sont curieuses.

Il n'est nullement convenable à la dignité de ces Héros de parler tous les deux ensemble. Voilà les trois quarts des duos de tous les Opéras du monde proscrits d'un trait de plume; car le même défaut de politesse s'y trouve. Si je répondois à M. de la Harpe, que les deux Héros *ne parlent pas ensemble*, mais qu'*ils chantent ensemble*, je suis persuadé qu'il m'entendroit & qu'il voudroit effacer sa phrase.

Ce conflit de menaces & de cris manque de noblesse... pas plus que dans Homère, & qu'aux endroits de l'Iliade où des Héros s'appellent *poltrons* & *visage de chien.*

L'accent de l'orgueil est dur & anti-harmonique... comme anti-poétique. Si M. de la Harpe vouloit essayer de traduire cette phrase en termes précis à un homme de l'Art, il auroit de la peine à y donner quelque sens.

Ce récitatif est au-dessous de la déclamation.... Il n'est ni au-dessus, ni au-dessous; c'est une autre langue & d'autres accens. C'est une méprise trop commune & une source de méprises, que de juger des productions des Arts par ces sortes de comparaisons.

Achille & Agamemnon ne peuvent pas se braver en Musique.... ni en vers François non plus. En relisant cette puérilité, M. de la Harpe doit être étonné de l'avoir laissé tomber de sa plume. Il est trop aisé d'y répondre pour avoir besoin de le faire.

L'effet de cette scène chantée est bien inférieur à celui de la même scène déclamée.... Pour être en état de prononcer là-dessus, M. de la Harpe devroit se donner le plaisir de faire déclamer cette même scène par MM. Lainé & Durand.

Peut-être est-ce une partie de l'Art de ne pas l'employer aux objets où il ne sauroit s'appliquer heureusement.... Cela veut-il dire qu'il y a dans un Poëme Lyrique des morceaux qu'il ne faut pas mettre en Musique?

Ces objections ne méritent d'être relevées, que parce qu'elles sont adoptées par un homme de Lettres d'un mérite distingué. Tout ce qu'on entend dire dans le Monde sur la Musique Dramatique, prouve bien que le Public n'a pas encore les élémens de la Poëtique Musicale. Le moment de la faire est venu.

Journal de Paris, 8 *Mars* 1777.

RÉPONSE
DE M. DE LA HARPE
A LA LETTRE PRÉCÉDENTE,

Insérée dans le Journal de Politique & de Littérature, du 25 Mars.

On a donné pour la capitation, le jour de la clôture, *Alceste* de M. Gluck, toujours accueillie avec les mêmes applaudissemens, parce que l'effet des vraies beautés est toujours le même. On ne peut pas entendre sans admiration ce chœur des Prêtres d'Apollon, *Dieu puissant, écarte du trône, &c.* Cette Musique d'un caractère neuf, a quelque chose de saint & d'auguste. Cette prière des Ministres des Autels ne ressemble point aux cris & aux lamentations des autres sujets d'Admète. Dans ce chœur sacerdotal, la tristesse est religieuse. Un genre de beauté plus singulier encore, c'est ce contraste si heureux des chants d'allégresse que fait entendre le peuple en revoyant son Roi, & des gémissemens que pousse l'infortunée & généreuse Alceste qui seule sait à quel prix Admète est sauvé. Sa plainte dont l'accent est toujours le même, est déchirant & va au fond du cœur. Ce sont là des traits sublimes. L'air, *Divinités du Styx*, soutenu de la voix si belle & si éclatante de Mlle. Le Vasseur, & de son jeu pathétique, & surtout ce dernier cri, *me déchire & m'arrache le cœur*, & l'accompagnement de tout ce morceau, tous ces grands effets ne sauroient être trop admirés.

J'avois déjà rendu plusieurs fois le même hommage au génie de l'Auteur d'*Orphée*, & avec un très-grand plaisir. J'avois rapporté en même temps quelques-unes des objections que lui font tous les jours ceux qui, même en lui rendant justice sur ses beautés, ne trouvent pas qu'il soit exempt de défauts, ni sur-tout qu'il ait réuni tous les mérites. J'ai exposé ces critiques avec tous les égards dûs à un très-grand Artiste, & avec toute la circonspection convenable à un homme qui ne connoît de la Musique, que le plaisir qu'elle lui fait. Un Amateur anonyme, sans doute plus éclairé que moi, mais dont l'enthousiasme paroît aller jusqu'à l'intolérance, m'a répondu dans le Journal de Paris, par une Lettre où il me traite avec une très-grande politesse, & mes Observations avec un très-grand mépris. J'examinerai si mes Observations étoient ridicules, & si ce mépris étoit fondé.

» C'est à exprimer leur sentiment, dit l'Anonyme,
» que devroient se borner toujours ceux qui n'ont pas
» la connoissance des moyens de l'Art, & une grande
» habitude d'en comparer les effets. »

Et qu'ai-je fait autre chose que d'*exprimer mon sentiment*? J'ai dit, il est vrai, que c'étoit celui de beaucoup d'autres. J'ai appuyé mon avis de celui de personnes plus instruites; mais cet avis étoit mon *sentiment*. Il ne portoit point sur *les moyens de l'Art*; mais bien sur les *effets*, ce qui est très-différent, & ce qui doit occasionner ici une distinction très-essentielle.

L'Anonyme semble tirer beaucoup d'avantage de ce que j'ai déclaré que je ne savois pas la Musique. Il a l'air d'en conclure que je devrois me borner à dire, ceci m'a fait plaisir, cela ne m'en a pas fait; c'est du moins ce que signifient ces mots qu'on *devroit se borner à exprimer son sentiment.* Je demande à l'Anonyme qu'il me permette un peu plus ; qu'il me laisse dire pourquoi telle chose m'a fait plaisir ; pourquoi telle autre ne m'en a point fait. Voici sur quoi je fonde ma demande. Il y a dans les Arts deux parties , l'une élémentaire & méchanique ; elle n'est connue que des Artistes ; eux seuls ont le droit d'en parler : l'autre est le résultat des opérations d'un Art : elle a pour Juge quiconque a un sens droit & des organes sensibles. Je ne crois pas que l'Anonyme me conteste ce principe. Si on le rejetoit, il faudroit que les Artistes n'eussent plus de Juges que leurs confrères : je doute qu'ils admissent cette conséquence. Un homme qui ne connoît ni les règles du dessin, ni celles de la Peinture , ne saura pas en quoi péche une figure mal dessinée, ni d'où naît le défaut de lumière ou d'ombre, ni pourquoi telle couleur est mal choisie. Mais il dira fort bien : cette tête a l'expression convenable au sujet ; son attitude a tel caractère ; la situation de ces personnages se présente à mon imagination ; la couleur de ce paysage est celle de la nature ; ces objets, ces sites sont gais ou tristes, &c. De même un homme qui ne sait pas la composition, ne dira pas si telle Musique est correcte, savante ; il ne raisonnera pas sur les combinaisons harmoniques, ni sur les procédés d'une phrase musicale : aussi n'ai-je pas dit un mot de tout cela. Voilà *les moyens de l'Art* ; je ne m'en mêle pas. Mais cet air, dans cette situation, a-t-il l'expression suffisante ? ce chant est-il varié ou monotone ? est-il pauvre ou riche ? réunit-il les modulations qui doivent porter dans mon ame tel sentiment ? ce *duo* est-il bien placé ? est-il naturel , produit-il un effet analogue à la scène ? voilà ce que peut examiner tout homme qui a de l'oreille & du bon sens. On peut donc, sans savoir la Musique, parler des beautés ou des défauts d'un Drame musical, sans s'exposer à entendre cette phrase si orgueilleusement & si gratuitement répétée par ceux qui ont appris à solfier : vous ne savez pas la Musique ; n'en parlez pas.

L'Abbé Dubos ne savoit pas un mot de Musique, n'avoit jamais su faire un vers, & n'avoit pas un tableau. Il a pourtant fait un fort bon livre sur la Poésie, la Peinture & la Musique.

Après avoir établi le droit que j'ai de répondre à l'Anonyme, je vais suivre ses remarques.

« Je ne parle pas du reproche qu'on fait à M. Gluck » de manquer de chant, quoiqu'il y ait plus de chant, » de ce que tout le monde appelle du chant, dans l'*I-* » *phigénie* que dans aucun autre Opéra Italien. »

Cette réponse seroit bonne, s'il s'agissoit de comparer l'Opéra François à l'Opéra Italien. Mais personne ne défend ce dernier, & il s'agit de perfectionner l'autre. Il faudroit donc examiner si les airs de M. Gluck sont aussi mélodieux que ceux de Jomelli, de Piccini, de Sacchini. Il faudroit prouver, par exemple, que cet air, *Non ce n'est point un sacrifice*, excepté la première modulation, n'est pas d'un bout à l'autre foible & commun; que cet air, *Ah! Divinités implacables*, n'est pas d'une langueur froide, dans un moment très-tragique ; que cet air, *Je n'ai jamais chéri la vie*, quoique le chant en soit agréable, n'est pas fort au-dessous de la situation & des personnages. Enfin il s'agit d'examiner si les airs d'*Alceste* & d'*Iphigénie* ne sont pas trop souvent une espèce de récitatif obligé, lorsqu'on en attend l'effet de la mélodie.

Il les soutient, il est vrai, par la puissante harmonie de ses accompagnemens. On a observé que les beaux airs des Compositeurs Italiens, par exemple, les airs pathétiques que chante Bélinde dans la *Colonie*, & qui pourroient convenir au Drame le plus Tragique, sont encore d'une grande beauté, séparés de l'accompagnement ; sur quoi l'Anonyme répond.

« Un Virtuose Italien riroit au nez du Critique, s'il
» lui proposoit de chanter sans accompagnement un
» grand air pathétique de Jomelli ou de Piccini. »

Cela se peut. Apparemment qu'en Italie on ne chante jamais que dans un Concert. Mais ici rien n'est plus commun que d'entendre chanter les plus grands airs sans orchestre. Les Musiciens, les Amateurs, ont cette complaisance en société, & ne *rient pas au nez* lorsqu'on le leur demande, parce qu'ils sont François, & qu'ils sont polis.

J'avois observé, à propos d'Achille & d'Agamemnon, qu'il n'est nullement convenable à la dignité de deux Héros de parler tous les deux ensemble, *comme dans les querelles du vulgaire*. On supprime ce dernier membre de phrase, & l'on répond en me citant :

« Voilà les trois quarts des *duo* de tous les Opéras du
» monde proscrits d'un trait de plume. »

Non, je n'ai pas déraisonné à ce point, & je ne suis pas si destructeur. Il ne s'agit absolument que de deux Héros qui se bravent & se menacent, comme Achille & Agamemnon. Tout le reste du passage prouve évidemment que ma remarque ne s'étend pas plus loin. Je trouve très-bon que deux Héros *chantent ensemble* leur malheur, leur amitié, leurs espérances, leurs craintes, leur amour, leurs vœux, &c. &c. &c. Mais quand deux Héros se menacent, alors

mon imagination les sépare, & les met à distance
comme le Peintre les mettroit sur la toile; alors je les
veux entendre l'un après l'autre, pour juger de l'effet
que la fierté de l'un produit sur la fierté de l'autre;
cette alternative de bravades & d'injures est le spectacle que j'attends, & qui produit mon inquiétude
& mon intérêt. J'observe les progrès de la colère, &
le point précis où elle passera des paroles aux effets.
Ils m'inspirent tous deux de la terreur & du respect,
en se maintenant l'un devant l'autre dans toute leur
dignité; ils la perdent s'ils mêlent & confondent leurs
cris & leurs invectives. Si Coypel, dans son tableau
de la Colère d'Achille, l'eût rapproché d'Agamemnon, ils auroient eu l'air de se battre à coups de
poing, & le tableau n'eût produit aucun effet. L'é-
loignement où il les met les place dans la perspective
convenable, & le tableau est imposant. Tous les Arts
se tiennent par les endroits où ils rencontrent la nature. Je crois donc mon observation très-fondée, &
je n'ai nulle envie d'*effacer ma phrase*.

L'accent de l'orgueil est dur & anti-harmonique, ai-
je dit, en parlant de cette même scène que je trouve
peu favorable à la Musique. L'Anonyme répond:
comme anti-poétique. Non, ce n'est point du tout la
même chose. La scène d'Achille & d'Agamemnon
dans Racine est admirable. L'Anonyme qui doit croire
le génie de M. Gluck égal à tout, oseroit-il dire que
cette scène est de la même beauté dans le Musicien
que dans le Poète ? Je ne crois pas. Oseroit-il nous
dire que la Musique rendroit le rôle de Sertorius ou
d'Acomat ? Quoi qu'il pense, je persiste à croire qu'il
y a des sentimens qui se refusent jusqu'à un certain
point à l'expression musicale, c'est-à-dire, qu'elle ne

rendra pas heureusement. Tels sont tous ceux de la hauteur & de la fierté : ils ont certainement moins de rapports naturels avec le chant que toutes les autres affections de l'ame., & *peut-être*, *Achille & Agamemnon ne peuvent pas se braver en musique.*

L'anonyme retranche le *peut-être* ; transcrit ma phrase en la tronquant, comme il a déjà fait une fois, & ajoute : *ni en vers non plus. En relisant cette puérilité, M. de la Harpe doit être étonné de l'avoir laissé tomber de sa plume.* S'il n'est pas honnête de tronquer une phrase qu'on cite, il n'est pas plus poli d'y répondre ainsi. Au reste, je laisse juger au Lecteur si mes remarques sont en effet si *puériles*, si le récitatif & le *duo* de la scène d'Achille & d'Agamemnon valent les vers de Racine, & si *deux Héros peuvent se braver en musique* d'aussi bonne grace que deux amans peuvent se parler d'amour. Si c'est une *puérilité* de penser que les Arts d'imitation ne s'appliquent pas avec un succès égal à tous les objets, l'Anonyme aura de la peine à détromper mon enfance. Je reconnois volontiers la supériorité de ses lumières. Je ne demande pas mieux que d'être instruit, même aux dépens de mon amour-propre ; mais j'oserois par reconnoissance lui donner un conseil, c'est de retrancher de son juste enthousiasme pour M. Gluck ce qu'il peut avoir de tyrannique, de permettre les observations & les critiques aux admirateurs du génie, & de réserver le ton & l'expression du mépris pour les ennemis des talens.

SECONDE LETTRE

DE L'ANONYME DE VAUGIRARD,

AUX AUTEURS DU JOURNAL DE PARIS.

Messieurs,

Je viens de lire dans le *Journal de Politique & de Littérature* de ce matin, une Réponse de M. de la Harpe à la Lettre que vous avez insérée dans votre feuille du 8 de ce mois, & où j'ai discuté quelques observations qu'il avoit faites sur la Musique de M. Gluck.

M. de la Harpe me fait trop d'honneur pour que je lui fasse attendre une réponse. Mais j'ai tant de choses à dire, & vous avez si peu de place à me donner, que je ne sais comment répondre à tout. Commençons par le plus pressé.

M. de la Harpe dit que *je l'ai traité avec une très-grande politesse, & ses observations avec un très-grand mépris.* J'ai été confondu en lisant ces reproches, & je ne me consolerois pas de les avoir mérités.

J'ai eu la volonté de traiter M. de la Harpe non-seulement avec politesse, mais même avec les plus grands égards. J'ai cru avoir mis dans ma Lettre le ton de l'estime profonde & vraie que j'ai pour ses talens; & tous ceux à qui j'ai entendu parler de cette Lettre, sans en connoître l'Auteur, en ont jugé de même. J'avoue que je n'ai pas pensé qu'on dût aux opinions d'un Écrivain la même politesse qu'à sa personne. J'étois d'autant plus tranquille à cet égard, que M. de la Harpe ayant loué en son propre nom les Opéras de

M. Gluck, ne rapportoit les critiques qu'il en faifoit que comme des objections qu'il avoit recueillies autour de lui ; & j'ai eu l'attention de ne les confidérer moi-même que comme des opinions empruntées légèrement, qu'il pouvoit abandonner de même.

Malgré le défir que j'ai eu d'être honnête autant que jufte, malgré les ménagemens que j'ai mis dans ma critique, je vois que j'ai bleffé un homme d'un mérite fupérieur, en croyant le traiter avec diftinction. C'eft une maladreffe que la pureté de mes intentions ne peut juftifier même à mes propres yeux, & je prie M. de la Harpe de recevoir mes fincères excufes de tout ce qui a pu le bleffer.

Mais comme il faut tirer de la morale de tout, j'en ai conclu qu'il eft bien difficile de ne jamais paffer dans la critique la ligne de modération qu'on s'eft tracée foi-même ; que l'amour-propre d'un Auteur critiqué a fur les convenances un tact tout autrement délicat que les idées que s'en forme le critique ; que cet amour-propre s'accommode malaifément de la diftinction qu'on cherche à mettre entre la perfonne & les opinions, & qu'il eft ridicule d'efpérer qu'on flattera beaucoup par des éloges généraux l'opinion qu'un Écrivain a de lui-même, en travaillant à diminuer par des critiques particulières l'opinion que le Public doit prendre de lui. J'imagine que M. de la Harpe, qui connoît fi bien les devoirs & les écueils de la Critique, trouvera ces réflexions affez juftes ; & peut-être penfera-t-il comme moi, que tous les fuccès de ce genre d'écrire ne compenfent pas les inconvéniens auxquels il expofe.

Venons à préfent à fa défenfe. J'avoue que je n'y trouve pas la Logique nette, facile & précife que j'aime dans fa manière ordinaire de difcuter.

Il commence par se défendre victorieusement sur un point où je ne l'ai point attaqué.

L'Anonyme, dit-il, *semble tirer beaucoup d'avantage de ce que j'ai déclaré que je ne savois pas la Musique.* Je ne sais pas où M. de la Harpe a déclaré cela : je ne l'ai point lu. Je l'avois même jugé un *Dilettante*, lorsqu'en parlant de la voix de Mlle. Georgi, je l'avois vu reprocher aux Virtuoses Italiens la *véhémence dans le portement des sons*; j'ai vu ensuite qu'il s'étoit peu occupé de l'Art, non pas aux critiques qu'il fait de M. Gluck, mais à la manière dont il énonce ses Critiques & même ses éloges.

M. de la Harpe prend la peine de prouver le droit qu'il a de parler de la Musique, & il établit ce droit sur des raisons auxquelles le Censeur le plus difficile n'a rien à répondre, si ce n'est peut-être qu'elles sont trop vraies.

Qui a jamais disputé ce droit à un homme de Lettres ? Le Public est le juge naturel de tous les Arts, à plus forte raison cette portion du Public qui, joignant à un esprit naturellement plus délié, plus droit, plus vigoureux que celui du commun des hommes, a perfectionné ses facultés naturelles par l'exercice, par la réflexion, par l'analyse & la comparaison des différens objets qui appartiennent au goût, à l'imagination & à l'entendement.

On l'a dit & on ne sauroit trop le répéter : malheur aux productions des Arts qui ne seront estimées que des Artistes ! Les meilleurs Ouvrages qu'il y ait sur les Arts, ont été faits par des Hommes de Lettres initiés aux principes des Arts & accoutumés à en analyser les productions.

M. de la Harpe dit que *l'Abbé Dubos ne savoit pas*

un mot de *Musique*, *n'avoit jamais su faire un vers & n'avoit pas un tableau*. Cela se peut : M. de Voltaire l'avoit déjà dit ; mais M. de Voltaire ajoute que l'Abbé Dubos *avoit beaucoup lu, vu, entendu & réfléchi*. En effet, on sait qu'il avoit fait deux fois le voyage d'Italie, & qu'il passoit les dernières années de sa vie à l'Opéra & dans les Ateliers des Artistes.

A la manière dont M. de la Harpe parle de Musique & de déclamation, il est bien aisé de juger qu'il n'a jamais été en Italie, qu'il n'a guère perdu son temps à l'Opéra ni dans les Concerts, mais qu'il a beaucoup fréquenté le Théâtre François. Loin de tirer avantage du peu de connoissances qu'il a sur la Musique, il faut s'en féliciter. L'étude de cet Art auroit dérobé des momens plus utilement employés pour notre instruction & notre plaisir : n'eût-il fait qu'une jolie chanson de plus, cela vaut mieux que de savoir les régles du contrepoint.

Qu'il lui soit donc échappé quelques méprises en parlant d'Opéra, cela ne compromettra point sa réputation ; mais si ces méprises attaquent les vrais principes d'un Art intéressant, & si sa réputation même peut donner quelque poids à ses méprises, il est important de les relever.

C'est là le seul motif de ma première Lettre ; celle-ci est déjà trop longue : je remets à demain à prouver dans une autre Lettre, que M. de la Harpe n'a pas bien entendu toutes mes critiques, & n'a bien répondu à aucune.

A Vaugirard le 25 Mars 1777.

Journal de Paris, 28 *Mars* 1777.

TROISIÈME LETTRE
DE L'ANONYME
DE VAUGIRARD.

Il n'y a rien que ne puisse défendre un homme d'esprit qui sait écrire. J'avois relevé cinq à six propositions de M. de la Harpe; & j'y avois répondu par autant de phrases simples & précises. Mon adroit Adversaire a si bien enveloppé tout cela de généralités, de distinctions, de petites vérités étrangères à la question, & de quatre pages très-bien tournées, que si je voulois suivre sa marche, on ne sauroit bientôt plus d'où nous sommes partis & où nous voulons aller.

Tâchons cependant de reprendre les points principaux de la question, & de les présenter sous une forme claire & sensible.

On avoit reproché à M. Gluck de manquer de chant; j'avois répondu qu'il y avoit plus de chant dans *Iphigénie* que dans aucun Opéra Italien. M. de la Harpe réplique : *cette réponse seroit bonne s'il s'agissoit de comparer l'Opéra François à l'Opéra Italien.* Vraiment, c'est de cela même qu'il s'agit en effet. S'il est vrai que M. Gluck ait mis dans son Opéra plus de chant que les meilleurs Compositeurs du monde n'en mettent dans les leurs, il est bien étrange de lui reprocher de manquer de chant. M. de la Harpe accuseroit-il de manquer de pathétique un

Poëte qui auroit fait une Tragédie plus pathétique qu'aucune de celles de Racine & de Voltaire ?

Il ajoute : *Il faudroit prouver que cet air*, Non ce n'eſt point un ſacrifice , *excepté la première modulation, n'eſt pas d'un bout à l'autre foible & commun ; que cet air,* Ah ! Divinités implacables, *n'eſt pas d'une langueur froide, dans un moment très-tragique ; que cet air,* Je n'ai jamais chéri la vie, *quoique le chant en ſoit agréable, n'eſt pas fort au-deſſous de la ſituation & des perſonnages.*

Je demanderai d'abord à M. de la Harpe à qui il veut que je prouve tout cela. Ce n'eſt pas ſans doute au Public, qui depuis près d'un an n'a ceſſé de revenir à *Alceſte* & d'applaudir ces mêmes airs avec tranſport : il n'en a pas beſoin. Ce n'eſt pas à ces Amateurs qui, mettant l'eſprit à la place de l'oreille, voudroient réduire les combinaiſons infinies de l'Art à la froide & monotone ſymétrie des formes que les Italiens ont données à leurs airs ; on ne leur prouve rien , ce ſont eux qui *prouvent.* Seroit-ce à M. de la Harpe lui-même ? mais comment lui prouver ce qu'il n'a pas ſenti ? apparemment qu'il ſait comment cela ſe fait. En ce cas-là je le prie très-ſérieuſement de me *prouver* ou de me faire *prouver* par qui il voudra , que l'air des adieux d'Iphigénie, par exemple, & le *duo* d'Orphée, qu'il trouve très-beaux , ſont très-beaux ; je m'engage alors à lui *prouver* que l'air, *Non ce n'eſt point un ſacrifice,* eſt admirable *d'un bout à l'autre*, par la variété des ſituations qu'il renferme , par la vérité des accens qui les expriment , & par l'art avec lequel elles ſont ſoumiſes & ramenées à la ſituation dominante ; que dans l'air, *Ah ! Divinités implacables,* il n'y a pas un ſeul ſon qui ne reſpire la douleur

& la tendresse mêlées de courage, & que la douceur de la mélodie y contraste d'une manière vraiment tragique avec le chœur sombre & terrible qui précède ; enfin que l'air, *Je n'ai jamais chéri la vie*, est du chant le plus aimable & de l'expression la plus vraie ; que le grand effet qu'il produit toujours est dû surtout à la place qu'il occupe, à cet art des oppositions que M. Gluck entend si supérieurement, & dont ses Critiques ne paroissent pas se douter. Je prie M. de la Harpe de me dire lui-même ce qu'il penseroit de l'homme qui jugeroit d'un grand tableau en considérant les détails & l'effet de chaque figure en particulier, sans faire attention aux groupes dont ces figures feroient partie.

M. de la Harpe répète encore que les beaux airs Italiens, *par exemple, les airs pathétiques que chante Bélinde dans la Colonie, & qui pourroient convenir au Drame le plus tragique, sont encore d'une grande beauté séparés de l'accompagnement.*

Je prendrai la liberté de lui représenter que les airs de Bélinde, tout beaux qu'ils sont, pourroient bien cesser de l'être dans une Tragédie ; que M. Sacchini ne recevroit peut-être pas le compliment qu'il veut lui faire ; qu'un grand Compositeur comme lui sait mettre des nuances différentes dans un air pathétique d'Opéra *bouffon* & un air pathétique de Tragédie ; que ces nuances se distinguent par des formes de chant aisées à démêler ; que par exemple, dans l'air de Bélinde, *Oui je pars*, &c. après la première phrase qui est d'une belle expression, le chant de *Mais écoute ; un mot encore*, devient plus familier & n'est plus du style tragique. Un homme qui n'auroit jamais réfléchi à ce qui constitue la noblesse du style tragique, en Poéſie, ſeroit porté à croire que la ſcène ſi pathétique des deux Euphémons dans *l'Enfant prodigue*, pourroit *convenir à Brutus* ou à *Alzire*; mais M. de la Harpe ne s'y tromperoit pas.

Je reſte d'ailleurs dans l'opinion que les grands airs Italiens ſont, de tous les airs au monde, ceux qui peuvent le moins ſe ſéparer de l'accompagnement, & que cela eſt évident pour quiconque a fait attention à la manière dont ils ſont compoſés, n'y eût-il que les briſures fréquentes qui interrompent ſans ceſſe le chant vocal, & dont les vuides ne ſont remplis que par l'orcheſtre. Dans l'air de la Colonie que j'ai cité, on trouve à chaque inſtant des ſilences d'une demi-meſure.

Il eſt vrai que j'ai eu tort de dire : *qu'un Virtuoſe Italien riroit au nez du Critique, s'il lui propoſoit de chanter ſans accompagnement un grand air pathétique*. J'aurois dû dire au moins : *un Virtuoſe Italien qui ne ſeroit pas poli*. C'eſt que j'en ai vu pluſieurs qui ne l'étoient point du tout; mais je dirai comme Madame Dacier, *ma remarque ſubſiſte*.

M. de la Harpe revient ſur ſa remarque, *qu'il n'eſt point convenable à la dignité de deux Héros de parler tous les deux enſemble*, COMME DANS LES QUERELLES DU VULGAIRE. Moi, j'inſiſte à dire qu'il eſt très-convenable à la dignité de deux *Héros d'Opéra* de *chanter* tous les deux enſemble, & que je n'ai jamais entendu chanter de duos *dans les querelles du Vulgaire*.

M. de la Harpe *trouve très-bon que deux Héros chantent enſemble leur malheur, leur amitié, leurs craintes, leur amour, &c.*; mais il ne veut pas que deux Héros *ſe bravent & ſe menacent* en duo, comme font *Agamemnon & Achille*. Moi, je trouve très-bon que deux personnages d'Opéra chantent ensemble tout ce qu'ils voudront, pourvu qu'ils chantent juste & de bonne Musique. Mais je trouve de plus que s'il falloit en appeler à ces règles de convenance & de vérité, si étrangères à la Musique, le seul cas peut-être où un duo soit naturel, c'est celui où deux hommes *se bravent & se menacent*. Je n'ai jamais entendu deux personnes parler toutes les deux ensemble, en se contant *leur malheur, leur amitié, leurs espérances, leur amour*, &c. mais j'en ai entendu souvent deux parler ensemble dans la dispute & dans la colère.

Un des plus beaux duos qu'il y ait dans aucun Opéra, c'est celui de Ricimer & de Sandomir au second Acte de l'Opéra d'*Ernelinde*, où il y a beaucoup de belles choses; & ce duo, d'un style vraiment dramatique, est précisément entre *deux Héros qui se menacent & se bravent*, comme Agamemnon & Achille dans *Iphigénie*.

M. de la Harpe insiste à dire que *l'accent de l'orgueil est dur & anti-harmonique*; & je persiste à répondre que j'ignore ce que c'est que *l'accent de l'orgueil* en général; qu'il y a l'orgueil tranquille, l'orgueil irrité, menaçant, &c. que chacune de ces nuances a des milliers d'accens pour s'exprimer; que tout sentiment qui a un accent est très-propre à être exprimé en Musique, & que les accens de la colère sur-tout sont les plus aisés à exprimer, dans la Musique tragique ainsi que comique.

J'ai dit & je répète que l'accent de l'orgueil n'est pas plus *anti-harmonique* qu'*anti-poétique*. Pour en donner à M. de la Harpe une preuve qu'il doit mieux goûter que tout autre, je lui rappellerai que les Tragédies Grecques étoient chantées, & que par conséquent tous les sentimens exprimés par la Poésie l'étoient aussi par la Musique.

M. de la Harpe me demande à ce sujet, si je crois que la Scène d'Agamemnon *est de la même beauté dans le Musicien que dans le Poëte.* Hélas ! j'ai déjà répondu que loin d'être de la *même* beauté, c'étoient deux genres de beauté essentiellement différens, impossibles à comparer, & plus incommensurables que la ligne droite & la ligne circulaire ne le sont entr'elles.

Il ajoute qu'il y a des sentimens moins susceptibles d'expression musicale, & qui ont moins de rapports naturels avec le chant que d'autres ; que deux Héros ne peuvent pas se braver en Musique d'*aussi bonne grace* que deux amans peuvent se parler d'amour, &c. Ce sont-là d'éternelles vérités que je respecte infiniment, mais qui ne font rien à la question. S'il est des situations ou des affections de l'ame qui se refusent à l'expression musicale, c'est la faute de la Musique, & il est bien injuste d'en faire un crime au Musicien. Il faut bien qu'il mette en musique tout ce que le Poëte a mis en vers ; s'il le fait avec les ressources dont son Art est susceptible, il remplit son objet, & ne mérite que des éloges.

Je suis obligé, Messieurs, de vous prier de me réserver un peu de place dans une autre de vos Feuilles, pour dire encore à M. de la Harpe quelque chose que j'ai sur le cœur.

J'ai l'honneur d'être, &c.

Journal de Paris, 29 Mars 1777.

QUATRIÈME LETTRE DE L'ANONYME DE VAUGIRARD, AUX AUTEURS DU JOURNAL DE PARIS.

Ecce iterum Crispinus.

Messieurs,

Je suis forcé de reparoître encore sur la scène. Vous avez oublié peut-être que j'avois annoncé une suite à ma petite controverse de musique. Je croyois que vos Lecteurs l'auroient oublié aussi ; mais voici ce qui m'est arrivé.

Ayant dîné l'autre jour à Paris pour mes affaires, j'allai après mon dîné prendre une tasse de café au *Caveau*. J'y trouvai beaucoup de gens de mérite, que je n'ai pas l'honneur de connoître, & qui, à mon grand étonnement, s'entretenoient des Lettres de l'Anonyme de Vaugirard. On en disoit, comme de tout, du bien & du mal ; mais on s'évertuoit particulièrement à en deviner l'Auteur. On le cherchoit, comme vous le croyez bien, parmi les ennemis de M. de la Harpe. L'un croyoit que les Lettres étoient de M**, qui, pour repousser les critiques fâcheuses du redoutable

Journaliste, n'avoit voulu y répondre, suivant sa coutume, que par un innocent persifflage. Un autre prétendoit qu'elles pourroient bien être de M**, qui avoit pris un ton poli afin de se mieux déguiser. Un troisième plus malin soupçonnoit qu'elles étoient de M. de la Harpe lui-même, qui avoit trouvé cette tournure pour faire passer son propre éloge à la faveur d'une critique bénigne ; ce qui parut bien subtil. *Bon !* dit un quatrième, *moi je trouve que c'est la satyre la plus amère qu'on ait faite contre M. de la Harpe. Il est vrai que pour sentir tout ce qu'elle a de cruel, il faut savoir le dessous des cartes......* Croyez-vous bonnement, reprit un cinquième, *qu'un homme fait cela tout seul ? il m'est démontré que c'est l'ouvrage d'une société de Gens de Lettres ; quand on se connoît en style, on pourroit dire avec assurance, telle phrase est de M**, telle épithète est évidemment de M**.* Eh ! *Messieurs*, dit en l'interrompant un jeune Militaire, *regardez-y de plus près, & vous verrez clairement que ces Lettres sont écrites par une femme ; & pour les gens qui vivent dans un certain monde*, ajouta-t-il d'un air mystérieux, *il n'est pas difficile de reconnoître la main.* Cette idée fit beaucoup d'impression, mais personne ne put découvrir la Dame. Un sixième dit, en vuidant goutte-à-goutte un verre d'eau d'anis : *Que ces Lettres soient du Diable, si l'on veut ; encore faut-il en donner la suite puisqu'on l'a promise. L'Anonyme nous a dit qu'il avoit quelque chose sur le cœur contre M. de la Harpe ; cela annonçoit moins de fadeur que dans les premières Lettres ; car les complimens m'ennuyent & la politesse gâte furieusement la dispute. Ce n'est pas que je me soucie de tous ces rabâchages de musique, mais j'aime autant cela que la nouvelle du*

DE LA MUSIQUE.

temps qu'il faifoit hier ; & puis il ne faut pas fe moquer du Public. Tous les Auditeurs fe réunirent à lui, & trouvèrent fort mauvais qu'on leur fît chercher tous le jours en vain une quatrième Lettre qu'on leur avoit promife, & qui vraifemblablement ne méritoit ni d'être annoncée, ni d'être attendue. Cette converfation m'avoit fort amufé, car je n'aurois jamais imaginé que mes petites Lettres puffent être ainfi l'objet de la converfation & l'occupation d'un café. Mais en même temps les reproches de ces honnêtes gens me donnèrent quelques remords, & en rentrant chez moi je me fuis cru obligé de leur apprendre les raifons du filence que j'ai gardé jufqu'à ce jour.

Il eft bien vrai qu'il y avoit dans la réponfe de M. de la Harpe deux ou trois traits qui m'avoient un peu bleffé, & je voulois m'en plaindre amèrement à lui-même. Il me reproche, par exemple, d'avoir avec malice *tronqué* deux de fes phrafes, & il me dit en propres termes que je ne fuis ni *honnête*, ni *poli*, quoique je penfe qu'on ne fauroit être trop poli, furtout dans les difputes, & que rien ne difpenfe d'être honnête en aucun cas; ce reproche me paroiffoit bien dur, parce qu'il étoit bien gratuit.

M. de la Harpe avoit dit: *Peut-être Achille & Agamemnon ne peuvent pas fe braver en Mufique.* Comme je ne cherchois qu'à abréger pour aller plus vîte, & à tranfcrire la penfée & non la phrafe, j'avois fupprimé cet intéreffant *peut-être*, comme une formule purement oratoire, qui, loin d'affoiblir toujours une affirmation, fert quelquefois à la faire valoir. Il me paroiffoit clair que le fentiment de M. de la Harpe étoit qu'Agamemnon & Achille ne pouvoient fe braver en mufique, puifque c'étoit le réfultat de tout ce qu'il a dit à ce sujet ; & cela est démontré par sa réplique où il soutient cette même proposition. Mais le *peut-être* exprimât-il tout ce qu'il peut signifier, cela ne changeroit rien à ma réponse, qui convenoit également & à un doute & à une affirmation. J'en fais juges Messieurs les Gens de Lettres du *Caveau*.

Peut-être, a dit mon Adversaire, *Achille & Agamemnon ne peuvent pas se braver en musique*.... *ni en vers françois non plus*, ai-je répondu, & je le répète. J'interroge la conscience de M. de la Harpe : est-ce de bonne foi qu'il trouve là une infidélité, & méritois-je qu'il me reprochât si crûment d'avoir manqué à l'honnêteté ?

Il me reproche une autre infidélité du même genre & encore moins fondée ; mais je ne veux pas m'y arrêter.

Ce qui m'avoit été plus sensible encore, c'est le reproche qu'il me fait de pousser l'*enthousiasme* jusqu'à l'*intolérance*, & même jusqu'à la tyrannie. Voilà ce que j'avois sur le cœur, & j'avois commencé à me soulager en versant mes plaintes sur le papier.

Hélas ! je ne me trouvois pas assez digne de cette accusation d'enthousiasme ; car je crois que l'enthousiasme est la seule manière de sentir les Arts, la seule manière de les encourager ; que loin de décrier l'enthousiasme, il faudroit l'exciter, l'allumer, le répandre ; qu'il ne sera jamais dangereux chez une nation où le jugement de l'esprit devance toujours les mouvemens de l'ame & les impressions même des sens ; qui aime mieux montrer de l'esprit que d'avoir du plaisir ; qui s'engoue souvent par air, par légéreté, par entraînement de cotterie, & ne se passionne jamais par sentiment. Malheur à qui juge rigoureusement les productions du génie ! Quiconque en jetant les yeux sur un bel ouvrage, en compte les défauts, n'en sentira jamais les beautés.

Mais quel que soit mon enthousiasme, en quoi a-t-il pu paroître intolérant & tyrannique ? *Intolérant* ! moi qui crois que l'intolérance, si odieuse en tout, est le comble du ridicule dans les objets de sentiment & de plaisir; moi qui crois que dans tous les Arts, il faut encourager toutes les nouveautés, chercher sans cesse de nouvelles routes, & que même en s'égarant, on apprend à ne plus s'égarer; moi qui, en Musique surtout, n'ai jamais cherché dans les compositions des Artistes que les beautés particulières qui les distinguent; qui ai toujours aimé & loué la manière spirituelle, claire, vive & facile de Duni; les chants sensibles, élégans & naturels de M. Monsigny; le style noble & savant de M. Philidor; les graces, la finesse, le bon goût, l'expression & la vérité des nuances que M. Gretri a mis dans tout ce qu'il a fait; moi qui regarde les Italiens comme les créateurs de l'Art; qui ai entendu quinze fois *la Colonie*; qui ai plus d'une fois applaudi presque seul les airs de la *Bonne-Fille*, si cruellement défigurée; moi, de qui on n'a pas voulu recevoir l'offrande pour le buste de M. Gluck, & qui suis prêt à quadrupler cette offrande pour faire élever une Statue de bronze à l'Artiste qui fera mieux; moi qui voudrois qu'on appelât à Paris tous les grands Compositeurs, que tous les Gens de Lettres se réunissent pour les encourager & les servir, & qu'ils partageassent successivement les applaudissemens & la reconnoissance du Public ! & c'est moi qu'on accuse d'intolérance ! cela m'est bien amer !

Les intolérans sont ceux qui repoussoient un Artiste célèbre qui venoit nous apporter des idées & des sensations nouvelles ; qui ne craignoient pas d'affliger l'homme de génie par un mépris insultant, si le mépris pouvoit atteindre l'homme de génie ; qui s'attristoient des plaisirs qu'il donnoit à tout un Peuple, & se rejouissoient de la seule espérance de le voir humilié ; qui auroient voulu écraser l'abeille dont nous dévorions le miel, afin qu'elle ne nous en donnât plus; qui....

Voilà ce que je développois dans une Lettre destinée à vous être adressée, & que j'ai jetée au feu par une circonstance que je vous écrirai demain.

Journal de Paris, 5 *Avril* 1777.

CINQUIÈME LETTRE DE L'ANONYME DE VAUGIRARD, AUX AUTEURS DU JOURNAL DE PARIS.

Messieurs,

J'avois écrit mes trois premières Lettres sans en parler à mon oncle; il entra dans ma chambre lorsque j'écrivois la quatrième; je lui fis l'histoire de ma petite querelle; mais avant de vous conter ce qu'il me répondit, il faut que je vous dise ce que c'est que mon oncle.

C'est un homme d'esprit, mais qui a encore plus de sens que d'esprit. Après avoir vécu beaucoup dans le monde, il s'est retiré à la campagne, & il n'aime plus que la solitude, les livres, les estampes & la Musique. Il a tout étudié & n'a jamais voulu rien écrire; il prétend qu'il y a un profit plus sûr à apprendre qu'à enseigner, & que le temps qu'on met à arranger ses idées sur le papier, est bien mieux employé pour le bonheur à en acquérir de nouvelles. Je suis cependant persuadé que s'il avoit voulu seulement composer quelque dissertation pour le Journal de Verdun, il auroit pu être de l'Académie d'Angers ou de Bordeaux. Enfin c'est à lui que je dois non-seulement l'amour que j'ai pour les Lettres & pour les Arts, mais encore les moyens de m'y livrer. Jugez, Messieurs, si je dois le respecter & le chérir, quoiqu'il ne soit mon oncle qu'à la mode de Bretagne.

Lorsque mon oncle sut les détails de ma dispute avec M. de la Harpe, il prit un air sérieux & me fit un assez long discours dont je vais tâcher de vous rendre le sens. Je suis fâché de ne pouvoir en conserver les paroles; car je voudrois bien écrire comme mon oncle parle.

J'approuve, me dit-il, vos principes sur la Musique, & je partage votre estime pour celle de M. Gluck; mais je vous blâme d'avoir engagé une querelle sans motif & sans utilité. Vous voulez défendre Gluck? & pourquoi le défendre contre M. de la Harpe, qui l'a loué noblement, qui en parle comme d'un homme de génie, créateur du vrai système de Musique dramatique, réformateur de notre Théâtre lyrique? Que voulez-vous de plus?

Il mêle, il est vrai, à ses éloges quelques observations critiques, peut-être trop peu réfléchies; mais ces mêmes critiques donnent à sa louange le caractère de l'impartialité.

Qu'importe qu'il trouve foible & commun un air que nous trouvons noble & touchant? L'opinion d'un homme de beaucoup d'esprit influe souvent sur l'opinion que le Public se forme du mérite général d'un Artiste; mais le sentiment d'un homme de beaucoup d'esprit sur un morceau de musique en particulier, ne change pas l'impression que le Public en reçoit.

Quand on écrit, il faut avoir un but ; quel est le vôtre ? Est-ce de faire changer d'avis à M. de la Harpe ? Mais si son avis tient à son sentiment, vous ne le ferez pas sentir comme vous; si c'est faute d'avoir assez réfléchi à l'objet de la dispute qu'il s'est trompé, il a un trop bon esprit pour ne pas trouver la vérité de lui-même, lorsqu'il voudra y réfléchir; & s'il ne la trouve pas, quel mal en reviendra-t-il au monde ?

Avez-vous prétendu augmenter son admiration pour Gluck ? vous avez tourné le dos à votre objet ; car s'il avoit seulement autant d'amour-propre que de goût pour les Arts & pour la vérité, il se sentiroit secrettement porté à chercher dans la Musique de ce Compositeur de nouvelles imperfections, afin de justifier ses premières critiques.

Vous seriez-vous flatté de ramener à votre opinion ceux qui ont pris parti ouvertement contre Gluck ? — Projet insensé ! vous ne connoissez pas l'esprit de parti. C'est la plus aveugle, la plus déraisonnable, la plus violente des passions humaines, lors même qu'elle n'a pour principe qu'un objet frivole. Il est bien plus aisé de persuader l'erreur à des esprits indifférens, que l'évidence à des esprits prévenus. L'esprit de parti n'est autre chose que l'opiniâtreté naturelle de l'orgueil, exalté par cette puissance contagieuse qui donne une force extraordinaire à tous les sentimens partagés par une multitude. Vous allez voir pour des chansons les amis se refroidir, les sociétés se diviser, les haines s'allumer. Le Public y gagnera peut-être, car les querelles l'amusent, & tout ce qui porte son attention & excite sa curiosité sur un objet, sert à l'éclairer ; mais les Acteurs de ces querelles y perdront la décence, la paix & le fruit qu'ils auroient pu retirer de leur union.

Et sur quel objet encore allez-vous disputer? sur celui de tous les Arts qui est le moins susceptible d'être soumis à des principes fixes, dont la langue est à peine ébauchée, dont les combinaisons sont infinies & manquent de signes pour être exprimées; enfin dont les plus grands effets semblent n'appartenir point à l'Art lui-même, & se dérobent à toutes les règles connues.

Vous aimez la musique : approfondissez-en l'Art, afin d'apprendre à écouter, à comparer, à rapporter les effets à leurs causes; mais n'affectez jamais en écrivant le langage scientifique. Ce que vous pourriez dire n'apprendroit rien aux Artistes, ne seroit pas entendu du Public, & seroit regardé comme de la pédanterie par les gens de goût.

Ce n'est pas qu'il ne fût possible de parler tout-à-la-fois, d'une manière également intéressante, & pour les Artistes, & pour les gens de goût. Mais où sont les Écrivains qui réunissent à la connoissance & à la pratique de l'Art, l'esprit observateur, la sensibilité d'organe & la chaleur d'imagination, nécessaires pour animer & embellir les détails techniques? J'en connois un, c'est M. l'A. A. que j'ai vu autrefois dans les Concerts Italiens, & à qui je n'ai jamais entendu parler des Arts sans les aimer davantage, & sans y voir quelque chose qui m'avoit échappé.

Il y a dans sa Lettre sur *Iphigénie* des analyses de quelques morceaux de musique qui sont d'un genre aussi neuf qu'utile aux progrès de l'Art. Voyez, par exemple, comme il parle de *la manière dont le Musicien annonce & exprime les cris que la nature élève au fond du cœur d'Agamemnon. Cette voix gémissante des hautbois, la sombre réponse des basses, la progression*

progression chromatique du chant & des instrumens qui l'accompagnent de loin en loin ; ce murmure harmonieux & intermédiaire, qui remplissant l'intervalle des accens plaintifs & monosyllabiques des hautbois & des basses, accorde & réunit toutes les parties de l'orchestre sans nuire à l'effet du Dialogue.

Qui est-ce qui après avoir lu ce passage, n'est pas plus frappé qu'auparavant de ce beau morceau, & n'est pas plus en état de se rendre compte des effets qu'il éprouve ? On a souvent besoin d'être averti, non-seulement pour voir, mais même pour sentir.

Le vrai connoisseur en Musique est celui qui exprime avec chaleur un sentiment juste & profond. J'aime le mot de cette femme sensible, qui écrit : *Ce chant d'Agamemnon a fait sur moi un effet qui m'étoit inconnu ; trois fois j'ai fait un mouvement en avant sans pouvoir m'expliquer ce que je cherchois : c'étoit peut-être pour aller au secours de ce malheureux père.* Cette femme-là se connoît certainement mieux en Musique que la plupart de ceux qui répètent froidement ces mots vagues de motif, d'unité, de mélodie, d'accompagnement, &c.

Ce trait me rappelle un mot de Winckelmann, dans la Description de l'Apollon du Belvedere. » A l'aspect » de ce chef-d'œuvre, dit-il, j'oublie le monde entier, » & je prends, sans m'en appercevoir, une attitude plus » noble pour le contempler avec dignité. «

Voilà tout ce que je me rappelle du sermon de mon oncle ; il ne fera point de conversion ; mais pour moi j'en profiterai ; & je n'écrirai plus sur la Musique sans la permission de mon oncle.

Journal de Paris, 7 Avril 1777.

LETTRE DE L'ANONYME DE VAUGIRARD, AUX AUTEURS DU JOURNAL DE PARIS.

Messieurs,

Le hazard a fait tomber entre mes mains la Lettre que je joins ici & qui vous est adressée. J'ai été trouver mon oncle, & je lui ai remis ce terrible papier. Il l'a lu sans sourciller. Eh bien! mon oncle! lui ai-je dit.... *Eh bien! mon neveu! la correction est un peu rude; mais cela vous apprendra à chercher querelle aux gens de mérite qui ne vous disent rien....* Mais M. de la Harpe, que j'ai seul attaqué, m'a répondu avec bien plus de douceur & de politesse que cet Anonyme, à qui je n'ai rien dit.... *M. de la Harpe a sa manière; l'Anonyme en a une autre : c'est leur affaire. Pour vous, mettez toujours le plus de politesse que vous pourrez dans vos disputes, mais n'exigez des autres que de la justice, qui est encore plus rare que la politesse & qui vaut mieux....* Mais, mon oncle, il m'accuse d'être Grec.... *Certes, il a grand tort....* Et parce que j'ai eu le malheur de dire que la Poétique Musicale n'étoit pas encore faite, il prétend que je dois la faire? si j'avois dit que le système du monde n'est pas encore inventé, il voudroit donc que je l'inventasse?.... *Cela est un peu exigeant, en effet....* On m'a dit que le Journal de Paris a refusé d'imprimer cette cruelle Lettre.... *On a refusé de l'imprimer! reprit vivement mon oncle; en ce cas-là, il faut que vous l'envoyez vous-même aux Auteurs du Journal, en les conjurant de l'insérer dans leur première Feuille...* Quoi! je me dévouerois moi-même à l'humiliation... *Sans cela, on dira que vous avez intrigué pour l'empêcher de paroître ; c'est alors qu'on vous accusera d'intolérance & de tyrannie...* Du moins, mon oncle, j'y répondrai; cela sera bien aisé... *C'est ce qu'il ne faut pas faire : si cela est si aisé, le Public y répondra pour vous. Quand je dis le Public, j'entends celui qui s'amuse de ces bagatelles-là ; car chaque objet a son Public....* Mais si l'éloquence de mon Adversaire séduit le Lecteur?... *Je n'ai pas vu que le cachet de l'éloquence fût bien fortement imprimé dans cette critique ; mais dans ce cas, cela vous apprendroit à apprécier l'instabilité de l'opinion & la vanité de la gloire...* Vous vous moquez de moi, mon oncle; mais enfin, comment pourrois-je après cela retourner au *Café de la Croix Rouge*, où l'on m'entoure dès que j'y entre, & où l'on m'écoute tant que je veux, depuis qu'on me connoît pour l'Anonyme de Vaugirard?... *Eh bien! mon enfant, vous reprendrez votre ancienne place ; vous parlerez moins & vous écouterez davantage ; vous y gagnerez. Enfin rapportez-vous-en à mon amitié & à mon expérience; faites imprimer sur le champ cette critique, & n'en faites plus de personne.....* Le sacrifice est bien pénible; mais comment résister à mon oncle! Je vous prie donc, Messieurs, si j'ai quelque droit à vos bontés, d'imprimer cette Lettre sans y changer une syllabe: je veux boire le calice jusqu'à la lie.

J'ai l'honneur d'être, &c.

Messieurs,

Puisque tout le monde se mêle de vous écrire, & que vous avez la complaisance d'écouter tout le monde, il me prend envie de vous communiquer aussi quelques réflexions au sujet de la Lettre sur la Musique, insérée dans votre n°. 67.

Si le ton simple & modeste avec lequel l'Auteur débute est *curieux*, pour me servir de ses termes, la manière dont il reprend les observations aussi honnêtes que judicieuses qu'on lit dans le Journal de Littérature est bien plus *curieuse* encore. Après un petit compliment préliminaire à M. de la Harpe, prélude ordinaire de l'attaque, il commence par dire qu'*il y a des critiques à faire sur la Musique d'Iphigénie*. Les oreilles s'ouvrent, l'attention s'éveille; on s'attend qu'il va du moins les indiquer ces critiques; point du tout; il suffit de prononcer fièrement que ce ne sont pas celles que M. de la Harpe a *faites ou répétées*, & tout est dit. Après cette réticence un peu dure, en viennent deux autres. Il paroît que l'Anonyme aime beaucoup cette figure, à la vérité la plus commode de toutes, & celle qui sert le mieux ceux qui ne savent que dire. Nous sommes loin de prétendre que l'Auteur foit dans ce cas; il va prouver le contraire, & si son silence a déjà paru plein d'esprit & de finesse, on va voir qu'il en prodigue bien plus encore quand il juge à propos de parler.

Prenons seulement, pour abréger, deux ou trois réflexions de l'Auteur du Journal, & voyons comment le Maître les relève. Ses réponses étant toutes à-peu-près sur le même ton & de la même force, celles-ci suffiront pour donner de sa critique une idée *nette & précise.*

Il n'est nullement convenable, dit le Journaliste, à la dignité de ces Héros de parler tous les deux ensemble. Le Correcteur: *Voilà les trois quarts des duos de tous les Opéras du monde proscrits d'un trait de plume.* Quand cela s'ensuivroit nécessairement, peut-être n'y auroit-il pas grand mal, si, comme on l'a cent fois observé, les trois quarts des duos sont absolument hors de la nature & de la vérité de l'action, & conviennent mieux dans un Concert que sur la scène. Notre Mentor avouera pourtant que le duo d'Agamemnon pourroit être déplacé, sans que pour cela celui de Pierre le Roux fût ridicule. *Si je répondois simplement à M. de la Harpe,* ajoute le Correcteur, *qu'ils ne parlent pas ensemble, mais qu'ils chantent ensemble, je suis persuadé qu'il m'entendroit & effaceroit sa phrase.* Cela est sans doute très-fin & très-profond; mais comme nous n'en avons pas d'idée *nette & précise,* nous prions M. de la Harpe, non d'effacer la phrase, mais de vouloir bien nous expliquer celle de son Adversaire, si tant est cependant qu'il s'entende aussi-bien qu'on veut le lui persuader.

« Ce conflit de menaces & de cris manque de noblesse »... & encore plus de vraisemblance, auroit pu ajouter M. de la Harpe; on sait, il est vrai, que dans l'Iliade les Héros dont elle fourmille se traitent souvent comme font encore quelquefois nos Crocheteurs & nos Poissardes; mais on ne s'étoit pas encore avisé de citer ces gentillesses comme les morceaux les plus beaux & les plus nobles du Poëme. D'ailleurs nous avouons modestement avec cette Dame dont le mot est si connu, que nous ne sommes point Grecs, & malgré tous les efforts que fait pour le paroître, l'Auteur de la Lettre, nous le croirons, malgré lui & sa petite diatribe, un bon François du dix-huitième siècle, qui ne doit pas avoir été élevé comme les Ajax & autres galans de cette espèce.

» Achille & Agamemnon ne peuvent se braver en » Musique, » dit le Journaliste; *ni en vers François non plus*, répond le Correcteur. Belle conséquence! Il est vrai qu'une pareille scène étoit difficile à traiter & très-délicate à mettre au Théâtre. Il ne falloit pas moins que le génie de Racine pour oser l'entreprendre & s'en tirer avec tant de succès. Aussi est-ce peut-être celle où le cachet de ce grand homme est le plus fortement imprimé. Nous voulons bien ne pas appuyer sur le terme de *puérilité* que s'est permis l'Anonyme, parce que nous supposons charitablement qu'encore tout plein de son Iliade, il se croyoit dans ce moment un des Héros d'Homère, & que nous avons beaucoup d'indulgence pour les Héros même en idées.

» L'effet de cette scène chantée, dit enfin le Jour- » naliste, est bien inférieur à celui de la même scène » déclamée. » Ce sentiment que je crois sans contredit le plus général, peut à la vérité n'être pas absolument unanime, dépendant beaucoup du goût particulier &

de la manière de sentir de chaque individu. Mais il est facile de savoir à quoi s'en tenir, en allant voir successivement la même Pièce à l'Opéra & à la Comédie. Cette idée est si simple, qu'elle vient à l'esprit de tout le monde, & je ne doute pas que M. de la Harpe ne l'ait eue, car elle est de la force d'un enfant. Celle de notre homme fait est plus recherchée & n'étoit pas aisée à deviner. Il veut qu'on fasse *déclamer la Tragédie par les Acteurs de l'Opéra*, & apparemment chanter l'Opéra par les Acteurs de la Comédie. Je n'ose assurer que cette idée soit bien nette, mais je la crois du moins absolument neuve.

En voilà plus qu'il n'en faut non pour venger M. de la Harpe, nous n'y avons pas même songé, mais pour consoler un peu les pauvres Amateurs qui osent avoir un goût à eux, & parler de ce qui leur a fait plus ou moins de plaisir, sans en avoir d'idées nettes & précises, ce qui veut dire à-peu-près, sans avoir le sens-commun. Il est clair, par exemple, que M. de la Harpe n'est qu'un Amateur, & il est traité en conséquence. Mais le malheureux Public, qu'on a été assez sot jusqu'ici pour regarder comme le meilleur juge, & qui *n'a pas encore seulement les élémens de la Poétique musicale*, dans quelle classe le ranger ? Écoutons encore notre Aristarque, *le moment de la faire est venu* (cette Poétique musicale). A cette exclamation prophétique qui termine si heureusement sa Lettre, n'a-t-on pas lieu de croire que l'Auteur annonce adroitement cet ouvrage auquel, sans doute, il travaille, & dans lequel on trouvera des idées profondes & lumineuses qu'il assure avoir sur la Musique, & qu'il aura craint de compromettre dans une feuille volante ? Quelle obligation ne lui aura-t-on pas si, comme cela ne peut manquer d'arriver, cette Poétique musicale, qui sera probablement en rimes & en chants, nous procure d'aussi bonne Musique que les autres Poétiques ont fait éclore de bons vers ? C'est pour lors qu'on aura du plaisir, & un plaisir d'autant plus parfait, que chacun pourra l'analyser le livre à la main & sans rendre raison, sans extravaguer, comme on a fait jusqu'à présent ; ce qui ne laissera pas d'être fort gracieux.

Je crains bien, Messieurs, que la longueur de cette Lettre ne vous empêche de l'insérer dans votre Journal, comme votre équité vous en sollicitera ; mais en retranchant de notre ordinaire, seulement pour un jour, quelques bottes de foin & quelques paniers de melons, peut-être trouverez-vous le moyen de l'y enchâsser.

Journal de Paris, 14 Avril 1777.

ESSAI
SUR LES RÉVOLUTIONS
DE LA MUSIQUE,
EN FRANCE.

La question élevée depuis quelque temps, sur le genre de Musique Théâtrale qu'il s'agit d'adopter en France, ne sera bien décidée, que lorsque le goût de la Nation, éclairé, formé par l'usage, aura fait dans cet Art, presque nouveau pour elle encore, ce qu'il a fait en Poésie, c'est-à-dire, lorsqu'elle aura épuisé les comparaisons, &, à force d'expériences, trouvé le point fixe du beau. Jusques-là, nous n'aurons qu'un sentiment vague & confus de ce qui manque à notre Musique, du caractère qui lui convient, & des beautés dont elle est susceptible. L'état actuel de notre goût doit donc être le doute, l'inquiétude, l'examen, & une sage défiance contre les illusions de l'esprit de système & les séductions de la nouveauté. Rappellons-nous avec quelle lenteur, & après combien de méprises, l'idée saine & juste du beau, dans tous les Arts, s'est établie parmi nous ; & que cette leçon nous serve à savoir ignorer ce que nous n'avons point appris.

S'il eût fallu en croire autrefois *Jodele*, *Théophile* & leurs Admirateurs, nous avions dès-lors les modèles de l'excellente Tragédie ; s'il eût fallu en croire *Desmarets* & ses partisans, les *Visionnaires* étoient aussi la Comédie par excellence. Combien l'on dut être confus d'avoir tant applaudi *Théophile* & *Desmarets*, quand on vit paroître *Corneille* & *Molière* ! Combien les enthousiastes de *Jodele* auroient rougi, s'ils avoient entendu *Racine* !

Ainsi le goût se rectifie à mesure que l'Art l'éclaire, en lui présentant d'âge en âge, pour objets de comparaison, des modèles plus accomplis. Rien ne décèle mieux l'enfance de l'esprit humain, que la vanité qui fait croire à un siècle qu'il touche aux bornes des possibles, & qu'au-delà de ce qu'il sait il n'y a plus rien à savoir (1).

Dans les Arts, comme dans les Sciences, & à l'égard du beau, comme à l'égard du vrai, il faut donc laisser faire au temps (2). Mais on est pressé de jouir, comme on est pressé de connoître : delà les jugemens anticipés du goût, ainsi que de la raison. Il eût été cruel d'aller dire aux admirateurs de *Jodele* & de *Théophile* : *Attendez donc, pour avoir le plaisir d'être émus, que l'art d'émouvoir se perfectionne.* Ils auroient répondu : *Ce qui nous paroît beau est réellement beau pour nous. Laissez-nous, en attendant mieux, jouir de*

---

(1) Ainsi nous dirons aux admirateurs de Racine, de Molière, de Voltaire, &c. que faites-vous, insensés que vous êtes ? qui vous a dit que ce soit là *le point fixe du beau ?* Attendez pour applaudir que vous ayez *épuisé les comparaisons*, & qu'il vous soit démontré que vous *touchez aux bornes des possibles.*

(2) Cela n'est vrai qu'à l'égard des sciences ; elles se sont perfectionnées depuis le siècle d'Alexandre, mais les Arts ?

DE LA MUSIQUE. 155

ce que nous avons : vous nous rendriez moins heureux en nous rendant plus difficiles.

Ainsi, lorsque les François n'avoient pas d'autre Musique que la déclamation élégante mais monotone de *Lulli*, & les airs simples & faciles qu'il avoit mêlés dans la scène, ils aimoient leur Musique, & ils devoient l'aimer : l'art & le goût étoient au même point.

Rameau vint leur apprendre que l'on pouvoit tirer de plus grands effets de l'harmonie. Sa Musique leur parut sauvage, parce qu'elle étoit plus savante que celle de *Lulli*, moins facile & moins analogue au caractère de la langue ; ils s'y accoutumèrent pourtant ; & comme elle avoit plus de force, plus de richesse, moins de monotonie, ils en devinrent passionnés. *Rameau* avoit pris la manière de déclamer de *Lulli*, mais altérée & ralentie, à un excès insoutenable, par les vains ornemens dont on l'avoit chargée. Il eut le tort de ne pas lui rendre sa première simplicité. Mais il la soutint d'une harmonie plus énergique ; il donna l'idée, dans les monologues de *Dardanus* & de *Castor*, d'un récitatif pathétique ; il approcha plus que *Lulli* des accens de la Tragédie ; il composa des chœurs sublimes ; il déploya toute la fécondité d'un génie créateur dans ses airs de danse ; & par l'inépuisable variété des caractères qui les distinguent, par l'heureux choix des traits qui les composent, des mouvemens qui les animent, par le mélange & le dialogue des instrumens qu'il y emploie, il s'est fait dans ce genre une réputation qu'on aura peine à effacer.

Comme il étoit sur son déclin, & que la scène lyrique se ressentoit de la défaillance de son génie, quelques Bouffons, échappés d'Italie, vinrent faire entendre aux François une Musique animée & piquante, pleine d'esprit & de gaîté, où toutes les finesses de l'expression étoient senties, où l'art, se jouant de ses difficultés, (1) concilioit la force avec la grace, la précision des mouvemens avec l'élégance des formes, & le charme de la mélodie avec la magie des accords.

Dès ce moment, les François s'apperçurent qu'il manquoit quelque chose à leur Musique vocale. Celle de *Pergolese* leur avoit fait sentir les effets du nombre & de la mesure (2), les gradations du clair-obscur (3), l'intelligence des desseins, l'ensemble & l'unité de l'accompagnement avec la mélodie, le grand secret de la Période musicale dans la construction des airs (4). La Musique vocale Françoise commença dès-lors à nous paroître inanimée, sans caractère & sans couleur.

Mais on tenoit à l'habitude, où plutôt à l'opinion : car on étoit persuadé que notre Langue n'étoit susceptible ni du nombre, ni des inflexions de la Musique

---

(1) L'Auteur a voulu dire sans doute, *où l'Artiste se jouant des difficultés de l'Art*, &c. Mais quels sont les grands Artistes qui se sont joué des difficultés de leur Art ? ce n'étoit assurément ni Michel-Ange, ni Raphaël, ni les Carraches, ni le Dominiquin, ni le Poussin, ni le Sueur, &c. On louoit *Carissimi*, célèbre Compositeur Italien, pour la facilité de ses chants, *O questo facile,* répondit-il, *quanto è difficile !*

(2) Comme si avant Pergolese on avoit exécuté à deux tems les airs à trois, & à trois les airs à deux ! L'Auteur devoit dire que Pergolese avoit fait sentir qu'on pouvoit soumettre la parole à des mouvemens plus animés, plus précis, & plus constans.

(3) Les gradations du clair-obscur !

(4) Nous n'avons point de menuet où *ce grand secret* ne se trouve.

Italienne (1). On se prit d'une haine très-sérieuse contre les Novateurs; & ce n'étoit pas sans quelque raison. L'art de jouir, en toutes choses, consiste à *faire aller ensemble* les désirs avec les moyens (2) : malheur au siècle dont les lumières devancent de trop loin les facultés & les talens ! il n'en résulte que du mal-aise, & que le sentiment pénible de l'indigence & du besoin.

Persuadé, comme on l'étoit, que les beautés de la Musique Italienne étoient inaccessibles *pour* la langue Françoise, on devoit *donc* être *affligé du dégoût* qu'elle nous causoit pour la seule Musique qui nous fut donnée (3); aussi vit-on le parti de *Lulli* & celui de *Rameau*, jusques là ennemis, cesser leur guerre domestique, & réunir leurs forces pour la défense de leurs foyers. Rien de plus plaisant que cette confédération des deux Musiques Françoises (4), incompatibles depuis vingt ans, & tout-à-coup reconciliées

---

(1) Apparemment que depuis on s'est persuadé, que l'harmonie & l'accent de la Langue Françoise sont les mêmes que ceux de la Langue Italienne.

(2) Réflexion neuve, profonde, élégamment exprimée, & bien propre à justifier l'éloquent anathême qui suit : *malheur au siècle*, &c.

(3) Il n'y a rien dans cette phrase qui blesse les règles de la Grammaire, mais autre chose est parler grammaticalement, autre chose est bien parler : *aliud est Grammaticè, aliud Latinè loqui*, a dit Quintilien.

(4) Il y a quelque chose de plus plaisant encore, c'est la bévue de l'Auteur; la Musique de Lulli & la Musique de Rameau ne sont pas plus deux Musiques, que le style de Voltaire & le style de l'Auteur n'appartiennent à deux Langues.

pour s'opposer à l'invasion d'une Musique étrangère ; mais il est très-vrai que depuis cette époque on n'a plus distingué les deux Musiques Françoises, & qu'elles ont combattu ensemble jusqu'à l'extrémité pour le salut commun.

Cependant sur un autre Théâtre on faisoit des essais heureux pour amener la révolution. Un Musicien foible, mais correct & pur dans son style, *Duni*, tout Italien qu'il étoit, avoit fait voir que, sans altérer la prosodie de notre Langue, on pouvoit la réduire à la précision de la mesure & du mouvement. MM. *Philidor* & *Monsini*, l'un par une harmonie savante & des modulations hardies, l'autre par les graces d'un chant facile & naturel, avoient encore étendu le cercle où *Duni* s'étoit renfermé. M. *Gretry*, avec une imagination vive & sage, un goût exquis, une délicatesse, une justesse de perception qui participe également de la sagacité de l'esprit & de la sensibilité de l'ame, démontroit aux plus incrédules que notre Langue étoit susceptible de tous les caractères, de toutes les nuances de l'expression musicale ; qu'elle pouvoit se prêter aisément à toutes les inflexions de la mélodie, à toutes les variétés du nombre, & non-seulement aux finesses d'un comique noble, mais aux traits les plus énergiques d'un sentiment passionné.

Le préjugé, qui jusques-là s'étoit battu en retraite, cédant l'Opéra Comique à la Musique Italienne, & se bornant à lui interdire l'accès du Théâtre héroïque, se vit alors forcé dans ses retranchemens. Les partisans de la vieille Musique ne savoient plus que répondre à ceux qui, pour exemple d'un pathétique noble, leur citoient le premier air & le Duo de *Sylvain*, l'air de Tom-jones (*Amour, quelle est donc ta puissance,*) le

Trio du Tableau Magique, dans *Zémire & Azor*, & une foule d'airs du plus beau caractère. On convenoit qu'il seroit agréable de voir animer, varier, embellir la Scène lyrique par des morceaux de ce nouveau genre; on y avoit même déjà fait quelques essais pour l'introduire; & le succès d'*Ernelinde* annonçoit un Public favorable à ce changement (1).

Ce fut alors qu'on vit arriver un Musicien célèbre en Allemagne, qui, secondé d'un Poète versé dans l'étude de nos Théâtres, avoit donné, disoit-on, à l'Opéra Italien, la forme de l'Opéra François, pris ses sujets dans la Mythologie, fait usage du merveilleux, & ajoûté à l'intérêt la pompe du Spectacle & l'agrément des fêtes.

Ce nouveau genre avoit eu les plus brillans succès à Vienne; on disoit même qu'il avoit réussi en Italie & en Angleterre (2); & en effet, quoique l'Opéra d'*Orphée* de M. *Gluck* eût paru trop dénué de chant, & que sur les Théâtres de Naples, de Florence & de Londres, il eût fallu y ajoûter des airs qui n'étoient pas de lui (3); quoique le Duo du troisième Acte, que nous avons tant applaudi, n'eût pas été goûté ailleurs, & qu'il eût fallu le chan-

---

(1) Il y a loin du pathétique de Greuze au pathétique du Poussin.

(2) Et l'on disoit vrai : l'Opéra d'*Orphée* avoit été représenté & applaudi vingt-sept fois de suite à Parme, où le mariage de l'Infant avoit alors attiré toute l'Italie.

(3) Ce fut uniquement pour donner à l'Opéra d'*Orphée* la durée ordinaire des Opéras Italiens qu'on mêla le clinquant des Ariettes à l'or de cette Musique.

ger; (1) il n'en est pas moins vrai que la forme de ce Spéctacle, plus animé, plus décoré que l'Opéra Italien, avoit plu, même à l'Italie. L'*Alceste* n'avoit pas eu les mêmes honneurs, (2) peut-être à cause de sa tristesse continuelle & monotône ; mais elle passoit en Allemagne pour le chef-d'œuvre du pathétique.

Le nouveau sujet que M. *Gluck* avoit pris, lui étoit encore plus favorable. En habile homme, il avoit choisi pour son début, sur le Théâtre lyrique François, l'*Iphigénie* de *Racine*, la Tragédie la plus intéressante par son sujet, la plus magnifique par son Spectacle, la plus riche en situations, & sur-tout en grands caractères, qu'on ait vue, depuis *Euripide*, sur aucun Théâtre du monde. Ce sujet, quoique dépouillé de l'éloquence de *Racine*, de l'harmonie de ses vers, du coloris de ses peintures, de la richesse de ses détails, conservoit encore assez de ses beautés indestructibles, pour faire le plus magnifique Opéra. La pompe & les licences du Théâtre lyrique pouvoient suppléer aux développemens des sentimens & des pensées, par des tableaux qui parleroient aux yeux ; & l'action resserrée en trois Actes, n'étoit plus qu'un enchaînement de situations intéressantes, dont la Pantomime seule auroit suffi pour émouvoir.

Que la Musique d'un tel Opéra eût seulement du

―――――――――――――――――――――

(1) Si cette anecdote est vraie, il faut la placer à côté de celle qui porte qu'à Naples on substitua aux peintures du Dominiquin, le peintre des affections de l'ame, celles d'un Artiste bien inférieur.

(2) L'*Alceste* a depuis eu l'honneur d'être représenté à Boulogne, & l'on a fait pour cela des frais qu'on ne fit jamais pour aucun Opéra Italien.

caractère

caractère, comme il est aisé d'en donner à l'expression exagérée (1) ; c'étoit assez pour la multitude : on étoit sûr que dans des situations fortes, un peuple qui n'étoit point accoutumé aux charmes de la mélodie, ne seroit pas sévère sur l'article du Chant.

L'*Iphigénie* de M. *Gluck*, son *Orphée*, son *Alceste* même devoient donc réussir sur un Théâtre où l'on ne connoissoit pas mieux (2). On a vu que dans son Opéra de *Cythère assiégée*, où la force de l'action ne l'a pas soutenu, il est tombé. Son *Armide* qui *doit faire éprouver*, comme il l'écrit lui-même, *une voluptueuse sensation*, nous apprendra s'il a, quand il lui plaît, le coloris des graces, le pinceau de la volupté (3). Mais qu'il s'attache à des sujets qui ne demandent que l'énergie de l'expression ; son style, malgré la rudesse que les Italiens lui reprochent, suffira pour nous émouvoir : parce qu'alors ce n'est point l'élégance, mais la force que l'on exige ; & nous en avons des exemples dans un grand nombre de Tragédies, où des vers durs ne laissent pas de faire une impression vive, dans les momens où l'ame s'abandonne à l'intérêt de l'action.

Que M. *Gluck* fasse de *Médée* ce qu'il a fait d'*Iphigénie*, il aura le même avantage ; il sera mieux soutenu encore par le génie des poètes dans *l'Androma-*

---

(1) L'expression exagérée du rôle d'*Iphigénie* !

(2) L'*Orphée* & l'*Alceste* du Chevalier Gluck avoient eu le succès le plus éclatant sur des Théâtres où tous les Opéras de Jomelli, de Sacchini, de Piccini, &c. étoient connus, & où même on n'en connoissoit point d'autres.

(3) L'*Armide* a paru, & l'empressement du Public a dû instruire l'Auteur de manière à ne lui plus laisser aucun doute.

que & la *Sémiramis* ; enfin, par-tout où des passions violentes, la douleur, l'effroi, le remord, la jalousie, la vengeance, la nature & le sang, dans les déchiremens de l'ame d'un père & d'une mère, n'exigeront que des cris, des sanglots, des plaintes, des frémissemens, ses accens les exprimeront ; l'énergie de son Orchestre rendra plus pénétrant encore le pathétique de la voix ; & sa Musique ne fût-elle que notre vieille Musique Françoise (1), renforcée des accompagnemens du chant d'Eglise Italien, par cela seul qu'en s'attachant à une action forte & rapide, elle en contracteroit la véhémence & la chaleur, on la trouveroit Dramatique. C'est à quoi sont dûs les succès de ce Compositeur, sur un Théâtre languissant, d'où l'ennui chassoit tout le monde. Il n'a donc pas eu bien de la peine à *réformer le goût & les idées d'une Nation vaine & polie*, comme disent ses partisans. Cette Nation ne demandoit qu'une Musique moins monotone & moins traînante que celle de son Opéra : elle n'avoit pas droit d'être difficile ; elle ne l'a pas été. Mais il y avoit, parmi la foule, des connoisseurs plus délicats, & dont l'oreille accoutumée à la Musique Italienne, n'a pas goûté celle de M. *Gluck* : ce sont les admirateurs de *Pergolèse*, de *Buranello*, de *Jomelli*,

---

(1) Ainsi, une Musique qui exprimeroit la douleur, l'effroi, la jalousie, le remord, la vengeance, & dont le pathétique seroit encore fortifié par un Orchestre énergique & passionné, pourroit bien n'être pas de la Musique, ou tout au plus n'être que de la vieille Musique Françoise soutenue de l'harmonie du faux-bourdon ! C'est un raisonneur puissant, & surtout un fin Connoisseur, que l'Auteur de cet Essai.

que les amis de *Gluck* appellent *les ennemis des talens* (1). Ne nous arrêtons pas aux mots, & cherchons le vrai dans les choses.

Avec un Orchestre bruyant ou gémissant, avec des sons de voix déchirans ou terribles, croirons-nous posséder la Musique Théâtrale par excellence ? L'Opéra sera-t-il privé des charmes de la mélodie ? Et ce chant, qui fait les délices de l'Europe, sera-t-il indigne de nous (2) ? C'est-là ce qu'il s'agit de décider ; & il sembleroit assez raisonnable de s'en rapporter à l'expérience. Mais c'est ce que ne veulent pas les partisans de M. *Gluck*. On diroit qu'ils ont peur que nous n'ayons trop de plaisirs, ou que d'autres Musiciens que M. *Gluck*, ne réussissent à nous plaire. Ils ont ouï dire qu'un des plus fameux Compositeurs d'Italie, travaille à mettre en Musique les chefs-d'œuvre de *Quinault*; ils soupçonnent, avec frayeur (3), que si M. *Piccini* a du succès, bientôt ses Condisciples & ses émules, MM. *Sacchini* & *Traietta*, vont arriver, & jaloux des suffrages d'une nation éclairée & sensible, entrer dans la même carrière. Dès-lors, si, par malheur, ce chant mélodieux, qui nous ravit dans nos concerts, est goûté sur notre Théâtre, si

---

(1) Les amis de Gluck admirent les talens de Pergolese, de Buranello, de Jomelli, de Piccini, &c. mais en déplorant l'abus qu'ils en ont fait trop souvent ; du reste ils mettent un intervalle immense entre le talent & le génie.

(2) Ce chant pourra faire aussi les délices des partis s du Chevalier Gluck, mais dans les Concerts seulement, & non sur le Théâtre où il blesse toutes les convenances.

(3) Si les partisans du Chevalier Gluck ont jamais eu cette frayeur, certes ils en sont bien guéris.

nos oreilles s'accoutument à une modulation facile & naturelle, à une harmonie aussi claire dans sa force que dans sa douceur, à ces accens qui ne sont pas les cris de la douleur physique, mais la voix de l'ame elle-même, à ces desseins élégans & purs de la Période musicale, dont les Italiens possédent le secret, il semble que tout soit perdu.

On se hâte de nous prémunir contre cette séduction; dans les journaux, dans les gazettes, dans la feuille du soir, on ne cesse de déclamer contre la Musique Italienne, de commenter celle de M. *Gluck* avec la même profondeur qu'on a commenté l'*Apocalypse*, & d'annoncer que cette Musique, renouvellée des Grecs, est la seule expressive, la seule *Dramatique*. On voudroit, s'il étoit possible, nous persuader de n'en jamais entendre d'autre, & nous engager à suivre l'exemple d'*Ulysse*, pour nous préserver du chant des Sirènes. Ce seroit là sans doute un moyen sûr de conserver à M. *Gluck* l'empire qu'on veut qu'il exerce; mais les intérêts de sa gloire ne sont peut-être pas les intérêts de nos plaisirs : il n'est peut-être pas vrai que ce soit le seul Musicien de l'Europe qui sache exprimer les passions ; il n'est peut-être pas vrai, comme on voudroit nous le faire entendre, que la dureté, l'âpreté (1) soit essentielle au style de la bonne Musique ; il n'est peut-être pas vrai que le chant rompu, mutilé, soit le plus beau, le plus touchant, & que l'unité, la rondeur, la continuité l'affoiblisse. On

---

(1) Reprocher au Chevalier Gluck la rudesse, la dureté, l'âpreté, c'est reprocher à Virgile le concours des voyelles, la fréquence des élisions, les terminaisons monosyllabiques dont ce grand Poète fait usage pour rendre son vers imitatif.

DE LA MUSIQUE.

nous l'assure ; mais les raisons que l'on en donne ne sont pas claires, & peuvent n'être pas solides (1).

Par exemple, on nous dit que pour le Théâtre, il faut une Musique qui ne soit pas du chant (2), c'est-

---

(1) Parcourez les derniers Volumes de l'Académie des Belles-Lettres, & dans une Dissertation de M. l'Abbé Arnaud sur la Prose Grecque, vous trouverez : » La Période a un agrément » infini, mais il y regne un air de recherche & d'affectation » qui n'en permet l'usage, a dit Cicéron, que dans les Cercles » & les Académies ; elle ne sauroit convenir aux grands mou- » vemens de l'âme. Le langage des passions est trop impétueux » pour admettre une marche symétrique. » Voici encore un passage du Discours que M. l'Abbé Auger a mis à la tête de la traduction d'Isocrate, & qui paroît convenir parfaitement aux Compositeurs Italiens modernes : » Rarement la diction » d'Isocrate s'anime, s'élance, se précipite ; elle se traîne plu- » tôt, ou marche avec trop de lenteur ; elle est variée & pom- » peuse ; mais souvent elle n'est point assez simple, assez na- » turelle. Tout ce qui peut troubler l'harmonie & la pronon- » ciation, Isocrate le rejette ; il s'attache surtout à tourner pé- » riodiquement sa phrase, & à lui donner un arrondissement » nombreux & cadencé ; aussi tous ses discours, si délicieux à » la lecture, si propres aux assemblées & aux cérémonies d'ap- » pareil, ne sauroient-ils convenir aux procédés turbulens du » Barreau, ni à l'agitation tumultueuse des harangues pronon- » cées dans la Tribune ; la Tribune & le Barreau demandent » de la véhémence, des passions, des mouvemens qui ne » sauroient entrer dans le concours symétrisé de la Période, &c.

(2) Qui est-ce qui a dit cette sottise ? ce ne sont pas assurément les partisans du Chevalier Gluck, qui pensent au contraire, avec le célèbre Jean-Jacques Rousseau, que *le chant lui sort par tous les pores*, & que son récitatif même est souvent modulé d'une manière plus sensible & plus marquée que la plupart de ces beaux airs Italiens à forme circulaire & périodique.

à-dire, qui se refuse à toute espèce de dessin & de forme périodique ; qu'elle en est bien plus naturelle & plus passionnée, lorsqu'elle est composée de mouvemens rompus, de motifs avortés, de nombres épars & sans suite.

Cela peut être ; mais si nous entendions un faiseur de Drames en prose, traiter avec mépris les vers harmonieux de *Virgile*, de *Racine*, de M. de *Voltaire*, & nous dire : *Etoit-ce en beaux vers que devoient parler Didon, Hermione, Orosmane ? Si je voulois, j'aurois aussi cette élégance continue, ce style nombreux & facile, ce langage mélodieux ; mais tout cet Art ne fait qu'altérer & affoiblir la Nature. Ecoutez ma prose : elle est inculte, négligée, pleine d'âpreté, de rudesse ; mais elle n'en est que plus vraie, plus ressemblante au naturel ;* cet homme-là n'auroit-il pas autant de raison que les *prosateurs* (1) en Musique ? Et faudroit-il sur sa parole, regarder *Virgile*, *Racine* & *Voltaire* comme les corrupteurs du goût ?

L'objet des Arts qui émeuvent l'ame, n'est pas seulement l'émotion, mais le plaisir qui l'accompagne. Ce n'est donc pas assez que l'émotion soit forte, il faut encore qu'elle soit agréable. Ce principe est reçu en Poésie,

---

(1) Ce mot qui a paru si heureux aux Adversaires du Chevalier Gluck est volé à M. l'Abbé Arnaud ; c'est lui qui a dit le premier que la Musique Françoise étoit à la Musique Italienne ce que la prose est aux vers, comme il a expliqué le premier la vraie Période Musicale, & trouvé sa correspondance & son analogie avec la Période oratoire ; cependant M. l'Abbé Arnaud est un des plus grands admirateurs du Chevalier Gluck ; il a même annoncé & prédit ses succès ; sans doute cet Académicien n'a pas cru devoir préférer les intérêts de son amour-propre à ceux de son plaisir & de la vérité.

en Peinture, en Sculpture : on fait que la règle conftante des Anciens étoit de ne jamais permettre à la douleur d'altérer les traits de la beauté. Le *Gladiateur* mourant, la *Niobé*, le *Laocoon* en font l'exemple. Ce n'eft pas qu'une expreffion convulfive dans les traits du vifage n'eût été bien plus effrayante ; mais la peine qu'elle auroit faite n'eût pas été mêlée de plaifir. Les Grecs prenoient le même foin de donner dans la Tragédie aux paffions les plus violentes, foit dans l'action, foit dans le langage, tout le charme de l'expreffion : la force même avoit fon élégance. *Virgile*, *Racine* & *Voltaire* ont fuivi l'exemple des Grecs.

Pourquoi donc ne feroit-on pas en Mufique ce qu'on a fait en Poéfie ? Avec des cris, des hurlemens, des fons déchirans ou terribles, on exprime des paffions ; mais ces accens, s'ils ne font embellis dans l'imitation, n'y feront, comme dans la nature, que l'impreffion de la fouffrance. Si l'on ne vouloit qu'être ému, on iroit entendre, parmi le peuple, une mère qui perd fon fils, des enfans qui perdent leur mère : c'eft-là fans doute que l'expreffion de la douleur eft fans art, c'eft-là auffi qu'elle eft très-énergique. Mais quel plaifir nous cauferoient ces émotions déchirantes ? Il faut que la pointe de la douleur, dont on eft atteint au Spectacle, laiffe du baume dans la plaie. Ce baume eft le plaifir de l'efprit, ou celui des fens ; & la caufe de ce plaifir eft, en poéfie, la fublimité des penfées, des fentimens & des images, la noble élégance de l'expreffion, le charme des beaux vers. En Mufique la même volupté doit fe mêler aux impreffions douloureufes ; & la caufe en eft dans l'art du Muficien, comme dans celui du Poëte ; dans cet art de donner à l'expreffion muficale un charme que n'ont point dans la nature les airs, les plaintes, les accens funestes ou douloureux des passions (1). C'est donc une idée aussi étrange de vouloir bannir du Théâtre Lyrique le chant mélodieux, que de vouloir interdire les beaux vers à la Tragédie (2). Mais une idée encore plus bizarre, c'est d'entremêler la déclamation de fragmens d'un chant mutilé. Pourquoi ne pas finir un chant que l'on commence ? Ou pourquoi commencer un chant qu'on ne veut pas finir ? Qu'est-ce qu'une déclamation intermittente, qui semble prendre un élan rapide, & qui tout-à-coup retombe, & se traîne avec pesanteur? (3) Il n'y a qu'une seule excuse

―――――――――――――――――――

(1) Toute cette Théorie est fort vraie ; les Gens de Lettres dont l'Auteur de l'Essai combat ici le sentiment, l'ont établie plus d'une fois en l'approfondissant un peu plus, & la développant un peu mieux ; mais que peut-on en conclure contre la Musique du Chevalier Gluck ?

(2) Cette idée seroit en effet fort étrange, & nous ne pensons pas qu'elle soit venue à l'esprit d'aucun des partisans du Chevalier Gluck.

(3) Nous répondrons à ces questions par des questions. Pourquoi prêter les mêmes couleurs à des objets absolument différens ? Pourquoi déclamer du même ton les vers de sentence & les vers de sentiment ? Pourquoi tant de répétitions gratuites & fastidieuses ? Pourquoi cette incohérence des airs avec le récitatif? Pourquoi rendre la parole inintelligible à force de la mettre en pièces ? Pourquoi soumettre à des mouvemens réguliers, des affections, des passions dont la marche est irrégulière ? Pourquoi négliger les chœurs, & surtout le récitatif, le fondement & la base de tout intérêt dans le Mélodrame ? Pourquoi débuter par des symphonies qui ne peignent & n'expriment rien ? Pourquoi sacrifier le sens à la *rondeur* d'une phrase, & le vain plaisir de l'oreille aux émotions de l'ame ? &c. &c. &c. &c. &c. &c. &c. &c. &c. &c. &c. &c. &c. &c. &c.

pour l'imitateur qui s'éloigne de la nature : c'est de nous procurer les plaisirs de l'art.

En deux mots, la mélodie sans expression est peu de chose ; l'expression sans mélodie est quelque chose, mais n'est pas assez. L'expression & la mélodie, l'une & l'autre au plus haut degré, où elles puissent s'élever ensemble : voilà le problême de l'art. Il reste à voir qui nous donnera la solution de ce problême.

Les Italiens l'ont cherchée : ils ont commencé comme nous. Leur Musique du tems de *Lulli* étoit la même que la sienne. Ils travaillèrent à lui donner plus de force & d'expression. Mais le vrai moment de sa gloire fut celui où *Vinci* traça le premier le cercle du chant périodique, de ce chant qui, dans un dessein pur, élégant & suivi, présente à l'oreille, comme la période à l'esprit, le développement d'une pensée complétement rendue. Ce fut alors que le grand mystère de la mélodie fut révélé.

Les Grecs, après avoir inventé la période oratoire, sentirent, qu'au-delà de cette belle forme il n'y avoit plus rien à désirer : leur émulation se borna à la rendre, de plus en plus, élégante & harmonieuse. Les Italiens, après avoir trouvé la période musicale, s'y attachèrent de même, comme à la forme la plus parfaite qu'on pût jamais donner au chant ; & non seulement dans les airs, mais dans les duos, les trios, les morceaux de grande harmonie, tout ce qu'il y a eu de Musiciens célèbres en Europe, *Leo*, *Pergolese*, *Porpora*, *Buranello*, *Jomelli*, *Majo*, *Hasse*, *Pérès*, *Traietta*, *Sacchini*, *Piccini*, *Gretry*, *Anfossi*, &c. Tous, à l'exception de *Gluck*, ont regardé le chant périodique comme le chef-d'œuvre de la mélodie, &

comme son plus haut degré d'élégance, de correction & de beauté. (1)

La question se réduit donc aujourd'hui à savoir s'il faut renvoyer cette forme de chant à la Musique de concert, & l'exclure de la Scène lyrique, comme les partisans de M. *Gluck* nous le conseillent, ou si, à l'exemple des Italiens, nous devons l'admettre sur le Théâtre. (2)

Qui la décidera cette question ? L'expérience. Tout le reste peut nous tromper. Les autorités sont suspectes, les exemples sont équivoques, la raison même a souvent deux faces, & chacun croit l'avoir de son côté. Défions-nous de tout cela, & commençons par ne compter pour rien le suffrage de l'Italie & de l'Europe entière en faveur de cette Musique, qui, depuis cinquante ans, les enivre & les transporte de plaisir.

───────────────────────────

(1) En effet, les Italiens ont fait de l'Art du chant ce que les Sophistes Grecs firent de l'Art de la parole ; ceux-ci, après avoir cherché, trouvé & perfectionné la Période, y sacrifierent la pensée, le sens, la convenance, la vérité ; Démosthène vint, il profita des richesses introduites dans le langage par les Sophistes, mais s'il traitoit de grands intérêts, s'il vouloit exciter de grandes passions, loin de preferer à son style cette marche compassée & symétrique, il affectoit, dit Denys d'Halicarnasse, de rompre la Période ; or l'Auteur de l'Essai ne peut pas ignorer que Démosthène fut regardé, non-seulement comme le plus éloquent Orateur, mais comme le plus grand Écrivain de la Grèce.

(2) L'Auteur n'a qu'à consulter chez les Anciens, Cicéron, Plutarque, Longin, Denys d'Halicarnasse, Quintilien, & parmi les Modernes, Benedetto Marcello, Gravina, le P. Martini, le Chevalier Planelli, & Metastase lui-même, il apprendra de ce dernier que la Musique Italienne doit se borner à présider aux Concerts, & à régler les pas d'un Ballet sans jamais se mêler des affaires du Cothurne.

DE LA MUSIQUE. 171

L'Italie & l'Europe entière peuvent avoir été séduites, & tenir à leur préjugé. Mais, avec la même bonne-foi, convenons que l'autorité de M. *Gluck* & de ses partisans n'est pas plus décisive.

M. *Gluck* n'a pas eu l'avantage d'être élevé en Italie, le seul pays du monde où, dès l'enfance, l'oreille & l'imagination se frappent des beaux accens de la mélodie, où l'on contracte insensiblement l'habitude de ce langage ravissant, où le génie s'enrichit par l'étude des bons modèles, & accumule insensiblement ce tréfor d'idées musicales, qui germent & se reproduisent avec une variété inépuisable de nouvelles combinaisons. M. *Gluck* arriva en Italie, comme Théophraste à Athènes, avec l'accent de son pays natal. Il étoit profond dans son art ; il avoit tous les talens d'un grand Compositeur, excepté l'élégance & la grace du style ; il fit trois Opéras * Italiens, (1) où

---

* *La clémence de Titus*, pour le Théâtre de Naples ; *l'Antigone*, pour celui de Rome ; *le Triomphe de Camille*, pour celui de Boulogne. On a écrit que M. *Gluck* avoit eu d'éclatans succès à Venise & à Florence ; & les Italiens prétendent qu'il n'a donné aucun Opéra ni à Florence, ni à Venise. On a écrit *qu'ayant donné le* Demophonte *à Milan, il y a plus de quinze ans, on y parle encore avec admiration de cet Ouvrage;* & après avoir pris à Milan les informations les plus exactes, on assure que M. *Gluck* n'a composé aucun Opéra pour Milan, & qu'on n'y a représenté de lui que *l'Orphée.* (*Note de l'Auteur.*)

(1) M. Le Chevalier Gluck passa en Italie à l'âge de dix-sept ans, & les *informations* que nous avons prises, plus *exactes* que celles de l'Auteur, nous mettent en état d'affirmer & de prouver qu'il a composé pour le Théâtre de Milan, en 1741, l'*Artaferse*; en 1742, le *Demophoonte*; en 1743, le *Siface*; & en 1744, la *Phédre*. On peut juger de l'esprit qui anime les détracteurs de M. Gluck par la légéreté avec laquelle ils affirment de petites faussetés si aisées à démentir, & si indifférentes d'ailleurs au fond de la discussion.

l'on ne défira que du chant & des modulations moins dures ; à force de travail il trouva même quelquefois des deſſeins heureux : on conſerve de lui, en Italie, un ou deux airs, que l'on chante encore quelquefois. Mais ces rencontres étoient rares : les oreilles Italiennes trouvoient ſon harmonie trop péniblement travaillée (1); & à l'égard de la mélodie, il ſe voyoit au milieu d'une foule d'hommes qui produiſoient en ſe jouant, ce qui lui coûtoit inutilement tant de ſueurs & tant de veilles. *Il perdit trente ans de ſa vie*, comme le dit ſon apologiſte, à tâcher en vain d'imiter les Pergoleſe & les Jomelli (2).

A la fin, rebuté d'un travail ingrat, il réſolut de ſe jeter dans un genre moins difficile (3), & dans le-

---

(1) Mais les oreilles Italiennes qui ne ſe laſſoient pas d'entendre l'*Orphée*, trouvoient-elles *ſon harmonie trop péniblement travaillée ?* La Nobleſſe de Boulogne qui, pour jouir de l'Opéra d'*Alceſte*, fit il y a deux ans une dépenſe extraordinaire, trouvoit-elle *ſon harmonie trop péniblement travaillée ?* Et les Entrepreneurs du Spectacle de Milan qui, après avoir fait conſtruire un nouveau Théâtre, ſe ſont adreſſés à lui par préférence à tous les Compoſiteurs d'Italie, & cela pour donner à leur Théâtre le plus grand éclat poſſible (il più gran riſalto poſſibile) trouvoient-ils *ſon harmonie trop péniblement travaillée ?*

(2) L'Apologiſte du Chevalier Gluck n'a pas dit qu'il perdit trente ans de ſa vie à tâcher en vain d'imiter les Pergoleſe & les Jomelli ; il a dit que le Chevalier Gluck regarda comme perdues les trente années de ſa vie employées à ſuivre les traces de Pergoleſe & de Jomelli.

(3) *Dans un genre moins difficile !* Eh qu'en ſait l'Auteur ? Ce que nous ſavons très-bien, nous, c'eſt qu'en moins de trois mois, il compoſa trois Opéras, l'un pour Milan, l'autre pour Véniſe, & l'autre pour Crême, & qu'il n'en a fait aucun pour le Théâtre de Paris qui ne lui ait coûté une année de travail.

quel, avec une harmonie savante & une déclamation forcée, il put se dispenser du chant. Il fit très-bien; mais sa méthode, la meilleure pour lui sans doute, peut n'être pas la meilleure pour nous. Ses nouveaux Opéras peuvent avoir, avec moins d'art, plus d'intérêt que ceux de Métastase; ceux même de Quinault, où regne un sentiment plus doux, plus gradué dans ses nuances, & où les passions violentes n'éclatent que par intervalle, n'ont pas ces mouvemens pressés, tumultueux, rapides des Opéras de M. *Gluck*, réduits presque à la Pantomime; & en cela il a été servi à sa manière. Mais il reste encore à savoir si la Musique n'est faite que pour accompagner la pantomime de l'action, ou si l'action n'est pas destinée à développer les trésors & les charmes de la Musique. Il faut sans doute que la Poésie & la Musique soient émules, mais sans nuire l'une à l'autre; & dans l'effet général du Spectacle qui les rassemble, ni le plaisir de l'ame, ni celui de l'oreille ne doit être sacrifié. Tel est le pacte de l'alliance de la Poésie avec la Musique; & entre les arts comme entre les hommes, la plus heureuse société est celle où chacun perd le moins qu'il est possible de ses avantages & de sa liberté. L'objet de M. *Gluck* a été, dit-on, l'ensemble & l'unité de l'effet Théâtral; & c'est-là ce qui le distingue. Mais l'ensemble est donné par la forme même de l'Opéra François; *Quinault* l'avoit conçue & il l'a conservée, cette *unité*, dans *Atys*, dans *Armide*, dans *Proserpine*, dans *Roland*; le Musicien n'a qu'à se conformer à l'ordonnance du Poème; & *Lulli* & *Rameau* lui même l'ont observée dans *Atys*, dans *Armide*, dans *Dardanus* & dans *Castor*.

L'analogie de l'expression avec le sentiment où l'image, l'accord de l'harmonie avec la mélodie, & de l'une & l'autre avec la parole, la gradation & l'enchaînement du récitatif obligé, des airs, des duos & des chœurs, diftribués avec intelligence, enfin la liaifon de toutes les parties du Spectacle avec l'action: voilà ce qui produit l'enfemble & *l'unité* dont on parle tant. Mais qu'a d'incompatible avec cette *unité*, l'heureux choix des motifs, la beauté des deffins, la régularité du chant?

M. *Gluck* peut être de bonne-foi en dédaignant cette partie de la Mufique Italienne (1), & en infpirant ce mépris à tous fes Zélateurs; mais il a tant d'intérêt de croire & de perfuader aux autres la prééminence de fon talent & la fupériorité de fon genre*, que, s'il ne fe défioit pas de fon opinion dans fa propre caufe, on feroit obligé de s'en défier pour lui. A l'égard de fes partifans, leur goût peut n'être pas

---

(1) M. Gluck ne nous a infpiré que de l'eftime & de l'admiration; quant à nos opinions, nous les avons prifes dans le compte que nous nous fommes rendu de nos fenfations, & dans les principes de tous les Beaux-Arts.

---

* On lui écrit que *rien ne vaudra jamais fon Alcefte*; & il répond: *Alcefte eft une Tragédie complette, & je vous avoue qu'il manque très-peu de chofe à fa perfection.* On lui écrit qu'*Orphée perd par la comparaifon avec Alcefte*; & il répond: *Eh! bon dieu, comment peut-on comparer deux Ouvrages qui n'ont rien de comparable?... les divers Poëmes doivent naturellement produire différentes Mufiques, lefquelles peuvent être, pour l'expreffion des paroles, tout ce qu'on peut trouver de plus fublime, chacune dans fon genre.* Il parle à peu près de même de fon *Armide*; & il ajoute, *il faut finir; autrement vous croiriez que je fuis devenu fou ou Charlatan.* (Note de l'Auteur.)

plus infaillible que le nôtre ; ils ont peut-être encore besoin d'étudier l'Art dont ils méprisent les modèles ; & s'il s'agit du sentiment, d'après lequel nous jugeons tous, que chacun ait le sien pour soi, rien n'est plus juste ; mais que l'instinct de ces Messieurs ne soit pas le tyran du nôtre.

Quant aux exemples, il faut avouer que si la Musique Italienne a pour elle mille succès & le suffrage de l'Europe entière, celle de M. Gluck a de son côté les applaudissemens de Vienne & de Paris. Mais faut-il pour cela condamner à l'obscurité la Musique qui n'a charmé que l'Italie & l'Europe, & réserver la gloire du Théâtre pour la Musique qui vient de plaire à l'Allemagne & à la France (1) ? C'est ainsi que les partisans de M. Gluck l'ont décidé ; mais n'est-ce pas abuser un peu d'un moment de triomphe ? J'en appelle à eux-mêmes ; & je suppose qu'avant M. Gluck l'un des célébres Musiciens d'Italie fût venu avec une *Armide*, un *Roland*, un *Atys*, nous faire entendre, à la place du récitatif simple & monotône de *Lulli*, une Musique variée, expressive & mélodieuse, & qu'il eût réussi, comme cela étoit po-

───────────────

(1) Il est bon de rappeller à l'Auteur qu'on imprimoit il y a douze ans à Naples, qu'il en étoit des Ouvrages du Chevalier Gluck, comparés à ceux de tous les Compositeurs Italiens, comme d'un tableau de Raphaël comparé à une toile couverte au hazard de quelques couleurs brillantes ; nous ajouterons qu'on vient d'imprimer tout récemment à Madrid, que c'est par ce même Chevalier Gluck que notre siècle sera le siècle d'or de la scène Lyrique ; cela gâte un peu le prix de la tournure ironique & vraiment maligne que l'Auteur a si ingénieusement, & surtout si plaisamment employée.

ssible; qu'auroit dit M. *Gluck*, si en arrivant il avoit trouvé, dans les corridors de l'Opéra, une troupe de fanatiques de la Musique Italienne, qui auroient crié aux passans : *N'écoutez pas cet Allemand, qui vient encore par son fracas vous endurcir les oreilles, dont la Musique, si c'en est une, ressemble à une liqueur âpre qui brûle le palais & qui blase le goût ?* Le Compositeur Allemand, justement indigné sans doute de ces indécentes clameurs, auroit demandé à être entendu ; qu'il se mette donc à la place de ceux qui viennent après lui, & qu'il souffre qu'on les entende *.

Ses admirateurs traitent avec un froid mépris ceux qui par sentiment trouvent dans sa Musique peu de chant, peu de naturel, peu d'élégance & de noblesse (1). *De quoi s'avisent ces critiques ?* disent les dictateurs de l'art ; *ils ne sont pas Musiciens.* Quel avan-

---

* M. *Gluck* qui prévoit de loin le succès de M. *Piccini*, nous explique d'avance, comment cela doit arriver. *On donnera à dîner & à souper aux trois quarts de Paris pour lui faire des prosélites ;* & Marmontel, *qui fait si bien faire des Contes, contera à tout le Royaume le mérite exclusif du sieur Piccini.* Et qu'a fait au sieur *Gluck* ce *Marmontel* qu'il veut tourner en ridicule ? Lui auroit-il donné de l'humeur en essayant de rendre les meilleurs Opéras François susceptibles des beautés de la Musique Italienne ? Il paroît que cette Musique le chagrine cruellement ! (*Note de l'Auteur.*)

---

(1) Ses Admirateurs ne méprisent personne, mais ils plaignent sincérement *ceux qui par défaut de sentiment trouvent dans la Musique du Chevalier Gluck peu de chant, peu de naturel, peu d'élégance & de noblesse.*

tage que de favoir la gamme (1) ! & quelle fupériorité cela donne fur ceux qui ne la favent pas !

Cependant on appelle de cette autorité ; on prétend que la méchanique & le goût d'un art font deux chofes très-différentes ; que fans avoir manié le pinceau, on peut fe connoître en peinture ; qu'on peut de même être fenfible aux beautés & aux défauts de l'expreffion muficale, fans avoir appris à *folfier* (2) ; qu'au contraire un barbouilleur d'enfeigne, ou un déchifreur de Mufique, peut n'être pas un excellent juge de Raphaël ou de Pergolèfe. *Vous êtes Chauderonnier, M. Joffe,* difoit M. de *Voltaire* à un homme qui, pour avoir fait de méchans vers, fe croyoit juge en poéfie.

On voit donc bien que fur le mérite perfonnel des connoiffeurs & des Artiftes, les difputes font éternelles ; & les raifons ne font guère plus concluantes que les autorités.

D'un côté l'on nous dit que M. *Gluck* a créé une Mufique Dramatique dont *les Compofiteurs d'Italie n'ont pas même foupçonné l'exiftence*. De l'autre côté l'on demande en quoi confifte cette création ? A l'accent près, dit-on, le récitatif de M. *Gluck* eft le même qu'en Italie. Il l'a prefque toujours accompagné, & le bruit de l'orcheftre a couvert les défauts de fes modulations Tudefques : la force a fuppléé fouvent à la juftefle de l'expreffion ; mais en accompagnant fon

---

(1) Il y a lieu de croire que des hommes confultés autrefois par Rameau, & aujourd'hui par le P. Martini, favent quelque chofe de plus que la Gamme.

(2) Et nous en convenons auffi, mais en excluant tous ceux qui avec de l'efprit & des connoiffances font malheureufement condamnés à n'avoir jamais le fentiment des Beaux-Arts.

récitatif, il n'a fait qu'imiter, en charge, le récitatif obligé de l'Opéra Italien ; ses chœurs ne sont assurément pas plus dramatiques que ceux de Rameau ; il a mis les personnages en action, il les a fait remuer sur la scène, & nous devons lui en savoir gré; mais dire de lui, pour cela, que *Prométhée a secoué son flambeau, & que les statues se sont animées*, c'est exprimer bien magnifiquement ce qui n'est rien moins qu'un prodige ! Ses duos tâchent de ressembler aux duos dialogués, & mieux dessinés que les siens, qu'il a entendus en Italie. Voilà ce que répondent ceux qui ne veulent pas croire à son *Génie créateur*.

On a voulu nous faire admirer *comment, dans une ouverture, après avoir lié le début au sujet, non par des rapports vagues, mais par les formes mêmes, le Musicien précipite tout-à-coup tous les instrumens sur une même note ; comment après s'être élevés ensemble & à l'unisson, jusqu'à l'octave de cette note, ces instrumens se divisent & concourent, chacun de son côté, à préparer l'âme à un grand événement ; comment pour conserver le sentiment du Rhythme, affoibli par la célérité avec laquelle se meuvent les parties supérieures, le Compositeur fait frapper aux instrumens l'anapeste.* Tout cela est très-beau sans doute (1) ; mais c'est le langage des adeptes, que le vulgaire n'entend pas (2).

───────────

(1) Nous n'examinerons pas si cela est très-beau, mais nous affirmons que cela est très-vrai, & pour s'en convaincre, il suffit d'être en état de lire une partition.

(2) C'est le langage de l'Art, & les Anciens, lorsqu'ils écrivoient sur les Arts, commençoient toujours par écarter le vulgaire : *Procul este, Profani.*

Le caractère diſtinctif de la muſique de M. Gluck ſeroit donc dans une harmonie *eſcarpée & raboteuſe*, comme l'appellent les Italiens ; dans les modulations rompues & incohérentes de ſes airs, dans les traits mutilés & diſparates qui les compoſent, dans la négligence, volontaire ou non, qu'il met à choiſir ſes motifs, & à ſuivre ſes deſſins, à donner de l'analogie & de la rondeur à ſon chant (1). Or on peut révoquer en doute, que ce ſoit là un modèle de l'Art, une invention du génie.

Concluons ſérieuſement que le vrai mérite de M. Gluck eſt d'avoir vu *dans l'Opéra François*, comme le dit ſon apologiſte, *un plan de Spectacle magnifique, auquel il ne manquoit que de la Muſique, d'avoir trouvé, dans la Muſique Italienne, des couleurs propres à peindre toutes les affections de l'ame, & d'avoir eſſayé d'en compoſer de grands tableaux.* Mais les a-t-il peints, ces tableaux, avec le coloris de la belle Muſique ? C'eſt ce que lui diſputent les amateurs d'un chant facile, régulier & mélodieux.

―――――――――――――――

(1) Nous prions l'Auteur de vouloir bien expliquer comment une Muſique *eſcarpée & raboteuſe, pleine de modulations incohérentes, de motifs avortés, de deſſins rompus*, de traits mutilés, comment enfin une Muſique qui n'eſt pas du chant attire depuis ſept ans le Public, qui ne ſe laſſe pas de l'entendre ; comment l'Auteur de cette Muſique ſe voit appellé preſque en même temps de Paris & de Florence, de Naples & de Milan ; comment ce même Compoſiteur a recueilli chez les François, chez les Eſpagnols, chez les Italiens eux-mêmes des applaudiſſemens & des éloges que les Muſiciens François, Eſpagnols & Italiens n'ont jamais obtenus de leurs propres compatriotes.

M 2

On parle beaucoup de la force, de l'énergie, de la vigueur des sons que M. *Gluck* tire de son orchestre, ou des poumons de ses Chanteurs ; & il faut avouer que jamais personne n'a fait bruire les trompes, ronfler les cordes, & mugir les voix comme lui. Mais qui sait si la mélodie & l'harmonie Italienne n'ont pas aussi dans leur simplicité quelque force, avec moins d'effort ? Sur tous les Théâtres de l'Europe, on a éprouvé les effets de mille morceaux pathétiques, dont le chant n'étoit pas du bruit ; & quand les impressions du chant ne seroient pas aussi violentes que celles du bruit & des cris, l'oreille ou l'âme des François est-elle donc si peu sensible, que pour être émue, elle ait besoin de ces ébranlemens profonds ? Pour qui ne voudroit qu'être remué, *Shakespear* seroit préférable à Racine : aussi, par la même raison qui fait donner à la Musique de M. Gluck une préférence exclusive sur la Musique Italienne, a-t-on mis le tragique Anglais au-dessus de tous nos tragiques ; mais cette nouvelle école de goût n'a pas eu de vogue à Paris. En faisant donc au Musicien Allemand un honneur excessif, & qui du côté du génie doit le flatter infiniment, je veux dire, en le regardant comme le *Shakespear* de la Musique (1),

---

(1) L'Auteur des chants *d'Orphée*, *d'Armide*, *d'Alceste*, *d'Iphigénie en Tauride*, *d'Iphigénie en Aulide*, comparé à un Poëte, à la vérité souvent sublime, mais bien plus souvent encore sauvage ! un Compositeur qui le premier a fait un ensemble en Musique, comparé à Shakespear qui ne fit jamais un ensemble ! cela est curieux ; mais ce qui est bien plus curieux encore, c'est que des faiseurs d'Ariettes, qui se jouent de l'Art, des paroles, des convenances, de la raison, de la vérité, soient comparés à Racine.

il n'est pas dit qu'en sa faveur on doive exclure du Théâtre les *Racines* de l'Italie.

Nous savons bien que l'Opéra Italien, tel qu'il est, ne réussiroit point en France : il y paroîtroit nud, froid, triste, languissant : la Tragédie, dans son austérité, n'est pas faite pour le Théâtre Lyrique; tout le talent de *Métastase* n'a pu lui donner un caractère qu'elle n'avoit pas. Le chant est un langage fabuleux ou Magique : sa vraisemblance tient au merveilleux de l'action. Nous sommes disposés à entendre chanter *Armide*, *Roland*, *Proserpine* ; nous aurions de la répugnance à entendre chanter *Aléxandre*, *Regulus*, *César* ou *Caton*. Nous avons un Théâtre consacré à l'Histoire ; c'est-là par excellence, le Théâtre du pathétique; & il seroit impossible à l'Opéra de rivaliser avec la Tragédie, sans la variété & la magnificence des tableaux & des fêtes que le merveilleux y produit.

Ce n'est donc pas l'Opéra Italien, c'est la Musique Italienne qu'il s'agit d'introduier sur la Scène Françoise (1). Mais la Musique Italienne, nous dit-on, n'est autre chose qu'un ramage d'oiseaux ; & rien de plus contraire à l'expression des sentimens, & sur-tout des passions fortes, que ces airs où une voix brillante semble voltiger sur un son.

---

(1) Ce n'est pas même la Musique Italienne que les Adversaires du Chevalier Gluck appellent sur la scène Françoise, comme il est aisé d'en juger par l'aveu qu'ils font eux-mêmes du caractère anti-dramatique de cette Musique, mais une Musique faite par un Italien. Oh ! pourquoi le hazard n'a-t-il pas fait que Gluck s'appellât *Glucchino* ou *Glucchini*, *Glucchinello* ou *Glucchinelli* ?

Assurément ce n'est point-là ce que nous devons envier à l'Opéra Italien. Mais veut-on nous persuader que ses airs, qu'on appelle en Italie, *airs de bravoure*, airs destinés à faire briller la voix, soient la Musique Italienne par excellence & par essence ? De l'aveu des Italiens-mêmes, ce n'est là qu'un vain luxe, & qu'un abus de leurs richesses : ce n'est pas ce qu'ils nous proposent d'imiter de leur Opéra. La partie sublime de leur Musique, celle qu'ils admirent sérieusement, ce sont des récitatifs obligés du plus grand caractère ; ce sont des chants très-naturels, très-expressifs, mais aussi très-mélodieux ; & il y en a dans leurs Opéras un nombre infini de ce genre. Nous n'entendons même autre chose dans nos Concerts, depuis bien des années, tandis que, par une fatalité inconcevable, on n'y exécute presque jamais de la Musique de M. *Gluck*. Les partisans de celui-ci ont donc bien raison de dire, que *la Musique Italienne est une Musique de Concert* ; mais ils n'ont pas encore la même raison d'assurer que *ce n'est pas une Musique de Théâtre* (1).

La Musique Italienne a eu différens âges, comme la Littérature Latine & Françoise. Le goût s'est épuré, & puis s'est corrompu, & puis s'est corrigé lui-même. On a cherché le beau simple & pur, on l'a trouvé, on l'a goûté ; on a essayé de renchérir, on a chargé l'expression Musicale, comme l'expression Poétique, de faux brillans & de *Concetti* ; on s'est apperçu de cette erreur, on est revenu au beau simple. Voilà le

---

(1) Ils n'y ont pas le même intérêt que le célèbre Metastase, mais ils ont les mêmes raisons.

cercle que le goût a parcouru en Italie. Il est encore trop indulgent pour l'oreille, il faut l'avouer; il cherche encore à la flatter aux dépens même de l'expression; mais c'est un mal accidentel, dont l'exemple est sans conséquence.

Les Italiens, en faisant de la Tragédie leur Opéra, ont dénaturé l'une & l'autre. La Tragédie a perdu ses développemens, ses gradations, son éloquence, ses peintures savantes de caractères & de mœurs (1); dans cet état de mutilation, elle n'a plus rien qui dédommage de sa tristesse continue : il a donc fallu lui accorder les licences d'un chant qui console l'oreille d'une longue monotonie, & qui délasse le spectateur accablé de cinq heures d'ennui. Au lieu que l'Opéra François, naturellement embelli par l'agrément des fêtes & la pompe du merveilleux, n'a pas besoin d'autre parure; & la Musique variée par les incidens du Spectacle, y peut être analogue aux objets qu'elle peint, sans être triste & monotône.

En Italie, les voix que le climat produit, ou qu'un Art cruel y ménage, sont si légères, si flexibles, si éblouissantes pour l'oreille, si j'ose m'exprimer ainsi, qu'il n'est guère possible qu'un peuple accoutumé à les entendre rivaliser avec les instrumens les plus brillans & les plus doux, renonce à ce plaisir, & permette aux

---

(1) Ainsi dans les Opéras de Métastase il n'y a ni développemens, ni gradations, ni éloquence, ni peintures savantes de caractères & de mœurs! Nous ne ferons aucune remarque sur cette étrange assertion, mais nous rappellerons à l'Auteur que, de l'aveu de Métastase lui-même, ses Opéras ont toujours gagné à être simplement déclamés, & toujours perdu lorsqu'ils ont été représentés en Musique.

Musiciens de l'en sévrer par un goût plus austère ; ajoutons que les Musiciens, esclaves du caprice & de la vanité des Cantatrices & des Chanteurs, sont obligés, en dépit d'eux-mêmes, de leur prodiguer, dans le chant, des traits qui les fassent briller. Mais en France, où les voix des Héros de Théâtre ont un caractère plus mâle, où les voix des femmes elles-mêmes sont plus sensibles que brillantes, où le Musicien domine & fait la loi, l'Art n'est pas exposé aux mêmes séductions de l'habitude & du mauvais goût. Rien n'empêche donc que l'excellente Musique Italienne, celle qui embellit l'expression sans l'altérer, & même en la fortifiant, ne soit transplantée sur notre Théâtre, avec toute sa force & dans toute sa pureté.

Ainsi, cette question si embrouillée dans les Gazettes, se réduit à des termes simples. Dans la Musique Italienne, il y a des airs où le goût du pays a sacrifié la vraisemblance & l'intérêt de l'action au plaisir d'entendre une voix brillante badiner sur une syllabe. Nous consentons à écarter de notre chant ce luxe efféminé : la langue même s'y refuse ; & la sévérité de notre goût ne permet à la voix que les inflexions & les éclats qui, sans altérer l'expression, peuvent lui donner plus de charme. Dans la Musique Italienne, un usage encore singulier a introduit les ritournelles : c'est le plus souvent un signal que, dans les Salles d'Italie, le Musicien donne aux loges, pour que l'on vienne entendre l'air. Chez nous les loges ne sont pas des cabinets où l'on s'amuse de toute autre chose que du spectacle ; l'attention est continue ; le signal seroit inutile ; & à moins que la situation ne donne lieu au prélude du chant, ce qui arrive aussi quelquefois, nous le trouverions déplacé. Qu'est-ce ce qui nous reste à imiter de l'Opéra

Italien ? Le voici : des Récitatifs obligés, où sans le secours d'un Orchestre bruyant, une voix, même une voix foible, soutenue de quelques accords, porte à l'ame tous les sentimens qu'elle exprime; des airs d'un caractère noble & simple, qui n'ont pour ornement que l'heureux choix de leur motif, la pureté de leur dessein, l'enchaînement de leurs parties, leur régularité parfaite, l'alliance la plus intime de l'harmonie & de la mélodie, au plus haut degré d'expression ; des duos, des trios dans le goût de ces airs, comme eux travaillés avec soin, comme eux variés & faciles, tirant leur force de leur motif, de leur expression graduée, du rhythme, qui leur communique la vie avec le mouvement. Voilà ce que l'Europe admire, voilà ce que Paris ne cesse d'applaudir tous les jours dans tous ses Concerts; voilà ce qu'il s'agit d'admettre sur la Scène lyrique Françoise, ou d'en exclure à jamais.

Pour l'en exclure, la meilleure raison des partisans de M. *Gluck*, c'est que cette Musique n'est pas celle de M. *Gluck* ; & en cela même ils se trompent. Il a, comme nous l'avons dit, transporté l'Opéra François en Italie; mais en revanche, il a transporté la Musique Italienne en France, autant qu'il lui a été possible.

On prétend qu'il a dédaigné le chant Italien, comme contraire à l'expression. Mais il en a fait tant qu'il a pu, & il l'a fait de son mieux sans doute. Ses airs, il est vrai, n'ont pas la mélodie, l'unité, la rondeur, le charme des airs de *Pergolese*, de *Galuppi*, de *Jomelli* ; il leur manque ces inflexions, ces contours, cette symétrie, ce trait pur, élégant, facile, qui en Musique, comme en Peinture, distingue les *Correges*, les *Guides* & les *Raphaëls*, des médiocres dessinateurs;

mais ces airs, bien ou mal conſtruits, affectent la forme Italienne. Et qu'eſt-ce donc que chante *Iphigénie* impatiente de voir *Achille*, ou lui faiſant ſes adieux ? Qu'eſt-ce que chante *Achille* furieux contre *Agamemnon*, ou ſe plaignant d'*Iphigénie* ? Qu'eſt-ce que chante *Agamemnon* prêt à ſacrifier ſa fille, ou *Clytemneſtre* aux genoux d'*Achille*, implorant ſon appui contre un père ? Qu'eſt-ce que chante *Orphée* après les funérailles d'*Euridice*, ou au déſeſpoir de l'avoir perdue une ſeconde fois ? Qu'eſt-ce que chante *Alceſte* lorſqu'elle ſe dévoue, lorſqu'elle exprime à ſon époux l'amour qui la fait s'immoler pour lui ? Qu'eſt-ce que chante *Admète* lorſqu'il s'oppoſe au dévouement d'Alceſte ? Ne ſont-ce pas des airs coupés, meſurés à l'Italienne (1) ? Et ſi le chant en eſt commun, la modulation pénible, la marche contrainte & forcée, le deſſein mal ſuivi, en ſont-ils pour cela plus vrais, plus expreſſis ? Le cercle des airs Italiens eſt peut-être trop étendu, leur deſſein trop développé ; mais c'eſt un excès bien aiſé à corriger dans leur

---

(1) Ne diroit-on pas qu'il y a pour les airs Italiens des *patrons* & des modèles, comme il y en a dans certaines boutiques pour les ouvrages de mode ? Mais l'Auteur a raiſon, ces modèles & ces *patrons* exiſtent en effet dans la Muſique Italienne ; delà cette reſſemblance dans les airs de même genre, reſſemblance mal déguiſée par quelques variations qu'il ne faut pas confondre, a dit M. L. A. avec les variétés ; delà la petite manière, l'uniformité, la monotonie, l'ennui. Qu'a fait le Chevalier Gluck ? il a briſé ces miſérables entraves qui font de l'Art un métier, & a rendu la Muſique à ſon véritable objet, à l'imitation de la nature qui n'a ni les petites mines, ni les allures circonſcrites & maniérées de la Muſique Italienne.

style ; & la précision n'est pas incompatible avec l'élégance.

Lorsqu'on veut citer quelque chose des Opéras de M. *Gluck*, on se rappelle sur le champ les adieux d'*Alceste* & ceux d'*Iphigénie*, parce qu'en effet ces deux airs, quoique foibles & trop semblables l'un à l'autre, ont une expression sensible, que la modulation en est facile, & le cercle bien arrondi. Si M. *Gluck*, dans tous les autres airs, avoit été aussi heureux, il daigneroit peut-être regarder le chant comme un charme de plus dans l'expression musicale ; mais un beau motif de chant est une belle pensée en Musique : or rien de plus rare que de belles pensées pour qui n'a pas éminemment le génie de l'invention ; & il est plus facile de mépriser ce talent que de l'acquérir. Les Italiens prétendent que le secret de M. *Gluck* est révélé dans la Fable du Renard & des Raisins. Quoi qu'il en soit, il est certain que la partie où il excelle n'est pas le chant (1) ; qu'il réussit mieux à exagérer qu'à embellir ;

―――――――――――――――

(1) M. Gluck dédaigne le charme du chant, M. Gluck n'excelle pas dans le chant, M. Gluck manque de chant ; voilà ce que disent & répétent sans fin les Adversaires de M. Gluck. M. Gluck est plein de chant, M. Gluck excelle dans le chant, il y a plus de chant dans un seul Opéra de M. Gluck qu'il n'y en a dans trente Opéras Italiens ; voilà ce que disent & répétent sans fin les partisans de M. le Chevalier Gluck. A qui faut-il s'en rapporter ? Aux Musiciens, à ceux qui ne le sont pas, aux vieillards, aux jeunes gens, aux femmes, aux enfans, en un mot au Public, qui ne se lasse pas d'entendre la Musique de M. Gluck. En effet, comment expliquer l'empressement constant du Public à entendre chanter ce qui ne seroit pas du chant ?

que si le système d'une déclamation forcée & convulsive peut prévaloir sur notre Théâtre lyrique, M. *Gluck* en est seul le maître : personne encore en Italie n'a été tenté d'imiter son style ; & depuis douze ans que son *Orphée* y a été donné, aucun Compositeur ne l'a pris pour modèle. Le voilà donc, comme ses partisans l'annoncent, le seul Musicien Dramatique en Europe, si le chant est exclu du Théâtre & rélégué dans les Concerts.

Mais j'en ai dit assez pour faire voir que leurs savantes déclamations, leurs spéculations profondes & quelquefois assez obscures, ne doivent pas nous empêcher d'ouvrir la carrière du Théâtre à l'émulation des talens.

M. *Gluck* a été bien accueilli par les François, & il a mérité de l'être. Il a donné à la déclamation Musicale plus de rapidité, de force & d'énergie ; & en exagérant l'expression, il l'a du moins sauvée d'un excès, par l'excès contraire ; il a su tirer de grands effets de l'harmonie ; il a obligé nos Acteurs à chanter en mesure, engagé les chœurs dans l'action & lié la danse avec la Scène. Enfin son genre est comme un ordre Composite, où le goût Allemand domine, mais où est indiquée la manière de concilier les caractères de l'Opéra François & de la Musique Italienne. Donnons-lui des rivaux dignes de l'égaler dans la partie où il se distingue, & dignes de le surpasser dans celle où il n'excelle pas. Qu'il se soutienne, s'il le peut, par la force de son Orchestre & par la véhémence de sa déclamation ; que ses concurrens se signalent par une mélodie aussi passionnée & plus touchante que la sienne, par une harmonie aussi expressive, mais plus pure & plus transparente ; & que la Nation, après avoir balancé à loisir le caractère des deux Musiques & les effets qu'elles auront produits, se consulte, & juge elle-même la grande affaire de ses plaisirs.

Ce ne seront pas quelques tentatives, ni quelques succès passagers qui fixeront le goût National ; ce sera une longue suite de tentatives & de succès durables. Il sera permis à tous les Musiciens de l'Europe d'entrer en lice ; loin de les rebuter, on les appellera ; ils croiront qu'il manque à leur gloire d'avoir brillé sur le Théâtre de cette Ville où fleurissent les Arts; ils viendront tour à tour exercer leur génie sur les ouvrages de nos Poëtes. *Zeno* & *Metastase* sont le trésor commun des Musiciens en Italie ; les Musiciens auront aussi en France, dans les Opéras de *Quinault*, de *Fontenelle*, de *la Motte*, de *Roi*, de *la Bruere*, de *Bernard*, &c. un champ libre, vaste & fécond où chacun pourra moissonner. *Armide*, *Iphigenie*, *Atys*, *Roland* * mis en Musique par dix Compositeurs différens, nous apprendront à comparer les productions du génie, & à juger du degré de force, d'élégance & de vérité que l'expression peut avoir. C'est alors que la sagacité Françoise pourra tirer de l'expérience variée & multipliée, ce résultat qui dans tous les Arts devient la régle du goût. Les priviléges exclusifs, qui sont la mort de l'industrie, sont aussi la mort

---

* M. *Gluck a brûlé*, dit-il, *ce qu'il avoit fait de Roland*, en apprenant que M. *Piccini* travailloit sur le même Poëme. Mais n'avoit-on pas donné avant lui en Italie l'*Antigone*, le *Titus*, la *Camille*? Pourquoi sur un Théâtre où il est applaudi, craindroit-il les comparaisons ? Pourvu qu'il eût fait de *Roland* ce qu'il nous dit qu'il a fait *d'Armide*, son triomphe étoit assuré. (*Note de l'Auteur.*)

des talens & du génie dans les Beaux Arts. Nous ne ferons pas affez ennemis de nous-mêmes, pour adopter ce fanatifme intolérant qui veut condamner la Mufique à ne jamais fortir du cercle qu'un Artifte lui aura tracé (1). La liberté, mère de l'émulation, régnera fur la Scène Lyrique ; & alors il ne manquera plus rien à notre Opéra pour devenir, comme le Théâtre de la Tragédie & de la Comédie Françoife, l'objet de la curiofité & de l'admiration de l'Europe.

---

(1) Le Chevalier Gluck n'a point tracé de cercle à la Mufique ; il a fait franchir à la Mufique tous ces petits cercles où l'Auteur lui-même ne ceffe de nous dire que la Mufique Italienne fe meut, fe tourne & fe retourne depuis cinquante ans.

ANNONCE DE L'ESSAI SUR LES RÉVOLUTIONS DE LA MUSIQUE EN FRANCE.

Nous avons déjà annoncé cette Brochure dont on nous menaçoit depuis si long-temps, qu'on prône avec éclat & qu'on distribue avec mystère.

Nous ne savons pas où elle se vend, mais nous savons qu'elle se donne; & comme dit Monsieur ou Madame Oudot dans les *Étrennes de la Saint-Jean*, quand un Livre se donne, ce n'est pas toujours une preuve qu'il s'achette.

Nous ne pouvons pas dissimuler cependant que plusieurs gens d'esprit, à qui on a donné la Brochure, ont prétendu, après l'avoir lue, qu'ils l'avoient achetée.

On dit aussi que l'on a envoyé une partie de l'Édition dans le pays étranger, ce qui est vraisemblable; car l'Auteur paroît avoir particulièrement écrit pour ceux qui n'ont point entendu les Opéras de M. Gluck, & ne savent pas un mot de ce qui s'est passé & dit à ce sujet, dans cette Capitale.

Quelques personnes assurent que c'est l'Ouvrage d'une Société d'Amateurs & de Gens de Lettres, & se fondent entre autres choses, sur ce qu'elle renferme des disparates & même des contradictions manifestes : nous ne sommes pas touchés de cette preuve-là : le témoignage de notre savant Correspondant M. *Aeiou* (1), qui l'affirme positivement, nous paroîtroit une autorité plus grave.

Cependant la voix publique semble se réunir pour faire honneur de cet Essai à un Académicien célèbre. Nous le croyons sans peine. C'est à ceux qui ont donné les modèles, à donner les préceptes; & la Théorie de la Musique Théâtrale ne pouvoit pas paroître avec plus d'avantage qu'en se faisant précéder de l'Opéra de *Céphale*.

Nous n'avons pas encore eu le temps de lire l'*Essai*, nous avons seulement ouï dire que l'Auteur avoit eu pour objet de défendre les Opéras que doit faire M. *Piccini*, contre les Opéras qu'a faits M. *Gluck*.

Nous déclarons que nous reconnoissons M. *Piccini* pour un Musicien plein de génie, de grace & de fécondité, enfin pour le premier Compositeur de l'Europe, dans le genre Italien. Nous déclarons en même temps que nous admirons profondément M. *Gluck* qui nous a donné une Musique Tragique *vraiment Nationale*, un Orchestre & des Acteurs, & dont les Ouvrages suffiroient pour faire de notre Opéra le premier Théâtre du monde. L'Auteur de cet Extrait déclare en particulier, qu'il aime & estime infiniment la personne de M. *Gluck*, & qu'il s'honore de son amitié. On lui pardonnera donc les efforts qu'il va faire pour émousser un peu les traits mortels qu'on lance à ce Compositeur & à ses Ouvrages. Si l'Auteur de l'*Essai* parvenoit à nous détromper des longues & terribles illusions que nous ont faites depuis

---

(1) Voyez le Journal de Paris, année 1777, n°. 152.

quatre

quatre ans *Iphigénie*, *Alceste* & *Orphée*, il n'est pas bien sûr que *Céphale* & sa Brochure nous dédommageassent de notre erreur.

On nous dit qu'il se moque un peu de notre Journal dans sa Dissertation; il nous fait bien de l'honneur; mais cela ne diminuera rien du plaisir que nous nous ferons d'analyser cet Écrit dans nos prochaines Feuilles.

Journal de Paris, 3 *Juin* 1777.

ANALYSE DE L'ESSAI SUR LES RÉVOLUTIONS DE LA MUSIQUE, &c.

Nous entreprendrons l'analyse de l'*Essai sur les Révolutions de la Musique*, en ne suivant dans ce petit extrait pas plus d'ordre qu'il n'y en a dans l'*Essai* même.

L'Auteur commence (page 153)* par nous apprendre que notre Nation a *épuisé les comparaisons & trouvé le point fixe du beau en Poésie*. Nous en faisons notre compliment à la Nation. Grace à cette première découverte, nous ne verrons donc plus acheter chez nos Libraires que d'excellens Poëmes, & applaudir sur nos Théâtres que de belles Tragédies.

Il dit (Ibid.) que l'*état de notre goût*, à l'égard de la Musique, *doit être le doute, l'inquiétude, l'examen*. Nous ne favons pas trop ce que c'est que l'état d'un goût, & encore moins comment l'état d'un goût peut être le doute : nous croyions que l'objet du goût étoit de sentir, d'approuver, de rejeter, & non de douter, ni de s'inquiéter. Nous sommes bien-aises de voir nos idées s'étendre & notre Langue s'enrichir.

Il eût été cruel, dit-on, (page 154) *d'aller dire aux Admirateurs de Jodele & de Théophile : attendez pour être émus que l'art de s'émouvoir se perfectionne.* Cela

_____
* Les pages indiquées appartiennent à ce Recueil, & non à la Brochure originale.

est bien humain. Pourquoi donc l'Auteur de l'*Essai* a-t-il l'inconséquence *cruelle* de dire aux Admirateurs du Chevalier Gluck : *attendez pour être émus par sa Musique sans période, que l'art d'émouvoir par la période soit perfectionné ?* Ne faudroit-il pas avoir quelque indulgence pour ceux qui, n'ayant pas le bonheur de connoître tous les merveilleux effets de la Période Musicale, applaudissent à ce qui les amuse, & admirent ce qui les transporte, en attendant qu'on leur explique ce mystère ineffable de la période ?

L'Auteur de l'*Essai* se pique d'une grande impartialité à l'égard du Chevalier Gluck. C'est une rare impartialité que la sienne, & telle en effet, qu'il est difficile de savoir ce qu'on doit conclure des jugemens qu'il en porte, sinon que la Musique de M. Gluck ne lui fait point de plaisir & que ses succès lui font beaucoup de peine.

Il dit, page 159, que M. Gluck avoit créé un *nouveau genre* d'Opéra ; page 77, qu'il n'a rien créé, & page 88 que *son genre est comme un ordre Composite où le goût Allemand domine*, &c. page 162, que sa Musique n'est *que notre vieille Musique Françoise*, & pages 178 & 186, qu'il n'a fait qu'imiter le récitatif simple obligé & les airs des Italiens ; page 174 & ailleurs, qu'il a *méprisé, dédaigné, cherché à proscrire du Théâtre la période, la régularité du chant Italien* ; & page 185, que loin de *dédaigner le chant Italien, il en a fait tant qu'il a pu & de son mieux*. Il cite lui-même sept à huit airs de M. Gluck, & il en auroit pu citer vingt, CONSTRUITS dans la forme Italienne.

Il nous apprend, page 160, que le sujet de l'*Iphigénie*, dépouillé de *l'éloquence de Racine, de l'harmonie de ses vers, du coloris de ses peintures, de la richesse de ses détails*, n'en est devenu que plus intéressant, & que la pantomime seule auroit suffi pour émouvoir.

Il nous apprend, page 161, qu'*il étoit aisé de donner du caractère à la musique de cet Opéra, en en donnant à l'expression exagérée*.

Il nous apprend, page 162, qu'*une musique monotône & traînante, en s'attachant à une action forte & rapide, en contracte la véhémence & la chaleur,* & qu'on la trouve *dramatique*.

Voilà des observations sur la Musique vraiment neuves, & qui certainement ne seront jamais communes.

Il nous dit que c'est à ces grands moyens que sont dûs les succès du Chevalier Gluck, *sur un Théâtre languissant, d'où l'ennui chassoit tout le monde;* quoiqu'on vînt d'y donner l'*Union de l'Amour & des Arts*, où tout Paris se portoit en foule.

Il nous dit qu'*Alceste même devoit réussir sur un Théâtre où l'on ne connoissoit pas mieux,* quoiqu'on y eût donné *Ernelinde* & *Céphale*.

Comme nous n'aimons pas à critiquer, nous citerons avec un plaisir bien sincère un trait de l'*Essai* qui renferme une sage & importante vérité : *que cette leçon*, dit-il, *nous serve à savoir ignorer ce que nous n'avons point appris*. Ce mot-là *dit plus de choses qu'il n'est gros*, & nous rappelle celui de Philaminte :

> Mais quand vous avez fait ce charmant *quoi qu'on die*,
> Avez-vous compris, vous, toute son énergie ?

Journal de Paris, 15 Juin 1777.

LETTRE

D'UN

GENTILHOMME ALLEMAND

A qui on avoit prêté l'Essai sur les Révolutions de la Musique.

Que voulez-vous, Monsieur, que je vous dise de cette Brochure? *sunt verba & voces.* C'est l'ouvrage d'un homme qui fait fort bien écrire, & qui parle aussi bien qu'un homme d'esprit peut le faire d'un Art dont il n'a ni le sentiment, ni la connoissance. Il n'y a qu'en France qu'on voit cette manie de parler de ce qu'on ignore, & c'est une maladie particulière surtout à vos beaux-esprits. La facilité de faire des phrases, d'attraper à la pointe de l'esprit des idées vagues sur toute sorte d'objets, & de rendre des pensées communes avec des mots choisis & spécieusement arrangés, leur fait croire qu'ils ont vu le fin de tout, & les voilà juges des Peintres, des Architectes, des Musiciens, sans avoir manié jamais le crayon & sans savoir la gamme. Ce qu'il y a de plus plaisant, c'est de les voir mépriser ceux qui, étant du moins un peu plus instruits, dédaignent un peu leur présomption & leur ignorance. Tout cela multiplie les mauvais livres, enchérit le papier, répand les fausses idées & encourage les fausses prétentions.

Mais il y a parmi les beaux-esprits François un autre travers de présomption, aussi ridicule & plus grave dans ses effets ; c'est celui de mépriser les autres Nations & d'affecter sur elles une supériorité qui n'est pas prouvée, & qu'il seroit malhonnête d'affecter, fût-elle réelle.

Dans le dernier siècle, le Jésuite Bouhours se rendit ridicule pour avoir proposé en problême, *si un Allemand pouvoit être bel-esprit*. On s'est moqué de lui dans toute l'Europe, mais en Allemagne on a pris la chose plus sérieusement. Vous ne concevez pas combien ces sortes de réflexions nationales excitent & nourrissent les haines de peuple à peuple, & produisent souvent de grands maux. J'ai vu des Bourgeois d'une petite ville de Saxe citer, en haine des François, le mot du P. Bouhours. J'ai vu dans la dernière guerre égorger dans un village d'Allemagne la moitié d'un petit détachement, par la suite de l'impertinence d'un Officier François, qui s'étoit amusé à contrefaire publiquement les manières des Allemands. En attaquant cet ancien ridicule, je ne fais que répéter ce que disent depuis long-temps tous les bons esprits & les gens sensés de votre Nation.

Mais l'accusation du Jésuite étoit bien peu de chose. Les Allemands pouvoient renoncer sans peine au frivole mérite du bel-esprit, qui consiste plus dans la tournure que dans les choses. Mais que répondre à ce bel-esprit François qui vient disputer aux Allemands le goût de la Musique, qui dit avec une fine ironie, que Gluck étoit *célèbre en Allemagne*, qui parle avec dérision du *goût Allemand*, des *modulations Tudesques* ? &c.

Comment peut-on ignorer que depuis plus de cent ans le goût de la Musique & de la bonne Musique Italienne est généralement établi en Allemagne, &, suivant même l'avis de plusieurs gens de goût Italiens, s'y est conservé plus pur & plus austère qu'en Italie même ; qu'on y exécute plus de Musique Italienne qu'en Italie ; que les plus grands Compositeurs & Virtuoses Italiens y ont passé une partie de leur vie ; qu'une grande partie des Ouvrages des Scarlati, des Vivaldi, des Corelli, &c. est dédiée à des Princes d'Allemagne ; que, depuis Léopold II jusqu'à Joseph II, les Empereurs ont aimé & cultivé la Musique, ont appelé à leur Cour, protégé & récompensé en grands Monarques, les grands Maîtres de l'Italie ; que c'est pour l'Allemagne qu'Apostolo Zeno & Metastasio ont composé la plus grande partie de leurs Opéras ; que les Allemands sont au moins, après les Italiens, le peuple le plus sensible & le plus exercé à la Musique ; que dans les places de guerre, les Villages, les Soldats & les Paysans même chantent naturellement en partie? Est-ce à un François qu'il convient de parler avec mépris du pays qui a produit les Handel, les Graun, les Hasse, les Bach, les Wagenseil, les Stamitz, les Toeschi, les Schobert, les Hayden, & tant d'autres Compositeurs & de Virtuoses vivans qui sont applaudis & recherchés dans toute l'Europe? Les Conservatoires d'Italie ont toujours été remplis d'Allemands, & c'est dans l'excellent Ouvrage de l'Allemand Fux, que les Italiens apprennent les règles de la Composition. Les Allemands auroient-ils donc quelque chose à envier à cet égard aux François qui font celui des Peuples qui paroissent avoir l'oreille la moins musicale, & qui ont été les derniers de l'Europe à adopter le bon goût de chant que les Italiens ont répandu partout?

Ce qu'il y a de remarquable, c'est que ce n'est pas seulement le goût, la grace, le beau chant que notre grand Connoisseur refuse aux Allemands, c'est le sentiment de l'expression & du pathétique, c'est-à-dire, de ce dont tous les hommes font juges, & peut-être d'autant meilleurs juges, qu'étant moins raffinés par l'Art, & moins sensibles à ce qui ne va qu'à l'esprit, ils le sont davantage à toutes les impressions de la Nature. Voyez avec quel air de mépris & de persiflage l'Auteur de l'*Essai* nous dit que l'*Alceste* de Gluck n'a pas été goûtée en Italie, où, par parenthèse, elle n'a pas été jouée ; mais qu'elle *passe en Allemagne pour le chef-d'œuvre du pathétique*. Ceux qui n'ont pas goûté à Paris les ouvrages du Michel-Ange de l'harmonie sont, dit-il, *des Connoisseurs délicats, dont l'oreille est accoutumée à la Musique Italienne, les admirateurs de Pergolèse, de Buranello, de Jomelli*. Si notre Connoisseur délicat avoit vu les Théâtres de Vienne, de Berlin, de Dresde, de Manheim, de Stutgard, &c. Il sauroit qu'ils ne sont pleins que de gens dont un quart sait fort bien la Musique, & qui n'ont entendu de leur vie que la Musique de Pergolèse, de Buranello, de Jomelli & de leurs égaux, exécutée par les premiers Virtuoses du monde. Il est singulier que n'ayant jamais vu jouer un Opéra Italien, pour avoir entendu estropier dans des Concerts assez mauvais quelques airs de quelques grands Maîtres, on se croye en état de les juger, & qui plus est, de les protéger. Ce travers n'étoit pas fait pour un homme d'autant d'esprit que l'Auteur de l'*Essai*, & il ne convenoit pas de déprimer le goût Allemand à un Auteur dont plusieurs Ouvrages sont traduits & généralement goûtés en Allemagne.

Journal de Paris, 21 *Juin* 1777.

LA BROCHURE

ET

M. JERÔME,

PETIT CONTE MORAL,

Tiré de quelques Lettres récentes d'un Gentilhomme de Champagne.

......M**. paſſa dernièrement deux jours à ma terre. Vous ſavez qu'il eſt parent de ma femme.... c'eſt un raiſonneur en Muſique. Non content d'avoir fait fortune dans la Finance, il a voulu acquérir du goût & s'eſt mis dans une compagnie de la *Période*. Certain *Eſſai* ſur les Révolutions de la Muſique lui tourne la tête. On l'avoit admis à un grand ſouper où l'on diſtribuoit l'*Eſſai*. Jamais Amateur en Économie ne fut plus épris du *Tableau*. J'eſſuyai une inondation de raiſonnemens hors de ma portée. Hélas! de quoi me ſervit cette qualité de Gentilhomme Cultivateur, que je croyois devenue à la mode, & ma longue expérience ſur les vins de rivière & de montagnes? Il parcourut d'un air diſtrait tout ce qui m'intéreſſe, le fruit de vingt années de ſageſſe & de travaux, mon atelier ruſtique pour la grande culture, mon beau cellier conſtruit à neuf, mon joli potager accompagné de charmilles bien tondues & terminé par une perspective parfaite (pour la Province): notre conversation étoit sans cesse interrompue par des motifs de chant & des éloges de gens en *i*. Sans cesse on me répétoit que le motif devroit être unique, soutenu, périodique, roulant sur lui-même, & non pas heurté, brisé, avorté, dans la manière tudesque de M. Gluck (dont apparemment les Opéras ne sont pas goûtés du Public); c'est, me disoit-on, ce que vous apprendrez dans la Brochure, & là-dessus on me montroit & remontroit l'*Essai*. Il est vrai, ajoutoit-on, qu'une certaine Gazette du soir ne fait qu'en rire d'une manière indécente ; ce n'est pas ainsi qu'on doit traiter la Philosophie des Arts ; mais si ces petits Gazetiers ne cessent pas leurs Pasquinades, on y répondra par un tome qui ne sera pas plaisant, je vous le jure. Quant aux autres Journaux, nous avons pris des mesures pour qu'ils soient sages.

Nous rejoignîmes la maison un peu plutôt que je n'aurois fait. J'espérois y trouver du renfort dans ma femme & ma fille, qui sont assez bonnes Musiciennes, mais non assez pour comprendre la *Période* & le *Cercle*. Toutes les questions de ma femme sur sa famille, toutes celles de ma fille sur les Plumes, ne purent dérouter l'intrépide Périodiste. Je me disois à moi-même, sans doute la *Période* est belle, mais cette conversation est plus rompue que le chant de M. Gluck.

On n'osa chanter au dessert, usage antique & doux, favorable à la joie, aux amours, à la concorde, institué dès le temps de Daphnis & de Chloé, & toujours conservé en Champagne. Le talent naissant de ma fille & les petits airs du *Fermier* ou du *Devin* auroient été trop compromis devant un Connoisseur qui a médité l'*Essai*. Notre Hôte fut conduit dans une chambre où est placé le clavecin. Nous nous préparions à exercer son talent autant qu'il avoit exercé notre modestie. Vous n'imaginez pas la surprise & le dépit de ma fille ; il ne connoissoit pas les touches du clavecin & n'avoit jamais vu un papier de Musique. Elle fut tentée de le mépriser autant que les Dames d'Ep..... méprisent un bel-esprit de Rheims qui n'entend pas l'Énigme du Mercure. Mon père, me dit-elle, en nous retirant, vous m'avez dit souvent que les gens d'esprit de Paris raisonnoient sur l'Agriculture sans avoir vu une grange, & que le Cuisinier du Président H*** se moquoit beaucoup des articles de l'Encyclopédie sur la cuisine. La *Période* de mon Cousin ne ressembleroit-elle pas à ces traités de Cuisine & d'Agriculture ? Son soupçon étoit assez juste ; mais comme je ne voulois pas qu'elle prît trop mauvaise opinion du Cousin, je lui fis remarquer que le séjour des grandes villes, la jouissance continue des Arts, & la discussion de leurs principes donne un esprit d'observation qui ressemble à la connoissance & qui y conduit, tandis que la science rustique ne s'acquiert que dans les champs & par les calculs d'un bon économe. Ma fille se tut, & nous tolerâmes le Musicien, sans lui laisser appercevoir qu'on le toléroit : c'est la pratique la plus parfaite de la politesse & de la morale envers les Docteurs en Musique & autres. Celui-ci, malgré notre tolérance, expia dès le lendemain l'extrême incommodité de son savoir.

Je ne tends point de piége à mes hôtes ; je n'ai point de mauvais vin du crû destiné au cousin ; je n'entreprends de corriger personne, & l'Amateur seroit parti de chez moi sans se douter de son ridicule, si mon vieil ami Jerôme, ancien Muſicien de Chapelle, n'étoit venu dîner avec moi. Et quand Jerôme vient dîner, on le voit arriver dès dix heures & prendre patience en déjeûnant. Il revenoit de chez ſes amis de l'Abbaye de St. B**, & retournoit dans ſa retraite avec de nouvelles inſtructions ſur le vin *di Ciampagna*, qu'il aime autant que Virtuoſe du monde. Je n'annonçai pas ſes qualités; mais l'Amateur obſerva ſur le champ le ſon de ſa voix, ce menton liſſe

Et qu'un léger duvet ne couvre pas encore,

à l'âge de ſoixante & dix-neuf ans, & ce viſage enfin ſemblable à celui des Dames de l'autre ſiècle qui s'amuſent à voir la fin de celui-ci. Un ſourire encourageant brilla ſur le viſage de mon Couſin : ſa politeſſe prit en un moment le ton de l'amitié, & Jerôme charmé de ce bon ami, qu'il n'avoit jamais vu, ſe flatta qu'on alloit diſſerter ſur les vins d'Auvilé & de Cumière. Mais l'aſcendant de la *Période* ſubjuguoit tout, & il falloit raiſonner Muſique. Figurez-vous un vieil Abbé Commendataire, riche, un peu gaillard, ſorti de la Sorbonne depuis cinquante années, & qu'un Dévot indiſcret ramène ſur les queſtions de ſa licence. Il n'eſt pas plus dégoûté de Gamache, Iſambert & Duval, que Jerôme ne l'eſt des motets & des motifs de chant........

Après avoir éludé quelque temps le combat, il prit tout d'un coup ce ton noble & douloureux avec lequel Énée raconte les malheurs d'Ilion. Monſieur, dit-il, avant de parler Muſique, je vous dirai en peu de mots ce qu'elle m'a coûté, & vous jugerez qu'elle doit peu me plaire. Je ſuis né en 1698, dans la petite ville d'Averfa, à deux lieues de Naples ; on m'appelloit *Girolamo Granelli*. On m'a volé la moitié de mon nom en Italie, & défiguré l'autre en France, où je fuis M. Jerôme. Mes parens m'avoient mis à Naples chez un riche Pâtiffier, voifin du Palais & fort accrédité chez tous Meffieurs les *Pagliette* (Avocats): l'un d'eux Amateur du beau chant, remarqua ma voix & me dit un jour : petit garçon, veux-tu chanter ? Je chantai; mais il me dit qu'il vouloit me perfectionner, & qu'il feroit les frais du Conservatoire où l'on m'inftruiroit. Je ne fais ce qu'il dépenfa, mais je fais ce qu'il m'en coûte; je ne l'ai jamais voulu revoir, & quoiqu'on m'ait reproché de manquer de reconnoiffance, ma confcience ne me reproche rien. On parla de moi à Monfignor de la Trimouille, depuis Cardinal, & je vins en France où j'ai chanté tous les Motets de l'Abbé Madin, de la Lande & de M. Blanchard. Cette Mufique ne valoit pas les frais que le Paglietta m'avoit fait faire. Je m'accoutumai fi bien à leur chant tout humain, que j'oubliai l'Italie & mes malheurs. Je rêvai même un jour que j'étois homme; je voulus me marier & je trouvai une prétendue; mais le Curé me refufa, & quand je voulus lui faire une fommation, l'Huiffier & le Bedeau me rirent également au nez. Depuis cet affront, j'ai tâché de vivre, ce qui eft la feule grande affaire, pour vous autres comme pour nous autres. J'ai vécu; j'ai des amis qui me confidèrent & me confolent; je lis un peu; mais je n'aurois pas choifi pour lecture l'*Effai* que vous me propofez. Je le lirai cependant pour vous obliger; mais dînons d'abord. On m'a dit qu'Ariftote redoutoit l'homme d'un feul livre ; vous êtes cet homme & ne penfez qu'à l'*Effai*. Pour moi je ne fuis pas un homme d'un seul repas, & mon déjeuné est déjà loin.

Jérôme finissoit de conter ses malheurs lorsque les Dames arriverent: il ne fut plus question que du dîner qui se passa gaiement. Jérôme avoit obtenu du répit ; l'Amateur fut très-aimable, soit pour plaire à son juge, soit parce que la société de bonnes gens le rendoit à son naturel ; ma fille oublia que la veille elle lui avoit vu des prétentions, parce qu'il n'avoit ce jour-là que des graces. On ne parla ni de l'Opéra, ni des Rosières, ni de la Société d'Émulation, ni des Insurgens ; mais bien du Clos de S. Thierry & des premières cuvées d'Ay Après dîner, Jérôme fidèle aux traités, demanda l'*Essai*, tira ses lunettes, & commença sa lecture par dormir trois quarts d'heure ; il lut enfin, & lut jusqu'au bout, au grand contentement de l'Amateur, qui, en reprenant sa brochure, lui dit : eh bien M. Jérôme, que vous en semble ? Ne voilà-t-il pas matière pour un nouveau Poëme du Trissin, l'*Italie délivrée des Goths*? le bon goût vengé ? la foule avertie de contenir son admiration & de la réserver pour les chef-d'œuvres ? Gluck a eu les chambrées, mais nous lui avons dit son fait. *Caro lui*, reprit Jérôme, & le Public vous dit le vôtre en battant des mains pour cet homme. Mais laissons-le de côté, & parlons d'abord de ces Goths, dont vous prétendez nous délivrer. Ces prétendus Goths sont un peuple beaucoup plus avancé que vous, & partagent presque également avec nous les succès dans la Musique. Il y a des genres où eux seuls excellent ; ils ont des avantages que nous avons négligés. L'usage continu & perfectionné des instrumens à vent donne à leur Musique le sentiment du *souffle*, où la nôtre n'a souvent que celui de l'archet. De cette seule différence en peuvent découler d'autres très-importantes ; en assimilant la voix à l'instrument à cordes, elle en imite le brillant, les passages, la légéreté, l'étendue ; en la faisant ressembler à l'instrument à *souffle*, & surtout à *anche*, elle rendra mieux l'accent, & la plénitude des sons passionnés, fiers, langoureux, plaintifs. J'ai peu lu de Traités ; je crois qu'en général la métaphysique des Arts ne doit être discutée que quand l'Art est cultivé à fond ; si elle précéde l'Art, vous aurez sur la Musique des dissertations comme celle de l'Abbé d'Aubignac, ou nos *raggionamenti* sur la Tragédie : raisonnemens sans expérience, règles arbitraires & étroites sans le vrai sentiment des convenances, dictionnaire de mots substitué au recueil des faits ; voilà ce que vous aurez en écrivant & dissertant avant d'avoir connu & senti. Dites-moi ce que signifie la *Période* & le *motif* & le *style* dans la bouche de je ne sais combien de gens qui battent la mesure à faux, & ne distinguent pas un rigaudon d'avec un menuet ? Ce sont des mots pris à la volée dans les conversations de l'Abbé A.... dont ils n'ont pas saisi la pensée. Eh ! pourquoi cet Abbé va-t-il parler à des sourds, qui le combattent ensuite, en le répétant de travers ; & disent, *il n'a sur nous que l'avantage de savoir la gamme ?* (J'ai vu cela dans une de vos notes). Je sais la gamme & peut-être quelque chose encore ; mais ni moi, ni mes camarades, ni les plus fameux Compositeurs de mon temps, ni mon ami Abel, qui gagne neuf cens pièces par an à Londres, n'avons parlé de Période ou de Cercle. Le mot est bon sans doute ; il a un sens pour le connoisseur, & quand un homme d'esprit comme l'Auteur de l'*Essai* sait le faire jouer dans une phrase

phrase, le lecteur séduit croit l'entendre. L'entend-il en effet ? Non ; pas plus qu'un homme qui ne sait ce que c'est que l'expression juste en éloquence, n'entend pas la marche de la Période oratoire. Vous avez à présent dans le Chevalier Gluck un Musicien qui vous apprend à connoître l'expression musicale. Jouissez-en, Messieurs, & vous verrez ensuite à discuter si l'expression peut toujours être enchaînée à la forme périodique & à un seul motif.

L'Amateur vouloit interrompre ; mais Jérôme continua avec fermeté. Il faut être, dit-il, de bonne foi avec son goût. L'homme qui sent confusément, & qui tâche de s'extasier pour être au niveau de ceux qui sentent le plus, se ment à lui-même ; il s'accoutume à un enthousiasme factice & puéril ; il s'engage dans des systêmes, & se dévoue à de certaines formes & à de certains principes dont il ne connoît ni l'étendue, ni les modifications, ni la valeur. J'ai vu de ces prétendus Amateurs se persuader qu'ils devoient aimer le genre Italien, parce que les Italiens sont préférés dans l'Europe. Ils s'appliquoient à le sentir ; & frappés d'abord de ce que nous avons peut-être de plus vicieux, de cet excès de broderie, & de caprices, ils commanderent à leur imagination d'admirer nos gargarismes harmonieux, nos *diminuzioni*, nos variations de fantaisie. Ils en vinrent à se pâmer d'aise à un point d'orgue ; & encore à présent lorsqu'à la fin du bel air d'*Orphée*, sur ces mots, *ma triste plainte*, M. le Gros, au lieu d'un accent plaintif & déchirant, place un brillant & inutile point d'orgue, j'ai vu dans un Concert partir cent battemens de mains, & des Amateurs bruyans sortir en disant, *je suis à Gluck*. Ils ne se doutoient pas que le mérite de cet homme unique

O

consiste non dans quelques agrémens & quelques phrases musicales, mais dans l'expression propre à chaque mot & dans le concours de chaque expression, tantôt articulée par la voix, tantôt complettée par l'Orchestre, pour un seul & grand effet théâtral.

Voilà pour les Gluckistes. Des raisons tout aussi pertinentes, la séduction de quelque Ariette entendue en passant, des liaisons avec un Artiste, un Écrivain ou un grand Seigneur, le besoin de mettre son mot dans la conversation à la mode, quelquefois le souvenir de l'Italie, & la prévention sur toutes les causes du plaisir qu'a fait le voyage, que sais-je enfin, cent petites influences diverses ont fait des anti-Gluckistes, des Périodistes; & vous seriez peut-être embarrassé de me définir la Période, & ce qui a pu consacrer cette belle forme dans notre Opéra. Si vous entendez par la Période le concours de plusieurs phrases musicales pour un seul effet de mélodie appelé un air, voilà de grands mots & une chose commune. Alors je vous montrerai la Période dans le moindre Noël ou Pont-Neuf, & ce ne sera pas la peine de discourir; mais si vous voulez dire que c'est cette même forme annoblie, perfectionnée jusqu'à développer, sous un seul motif, & dans la marche d'un seul air toutes les nuances de l'accent d'une passion, alors sans doute c'est une chose très-savante & très-belle quand elle est nécessaire mais très-superflue quand on peut s'en passer. Je soupçonne deux raisons pour lesquelles nous n'avons pu nous en passer. La première, c'est la forme périodique à laquelle notre poésie s'étoit accoutumée : il n'est pas nécessaire de remonter aux Grecs quand on trouve des Troubadours en son chemin. Les Troubadours furent nos pères ; & pour eux toute poésie étoit chanson

Le chant régloit grossièrement la forme, le nombre & la mesure des vers. De la *canzone* naquit l'Octave, & celle-ci, obligée de compléter son sens dans le nombre invariable de huit vers, s'attacha fortement à la période, & nos oreilles accoutumées à cette forme, la redemanderent à la Musique. Mais de plus il faut se souvenir que l'Opéra a précédé chez nous la Tragédie, ou s'en est emparé ; tandis qu'en France la Tragédie a précédé & l'Opéra a eu son domaine à part. On a tant & si bien dit ce qui est arrivé chez vous que ce n'est pas la peine de le redire. Mais parmi nous, la difficulté de la Mélopée pour la Tragédie eût été extrême, si nous n'avions pris le parti de livrer la scène au récitatif tel quel, que nos Compositeurs faisoient faire à leurs apprentifs & que personne n'écoutoit, & de réserver tout l'esprit & toute la passion pour une Ariette de *bravoura* placée à la fin de la scène. L'Ariette étoit une période poétique qu'il falloit rendre par une Période musicale.

Or vous allez voir combien d'inconvéniens ont accompagné cette invention ; 1°. le genre extravagant dans tous les Arts plaît à Naples, & quand on loue un tableau ou un édifice, on dit qu'il est *stravagantemente bello* ; 2°. l'impertinence des *prime Donne*............ le reste manque.

AUX AUTEURS
DU JOURNAL DE PARIS.

RÉPONSE SOLIDE
A L'ESSAI
SUR LES RÉVOLUTIONS
DE LA MUSIQUE.

Les plaisanteries sont belles & bonnes, Messieurs, mais elles ne sont pas des raisons. Le Public répond encore mieux que vous à l'Essai sur la Période Musicale. Voici un petit argument de sa façon qui, sans être conforme aux cathégories d'Aristote, n'en est pas moins péremptoire.

L'Essai venoit de paroître ; on donne à l'Opéra *Céphale*, le Mardi 3 Juin, & la recette fut à 777 liv. Le Vendredi 6, on donne *Iphigénie* qui rendit 3265 liv. 10 s. Le Dimanche 8, *Céphale* donna 544 l. 10 s., & le Mardi suivant 1410 liv. 10 s. Le Vendredi 13, *Alceste* produisit 4309 liv. 10 s. Le Dimanche 15, *Céphale* rendit 625 liv. 10 s. Le Mardi 17, *Alceste* rendit 2500 liv. Vendredi 20, *Iphigénie* rendit 4480 liv. Voilà qui est net. Je n'aime que ce que tout le monde entend, & je me moque des grandes phrases & de la métaphysique de vos Brochures sur la Musique. Je suis comme ce drôle de corps de l'autre siècle qui disoit : *je n'aime pas le brailler, & je n'entends pas le raisonner.*

J'ai l'honneur d'être, &c.

Signé, Urlubrelu.

Journal de Paris, Juin 1777.

LETTRE
D'UN HERMITE
DE LA FORÊT DE SENART,
(M. L. M. D. C.)

AUX AUTEURS DU JOURNAL DE PARIS.

PERMETTEZ qu'un vieillard défabusé de tout, excepté de la recherche des vérités utiles aux hommes, vous présente quelques observations sur différens articles de votre Journal.

La Musique y tient seule plus de place que toutes les sciences ensemble. Ne pourroit-on pas vous dire à vous, Messieurs, & aux Philosophes qui s'occupent comme vous de la Période Musicale: *relinquite istum ludum Litterarium Philosophorum, qui rem magnificentissimam ad syllabas vocant, qui animum, minuta docendo, demittiunt & conterunt.* SEN. Epist. 71. Lisez le programme de la Société de Harlem: elle demande qu'on lui indique *les moyens d'augmenter les lumières, d'épurer les mœurs dans la classe des hommes condamnés à gagner leur subsistance par un travail journalier:* Ce sont des objets de ce genre qui devroient vous occuper. Votre Correspondant M. *Propatria* nous annonce qu'il se propose de dire des *vérités utiles* sans blesser personne, mais qu'il commencera par nous parler des *embellissemens de Paris.* Cela ressemble un peu trop à l'éducation du Marquis de la Jeannotière, où, après avoir examiné le fort & le foible de toutes les sciences, on décide que M. le Marquis apprendra à danser.

Vous parlez presque toutes les semaines du bien qui a résulté de la liberté rendue à l'art de la Peinture. C'est toujours beaucoup que d'avoir détruit un établissement absurde ; mais je lis dans les Constitutions Américaines que ces braves & généreux Colons ont défendu l'importation des Nègres.

Songez donc, Messieurs, qu'il n'y a plus que vingt-trois ans d'ici à la fin du dix-huitième siècle, & que si avant ce temps l'esclavage des Nègres n'est pas aboli, la postérité n'appellera point notre siècle, le siècle de la raison & de l'humanité, mais celui des raisonnemens & des phrases. J'en serai bien fâché ; il y a long-temps que je n'ai plus d'amour-propre pour moi, mais j'en ai encore pour mon siècle & pour mon pays.

Je ne puis souffrir qu'on s'amuse à calomnier ceux qui leur font honneur, & j'ai vu avec peine dans votre N°. 150, l'anecdote qui termine la Lettre sur les Crétins. Cette anecdote qui est absolument fausse, n'est rien moins que nouvelle, mais l'Auteur de la Lettre N°. 150, l'a défigurée ; il a mis *les Seigneurs* qui suivirent S. Louis, à la place des Croisés qui prirent Constantinople, & un bal donné aux *belles Syriennes*, au lieu d'une partie de débauche faite dans l'Église de Ste. Sophie. En effet, il n'est pas question dans l'*Essai sur l'Histoire générale* du bal donné en Syrie par les Courtisans de S. Louis. Il n'eût donc fallu que consulter cet ouvrage pour reconnoître la fausseté de l'anecdote, puisqu'on y trouve des détails sur le sac de Constantinople, & pour s'assurer que ces détails sont rapportés par l'Historien Grec *Nicetas*, cité dans l'*Essai sur l'Histoire générale*. M. de Voltaire les a même beaucoup adoucis; & l'Abbé de Fleury, cet Historien si impartial, & si exact, n'a pas craint de les copier presque en entier, quoique tirés d'un Écrivain suspect, parce que le récit de *Nicetas* est confirmé par une Lettre que le Pape Innocent a écrite au Marquis de Montferrat, un des Généraux des Croisés, & où il leur a reproché les mêmes abominations. Il falloit ouvrir trois ou quatre volumes; mais, comme vous voyez, l'anecdote est toujours fausse, même en rétablissant sa véritable leçon. J'ai vérifié un grand nombre d'imputations semblables hazardées contre le même Écrivain; toutes étoient fausses. On a cru long-temps qu'il n'y avoit d'Historiens exacts que ceux qui écrivoient pesamment, & qu'il n'y avoit que les sots qui eussent du bon sens.

Un Hermite *de la Forêt de Sénart.*

Journal de Paris, 9 *Juin* 1777.

LETTRE

DE M. L. A.

A L'HERMITE

DE LA FORÊT DE SENART.

Vous vous êtes fait une belle occupation, respectable Hermite; rien de plus louable, sans doute, que de poursuivre les vérités utiles; mais prenez garde que chemin faisant vous ne renversiez des erreurs non moins utiles peut-être. Songez que l'homme est si peu fait pour la vérité, qu'il n'aime rien tant que ce qui le trompe; le vraisemblable, le merveilleux, les Arts d'imitation, tout cela est mensonge & tout cela est plaisir. La Poésie, a dit un Ancien, est un Art où celui qui trompe est plus utile que celui qui ne trompe pas, & celui qui n'est pas trompé moins *sage* que celui qui l'est. Songez que si vous mettez le raisonnement à la place de l'enthousiasme & des grandes passions, enfans de l'erreur; c'en est fait de l'amour de la gloire & de la patrie. Songez que la raison ne s'exerce jamais sans effort, & que la sensibilité précède toujours la réflexion. Songez que sans ces mêmes Arts, que vous paroissez dédaigner, les vérités les plus précieuses demeureroient stériles en ne devenant jamais populaires. Songez enfin que pour quelques plaisirs que la nature a éparpillés çà & là fur le chemin de la vie, elle y a femé à pleines mains les maux & les peines ; & vous direz avec un Philofophe de l'antiquité, qui à la vérité n'étoit pas Hermite : *Il faut aimer, refpecter & encourager les Arts ; ils font le préfent le plus précieux que le ciel ait fait à la terre.*

J'abandonne à vos farcafmes, & tous ces petits Faifeurs & tous ces froids Gloffateurs, qui deshonorent les Arts, les uns en les cultivant, les autres en les commentant. Je n'eftime pas plus que vous, & les Difcours, & les Vers, & les Tableaux, & les ouvrages de Mufique qui ne pénètrent point jufqu'à l'ame, & dont tout l'effet fe termine aux fens. Je me ris de ce Rhéteur qui, pendant que Timothée délivroit l'Eubée, & qu'Iphicrate exterminoit la légion Lacédémonienne, fe confumoit à façonner & à tondre des Périodes, comme nos Jardiniers autrefois tondoient les ifs & les buis en boucles bien arrondies. Mais s'il eft vrai qu'il y ait actuellement un Muficien qui, élevant fon Art jufqu'à la hauteur où l'avoit porté le peuple le plus fenfible qui ait exifté fur la terre, rétabliffe l'union, depuis fi long-temps défirée, entre la Mufique & la Poéfie ; qui peigne & excite les paffions, donne des fenfations aux vieillards, des idées aux Artiftes, & faffe répandre à tous des larmes ; fi ces chants pleins de nobleffe, d'onction & de vérité étendent à la fois & le cœur & la penfée ; fi, comme on eft en état de le prouver, l'impreffion qu'ils font en France, ils l'ont faite en Italie, en Allemagne & chez toutes les Nations de l'Europe ; fortez, fortez de vos bois, & venez mêler vos applaudiffemens & vos éloges à ceux du Public ; un intérêt plus grand encore que celui des Arts vous l'ordonne. Les Gouvernemens modernes ne favent pas affez jufqu'à quel point les Beaux-Arts, & particulièrement la Mufique, peuvent influer fur les mœurs ; les compofitions muficales, dont je vous parle, vous feroient faire des réflexions fur cet objet, dignes d'exercer votre plume éloquente & d'amufer votre folitude.

Journal de Paris, 15 Juin 1777.

LETTRE
AUX AUTEURS
DU JOURNAL DE PARIS.

Le Public est donc incurable ! Comment se peut-il, Messieurs, qu'après la lumineuse & foudroyante Brochure qui vient de paroître contre les Opéras du Chevalier Gluck, cet imbécille Public s'y porte encore en foule ? Quelle rage d'assister à un Spectacle où l'on ne voit que modulations rompues, périodes estropiées, motifs avortés, & phrases de chant renfermées dans des cercles qui ne sont pas ronds ! Un grand Poëte ne vous a-t-il pas dit que l'Auteur d'*Orphée*, d'*Alceste* & d'*Iphigénie* n'est qu'un humble Prosateur ? Ne vous a-t-il pas dit qu'il en est des Opéras Italiens qu'on ne veut jamais revoir, comme des Tragédies de Racine qu'on voudroit revoir tous les jours, & du talent du Chevalier Gluck, qui le premier a conçu & produit de grands ensembles en Musique, comme du talent de *Shakespear* qui ne fit jamais d'ensemble ? Qu'avez-vous à répondre à des observations de cette force ? Vraiment il a bien raison le profond Auteur de la Brochure, quand il nous dit que les Opéras du Chevalier Gluck sont bons pour la multitude ! car je n'ai jamais vu une si grande multitude qu'aux représentations d'*Iphigénie*. Et quelle multitude encore ? Les Nationaux & les Étrangers, les Ignorans & les Connoisseurs, les Vieillards & les Enfans, les Auteurs, les Compositeurs, les Artistes de tout genre, applaudissant des pieds & des mains comme des gens qui ne savent pas ce que c'est qu'une Période..... Il me vient une idée : s'il étoit possible qu'au milieu de ce parterre d'ignorans Enthousiastes, quelqu'un se mît à lire tout haut l'*Essai* sur la Période, je suis persuadé qu'on verroit en un instant cette foule se dissiper & s'évanouir, comme le brouillard du matin à la présence du Soleil. C'est un petit expédient que je prends la liberté de proposer aux Amateurs du beau chant, pour la première représentation d'*Iphigénie*.

Journal de Paris, Juin 1777.

EXTRAIT D'UNE LETTRE

D'UN

VÉRITABLE ALLEMAND,

A UN AUTRE

QUI FAIT SEMBLANT DE L'ÊTRE.

Vous voulez, mon cher faux Patriote, que je vous dife mon fentiment fur une Brochure intitulée : *Essai sur la révolution de la Musique en France*. Je vous entends ; vous croyez que le mauvais exemple m'a déjà gagné, & que pour avoir paffé quelques mois dans ce pays, je vais trancher fur tout, comme un véritable faux Allemand de Paris. Vous vous trompez : les vrais Allemands d'Allemagne ne parlent guère des chofes qu'ils ignorent, & ils n'ont pas cette belle affurance qui fait écrire indifféremment fur ce qu'on fait ou ne fait point. Je m'entends à la Mufique un peu plus que l'Auteur de l'*Essai*, & quoique ce foit avouer ingénument que j'y entends affez peu de chofe, j'y entends néanmoins affez pour concevoir qu'on peut être grand Muficien & ne rien entendre à fa Brochure. Le but de l'Auteur eft de faire éclipfer les talens de M. Gluck aux yeux de la Nation Françoife, & d'impofer filence à fes admirateurs. Projet digne sans doute d'un Littérateur aussi fécond en paroles sous la Musique, que stérile en idées sur la Musique ; & c'est bien différent. Mais la singularité de son but n'est rien en comparaison des défauts qu'il reproche à M. Gluck ; par exemple, il lui répugne qu'un Auteur né dans le Palatinat soit Allemand & qu'il ait l'accent de son pays natal ; comme si cet accent n'en valoit pas bien un autre, & sur-tout en Musique ! Il ne peut souffrir que cet Auteur ait fait de la Musique qui ne soit ni Françoise, ni Italienne ; qu'il ne soit ni Pergolese, ni Jomelli ; qu'il n'ait pas composé dans le genre de Piccini ; qu'il ait pris ses sujets dans la Mythologie ; qu'il ait fait usage du merveilleux, & ajouté à l'intérêt du sujet la pompe du spectacle & l'agrément des Fêtes ; sur-tout il ne lui pardonne pas d'avoir fait *Orphée*, qui a plu en Italie ; *Alceste*, qui passe pour un chef-d'œuvre en Allemagne ; d'avoir choisi en habile homme pour son début en France, *l'Iphigénie* de Racine, & sur-tout d'avoir imité la nature. Voilà bien des griefs ; je ne m'arrête qu'au dernier, & je m'étonne que l'Auteur soit si peu versé dans les Arts dont il parle si libéralement, qu'il les envisage tous du même point de vue, & leur donne à tous les mêmes limites. Il s'est laissé dire que tous les Arts sont frères, & qu'ils ont un objet commun, celui d'imiter la belle Nature ; mais il ignore que les bornes qui leur sont prescrites ne sont pas les mêmes ; que si leur but est commun, leurs loix sont différentes pour l'atteindre ; que les moyens du Sculpteur sont bien éloignés de ceux du Poëte ou du Musicien. Le Laocoon du Sculpteur dont il parle, est-il donc celui du Poëte ? Le premier exprime le plus haut dégré de douleur par son attitude violente & le gonflement de ses muscles, le Sculpteur n'ose aller plus loin ; qu'il lui ouvre la bouche il n'aura produit qu'une grimace, il péchera contre les loix & la dignité de l'Art, & le Connoisseur détournera la vue d'un objet hideux qui lui donne du dégoût au lieu d'inspirer de l'intérêt. Le Laocoon de Virgile au contraire pousse des cris horribles & qui frappent la voûte des Cieux :

Clamores horrendos ad sidera tollit.

Le but des deux Artistes est commun, c'est d'émouvoir ; mais ils employent des moyens dissemblables, ils employent les plus convenables & les plus adaptés à leur Art ; l'un représente & l'autre raconte ; le premier n'a qu'un instant qu'il peut mettre en œuvre ; le second va par dégrés pour arriver à son but ; ainsi le Poëte ose franchir les bornes qui doivent arrêter le Sculpteur. Le Peintre a souvent senti que la douleur, dans son plus haut dégré, n'étoit pas de son ressort ; il couvre le visage d'Agamemnon au moment qu'on va frapper la Victime ; le Poëte au contraire ose employer les expressions les plus fortes, les plus énergiques, les plus vives pour exprimer ce dégré de douleur. Que cet Auteur me montre un Peintre qui ose représenter le bouclier d'Achille ? Croit-il que le sceptre d'Agamemnon fait par le Sculpteur, soit le même dont nous a parlé le Poëte ? *Les Grecs*, dit-il, *donnoient dans la Tragédie aux passions les plus violentes, soit dans l'action, soit dans le langage, tout le charme de l'expression.* Sans doute ils le faisoient chaque fois que ce charme pouvoit subsister avec ces passions violentes ; mais quand Philoctète souffrant &
abandonné

abandonné (1) pousse des cris affreux qui déchiroient l'ame des Grecs, y a-t-il encore ici du charme & de l'élégance ? C'est le cri perçant de la Nature, c'est celui de l'extrême douleur.

Revenons à la Musique : on sait qu'elle a plus d'affinité avec la Poésie qu'avec les autres Arts ; que ses loix sont les mêmes ; mais que le Poète a plus de ressources ; qu'il peut multiplier, varier ses expressions ; le sens qu'on y attache suffit pour émouvoir l'ame & produire tout l'effet qu'on désire. Il peut dire en vers fort harmonieux ;

Hinc exaudiri gemitus & sacra sonare
Verbera : tum stridor ferri tractæque catenæ.

Mais il n'en est pas ainsi de la Musique. Pour qu'on attache au son tout le sens qu'il doit avoir, il faut qu'il soit expressif & qu'il imite plus particulièrement la Nature ; & dans ce cas il est incontestable que le charme ou l'élégance mal placée en diminueront l'effet. Voilà, (pourroit-on dire à l'Auteur) pourquoi l'on ne fait pas en Musique ce qu'on ose tenter en Poésie ; mais à l'entendre parler, on diroit que toute la Musique de M. Gluck ne consiste qu'en des cris & des hurlemens, qu'elle n'est formée que de sons déchirans ou terribles. Les sons terribles & déchirans sont placés où ils doivent être ; mais ils ne sont pas partout ; ils sont où le Compositeur a besoin d'eux pour rendre la passion la plus énergique. Doit-il par la mélodie, la rondeur & la modulation périodique en diminuer l'effet ? Tant mieux qu'ils déchirent

---

(1) Dans l'Isle de Lemnos.

P.

l'âme, pourvu qu'ils ne la déchirent pas continuellement, pourvu que le Muſicien ſache y faire renaître le calme & guérir la plaie qu'il a faite. *La pointe de la douleur dont on eſt atteint au Spectacle doit laiſſer du baume dans la plaie.* Sans s'arrêter à ce balſamique & plaiſant langage, on pourroit avertir l'Auteur que le baume que la pointe de la douleur laiſſe dans la plaie n'eſt ni l'harmonie, ni l'élégance, ni le charme des accens funeſtes & douloureux ; qu'au contraire ils ne ſerviroient qu'à émouſſer la pointe dont il parle. Le véritable baume de cette plaie eſt l'idée toujours préſente de l'imitation ; c'eſt le ſentiment conſtant que la paſſion qu'on exprime, la douleur qu'elle montre n'eſt pas une douleur réelle ; c'eſt de-là proprement que naît le plaiſir. Donc cet Auteur ſe trompe fort dans ſa comparaiſon, quand il nous renvoie à une mère qui perd ſon fils, &c. Ce malheur réel doit en effet déchirer toute ame ſenſible. Car une telle mère eſt véritablement malheureuſe ; mais une mère du Théâtre ne l'eſt pas ; elle feint de l'être ; & plus cette feinte eſt naturellement exprimée, plus elle nous fait ſouffrir, & plus notre plaiſir ſera vif en nous rappellant que ce n'eſt qu'une imitation. Je m'imagine que s'il avoit bien voulu ſe ſouvenir de tout cela, il ſe feroit un peu familiariſé avec l'idée d'entremêler la déclamation de fragmens d'un chant tumultueux & coupé, qu'il appelle *chant mutilé.* Mais s'il demandoit encore pourquoi ne pas finir un chant qu'on a commencé, on pourroit lui rappeller qu'il eſt plus naturel de ne pas le finir ; & nous lui demanderions à ſon tour, s'il ne ſe peut pas qu'on ſente vivement la douleur, qu'on tâche de l'exprimer, mais que 'expreſſion manque, ou qu'on ſe ſouvienne qu'il eſt plutôt temps d'agir que de se plaindre ? N'y a-t-il pas même des caractères qui sont obligés d'étouffer toute réflexion pour agir ? Veut-il aussi qu'une femme qui va se livrer aux Enfers s'amuse à chanter mélodieusement, & marteler des roulemens & perler des cadences pour nous dire ce qu'elle va faire ? S'il faut qu'elle exprime ce qui se passe dans son âme, il n'y a d'autre déclamation pour elle que la déclamation intermittente ; la vivacité de la passion nous fait prendre une résolution hardie ; le cœur, l'imagination s'exaltent, mais la réflexion survient, on balance un instant, la douleur enfonce sa pointe plus avant dans le cœur, on frémit, on hésite, enfin on se résout. Voilà la marche de la nature. Le vrai est que dans la Musique, telle que l'Auteur la désire, il y auroit plus de chant, plus de mélodie, & que dans la Musique telle que M. Gluck la fait il y a plus d'action, plus de vérité. Et qui est-ce qui ignore qu'il n'y a rien de beau que le vrai, dont l'art imitateur doit se rapprocher le plus qu'il peut.

Voilà tout ce que j'ai voulu dire sur cet Ouvrage.

Eh ! que voulez-vous qu'on dise à un homme qui soutient à la fois que la Musique de M. Gluck ne consiste que dans des chants aigus, que sa Musique a eu le plus grand succès en Allemagne, qu'elle devoit réussir sur le Théâtre François, qu'elle a plu même en Italie ; mais qu'il n'y a pas de chant dans la Musique de M. Gluck, que ses airs affectent la forme Italienne, & qu'en général sa Musique ne vaut rien ? Arrangez tout cela si vous pouvez, & consolez-vous qu'aux yeux de l'Auteur ce soit un grand défaut que d'être Allemand ; il doit en parler comme de la Musique ; il ne connoît ni l'un, ni l'autre.

J'ai l'honneur d'être, &c.

Journal de Paris, 11 Juillet 1777.

LE GOUTEUX
MAITRE DE DANSE,
CONTE,
A L'USAGE
DE PLUS D'UN AUTEUR.

Un pauvre homme, à qui la goute avoit ôté depuis très-long-temps l'usage de ses jambes, se mit en tête d'écrire un *Essai* sur les révolutions de la Danse. Il avoit appris quelques termes de l'Art; mais comme l'Art lui étoit parfaitement inconnu, il les employoit au hazard, & le hazard le servoit on ne peut pas plus mal. Il prenoit un muscle pour un autre; il confondoit tous les genres, il demandoit des pas de rigaudon dans les airs de menuet, & des pas de menuet, dans les airs de rigaudon; il appliquoit à la danse noble & pathétique les mouvemens de la danse badine & comique; il eût voulu, par exemple, que Médée, dans le Ballet de Noverre, eût battu des entrechats en approchant le poignard du cœur de ses enfans, & qu'elle eût exprimé son indignation contre Jason par des gargouillades & des pirouettes. On ne s'étoit pas cependant apperçu que la goute lui eût jamais attaqué le cerveau.

Il avoit encore une manie toute particulière. De

toutes les lignes que peut décrire le pied du Danseur sur les planches, il n'admettoit que la circulaire, & pour nous servir de ses termes, de la périodique. Sa passion pour les formes rondes s'étoit annoncée de bonne heure ; on avoit remarqué que dès son enfance il ne manioit le compas que pour tracer des cercles, & qu'à l'exemple du grand Flandrin de Vicomte, il crachoit tous les matins dans un puits pour faire des ronds.

Du reste on n'avoit point à lui reprocher d'être obscur ; ses bévues étoient lumineuses, ses absurdités palpables & ses contradictions évidentes.

L'*Essai* parut, & le lendemain l'Auteur se fait transporter au Théâtre. Il arrive dans un moment où un Danseur enlevoit tous les suffrages en faisant, comme de raison, tout le contraire de ce qu'avoit prescrit le Docteur impotent. On admiroit la beauté de ses attitudes, tantôt fières & tantôt gracieuses ; la variété des dessins que formoient ses pas ; la justesse & la précision de ses mouvemens, qu'il régloit toujours sur ceux de l'Orchestre ; comme un habile Compositeur règle sa musique sur le poëme, & un bon Acteur, ses tons & ses gestes sur les sens des paroles qu'il déclame. Le Goûteux s'emporte, tempête, braille ; il crie à la décadence du goût, à la destruction de tous les principes, à l'anéantissement de la sacrée & inviolable *Période* ; mais les Spectateurs d'applaudir plus que jamais le Danseur, & de rire à gorge déployée des fureurs du Cul-de-jatte.

Honteux de n'avoir fait que se rendre ridicule, quand il croyoit s'être rendu nécessaire, il se retire avec la rage dans le cœur & un grand projet dans la tête, celui de mettre en rimes, & ses préceptes

& son ressentiment, lorsque la goute, lui remontant tout-à-coup des pieds aux mains, arrêta sa terrible entreprise, & lui épargna un ridicule nouveau, & au Public un nouvel ennui.

Journal de Paris, 10 Juillet 1777.

LETTRE
AUX AUTEURS
DU JOURNAL DE PARIS.

Messieurs,

Avant de vous dire tout ce que j'ai sur le cœur, il est bon que je vous informe de ce que je suis; car il y a tant de gens qui se mêlent de parler de ce qu'ils ne savent pas, qu'il est bon que ceux qui par état sont faits pour prononcer, se fassent connoître. Il y a trente ans que je chante dans les chœurs de l'Opéra, ce que je ne dis pas par vanité, mais pour vous faire comprendre que j'en ai vu de toutes les sortes, & que je dois m'y connoître.

Feu M. Rebel, dont le nom seul fait l'éloge, me distinguoit; c'étoit un homme! heureusement qu'il a laissé avec ses places une partie de son esprit; mon dessein n'est pas de flatter, ainsi je crois que c'est en dire assez. Il a vu le commencement de la révolution actuelle, il en gémissoit. Nous nous entretenions quelquefois, car il n'y avoit pas de semaine qu'il ne me fît l'honneur de causer avec moi, soit dit sans choquer personne; cela est bien encourageant: il me disoit dans l'amertume de son cœur, » Mon ami, on » dansoit autrefois à l'Opéra, on n'y danse plus; on » y chantoit, on n'y chante plus. » Je ne puis résister à l'envie de vous conter à cette occasion un petit événement, dont vous pouvez quelque jour enjoliver votre Journal.

Je faisois cette objection à l'un de mes Confrères un peu soupçonné de Gluckisme; lorsque je fus au moment où je dis, *on y chantoit, on n'y chante plus*, il me dit en contrefaisant mon ton, *on y bâilloit, on n'y bâille plus*; je suis vif, je lui donnai un bon soufflet, dont il n'osa se vanter, car il eût fallu avouer le mot, & cet aveu chez nous ne seroit pas sans danger. Mais je reviens à mon sujet; vous devinez facilement qu'il s'agit des éternels Opéras de M. Gluck.

Je ne suis pas aussi bon Logicien que l'Auteur de l'*Essai sur la Musique*. Il y a tout à parier qu'il est beaucoup plus savant que moi, puisque je ne l'entends pas, & que j'ignore parfaitement & *sa Période musicale*, & *ses motifs*, & *ses cercles arrondis*. Mais en admettant le raisonnement au sujet d'un Art qui naturellement ne semble exiger que des oreilles, je pense que l'on peut se borner, à l'égard de la Musique de M. Gluck, à calculer ses mauvais effets, & bientôt tout le monde pourra le juger.

Quelle idée peut-on avoir d'un genre de Musique où Mlle. Arnould, par exemple, n'est plus la première Actrice; où M. le Gros perd tous les avantages de sa belle voix, puisqu'il n'a ni cadence à faire, ni sons prolongés à soutenir; où le récitatif est aussi simple que la parole? Si M. Gluck prend la peine de noter non-seulement les inflexions de la voix, mais encore les longues & les brèves, le mouvement & la durée, n'est-il pas évident que l'Actrice n'a plus rien à faire? On a cherché long-temps la raison pour laquelle Mlle. Arnould ne brilloit pas dans les Opéras de

M. Gluck ; c'est justement parce qu'elle est bonne Actrice. C'est parce que dans la bonne & véritable Musique *nationale*, elle pouvoit à son gré abréger ou prolonger les sons de sa voix, suivant que sa manière de sentir l'exigeoit, ou même suivant qu'elle étoit plus ou moins fatiguée. Mais aujourd'hui qu'il s'agit de s'assujettir à la mesure, comme une simple Coryphée, qu'a-t-on besoin de son talent ? il devient superflu.

Cette conséquence qui, selon tout esprit droit, doit rendre absurde le genre de M. Gluck, n'est pas la seule funeste au Théâtre de l'Opéra ; c'est qu'il détruit absolument l'essence de l'Opéra François. Un bon Poëme d'Opéra a toujours été regardé comme un ouvrage très-difficile, puisque les plus grands Hommes y ont échoué. Les exemples ne me manqueroient pas, à commencer par Lafontaine ; mais je ne veux humilier personne. La raison est qu'il doit présenter une action, mais que cette action ne doit contenir qu'un dégré d'intérêt assez léger, & présenter beaucoup de variétés pour ménager au Musicien des oppositions, & au Spectateur de belles décorations & des Fêtes. Les sujets traités par M. Gluck, *Alceste*, par exemple, ne présente aucun épisode : c'est sur ce point que je suis entièrement de l'avis de l'Auteur de l'*Essai sur la Musique*. Les Opéras de M. Gluck, dit-on, intéressent, attachent, émeuvent jusqu'aux larmes ; qu'en conclure ? c'est que le sujet & la conduite du Poëme étant très-intéressant, il n'est pas étonnant que le Spectateur l'écoute avec attention. Mais que l'on donne à M. Gluck le Poëme de *Céphale*, qui est réellement du très-bon genre de l'Opéra François, c'est alors que nous jugerons si ses talens peuvent être comparés à ceux de M. Grétry. L'Auteur de *Céphale* fait auſſi-bien qu'un autre faire des Tragédies & traiter des ſujets ſuſceptibles d'intérêt ; mais il n'a garde de les préſenter à l'Opéra ; il ne veut pas ainſi confondre les genres ; il reſpecte les convenances des Théâtres ; il dédaigne un ſuccès à contre-ſens ; en un mot, il envoie à la Comédie Françoiſe ſes Tragédies, & ſes Pièces larmoyantes à l'Opéra-Comique. Je vous avouerai que ce Poëme me fait à moi le plus grand plaiſir. L'envie & la baſſe jalouſie lui reprochent pluſieurs défauts, par exemple, d'avoir fait dire à Céphale :

> Repos ſi tranquille autrefois.

En bonne-foi que vouloit-on qu'il mît à la place ; *repos ſi agité ? coulez, coulans ruiſſeaux ?* cela eſt tout ſimple, qui ne ſait pas cela ? c'eſt encore une des prérogatives de notre Opéra national.

Je crois avoir démontré par les effets combien le genre de M. Gluck eſt abſurde & dangereux ; je finirai cette Lettre, qui n'eſt déjà que trop longue, par les dernières paroles de feu M. Rebel que j'ai recueillies avec ſoin. » Mon ami, me dit-il, ſi cette Muſique » prend, il faut brûler l'immenſe & ſuperbe collection » de nos Opéras *nationaux*. Si M. Gluck eſt un génie, » comme on le dit, & comme ni vous ni moi ne » pouvons en juger, il ne faut pas s'attendre à voir » jamais nos armoires ſe regarnir ; que deviendra la » Direction ? » Je vous avouerai que je fus touché juſqu'aux larmes, je ſentis toute la profondeur de cette réflexion, & jetant nos regards ſur le Théâtre de la Comédie Françoiſe, nous nous dîmes mutuellement que dans le siècle dernier le parti de Pradon n'étoit pas si bête, & nous nous avouâmes que si nous avions existé dans ce temps, nous n'aurions certainement pas été de la clique de Racine. Jugez, Messieurs, si l'Auteur de l'*Essai* & moi nous pouvons jamais être enrôlés dans celle de Gluck.

J'ai l'honneur d'être, &c.

Journal de Paris, Juin 1777.

VISION.

Et j'étois à l'Opéra, & je m'endormis d'un grand sommeil, & un Génie s'offrit à moi, & il me dit : Ton corps dormira, mais tes oreilles & tes yeux veilleront, & tu ne te réveilleras que quand un grand homme te fera entendre une Musique inconnue, & tu t'attendriras & tu pleureras, & tu diras, c'est vraiment un grand Homme.

Et je dormis long-temps en attendant le grand Homme; & il vint un Musicien, & il n'étoit que Musicien, & il fit beaucoup d'Opéras, & il essaya de faire chanter, mais il ne fit pas chanter, & il essaya de faire danser, & il fit danser; & je dis, ce n'est pas là le grand Homme, car il ne m'attendrira pas avec des airs de danses; & je ne pleurerai pas à des Tragédies soutenues par des entrechats.

Et pendant que le Musicien faisoit danser, il vint un autre homme, & quand cet homme parut, une fraîcheur agréable se répandit autour de moi, & je me sentis transporté dans une riante campagne, au milieu des Bergers; & je m'écriai, voilà la simple nature, cet homme a surpris son secret; il me réveilla, & le Génie me dit, oui, mais tu te rendormiras, car cet homme ne fera que paroître, & il ira faire de plus grandes choses, & l'ignorance & l'envie le persécuteront, mais la vérité triomphera, & tous les cœurs vertueux & sensibles seront autant d'autels que lui élévera la reconnoissance.

Et il vint un autre jeune-homme, & ce jeune-homme dit qu'il étoit Musicien, & il fit un Opéra, & je vis qu'il n'étoit pas Musicien, & je me rendormis; & il fit un autre Opéra, & mes yeux & mes oreilles, qui jusqu'alors avoient été éveillés, se refermèrent; & cependant ce jeune-homme croyoit déjà avoir acquis beaucoup de gloire; & le jeune-homme partit pour les Pays lointains; & je dis au Génie; Qu'est-il allé faire? & le Génie me dit, il est allé apprendre; & je lui répondis, que lui servira-t-il d'apprendre? on n'apprend point à émouvoir; & le Génie me dit, tu as raison, il reviendra & ne t'attendrira pas; mais il fera grand bruit, & les *plaisans* feront pour lui.

Et je dormois toujours en attendant le grand Homme, & je n'espérois plus de me réveiller.

Et j'entendis un grand bruit, & je vis un homme que précédoit une multitude; j'apperçus la Terreur, la Pitié, la Douleur; & je dis au Génie, que vient faire cette multitude? & le Génie me dit : écoute, & j'écoutai, & j'entendis des instrumens, & ils exécutèrent un morceau de symphonie; & je dis, qu'ai-je entendu? Pourquoi cette Musique forte & terrible, entrecoupée de plaintes? Veut-on peindre la Colère d'Ajax ou celle d'Achille? Veut-on en même temps m'attendrir sur le sort de quelque infortunée? & le Génie me dit, écoute; & j'entendis d'un bout à l'autre une déclamation suivie, & je vis que la Musique étoit faite pour les paroles, & au lieu de ces cris forcenés, j'entendis les vrais accens de la douleur, & de la colère; & je sentis mon cœur tressaillir, & mes yeux se remplirent de larmes, & je m'eveillai, & je dis au Génie, voilà le grand Homme, & le Génie me dit, oui c'est le grand Homme, mais il sera persécuté, & on armera contre lui la Période;

& je demandai ce que c'étoit que la Période, & le Génie me dit, elle est fille du mauvais Goût & de l'Envie, mais le grand Homme n'a rien à craindre; il sera toujours chéri des ames sensibles, & la multitude le soutiendra; & je vis que le Génie avoit raison.

Journal de Paris, Septembre 1777, N°. 252.

LETTRE
DE M. L. A.
AU P. MARTINI.

Mon Révérend Père,

Je viens vous parler d'un Art que vous aimez, que vous cultivez, & que vous éclairez. La Musique touche en France au moment d'une révolution, si toutefois ce moment, comme vous pourrez en juger par ma Lettre, n'est déjà venu. Mais quand les beautés, dont nous n'avions pas encore eu d'exemple, paroissent justifiées par un succès qu'on peut regarder comme général, le croiriez-vous, mon Révérend Père ? Quelques Gens d'esprit & de Lettres s'obstinent à leur préférer les fausses richesses & les vains ornemens qui se sont introduits dans la Musique Italienne, & que vous condamnez avec tant de raison & de force dans l'excellent Ouvrage dont vous avez déjà publié deux Volumes.

Long-temps idolâtres de la Musique de Lulli, Musique qui n'est guère au fond qu'une sorte de déclamation, les François l'abandonnèrent il y a environ un demi-siècle, pour ne plus goûter que celle de Rameau. Mais Rameau, beaucoup plus savant que Lulli,

Lulli, est, j'ose le dire, beaucoup moins dramatique ; trop souvent, ainsi que je l'ai déjà remarqué, il substitua la science à l'art, & l'art au génie. D'ailleurs il ne connut point ce beau naturel, cette précieuse simplicité sans laquelle il n'y a rien de véritablement beau dans les Arts imitateurs, & particulièrement dans la Musique Théâtrale. Enfin un Allemand est venu, qui, après avoir profondément réfléchi sur le véritable objet du Melo-Drame, a renoncé à sa première manière jusqu'alors absolument Italienne, & a déployé dans son *Orphée*, son *Iphigénie* & son *Alceste* un ensemble de grands effets qui n'avoit encore existé dans aucun ouvrage de Musique Dramatique.

Votre Langue, mon Révérend Père, a de grands avantages sur la nôtre ; elle est beaucoup plus sonnante, & surtout beaucoup plus souple ; mais cette souplesse a fait que votre Musique vocale s'est confondue avec l'instrumentale ; delà, pour me servir de vos propres expressions, ces *Sonatine di gula* qui ont pris la place du chant passionné & de la mélodie véritablement expressive. Trop occupés du soin de plaire à l'oreille, vous avez tellement brisé les sons, vous les avez mis en un si grand nombre de pièces & de morceaux, que le Rhythme, appellé avec tant de raison par les Grecs le mâle de la Musique, a totalement disparu de la vôtre. On n'y trouve aucune suite, aucune combinaison de Dactyles, de Spondées, d'Anapestes, d'Iambes, de Trochées, & de ces différens pieds dont la Poésie Grecque & Latine se servoit avec tant de succès pour exprimer & les images physiques, & les mouvemens de l'ame ; l'effet admirable que produisent les vers *Sdruccioli* dans quelques-uns de vos airs, devroit cependant faire sentir à vos Compositeurs,

Q

combien grandes sont les ressources dont ils se privent volontairement en détruisant tous les rhythmes par le grand nombre de notes dont ils surchargent les syllabes.

M. Rousseau de Genève a reproché durement à notre idiôme son inflexibilité; il auroit dû plutôt la bénir, puisqu'elle nous préserve des faux ornemens dont l'excès a entièrement énervé la Musique Italienne, & transformé en ramage celui de tous les Arts qui a le plus d'empire sur les mœurs & sur les affections de l'ame. Je dois vous observer, mon Révérend Père, que notre Poésie, sans être métrique comme celle des Grecs & des Latins, ni aussi cadencée que la vôtre, ne laisse pas d'avoir ses mouvemens particuliers, plus ou moins ressentis, & que ceux qui y dominent le plus, répondent parfaitement à l'Iambe & à l'Anapeste, c'est-à-dire, aux deux pieds les plus propres à exprimer le mouvement & l'action.

C'est ce qu'a très-bien senti le Chevalier Gluck: aussi, loin d'ensevelir les mots dans une multitude innombrable de sons, n'a-t-il guère plus employé de notes qu'il n'y a de syllabes dans les vers; mais ces notes sont toujours vraies, toujours passionnées, toujours prises dans le sanctuaire de la Nature.

S'il se permet quelques prolations, ce n'est que fort rarement, & seulement pour imiter ces accens ou de la joie, ou de la douleur, ou du désespoir qui coupent ou élèvent, ou prolongent la parole, & dont l'effet est d'autant plus grand, qu'ils sont l'expression immédiate de l'ame quand les mots ne sont par eux-mêmes que des signes conventionnels & arbitraires.

Lorsque le vers masculin, dont la chute est très-brusque & la terminaison très-sèche dans notre

Langue, se montre trop souvent, de sorte que le Musicien ne peut plus donner à sa phrase l'espace nécessaire pour former un chant agréable, & qu'il est forcé d'y laisser des trous & des vuides, que fait le Chevalier Gluck ? il jette habilement les notes de liaison dans les parties de l'Orchestre; & par ce moyen, non-seulement il ne laisse plus appercevoir de lacunes, mais il donne à sa phrase la rondeur & le mouvement dont elle a besoin, sans faire la moindre violence à la prosodie.

Venons au récitatif : on ne peut se dissimuler que l'intérêt de vos Drames ne se trouve principalement dans la scène, & que ce ne soit surtout dans la scène que votre Musique manque d'intérêt. Vos Compositeurs négligent-ils le récitatif, parce que le Spectateur ne l'écoute pas ? ou le Spectateur dédaigne-t-il de l'écouter, parce que le Compositeur le néglige ? c'est ce que j'ignore, & ce qu'il est inutile d'examiner Toujours est-il certain que ni les uns, ni les autres n'y font aucune attention, & que tous abandonnent le tronc pour ne s'attacher qu'aux branches, branches que le plus souvent il faudroit élaguer. Car vous conviendrez avec moi, mon Révérend Père, que la plupart des couplets qui terminent vos scènes, & que nous appelons *airs* & *ariettes*, sont autant de parties hétérogènes & superflues ; voilà cependant les seuls endroits pour lesquels le Compositeur & l'Auteur réservent tout leur talent, & le Spectateur toutes ses oreilles ; mais lors même que le Poéte a su lier ces parties à l'action, quelle est la manière dont elles sont traitées par le Musicien, & qu'y trouve-t-on ? des passages déchiquetés & à filagrame comme les ornemens de l'Architecture Gothique, des fusées, des cascades & des traînées éternelles de sons qui peuvent faire quelque honneur au gosier du Chanteur, mais en déshonorant le Compositeur qui d'un Spectacle destiné à attaquer l'ame & à remuer les passions, ne rougit pas de faire une volière de Serins & de Rossignols.

Je rends justice, mon Révérend Père, à vos récitatifs obligés; ils sont d'une grande éloquence & d'un effet surprenant; mais voyez l'abus qu'on est parvenu à en faire; l'unique objet de ceux qui les premiers les ont introduits, a été de faire annoncer, & plus souvent de faire commenter & fortifier par l'Orchestre le sentiment, la passion, la situation de l'Acteur; aujourd'hui on ne laisse pas à l'Acteur le temps d'exprimer ni la situation, ni le sentiment qui l'anime, ni la passion qui l'agite; il ne profére plus un seul mot auquel l'Orchestre n'attache une longue queue, c'est-à-dire, qui ne soit commenté, ou plutôt parodié par les instrumens; comment n'a-t-on pas senti que cette affectation ridicule faisoit d'un des plus riches moyens de l'Art, une imitation purement bouffonne ?

Maintenant, mon Révérend Père, jetez les yeux sur les partitions d'*Orphée*, d'*Iphigénie* & d'*Alceste*, vous y verrez que c'est à la scène tant négligée par les Italiens que le Chevalier Gluck s'est particulièrement appliqué; que le récitatif vient s'y lier naturellement au chant mesuré; que le chant mesuré se perd & se fond dans le récitatif; que ces deux manières de procéder se font valoir réciproquement, quand dans les Opéras Italiens, elles n'ont aucun rapport, aucune analogie, rien en un mot qui conduise de l'un à l'autre. Vous admirerez comment ces récitatifs sont plus ou moins ressentis, plus ou moins chantés, selon que les personnages sont plus ou moins intéressés à l'action. Quant aux récitatifs obligés, vous n'y verrez jamais l'Acteur arrêté ni interrompu mal-à-propos par l'Orchestre, ce n'est que pour donner à ses sentimens plus d'énergie & d'effet que les instrumens viennent prendre sa place.

Il faut que je vous entretienne un moment des Chœurs; il est fâcheux, mon Révérend Père, que vos Poétes n'en fassent aucun usage, ou du moins qu'ils ne les lient pas au corps de l'action; ils vous privent d'un des plus puissans effets de la Musique Dramatique; nous les avons toujours employés dans nos Opéras, mais jusqu'au Chevalier Gluck, rangés & immobiles comme des tuyaux d'orgue, ils se bornoient à exécuter des morceaux d'harmonie & de contrepoint qui pouvoient faire quelque plaisir aux oreilles, mais en portant le trouble & la confusion dans les paroles; le Chevalier Gluck le premier les a toujours mis en action, & par l'harmonie simple, naturelle & vraie qu'il y a répandue, il a toujours embelli la parole, fortifié 'expression, & imprimé au Drame un mouvement extraordinaire. Toutes les fois que je les entends je me vois rejeté au temps de l'ancienne Athènes, & crois assister aux représentations des Tragédies de Sophocle & d'Euripide.

A propos d'harmonie & de contrepoint, permettez-moi de vous dire que cette partie est beaucoup trop négligée par vos Compositeurs. Sans doute les fugues qui ne sont que savantes, les repliques trop recherchées, les marches renversées, syncopées, &c. ne peuvent guère entrer avec succès dans la Musique vocale dramatique; ce seroit bien peu connoître l'Art que de déployer si mal-à-propos tout cet artifice mais on ne se justifie pas d'être superficiel par la crainte de se montrer pédant. Aujourd'hui la plupart de vos airs sont sans fonds & sans substance. Vos Professeurs devroient-ils donc avoir besoin d'autre chose que du premier couplet du *Stabat* de Pergolèse pour sentir combien l'harmonie peut servir l'expression ? le parti qu'en a tiré le Chevalier Gluck est vraiment admirable, il en déploie toutes les richesses que son génie sait toujours rendre pittoresques, sans que l'effort, la contrainte & l'affectation paroissent jamais.

Les ouvertures qui dans vos Opéras n'ont aucun rapport avec le Drame, cet habile Artiste les lie toujours à l'action : ainsi l'ouverture de son *Iphigénie* annonce une action religieuse, une action grande, une action guerrière, une action pathétique, & tous ces caractères y sont exprimés d'une manière, j'ose le dire, divine; celle d'*Alceste* est pleine de gémissemens, de sanglots, de larmes, & a je ne sais quoi de sombre, d'imposant & de terrible, dont je maintiens qu'il n'y a point d'exemple dans aucun ouvrage de ce genre. Enfin, mon Révérend Père, en rendant à votre Nation toute la justice qui lui est dûe, en convenant que c'est à elle que toutes les Nations de l'Europe doivent leurs connoissances & leurs lumières, j'ose avancer qu'en fait d'Opéra vous n'avez encore fait que de belles choses & qu'il vous reste *une* belle chose à faire; je m'explique, il y a dans vos Mélo-Drames des morceaux admirables & des beautés vraiment sublimes, mais le Chevalier Gluck est le premier, est le seul qui ait produit *de grands ensembles* en Musique, & nous ait donné des Ouvrages tragiques & de longue haleine, dont toutes les parties intimement liées les unes aux autres, s'embellissent, se fortifient & se servent réciproquement, aussi sont-ils accueillis avec transport & honorés des larmes du Spectateur. Cependant au milieu de ces succès quelques personnes, reprochent au Chevalier Gluck de manquer de chant, c'est-à-dire, de dédaigner les petits détails, les mignardises & la bagatelle. Si ce reproche étoit dans la bouche de cette classe d'hommes, qui sacrifia toujours la raison & la convenance aux plaisirs des sens, je n'en serois pas surpris; mais que des gens d'esprit & de Lettres, que ces mêmes hommes qui veulent que dans les Ouvrages Dramatiques le Poète se cache toujours, exigent qu'un tableau sente la palette, & que le Musicien affecte de se montrer, quand, pénétré du grand objet de son Art, il met toute son application à cacher l'instrument avec lequel il imite pour ne montrer que la chose imitée ; voilà une contradiction que vous aurez peine à concevoir, & que je les défie d'expliquer. Ces mêmes personnes prétendent que le Chevalier Gluck est à peine regardé en Italie comme un Compositeur du second ordre, & moi je soutiens qu'il est précisément l'homme que vous invoquez dans une des notes de votre savant Ouvrage (1).

Je vous supplie, mon Révérend Père, de me faire parvenir votre opinion sur ce point, ainsi que sur tous ceux qui sont contenus dans ma Lettre, & de joindre à votre autorité celle des Compositeurs & des Connoisseurs que vous jugez vraiment dignes d'être regardés comme tels. Dans les circonstances actuelles vous rendrez un grand service à notre Opéra, vous le préserverez de la manière froide, mesquine, bizarre

_____

(1) E desiderabile che rinasca qualche Professore di raro talento e ben instruito di tutte le parti della Musica....

& gothique qu'on fe propofe d'y introduire, & en mon particulier je vous en aurai une obligation infinie.

J'ai l'honneur d'être avec l'eftime la plus profonde & la plus refpectueufe.

Mon Révérend Père,

Votre très-humble & très-obéiffant ferviteur.

Paris, ce 2 Décembre 1776.

RÉPONSE

DU P. MARTINI,

A LA LETTRE PRÉCÉDENTE.

...... Vous me faites, Monsieur, un éloge bien juste & bien mérité des grands talens de M. le Chevalier Gluck. Cet Artiste, dont vous me parlez, s'est appliqué à exciter les passions & à soumettre la Musique aux paroles plutôt que les paroles à la Musique. Dans une visite qu'il daigna me faire à l'occasion de l'Opéra qu'il avoit composé pour l'ouverture du nouveau Théâtre à Bologne, je me félicitois avec lui de ce qu'il avoit su réunir *toutes les plus belles parties de la Musique Italienne à quelques-unes de la Fran-*

...... Nella di lei Lettera, M.ʳ, ella mi fa un ben giusto e ben devuto elogio del valore e merito del Sigʳ. Cav. Gluck. Questo nelli suoi tre drammi accennatimi ha cercato di dare alle parole tutta la più viva e forte espressione, con la mozione degli affetti, ed ha procurato più tosto che la Musica serva alle parole che queste alla Musica; e in occasione che egli fece l'Opera per l'apertura del nuovo Teatro in Bologna, essendosi degnato di una sua visita, mi rallegrai seco, che egli avesse saputo unire *tutte le più belle parti della Musica Italiana, con alcune della Francese, così pure*

çoife, ainsi qu'aux grandes beautés de la Musique instrumentale Allemande. Et cependant qui le diroit ? plusieurs de nos Chanteurs & de nos Cantatrices ne sont pas contens de sa Musique. Pourquoi ? c'est qu'ils veulent briller seuls en faisant montre de leur voix & de l'agilité de leur gosier ; en insérant dans leurs airs certaines petites tournures de chant qu'ils jugent propres à faire valoir leur adresse, bien qu'elles soient le plus souvent étrangères au sens des paroles & au caractère de la Musique du Compositeur. M. le Chevalier Gluck méprise avec raison ces petites fantaisies & n'y a aucune espèce d'égard ; couvert de la protection de l'auguste Maison d'Autriche, il ne se met point en peine des murmures & des sots propos des Chanteurs ; il n'obéit qu'à son talent, & s'attache uniquement à exprimer le sens des paroles de la manière la plus vraie & la plus animée.... (1)

---

il bello della Musica strumentale dei Tedeschi. E pure che il direbbe ? non tutti i Cantanti e Cantatrici sono contenti della sua Musica. Perche ? vogliono essi soli comparire con far pompa della loro voce e della loro agilità, volendo innestare nelle loro arie alcuni passi e certe cantilene che giudicano piu a loro confacenti, abbenche siano talvolta eterogenee al sentimente delle parole & della Musica ideate dal Compositore. Disprezza e prudentemente non aderisce al volere di Cantori il Sig^r. Cav. Gluck, stantochè sotto l'ombra dell'Imperial corte di Vienna e della famiglia Austriaca egli non teme le dicerie de Cantori.

---

(1) Dans le reste de sa réponse, le P. Martini traite au long des défauts de l'ancienne Musique Françoise, des vices de la

Musique Italienne moderne, & sur tous ces points son opinion se trouve toujours conforme à celle de l'Auteur de la Lettre. Cette réponse est terminée par quelques questions sur les causes des révolutions & des changemens qui se font si rapidement dans la Musique, & sur le fréquent usage que les Compositeurs modernes font des dissonances. Ces questions sont, comme on voit, absolument étrangères à l'objet que s'est proposé l'Auteur de la Lettre, mais méritent d'être examinées, & en temps & lieu on pourra les faire connoître.

RÉFLEXIONS
SUR
L'OPÉRA D'ARMIDE.

Lorsque le célèbre Chevalier Gluck s'est proposé de mettre en musique le Poëme d'*Armide*, tel qu'il parut en 1686, il a pu dire comme Armide elle-même:

Je n'ai tenté jamais rien de plus difficile.

En effet, comment atteindra-t-il cet ensemble harmonique, cette unité de ton, le principe, le secret, le charme de tous les Arts? Cet ensemble, cette unité ne se trouve point dans le Poëme de Quinault, auquel on donne mal-à-propos le nom de Tragédie.

Ne pourroit-on pas entrevoir ici les raisons du dégoût de Despréaux pour le nouveau genre de l'Opéra? Il reconnut, comme nous, dans *Armide* des morceaux d'une Poésie charmante, des mouvemens tragiques très-prononcés & très-intéressans; mais il les vit jetés par intervalles à travers un Dialogue de Suivantes, de Coryphées, de Paysannes, de personnages qui occupent un acte entier; & le Légiflateur un peu austère du Parnasse ne put, sans renoncer à ses grands principes & à la délicatesse de son goût, estimer sans réserve un mélange bizarre & alternatif du langage sublime & du jargon érotique. Lorsqu'il fallut qu'il essuyât les longueurs des lieux communs de la tendreſſe, l'effet des beautés vraies du Poëme diſparut sans doute devant ſon goût ſévère & juſte, comme Lucinde & Méliſſe s'évanouiſſent au tact du ſceptre d'or confié au Chevalier Danois.

Du temps de Boileau, le genre amphibie de l'Opéra François étoit une nouveauté dont le bon goût pouvoit vouloir arrêter les progrès. Quelques Poëtes Italiens, qui les premiers avoient oſé mélanger tous les tons, nous faiſoient adopter leurs licences à cet égard, & l'admirateur d'Homère & de Virgile avoit droit d'en être allarmé; mais s'il voyoit aujourd'hui cet établiſſement qu'il redoutoit, bien conſtaté & devenu preſque néceſſaire dans l'ordre de nos amuſemens, ne doutons point qu'il ne nous propoſât lui-même Quinault pour modèle, & qu'il ne convînt que ſes ſucceſſeurs dans le même genre ſont reſtés bien au-deſſous de lui. L'Opéra eſt pour notre Nation une ſorte de création à part, à laquelle on accorde de grands priviléges dont elle a droit de jouir, à l'abus & à l'ennui près.

J'ignore de quelle manière M. le Chevalier Gluck ſe ſera prêté à des différences de tons & de ſituations auſſi marquées quelles le ſont dans l'Opéra d'*Armide*; ces différences doivent devenir plus ſenſibles avec lui qu'avec Lulli, qui n'ayant, pour ainſi dire, qu'effleuré les grands mouvemens des morceaux pathétiques, reſtoit peu loin des chants ſimples, agréables, galans & voluptueux que demandoient les autres parties du Poëme; au lieu que M. Gluck, qui probablement nous aura fait frémir dans le fameux Monologue, *Enfin il eſt en ma puiſſance*, dans le tableau de la haine, dans les fureurs qui terminent l'action, aura bien plus de chemin à faire pour paſſer aux chanſonnettes des chœurs des Bergères de la scène cinquième du second Acte, & des habitans champêtres de l'Isle enchantée. Ce qui me rassure, c'est le génie vaste du Compositeur, c'est ce talent qu'il a de donner à tous les objets leur couleur propre : il sera toujours vrai; fidèle à son Poëte, il ne le sera pas moins à la Nature dont il tire toutes ses inspirations; & voilà ce que les François, qui désiroient voir leur Poëte Lyrique favori replacé sur le Théâtre dont il est le fondateur, peuvent raisonnablement attendre de l'homme de génie qui s'est prêté à leurs désirs.

Journal de Paris, 7 Septembre 1777.

ANECDOTE.

On vient d'établir à Milan un nouveau Théâtre, sous le titre de *Regio-Ducale Teatro*. La Nobleſſe y eſt chargée, comme dans la plupart des Villes d'Italie, de la Direction des Spectacles. Le premier ſoin a été de s'aſſurer des meilleurs Maîtres de Chapelle pour la compoſition des Opéras. On ne pouvoit être embarraſſé que du choix. L'Italie ſeule offre les noms de Buranello, de Sacchini, de Piccini, de Trajetta, de Paëſiello, d'Anfoſſi, de Guillelmi, &c. &c. &c. qui tous ont fait une multitude d'airs charmans, applaudis avec juſtice dans tous les Concerts d'Europe. Au milieu de cette foule de grands hommes, qui croiroit que la *Nobile Direzzione* de Milan, ſe ſoit adreſſée à un Allemand, à un barbare, au Chevalier Gluck enfin, qui, ſelon pluſieurs Connoiſſeurs de Café, n'a ni chant, ni mélodie ; n'a qu'une harmonie baroque & criarde, un ſtyle tudeſque, uſé, raboteux, qui n'a aucune réputation en Italie, & n'y a eu aucun ſuccès ? Apparemment que ces nobles Italiens ne ſavent pas ce qu'on penſe du Chevalier Gluck en Italie ; car voici la ſubſtance de la Lettre que vient de lui écrire en leur nom M. *Carlo Caccio*, Secrétaire de la Direction, & qui eſt datée de Milan le 30 Août 1777.

„ Les Directeurs voulant donner à l'ouverture du
„ Théâtre le plus grand éclat poſſible ; déterminés
„ par la célébrité du Chevalier Gluck & par la répu-
„ tation univerſelle dont il jouit, s'empreſſent de l'in-

» viter à se rendre à Milan pour y composer l'Opéra
» *sérieux* qui doit être exécuté dans l'Automne de
» 1778, ou l'un des deux qu'on se propose de don-
» ner dans le carnaval de 1779. Ils savent que les
» soins qu'il doit aux plaisirs des Cours souveraines
» auxquelles il est attaché, lui permettront difficile-
» ment de s'éloigner; mais comme on ne lui demande
» que très-peu de temps, ils conservent quelque espé-
» rance qu'il se prêtera à leur demande.

Nous savons bien que des autorités ne sont pas des raisons, & que les faits ne sont rien contre les principes ; nous prévoyons même qu'on pourra attaquer la préférence que donnent au Chevalier Gluck les Nobles de Milan, en disant que ce sont les Allemands de l'Italie : c'est à la *Noble Direction* à répondre à ce terrible argument. Nous ajouterons seulement que, si quelqu'un avoit le plus léger scrupule sur l'authenticité de la lettre, ou sur la fidélité de l'extrait, il lui sera facile de voir la Lettre originale qui nous a été confiée.

Journal de Paris, 17 Septembre 1777.

ANNONCE

ANNONCE DE L'OPÉRA D'ARMIDE.

On a donné hier la première représentation de l'*Armide* de Quinault, mise en Musique par M. le Chevalier Gluck. Cette représentation a parfaitement répondu aux idées que le Public a conçues du génie de l'Auteur.

Si, comme on l'a observé souvent, les meilleurs ouvrages dramatiques n'ont obtenu que lentement le dégré d'estime qu'ils méritoient, cela doit arriver aux Compositions de M. Gluck, où toutes les parties étant enchaînées & subordonnées l'une à l'autre avec un art aussi nouveau qu'étonnant, les plus grandes beautés doivent naître de cet accord, aussi difficile à saisir par le Public que par les Acteurs & l'Orchestre dans les premières représentations.

Quand on examine le Poëme d'*Armide*, on ne sait ce qu'on doit admirer le plus, ou la hardiesse avec laquelle M. Gluck a conçu le plan de son Drame, ou l'art avec lequel il l'a exécuté. On voit qu'il ne s'est dissimulé aucune des difficultés de son entreprise, & qu'il les a toutes surmontées. Né pour exprimer sur-tout ce que la Tragédie a de plus sublime & de plus touchant, il a bien vu qu'*Armide* ne pouvoit lui offrir les grands effets pathétiques de l'*Iphigénie* &

de l'*Alceste* ; parce qu'à l'exception du cinquième Acte l'intérêt y étoit trop divisé, trop lent, trop affoibli par le merveilleux ; mais il a senti en même temps qu'il pouvoit sauver ce défaut par la richesse des détails, la variété des nuances & la rapidité de la marche.

Les progrès de la Musique ont dû amener des changemens dans la forme du Drame Lyrique. La coupe des Poëmes de Quinault n'est pas la plus favorable aux procédés de la Musique Dramatique : M. Gluck auroit pu éluder une partie des difficultés en supprimant d'*Armide* plusieurs détails languissans ou disparates, comme on l'a fait aux dernières remises de l'Opéra de Lulli. Il a voulu conserver dans son entier ce chef-d'œuvre de notre Théâtre Lyrique, & a jugé qu'il y avoit dans son Art des ressources suffisantes non-seulement pour en rendre les beautés admirables, mais encore pour couvrir ou même embellir les défauts. Le temps nous apprendra jusqu'à quel point il a réussi dans cette tentative, qui mérite du moins la reconnoissance des Admirateurs de Quinault.

Journal de Paris, 24 Septembre 1777.

ANNONCE
DE L'OPÉRA D'ARMIDE,
PAR M. DE LA HARPE.

LE Mardi 23, a paru, pour la première fois, l'*Armide* de M. Gluck. Au moment où l'on écrit cet article, on ne peut rendre compte que de l'effet de cette première repréſentation. Il a été très-médiocre. On a applaudi le premier Acte, & une partie du cinquième. Les trois autres ont été très-froidement reçus. Voilà l'impreſſion générale. A l'égard des détails, il paroît qu'on a été content du chœur, *Pourſuivons juſqu'au trépas l'ennemi qui nous offenſe*, &c. Chœur précédé de ce mot, dont le Muſicien a fait un uſage ſi heureux, *Un ſeul guerrier! un ſeul! un ſeul!* Ce cri d'étonnement paſſe de bouche en bouche au moment où Armide apprend qu'*un ſeul guerrier* a délivré tous ſes captifs. Cette idée eſt ingénieuſe, & c'eſt une création du Muſicien. Un autre chœur beaucoup plus beau à mon gré, c'eſt celui de la Haine au troiſième Acte;

> Plus on connoît l'Amour, & plus on le déteſte;
> Détruiſons ſon pouvoir funeſte;
> Briſons ſes traits, éteignons ſon flambeau.

Après cette conjuration infernale qui eſt d'une expreſſion effrayante, le Muſicien met dans la bouche des Démons ces paroles que le Poète fait prononcer à la Haine ;

> Infortunée Armide,
> Suis l'Amour qui te guide
> Dans un abyme affreux.

& des accords lugubres & sinistres, succédant à la fureur bruyante, forment une heureuse variété, & font pressentir & plaindre d'avance tous les malheurs d'Armide. C'est encore là une idée vraiment dramatique, qui appartient au Musicien.

Le *Duo* de Renaud & d'Armide, dans la première scène du cinquième Acte, est du plus beau caractère, & plein de tendresse & de charme. Il est du très-petit nombre des morceaux de chant qu'on apperçoit de loin en loin dans les compositions de M. Gluck.

Le monologue, *Plus j'observe ces lieux*, &c. a réussi surtout par les accompagnemens. Les airs du quatrième Acte ont paru agréables, mais communs. Ce sont des Bergères qui chantent ; mais ces Bergères sont fantastiques, & la Musique devoit avoir un air de féerie, au lieu de ressembler à une pastorale ordinaire. Il ne faut attribuer qu'au Décorateur le ridicule de faire entrer ces prétendues Bergères dans un nuage par une porte quarrée, au moment où la baguette magique les fait disparoître : c'est la première fois qu'on a imaginé de mettre une porte dans un nuage.

Dans le rôle d'Armide, outre le *Duo* dont je viens de parler, on a applaudi cet endroit :

> Le perfide Renaud me fuit ;
> Tout perfide qu'il est, mon lâche cœur le suit.

Il y a là de ces cris de douleur qui sont un des grands

moyens de M. Gluck, & qui, bien placés & bien ménagés, donnent au récitatif une expression qu'il n'avoit pas avant lui. Mais quand ces cris reviennent trop souvent, quand on les entend à tout moment, comme dans *Iphigénie* & dans *Alceste ;* lorsque dans les airs mêmes ils prennent la place de ces phrases de chant, à la fois pathétiques & mélodieuses, qui vont à l'ame sans effrayer l'oreille, & telles qu'on les admire dans les beaux airs des Italiens & de leurs Élèves; alors on est assourdi plutôt qu'ému ; ce rude ébranlement des organes nuit à l'émotion de l'ame ; on s'apperçoit que l'Auteur a mis trop souvent toute son expression dans le bruit, & tous ses moyens dans les cris. Cette affectation de contrefaire la nature, est fort différente d'un art fondé sur une imitation embellie, qui doit plaire en ressemblant. Je ne viens point entendre le cri de l'homme qui souffre. J'attends de l'art du Musicien qu'il trouve des accens douloureux sans être désagréables; je veux qu'il flatte mon oreille en pénétrant mon cœur, & que le charme de la mélodie se mêle à l'impression que je ressens. Je veux remporter dans ma mémoire sa plainte harmonieuse, qui retentisse encore long-temps dans mon oreille, & me laisse le desir de l'entendre encore, & de répéter moi-même. Mais si je n'ai entendu que des clameurs de désespoir, des gémissemens convulsifs, je puis trouver cela fort vrai, mais si vrai, que je n'y reviendrai pas.

Le rôle d'Armide est presque d'un bout à l'autre une criaillerie monotône & fatigante. Le Musicien en a fait une Médée, & a oublié qu'Armide est une Enchanteresse & non pas une Sorcière. D'ailleurs, il a été ici fort mal servi par le Poëme qui est plein de beautés dramatiques, mais dont la marche n'est point du tout favorable à la Musique. Ce récitatif éternel est nécessairement sans effet. J'en appelle à tous les spectateurs de bonne foi, à tous ceux qui savent par cœur ce fameux monologue,

> Enfin il est en ma puissance, &c.

Ce morceau médiocrement déclamé, produiroit une impression très-vive. Il n'en a produit aucune, absolument aucune, avec la Musique de M. Gluck. Or, quel plus grand contre-sens que d'allier deux arts, dont l'un affoiblit l'autre ? Qu'on se rappelle encore le songe d'Armide,

> Et par un charme inconcevable,
> Je me sentois contrainte à le trouver aimable,
> Dans le fatal moment qu'il me perçoit le cœur.

Déclamez ces beaux vers, ils vous enchanteront; écoutez-les dans l'Opéra d'*Armide*, ils vous glaceront. Voyez la première Scène, cette réponse sublime d'Armide, qui, lorsqu'on l'a entretenue long-temps de la gloire de ses charmes qui triomphent de tous les Guerriers Chrétiens, s'écrie :

> Je ne triomphe pas du plus vaillant de tous.

Qu'une bonne Actrice prononce ce vers, il vous transportera : dans l'Opéra, lorsque ce vers a été chanté, il ne différoit en rien du long ramage que venoient de faire entendre les suivantes d'Armide, & avec lequel il devoit faire un contraste si frappant.

Je rends compte de ce que j'ai éprouvé, comme j'ai déjà fait lorsque j'ai parlé des premières productions de M. Gluck. En rendant hommage à fes talens, je me permis d'indiquer avec beaucoup de réferve, tout ce que fes ouvrages me laiffoient à défirer. Vivement contredit par fes Enthoufiaftes, je me fuis mis à lire ce qu'avoient écrit fur cette matière des hommes dont les lumières & les connoiffances ne font pas conteftées, entr'autres l'Auteur de l'*Effai fur l'union de la Poéfie & de la Mufique*, ouvrage excellent, plein de vues faines & de principes lumineux. J'ai été affez flatté, je l'avoue, de voir que les idées des hommes les plus éclairés fe rencontroient avec mes fenfations, & leur fcience avec mon inftinct. Affermi par cet accord, j'ofe faire ici ma profeffion de foi en Mufique. Je fais bien que c'eft courir de grands rifques, & de tous les genres de tolérance que l'on réclame depuis fi long-temps, la tolérance en Mufique eft peut-être la plus difficile à obtenir. Mais ce qui m'encourage, c'eft que, de quelque manière qu'on s'y prenne pour me combattre, je fuis bien fûr qu'on ne m'engagera pas dans une guerre, & que ceux à qui il prendroit envie de la faire, la feront tout feuls. Tranquille de ce côté, je crois qu'un article fi important dans l'hiftoire des Arts, ne doit pas être omis dans ce Journal.

M. Gluck eft, fans doute, un homme de génie, puifqu'il a fait *Orphée*, & dans fes autres Opéras, plufieurs morceaux dignes de fon *Orphée*. Ses Opéras font les premiers qui aient été conftruits fur un plan à la fois mufical & dramatique, foit qu'il ait lui-même deffiné ce plan, comme fes partifans lui en font honneur; foit qu'il ait fuivi celui de Calfabigi dans *Orphée*, & dans *Iphigénie* celui qu'avoit tracé le Comte Algaroti. Quoi qu'il en foit, ces Opéras font les premiers qui aient été purgés des défauts de ceux d'Italie & de ceux de France. Les Drames de Métaſtaſe, très-agréables à lire, ainſi que ceux de Quinault, offroient toujours ſur le Théâtre une intrigue double & triple qui, détruiſant l'unité, détruiſoit l'intérêt. Preſque tous ſes airs étoient placés à la fin des Scènes, pour obéir à l'uſage qui vouloit que la Cantatrice ou le Virtuoſe, ſortît du Théâtre après avoir chanté ſon *aria*. Ces airs ainſi détachés du Dialogue étoient devenus trop ſouvent un brillant hors-d'œuvre où le Muſicien déployoit tout le luxe de ſon art pour faire valoir le goſier d'une Actrice; & cependant, ce hors-d'œuvre étoit, & même eſt encore, la ſeule choſe qui ſoutienne l'Opéra Italien, parce que le peu d'intérêt d'un Drame partagé en deux ou trois Epiſodes, & la longueur exceſſive du Spectacle, & la ſimplicité trop nue d'un récitatif inſipide, n'attirent pas d'ailleurs une grande attention.

D'un autre côté, l'Opéra François ſurchargé de Ballets, le plus ſouvent étrangers à l'action, & dénué d'airs, n'étoit guère qu'un récitatif éternel, & l'on n'y connoiſſoit l'harmonie que dans quelques chœurs de Rameau, & la mélodie que dans ſes airs de danſes, les plus parfaits que l'on ait compoſés.

Orphée exempt de tous ces défauts, dut réuſſir en Italie & en France; en Italie, parce qu'indépendamment des beautés muſicales, on trouvoit, pour la première fois, un enſemble ſoutenu, un Spectacle reſſerré dans les bornes d'une durée raiſonnable; un Drame attachant par l'unité d'intérêt, malgré les fautes de vraiſemblance; enfin, un récitatif plus travaillé, plus fort, plus adapté à la Scène : en France, parce qu'on entendoit, pour la première fois, ſur notre Théâtre lyrique ces airs d'expression appliqués aux situations dramatiques ; parce que, pour la première fois, dans cet Opéra & dans celui d'*Iphigénie* qui l'avoit précédé, le chant mesuré venoit faire partie de la Scène, auparavant partagée entre l'assoupissante uniformité du récitatif & le vacarme des chœurs.

Telle est l'heureuse révolution dont M. Gluck est l'Auteur, & qui doit lui faire un honneur immortel. Mais par une fatalité singulière, & par une espèce de contradiction entre ce qu'il a fait d'abord, & ce qu'il fait aujourd'hui, peut-être retarde-t-il les progrès d'un art qu'il avoit d'abord avancé ; je m'explique. Soit que la nature de son talent le porte plutôt aux effets de l'harmonie qu'à l'invention du chant, & que puissant & fécond dans la partie instrumentale, il soit foible & pauvre dans la mélodie, qui pourtant est en Musique la qualité la plus heureuse & la plus rare, comme le style en Poésie ; soit que des idées systématiques se soient jointes à cette disposition naturelle ; soit qu'il ait eu l'ambition de créer une Musique théâtrale qui ne fût qu'à lui, & d'échapper ainsi à toute comparaison ; soit qu'enfin toutes ces causes se soient réunies ensemble : quoi qu'il en soit, il est certain qu'à l'exception d'*Orphée*, M. Gluck dans ses autres compositions semble avoir pris à tâche de bannir le chant du Drame lyrique, & paroît persuadé, comme ses partisans le répètent, que le chant est contraire à la nature du dialogue, à la marche des scènes, & à l'ensemble de l'action.

Ce n'est pas en Italie qu'une pareille religion pouvoit prospérer ; on y aime trop la Musique. Aussi n'y a-t-il risqué que son *Orphée*, où il y a de la musique. Mais en France, où il a débuté par son *Iphigénie*, qui a eu un grand fuccès, il a pu croire qu'il trouveroit d'autant plus de facilité pour établir fon fyftême, que ceux des François qui avoient vu l'Opéra d'Italie n'avoient guère été frappés que de fes défauts. M. Gluck pouvoit trouver de grands avantages à bâtir fur un plan abfolument neuf. Quoiqu'il y ait de beaux morceaux de chant dans *Orphée*, ceux de Galuppi, de Jomelli, de Sacchini, de Piccini, ces airs admirables, chantés d'un bout de l'Europe à l'autre, ces chefs-d'œuvre de pathétique & de mélodie, dans lefquels les Compofiteurs, en portant l'expreffion du fentiment au plus haut point, fe font garantis de ces faux ornemens fi juftement reprochés à l'Italie, ces grands ouvrages pouvoient offrir un objet de comparaifon, dans lequel toute la fupériorité n'auroit pas été du côté de l'Auteur d'*Orphée*. Mais fi l'on écarte le chant, fi l'Opéra fe foutient avec un récitatif plus animé, avec des chœurs mieux deffinés & plus pittorefques, avec des morceaux de *récitatif obligé*, que fait valoir la fcience des accompagnemens, il eft clair que M. Gluck a créé un art nouveau, qu'il eft feul dans fon genre, & que fa place eft unique.

La marche qu'il a tenue dans fes compofitions fucceffives, rend ces idées très-probables. Il y a peu de chant dans *Iphigénie*; les airs en font foibles & pauvres. Il y en a encore moins dans *Alcefte*. Enfin il a pris le parti de travailler fur un ancien Opéra, coupé en cinq actes, plein de longs monologues, dans lequel il n'y a pas un feul air fait pour un chant mefuré, fi ce n'eft dans les Ballets ; & quand tous les Muficiens s'accordent à penfer que les Opéras de Quinault, quoique pleins de beautés, font coupés d'une manière très-peu favorable à la Mufique, M. Gluck seul n'est point frappé de cette difficulté. Que conclure de cette étrange entreprise, si ce n'est que l'Auteur est persuadé que les airs d'expression, les seuls qui admettent le chant Dramatique, ne sont point du tout nécessaires au Drame lyrique, & qu'avec du récitatif & des chœurs, avec de l'harmonie, on est sûr d'atteindre à la perfection de ce spectacle ?

Aussi écoutez les maximes de ses partisans, & vous y verrez la confirmation de cette doctrine. Ils admirent en lui cet *art de noter la parole*, qui seul, disent-ils, est conforme à l'esprit de la scène. Ils affectent de ne voir dans les airs Italiens que les défauts qui les défigurent souvent; & de ce qu'on a abusé d'un Art, ils concluent que l'Art n'existe pas. Ils conviennent qu'il y a un grand nombre de ces airs du goût le plus simple & le plus pur, qui expriment toutes les passions, la tendresse, la douleur, la jalousie, & qui sont faits pour émouvoir autant que pour plaire ; & ils persistent à soutenir que ces airs qui peignent les passions en général, ne peuvent pas s'appliquer à une situation particulière, & que s'ils font pleurer dans un Concert, il refroidiroient sur la scène. Voilà leur doctrine. J'avoue qu'elle ne sera jamais la mienne.

Je pense au contraire, que c'est dans la mélodie expressive de ces airs, que réside la puissance première, le premier charme de la Musique ; que tout Opéra doit être distribué de manière qu'il y ait dans chaque scène un ou deux de ces airs faits pour exprimer la situation du personnage, à moins que la scène n'amène plus naturellement un *duo*, un *trio*, un *quatuor*, ou un chœur analogue à l'action ; que cette Mélopée moderne, cette déclamation notée qu'on veut substituer au chant mesuré, quelquefois expressive & si souvent monotône & criarde, est généralement très-inférieure à la déclamation naturelle ; & ne doit occuper de place, que ce qu'il en faut pour exposer ce qui n'est que de fait, & pour amener le chant ; que le son étant par lui-même une sensation rapide & fugitive, ne peut faire une impression forte, qu'en se reproduisant par une variété de formes qui ne nuise pas à l'unité du dessin, par ces retours que l'oreille attend & retrouve avec tant de plaisir, enfin par toutes les richesses du chant régulier & périodique

On objecte qu'il n'est pas naturel de chanter un air de cette nature dans une situation passionnée, que c'est un moyen d'arrêter la scène, & de nuire à l'effet.

Je trouve ces objections absolument illusoires. D'abord, dès qu'on admet le chant, il faut l'admettre le plus beau possible, & il n'est pas plus naturel de chanter mal que de chanter bien. Tous les arts sont fondés sur des conventions, sur des données. Quand je viens à l'Opéra, c'est pour entendre la musique. Je n'ignore pas qu'Alceste ne faisoit pas ses adieux à Admète en chantant un air ; mais comme Alceste est sur le théâtre pour chanter, si je retrouve sa douleur & son amour dans un air bien mélodieux, je jouirai de son chant en m'intéressant à son infortune. Car je suis venu pour cela, comme à la Comédie Françoise lorsque je viens voir Zaïre, je m'attends à pleurer sur les malheurs de l'amour, & à entendre des vers charmans.

Ensuite, pourquoi donc un air de ce genre, avec quelque étendue que la musique s'y développe, arrêteroit-il l'action, & me refroidiroit-il, s'il est bien placé, s'il exprime les sentimens du personnage, s'il ne s'écarte jamais du motif principal ? Et quel autre moyen le personnage a-t-il de me pénétrer de sa situation, & de m'émouvoir fortement ? Est-ce sa Mélopée, qui, le plus souvent, me fait désirer qu'il parle ? Cet air que l'on voudroit lui interdire, je l'attends pour être ému. J'attends qu'il chante pour savoir ce qu'il a dans l'ame ; car le chant est son langage. Consultons l'expérience. Quoi ! dans Lucile, dans Silvain, dans la Colonie, où, par une bisarre alliance, la musique succède à la parole, un air mélodieux & pathétique m'émeut jusqu'aux larmes, & je ne me prêterois pas à la même illusion, quand le chant mesuré succède au récitatif ! Il m'est impossible de comprendre jamais un raisonnement aussi peu probable.

Allons plus loin. L'attrait de la bonne musique est si grand, qu'elle plaît même lorsqu'elle est déplacée. Certes, rien n'est moins raisonnable que le fameux duo d'*Orphée* & d'*Euridice*, *Quels tourmens insupportables* ! car assurément ils s'affligent sans aucune raison. Mais ce duo est si beau qu'on oublie l'invraisemblance ; & si la musique produit cet effet, même lorsqu'elle est hors de place, peut-on dire qu'elle refroidira l'action, lorsqu'elle y sera bien amenée ?

Je dirai donc à M. Gluck, pour conclusion : « Je » m'en tiens à votre *Orphée*. Il vous a plû depuis ce » temps de ne plus faire de chant, que le moins que vous » avez pu. Vous avez laissé là ce plan vraiment lyrique » d'un Drame coupé par des airs, que vous nous avez » enseigné vous-même. Vous êtes revenu à *Armide* qui » est un fort beau Poëme, & un mauvais Opéra, pour » établir le règne de votre *Mélopée*, soutenue de vos » Chœurs & de votre Orchestre. J'admire vos chœurs, » les ressources de votre harmonie. Je voudrois que votre

» *Mélopée* fût plus profodique & plus adaptée à la
» phrafe Françoife ; qu'elle fût moins hachée & moins
» bruyante, & fur-tout je voudrois des airs. Car j'aime
» la Mufique que l'on chante & les vers qu'on retient.

» Je n'ignore pas que cette opinion eft fort oppofée
» à celle de plufieurs de vos amis que j'aime & que
» j'eftime infiniment. Mais comme il n'eft pas abfolu-
» ment néceffaire de penfer de même en mufique pour
» s'aimer & pour s'eftimer, j'efpère qu'ils pardonne-
» ront à mon ignorance, & qu'ils fe contenteront de
» me regarder comme un errant, qui étant de bonne
» foi, ne pourra jamais faire fecte, & dont l'hérélie
» n'eft pas dangereufe. »

Journal de Politique & de Littérature, 5 Octobre 1777.

LETTRE

DE M. LE CHEVALIER GLUCK,

A M. DE LA HARPE.

Il m'est impossible, Monsieur, de ne pas me rendre aux très-judicieuses observations que vous venez de faire sur mes Opéras dans votre Journal de Littérature du 5 de ce mois ; je ne trouve rien, absolument rien à y répliquer.

J'avois eu la simplicité de croire jusqu'à présent qu'il en étoit de la Musique comme des autres Arts, que toutes les passions étoient de son ressort, & qu'elle ne devoit pas moins plaire en exprimant l'emportement d'un furieux & le cri de la douleur, qu'en peignant les soupirs de l'amour.

> Il n'est point de serpent ni de monstre odieux,
> Qui par l'art imité ne puisse plaire aux yeux.

Je croyois ce précepte vrai en Musique comme en Poésie. Je m'étois persuadé que le chant, rempli partout de la teinte des sentimens qu'il avoit à exprimer, devoit se modifier comme eux, & prendre autant d'accens différens qu'ils avoient de différentes nuances ; enfin que la voix, les instrumens, tous les sons, les silences mêmes, devoient tendre à un seul but qui étoit l'expression, & que l'union devoit être si étroite entre les paroles & le chant, que le Poëme ne semblât pas moins fait sur la Musique que la Musique sur le Poëme.

Ce n'étoient pas là mes seules erreurs ; j'avois cru observer que la Langue Françoise étoit peu accentuée, & n'avoit pas de quantité déterminée comme la Langue Italienne ; j'avois été frappé d'une autre différence entre les Chanteurs des deux nations : si je trouvois aux uns la voix plus molle & plus flexible, les autres me sembloient mettre plus de force & plus d'action dans leur jeu : j'avois conclu delà que le chant Italien ne pouvoit convenir aux François. En parcourant ensuite les partitions de vos anciens Opéras, malgré les trilles, les cadences & les autres défauts dont leurs airs m'avoient paru chargés, j'y avois trouvé assez de beautés réelles pour croire que les François avoient en eux-mêmes leurs propres ressources.

Voilà, Monsieur, quelles étoient mes idées lorsque j'ai lu vos observations. Aussitôt la lumière a dissipé les ténèbres ; j'ai été confondu en voyant que vous en aviez plus appris sur mon Art en quelques heures de réflexion, que moi après l'avoir pratiqué pendant quarante ans. Vous me prouvez, Monsieur, qu'il suffit d'être Homme de Lettres pour parler de tout. Me voilà bien convaincu que la Musique des Maîtres Italiens est la Musique par excellence, est *la Musique*; que le chant, pour plaire, doit être régulier & périodique, & que même dans ces momens de désordre, où le personnage chantant, animé de différentes passions passe successivement de l'une à l'autre, le Compositeur doit toujours conserver le même motif de chant.

Je conviens avec vous que de toutes mes Compositions, *Orphée* est la seule qui soit supportable ; je demande bien sincèrement pardon au Dieu du goût

d'avoir

d'avoir *aſſourdi* mes Auditeurs par mes autres Opéras ; le nombre de leurs repréſentations, & les applaudiſſemens que le Public a bien voulu leur donner, ne m'empêchent pas de voir qu'ils ſont pitoyables ; j'en ſuis ſi convaincu, que je veux les refaire de nouveau ; & comme je vois que vous êtes pour la Muſique tendre, je veux mettre dans la bouche d'Achille furieux un chant ſi touchant & ſi doux, que tous les Spectateurs en ſeront attendris juſqu'aux larmes.

A l'égard d'*Armide*, je me garderai bien de laiſſer le Poëme tel qu'il eſt, car, comme vous l'obſervez judicieuſement, les *Opéras de Quinault, quoique pleins de beautés, ſont coupés d'une manière très-peu favorable à la Muſique ; ce ſont de fort beaux Poëmes, mais de très-mauvais Opéras*: dûſſent-ils donc devenir de très-mauvais Poëmes, comme il n'eſt queſtion que d'en faire de beaux Opéras à votre manière, je vous ſupplierai de me procurer la connoiſſance de quelque Verſificateur qui remette *Armide* ſur le métier, & qui ménage deux airs dans chaque ſcène. Nous limiterons enſemble la quantité & la meſure des vers ; pourvu que le nombre des ſyllabes ſoit complet, je ne m'embarraſſerai pas du reſte. Je travaille de mon côté la Muſique, de laquelle, comme de raiſon, je bannirai ſcrupuleuſement tous les inſtrumens bruyans, tels que la timbale & la trompette ; je veux qu'on n'entende dans mon Orcheſtre que les hautbois, les flûtes, les cors-de-chaſſe & les violons, avec des ſourdines, bien entendu ; il ne ſera plus queſtion que d'arranger les paroles ſur ces airs, ce qui ne ſera pas difficile, puiſque d'avance nous avons pris nos dimenſions.

Alors le rôle d'*Armide* ne ſera plus une criaillerie

monotône & fatigante, ce ne fera plus *une Médée*, *une Sorcière*, mais *une Enchantereffe* ; je veux que dans fon défefpoir elle vous chante un air fi *régulier*, fi *périodique*, & en même temps fi tendre, que la Petite-Maîtreffe la plus vaporeufe puiffe l'entendre fans le moindre agacement de nerfs.

Si quelque mavais efprit s'avifoit de me dire : Monfieur, prenez donc garde qu'*Armide* furieufe ne doit pas s'exprimer comme *Armide* enivrée d'amour ; Monfieur, lui répondrois-je, je ne veux point *effrayer l'oreille* de M. de la Harpe, je ne veux point *contrefaire la Nature*, je veux *l'embellir*; au lieu de faire *crier Armide*, je veux qu'elle vous *enchante*. S'il infiſtoit, & s'il m'obfervoit que *Sophocle*, dans la plus belle de fes Tragédies, ofoit bien préfenter aux Athéniens Œdipe les yeux enfanglantés, & que le Récitatif ou l'efpèce de Déclamation notée, par laquelle étoient exprimées les plaintes éloquentes de cet infortuné Roi, devoit fans doute faire entendre l'accent de la douleur la plus vive ; je lui répondrois encore, que M. de la Harpe ne veut pas entendre *le cri d'un homme qui fouffre*.

N'ai-je pas bien faifi, Monfieur, l'efprit de la doctrine répandue dans vos obfervations ? J'ai procuré à plufieurs de mes amis le plaifir de les lire : « Il faut » être reconnoiffant, m'a dit l'un d'eux, en me les » remettant ; M. de la Harpe vous donne d'excellens » avis, il fait fa profeffion de foi en Mufique, ren- » dez-lui le change ; procurez-vous fes Ouvrages Poé- » tiques & Littéraires, & par amitié pour lui, relevez- » y tout ce qui ne vous plaira pas. Bien des gens pré- » tendent que la cenfure dans les Arts ne produit » d'autre effet que de bleffer l'Artifte fur qui elle

« tombe ; & pour le prouver, ils difent, que jamais
» les Poëtes n'ont eu plus de Cenfeurs & n'ont été
» plus médiocres que de nos jours ; mais confultez là-
» deffus les Journaliftes, & demandez-leur, fi rien
» eft plus utile à l'État que les Journaux. On pourra
» vous objecter qu'il ne vous fied pas à vous, Mufi-
» cien, de décider en Poéfie ; mais cela fera-t-il plus
» étonnant que de voir un Poëte, un Homme de Let-
» tres, juger defpotiquement en Mufique ? »

Voilà ce que me dit mon ami ; fes raifons m'ont paru très-folides ; mais malgré ma reconnoiffance pour vous, je fens, Monfieur, que toute réflexion faite, il m'eft impoffible de m'y rendre, fans encourir le fort de ce Differtateur qui faifoit en préfence d'Annibal un long difcours fur l'Art de la Guerre.

Journal de Paris, 12 Octobre 1777.

LETTRE

A M.

LE CHEVALIER GLUCK.

Monsieur,

Je n'avois pas lu les Obfervations du Journal de Littérature; votre Lettre inférée dans celui de Paris m'a donné envie de les connoître; quelle a été ma furprife de ne pas appercevoir les chofes fous le même point de vue que vous. On feroit tenté de croire que les Obfervations attribuées à M. de la Harpe font d'un Muficien, & que votre Lettre eft d'un Journalifte. Ces petits farcafmes, l'état de la queftion éludée, toutes ces fubtilités ne paroiffent pas devoir être d'un Artifte célèbre. Vous cherchez à vous fauver comme quelqu'un qui auroit tort : ou bien les Muficiens font-ils comme les jolies femmes, qui veulent être aimées fans examen ?

Vos réflexions font on ne peut pas plus juftes : le chant & le chant Périodique feroit fouvent déplacé. On vous a l'obligation d'avoir ramené à l'expreffion de la nature cet Art dont le charme égaroit quelquefois les plus grands Maîtres ; l'Italie même vous rend cette justice. Mais n'avez-vous pas été quelquefois trop loin, en voulant suivre l'inégalité des passions & le mouvement convulsif qui les accompagne? Les gens raisonnables seront bien de votre avis; si en sacrifiant au chant on refroidit l'intérêt, si enfin le ridicule, trop commun peut-être, a placé des airs trop agréables au lieu d'une situation forte; si une Amante abandonnée chante un Rondeau, une Romance, ou un air seulement de bravoure; qui ne trouvera pas l'abus de l'Art dans de pareils écarts? Mais ce n'est pas ici la question. Il s'agit seulement de savoir si un air écrit purement & périodiquement (malgré le ridicule qu'on feint d'y attacher) n'est pas susceptible d'une grande expression. Je crois qu'une foule d'exemples prouve contre ce sentiment; vous-même avez offert des airs dont la beauté, la chaleur réclament pour le chant. Il ne faut que savoir les écrire & les placer; de ce côté vous avez fait vos preuves ainsi que les plus grands Maîtres d'Italie. Si aujourd'hui on veut, je ne sais pourquoi, persuader le contraire, n'a-t-on pas quelque raison d'être scandalisé des propos de ceux dont l'enthousiasme feint ou mal-entendu, est d'une partialité qui feroit tort à la Nation si c'étoit une affaire générale? Comment, Monsieur, est-il possible qu'on tente de faire croire que la passion est d'une inégalité constante & n'a point de repos? On sait bien que de grands mouvemens ne doivent pas être compassés, cadencés, &c. & qu'il faut de ce récit obligé où vous êtes si supérieur; mais lorsque la Nature lasse d'efforts se ramène à un intérêt unique, à un sentiment qui est le résumé de la foule de sensations qu'on vient d'éprouver, c'est ce sentiment unique qui reste dans toute sa force, & auquel la Nature revient & se réduit malgré elle. Alors croyez-vous qu'un air bien mesuré, bien motivé, bien suivi & fini n'ajoute pas à la situation, & ne joigne pas à l'expression dramatique le charme d'un chant délicieux ? Je me borne à cette observation ; une trop grande quantité d'idées viendroit me forcer à d'autres détails : mais vous êtes plus à même que tout autre de suivre l'enchaînement de ces principes, & de juger s'ils nuisent à la marche Théâtrale.

Je ne suis ni Poëte, ni Musicien ; cependant j'ai hasardé d'écrire sur des objets qui sont peut-être hors de ma compétence. Mais un Amateur n'a-t-il pas quelque droit à dire son avis, & ne paye-t-il pas pour cela ? car sans les Amateurs que deviendroient les Arts ? Il me paroît injuste de donner du ridicule aux personnes qui écrivent sur un Art dont ils ne font pas profession. Ne doit-on pas seulement examiner si les observations sont raisonnables & honnêtes, sans s'occuper d'autre chose ? Quoique je paroisse à quelques égards d'un sentiment opposé à vous, je suis avec la plus parfaite considération, &c.

FABRE.

P. S. Je vous prie d'excuser si je réponds sérieusement à une plaisanterie. J'ai cru que par égards je ne devois pas prendre un mauvais ton avec vous. Le seul endroit sérieux de votre Lettre est lorsque vous citez Sophocle. Vous me permettrez de vous dire que je n'aimerois pas mieux Œdipe les yeux enfanglantés, que le cœur dans Gabrielle de Vergy, fpectacle dégoûtant où cependant il va du monde.

Journal de Paris, 16 Octobre 1777, N°. 289.

LETTRE

DE M. LE CHEVALIER GLUCK,

A L'ANONYME

DE VAUGIRARD.

N. B. On a cru devoir imprimer cette Lettre telle qu'elle a été écrite par M. le Chevalier Gluck sans en corriger les incorrections de style, comme on l'a fait pour celle que cet illustre Compositeur a adressée à M. de la Harpe, & qu'on vient de lire, page 271.

Monsieur,

Lorsque j'ai considéré la Musique non pas seulement comme l'Art d'amuser l'ouïe, mais comme un des plus grands moyens d'émouvoir le cœur & d'exciter les affections, & qu'en conséquence j'ai pris une nouvelle méthode; je me suis occupé de la scène, j'ai cherché la grande & forte expression, & que j'ai voulu surtout que toutes les parties de mes ouvrages fussent liées entr'elles; j'ai vu contre moi d'abord les Chanteurs, les Cantatrices, & un grand nombre de Professeurs, mais tous les gens d'esprit & de Lettres d'Allemagne & d'Italie sans exception m'en ont bien dédommagé par les éloges & les marques d'eſtime qu'ils m'ont donnés. Il n'en eſt pas la même choſe en France ; s'il y a des Gens de Lettres dont à la vérité le ſuffrage devroit bien me conſoler de la perte des autres, il y en a auſſi beaucoup qui ſe ſont déclarés contre moi.

Il y a apparence que ces Meſſieurs ſont plus heureux lorſqu'ils écrivent ſur d'autres matières ; car ſi je dois juger par l'accueil que le Public a eu la bonté de faire à mes ouvrages, ce Public ne tient pas un grand compte de leurs phraſes & de leur opinion. Mais que penſez-vous, Monſieur, de la nouvelle ſortie qu'un d'eux, M. de la Harpe, vient de faire contre moi ? C'eſt un plaiſant Docteur que ce M. de la Harpe ; il parle de la Muſique d'une manière à faire hauſſer les épaules à tous les Enfans de chœur de l'Europe, & il dit : *je veux*, & il dit : *ma doctrine*.

Et pueri naſum Rhinocerotis habent.

Eſt-ce que vous ne lui dites pas un petit mot, Monſieur, vous qui m'avez défendu contre lui avec un avantage ſi grand ? Ah ! je vous en prie, ſi ma Muſique vous a fait quelque peu de plaiſir, mettez-moi en état de prouver à mes amis connoiſſeurs en Allemagne & en Italie, que parmi les Gens de Lettres en France il y en a qui, en parlant des Arts, ſavent du moins ce qu'ils diſent.

J'ai l'honneur d'être avec une grand'eſtime & reconnoiſſance, Monſieur, votre très-humble & très-obéiſſant ſerviteur,

le Chevalier Gluck.

Journal de Paris, 21 Octobre 1777.

RÉPONSE

DE

L'ANONYME DE VAUGIRARD,

A M. LE CHEVALIER GLUCK.

Monsieur,

Il me semble que c'est mettre un grand prix aux Critiques qu'on fait de vos sublimes Compositions que de vous y montrer sensible, & vous me faites beaucoup d'honneur en me chargeant du soin de vous venger.

Il m'est fort doux de défendre ce que j'admire; mais qu'avez-vous besoin de défenseurs? On pourroit aisément compter vos Adversaires, & vos admirateurs sont innombrables; vos ouvrages ont charmé l'Italie, l'Allemagne & la France; & vos triomphes vous ont mis au-dessus des éloges & des Critiques.

Permettez-moi de vous dire, Monsieur, que vous avez été plus heureux qu'un Réformateur ne devoit s'attendre à l'être. Jamais le génie n'a opéré une si grande révolution avec un succès plus éclatant & plus rapide.

Vous avez appris aux Italiens qu'avec une Musique de Théâtre, ils n'avoient point encore de Musique Dramatique; qu'avec une multitude de beaux airs dans tous les genres, ils n'avoient point d'Opéras; comme avec la Langue la plus riche & la plus souple, avec une foule de morceaux de poésie touchans, sublimes & passionnés, ils n'ont pas encore la vraie Tragédie.

Mais ce n'étoit pas en Italie qu'il vous étoit possible de consommer la révolution que vous méditiez. Vous avez senti que, pour les Arts comme pour les mœurs d'un peuple, il étoit plus aisé de diriger au vrai & au grand celui qui étoit encore loin du terme, que d'y ramener celui qui s'en étoit écarté. Vous avez jeté les yeux sur la France; vous avez saisi le moment où, ennuyés de notre ancienne Musique, nous cherchions en tâtonnant celle qui pourroit nous convenir; vous n'avez point été effrayé de l'anathême lancé par M. Rousseau contre notre Langue, & vous l'avez jugée digne de recevoir les plus grandes richesses de la Musique. Vous nous avez préservés de la méprise presque inévitable où nous allions tomber, en adoptant un genre qui n'auroit été que la Musique Italienne altérée & dégradée, parce que nous n'avions ni une langue assez officieuse, ni des voix assez brillantes & assez souples, ni un goût assez exercé pour en conserver toutes les finesses & les graces. Enfin vous êtes venu nous donner une Musique vraiment nationale; vous nous avez formé des Acteurs, des Chanteurs & un Orchestre; vous avez fait de notre Opéra le premier Théâtre Lyrique de l'Europe. On pourroit ne voir dans tout cela qu'un sujet de reconnoissance éternelle pour tout François qui aime son pays & les Beaux-Arts ; mais

Les plaisirs de l'esprit sont aussi des ingrats.

On n'exécute pas de si grandes choses sans éprouver un peu de persécution : c'est le complément de la gloire ; & quand on considère combien votre succès devoit choquer de préjugés, humilier de prétentions, contrarier de petits intérêts, on n'est surpris que du peu de résistance que vous avez rencontré.

Vous vous étonnez, Monsieur, que n'ayant trouvé parmi les gens de Lettres d'Italie que des partisans & des amis, vous ayez trouvé tant de détracteurs parmi les nôtres. Si vous voulez y réfléchir un peu, vous en trouverez aisément la raison. En Italie, la Musique étant d'un besoin plus général & d'un intérêt plus vif qu'ailleurs, le Peuple la sent mieux & s'y connoît davantage. Il aime sa Musique parce qu'elle l'amuse, & il n'y désire rien parce qu'il n'imagine rien au-delà. Mais les hommes instruits sentent les défauts comme les beautés de cette Musique ; ils voyent qu'elle n'a sur le Théâtre ni la dignité, ni la chaleur, ni l'expression que demanderoit la Tragédie ; qu'au lieu d'ajouter à l'intérêt de la scène, elle le détruit ; ils voyent avec peine le plus touchant de tous les Arts se dégrader tous les jours & dégénérer en métier ; la routine substituée à la science, le caprice au génie, le ramage à la vraie mélodie ; ils voyent avec indignation les grands succès dépendre de la voix d'un *Soprano* ou de la *Prima Donna*, & les grands transports du Public réservés à un passage de violon ou à un point d'orgue ; les Chanteurs honorés, caressés & enrichis, & les

Compositeurs pauvres, négligés & avilis. Voilà les plaintes que font depuis cinquante ans tous les hommes de Lettres Italiens, sans exception, qui ont écrit sur la Musique ; & ces hommes sont les Muratori, les Gravina, les Apostolo Zeno, les Metastasio, les Tartini, les Marcello, les Conti, le P. Martini, le Chevalier Planelli, Don Eximeno & jusqu'à Jomelli lui-même, qui gémissoit de se voir obligé de sacrifier comme les autres Compositeurs à l'Idole qu'il méprisoit. Aucun homme connu n'a tenté en Italie de justifier la Musique de ces imputations. Il est assez singulier, il en faut convenir. que ce soient des François qui n'ont jamais vu un Opéra Italien, & qui ne savoient pas un mot de l'Art, qui prétendent se charger de cette apologie.

Nos Gens de Lettres, à l'exception d'un petit nombre, aiment peu les Arts, ne les cultivent point, ne vivent pas avec les Artistes. Ils vont entendre l'Opéra nouveau comme ils vont voir les Tableaux au Louvre, pour en causer à dîner, assigner les rangs aux Artistes, & prouver qu'avec de l'esprit on peut parler bien de tout. Quand la Musique Italienne commença à s'introduire en France, les plus distingués d'entr'eux l'accueillirent avec transport & la défendirent avec autant d'esprit que de chaleur ; dégagés de ces préjugés de routine & d'habitude qui attachent la plupart des hommes à ce qu'ils ont toujours aimé & admiré, ils sentirent bientôt la supériorité de cette Musique sur la traînante & monotône psalmodie que nous avions entendue jusqu'alors sur notre Théâtre Lyrique. On la préféra d'abord, parce qu'elle étoit meilleure ; mais on l'aima aussi un peu, parce qu'il y avoit bon air à l'aimer. On se distinguoit par là de la foule ; on se piquoit d'un goût plus délicat ; on s'élevoit à la dignité de connoisseur ; & l'on sait combien l'amour-propre influe, souvent à notre insçu, sur nos jugemens & même sur nos plaisirs.

A ce premier germe de prévention il s'en est joint un autre. Nous aimons à généraliser comme à juger, & dans les Arts comme dans les sciences on est d'autant plus porté à faire des systêmes, qu'on a recueilli moins de faits & d'observations. Frappés du dégré de perfection où les Italiens avoient porté la Musique, quelques hommes d'esprit jugèrent qu'on ne pouvoit pas aller au-delà, & que si nous voulions avoir un bel Opéra il falloit suivre leurs traces. Comme les grandes richesses de la Musique Italienne brillent sur-tout dans les airs, on a cru que toute la puissance de l'Art résidoit dans la forme de ces airs ; & c'est d'après ces modèles qu'on s'est mis à bâtir des Théories & à combiner des règles ; les talens distingués qu'ont déployés plusieurs Compositeurs, & les succès mérités qu'ils ont obtenus en suivant à peu près la marche Italienne dans nos Opéras-Comiques, ont concouru à donner de la consistance à ces spéculations.

Lorsque vous êtes venu nous annoncer un Opéra composé sur un plan qui déconcertoit ces théories prématurées, l'esprit de systême s'est armé contre vous; on vous a d'abord jugé avant de vous avoir entendu, & l'on n'a pas voulu ensuite vous entendre assez pour revenir de son premier jugement. On a cherché dans votre Ouvrage des beautés que vous vous étiez interdites, & la prévention a fermé l'oreille à celles que vous mettiez à la place. Ajoutez à cela cet esprit d'indépendance qui nous tient en garde contre l'admiration que semblent nous imposer d'avance les prôneurs d'une production que nous ne connoissons pas encore. On aime à en chercher les défauts ; &, comme le dit le sage la Bruyere, *le plaisir de critiquer nous empêche d'être touchés de très-belles choses.*

Je ne parle ici qu'en général ; je n'ai garde d'attribuer à aucun de ces motifs l'opinion peu favorable qu'ont témoignée de vos talens les Gens de Lettres qui se sont déclarés le plus haut contre vous. J'en connois plusieurs dont je respecte le caractère, dont j'aime la personne, dont j'estime infiniment le génie, les lumières & les ouvrages ; qui aiment sincèrement les Arts, & qui sont faits pour honorer le talent dans les autres ; parce qu'ils le font honorer en eux-mêmes.

Je serois flatté de partager en tout leurs sentimens & leurs opinions ; mais je ne suis jamais étonné des plus grandes contrariétés de goût, même entre les hommes qui en ont le plus, surtout dans les parties des Arts qui sont plus du domaine des sens & de l'imagination que de l'esprit & de la raison. Lorsque des hommes de ce mérite ont un avis, sans doute il est fondé sur une manière de voir ou de sentir qui leur est propre, & personne n'a le droit de leur en demander compte. Mais s'ils jugeoient à propos de le rendre public, ce seroit avec tous les égards que des hommes supérieurs doivent à la vérité, à l'intérêt des Arts, à eux-mêmes.

J'avoue, Monsieur, & c'est avec regret, que M. de la Harpe ne s'est pas conformé à ce principe dans le compte qu'il a rendu de votre *Armide* ; & j'en suis d'autant plus surpris, que lorsqu'il parle des objets de goût qui font du reſſort de ſes connoiſſances, c'eſt avec un eſprit de juſtice, ſouvent très-rigoureux, mais toujours éclairé & preſque toujours impartial.

Il avoit d'abord témoigné une admiration profonde & ſincère pour vos ouvrages ; & cette admiration n'avoit été tempérée que par des critiques légères qui donnoient plus de prix à ſes éloges. Il conſerve, il eſt vrai, la même apparence d'admiration, puiſqu'il vous regarde encore comme un *homme de génie*, comme le *créateur d'un plan vraiment lyrique* ; mais il a pris ſoin de prévenir les mouvemens de ſuperbe que pourroit exciter en vous un pareil éloge, en l'aſſaiſonnant de leçons impoſantes & de critiques un peu amères. Je ne chercherai point quel peut être le motif qui lui a fait changer ſi ſubitement de ton, & l'a déterminé à entrer avec tant de chaleur dans une diſcuſſion ſur laquelle il avoit montré d'abord tant d'indifférence. Il n'eſt plus queſtion que d'examiner ſi ſes raiſons ſont bonnes, & ſi ſon ton eſt celui qui étoit le plus convenable. C'eſt ce que je vais faire ſans humeur, quoique avec répugnance ; mais je dois répondre à la confiance que vous me témoignez, non pour venger votre gloire, (car, encore une fois, Monſieur, vous n'en avez pas beſoin) mais pour défendre les principes d'un Art que j'aime ; pour ne pas laiſſer croire aux Étrangers que l'homme de génie qui eſt venu nous apporter un Art ſublime & nouveau, n'a trouvé parmi les Gens de Lettres que des Cenſeurs prévenus ; pour juſtifier l'admiration que j'ai témoignée publiquement pour vos ouvrages ; peut-être auſſi pour conſoler mon amour-propre bleſſé ; car M. de la Harpe m'a traité un peu rudement dans une petite ſortie qu'il a faite dernièrement contre vos *Enthouſiaſtes*.

M.

M. de la Harpe s'eſt cru obligé, en qualité de Journaliſte, de rendre compte de vos ouvrages comme faiſant une époque dans l'hiſtoire des Arts. A la bonne heure; mais il devoit, ce me ſemble, ou n'en parler qu'en Hiſtorien, ou ſe mettre en état d'en parler en homme inſtruit. Si M. d'Alembert publioit aujourd'hui, pour la première fois, ſes découvertes ſur la préceſſion des Équinoxes ou ſur la théorie des fluides, M. de la Harpe, comme Journaliſte, feroit bien de les annoncer; mais je crois que ſes Lecteurs le diſpenſeroient de leur dire ce qu'il en penſe. On n'eſt jamais obligé de juger ce qu'on n'entend pas.

On va m'objecter encore ce qu'on ne ceſſe de répéter; que les Arts étant faits pour le Public, il en eſt le juge naturel, que les belles productions des Artiſtes doivent plaire aux ignorans comme aux Connoiſſeurs, que chacun a le droit d'avoir un avis & de le dire. Je déclare que cela me paroît parfaitement juſte; j'ajoute même qu'il y a dans les Arts des parties même techniques dont, avec des ſens bien organiſés & l'habitude d'obſerver & de comparer, un homme d'eſprit peut ſe mettre en état de bien juger; & qu'il y a ſurtout des principes eſſentiels, communs à tous les Arts, ſur leſquels un homme de Lettres, qui a du goût, eſt meilleur Juge que les Artiſtes mêmes. Mais s'il ſort de ce cercle; ſi, non-content de juger des effets, il veut en chercher les cauſes dans les moyens de l'Art; s'il va juſqu'à vouloir indiquer à l'Artiſte la route qu'il doit ſuivre pour obtenir certains effets; s'il prétend apprécier le ſtyle, comparer les différens genres de mérite, &c. il tombera dans d'éternelles mépriſes, ou, lorſqu'il ne ſe trompera pas, il ne dira inévitablement que des choſes communes, auſſi peu inſtructives pour le Public que pour les Artiftes. C'eft ce qui eft arrivé à M. de la Harpe.

Toute la critique de M. de la Harpe fe borne à paraphrafer ce reproche circulaire qu'on vous fait, Monfieur, de manquer de mélodie & de chant, de chant & de mélodie, & cela parce que vous évitez de multiplier les airs à l'Italienne. C'eft une phrafe convenue entre vos adverfaires, & M. de la Harpe ne fait que répéter fidellement ce qui a été écrit & dit cent fois; on y a déjà répondu autant de fois en badinant; & c'eft peut-être la feule manière raifonnable d'y répondre, en attendant que le petit échauffement de parti foit calmé, & que les efprits foient affez raffis pour vouloir entrer dans une difcuffion férieufe & raifonnée.

Il faudroit commencer par définir clairement ce que c'eft que chant & mélodie; quel eft le caractère diftinctif des airs Italiens; quels font les effets qui réfultent de la forme fymétrique de ces airs, & les effets qui tiennent au développement & au mouvement du chant; s'il eft vrai que ce foit de ce qu'on nomme fi vaguement mélodie, que les plus beaux de ces airs tirent leur expreffion & leur énergie; jufqu'à quel point ce genre de mélodie eft compatible avec le rythme marqué, la vérité des accens, les mouvemens contraftés, que demandent les expreffions fortes, &c. C'eft un examen qu'on fera peut-être un jour; mais M. de la Harpe eft fi peu difpofé à traiter une pareille queftion, qu'il n'a pas même daigné s'inftruire de la fignification des termes les plus familiers de l'Art, fans lefquels il eft cependant impoffible de s'entendre.

Il confond continuellement le chant avec la mélodie, les airs avec le chant mefuré; il appelle *harmonie*

& *accompagnement* toute Musique de l'orchestre : méprise commune, à la vérité, mais qu'on ne peut pardonner à un homme d'esprit qui discute les principes d'un Art contre un Maître de l'Art. Il dit que le monologue, *Plus j'observe ces lieux*, a réussi surtout par les ACCOMPAGNEMENS. Il ne voit pas que la symphonie qu'exécute l'Orchestre est le sujet principal, forme le véritable chant, & *n'accompagne rien* ; que c'est un tableau complet qui a tout son effet indépendamment du chant de la voix, & que lorsque la voix vient s'y mêler, ce récitatif n'est qu'un accessoire, une partie subordonnée, qui seroit plutôt l'accompagnement de la symphonie, que celle-ci n'est l'accompagnement du récitatif. Ce qui a fait dire tant d'inutilités dans le Public au sujet de ce monologue, c'est qu'on a voulu en chercher l'effet dans le chant, comme on l'avoit vu dans Lulli, & qu'au contraire vous avez bien senti que c'étoit dans l'orchestre seul que devoit être la véritable expression, c'est-à-dire, la peinture d'un lieu enchanté, embelli par le murmure des eaux & le chant des oiseaux, & où le personnage ne fait que conter ce qu'il voit & ce qu'il éprouve.

Un peu plus bas, M. de la Harpe parle *des morceaux de Récitatif obligé que fait valoir la science des accompagnemens*. Est-ce ainsi qu'il appelle, par exemple, ces voix gémissantes des hautbois, ces cris déchirans des violons, ces sons douloureux des cors & des bassons qui, dans le monologue d'Agamemnon, peignent l'agitation de l'âme d'un père qui croit entendre la voix de sa fille qu'on immole, qui voit déjà le flambeau des Euménides, qui sent les déchiremens du remord ? Ces traits, d'une mélodie sublime, sont accompagnés par d'autres parties des instrumens, &

accompagnent si peu la voix, qu'ils ne se font presque jamais entendre que lorsqu'elle se taît. Ce ne sont pas là des fruits de la *Science*; ce ne peut être que l'ouvrage du Génie.

M. de la Harpe ne voit de *chant* que dans les *airs*, & de *mélodie* que dans la Musique vocale; il ne fait pas attention que la voix n'est qu'un instrument qui a son caractère & ses propriétés particulières; qu'un morceau de chant exécuté par le violon ou par la flûte, n'en est pas moins du chant; que la mélodie ne consistant que dans une succession agréable de sons, elle existe indépendamment de l'instrument dont elle se sert pour frapper notre oreille. C'est sur cette méprise que sont fondés presque tous ses raisonnemens.

Voici un passage remarquable. Soit que M. Gluck, dit M. de la Harpe, *puissant & fécond dans la partie instrumentale, soit foible & pauvre dans la mélodie, qui pourtant est en Musique la qualité la plus heureuse & la plus rare, comme le style en Poésie, &c.*

Quand on lit cette moitié de phrase aussi négligemment que M. de la Harpe l'a écrite, c'est-à-dire, sans y réfléchir & sans avoir des notions précises sur la Musique, on croit l'entendre, & l'on peut même y trouver un air pensé. Mais le Lecteur un peu instruit est bien étonné d'y trouver quatre erreurs en si peu de mots.

1°. M. de la Harpe y regarde, ainsi que je l'ai observé, la *mélodie* comme opposée à la Musique instrumentale; il n'a qu'à consulter un Musicien, ou lire l'article *Mélodie* du Dictionnaire de Musique par M. Rousseau; il verra que la Mélodie appartient à la partie instrumentale comme à la vocale.

2°. Il dit que la Mélodie (vocale) est en Musique

la qualité la plus heureuse & la plus rare. Comment cette qualité si *heureuse*, prodiguée, suivant M. de la Harpe, dans les Opéras Italiens, n'empêche-t-elle pas qu'ils ne soient le plus ennuyeux de tous les Spectacles? Mais surtout comment est-elle si *rare*, puisqu'elle brille dans cette *foule d'airs ravissans* de cette *foule* de grands Compositeurs Italiens que cite M. de la Harpe, & dans ceux de beaucoup d'autres grands Maîtres qu'il ne cite pas; tandis qu'on n'en peut citer aucun qui ait la *puissance & la fécondité dans la partie instrumentale* qu'il veut bien accorder à M. Gluck?

3°. Il fait entendre que la Mélodie est en Musique ce qu'est le style en Poésie. Il ignore que l'Harmonie est une partie beaucoup plus distinctive du style musical que la Mélodie, & qu'en citant un morceau de Musique comme *bien écrit*, les Musiciens ne parlent presque jamais que de l'Harmonie & de la manière dont les parties sont distribuées.

4°. Mais comment un homme de Lettres qui a autant de lumières & de goût que M. de la Harpe, peut-il ajouter que le style est la qualité *la plus rare* en Poésie? Je ne m'amuserai point à lui prouver ce qu'il sait mieux que moi, que nous ne manquons pas de Poëtes qui possèdent à un degré éminent la correction, l'élégance, l'harmonie, le mouvement, c'est-à-dire, les principales qualités de style; mais que le génie qui crée, l'imagination qui anime & féconde, l'esprit original qui donne à tout une forme nouvelle & piquante, la force de tête qui combine & exécute des plans vastes & compliqués, la sensibilité qui pénètre, qui émeut, qui se communique, sont des qualités un peu plus rares que le talent du style. Nous avons des Comédies écrites d'un style plus mélodieux que le *Tartuffe;* mais où est le génie qui a fait Tartuffe ?

M. de la Harpe semble prononcer au hazard les mots d'*airs* de *récitatifs*, de *chant mesuré*, comme celui de *mélodie*; & il les emploie même quelquefois d'une manière contradictoire.

Il dit en parlant de la Musique d'*Armide* : *ce récitatif éternel est nécessairement sans effet;* & il en cite pour exemple le Monologue : *Enfin il est en ma puissance.* S'il entend par-là un récitatif simple, comme je le crois, il se trompe étrangement, puisque ce Monologue est un récitatif obligé; si c'est du récitatif obligé en général qu'il parle, en disant que ce récitatif est nécessairement sans effet, c'est une proposition nouvelle pour les Partisans de la Musique Italienne, dans laquelle il y a des récitatifs obligés qui produisent les plus grands effets, & qui, de l'aveu des Italiens eux-mêmes, forment les morceaux de Musique les plus dramatiques de leurs Opéras; ce qui, pour le dire en passant, devroit bien faire faire quelques réflexions à ces Amateurs à systêmes, qui ne veulent voir de Musique dramatique que dans les airs symétriques & réguliers.

M. de la Harpe dit un peu plus bas, que ce vers chanté par Armide, *Je ne triomphe pas du plus vaillant de tous*, ne diffère en rien *du long ramage que viennent de faire entendre les Suivantes d'Armide, & avec lequel il devoit faire un contraste si frappant.* S'il se trouvoit que *ce long ramage* fût un air assez court terminé par une phrase de duo d'un mouvement animé; & que le vers d'Armide fût un simple récitatif d'un chant noble & grave, ce qui forme *le contraste le plus frappant* que la Musique puisse employer, comment faudroit-il apprécier ce genre de critique ? c'est cependant la simple vérité.

Voici une autre erreur encore plus extraordinaire. Il dit que dans le Poëme d'Armide *il n'y a pas un seul air fait pour un chant mesuré*, & par *air* il paroît vouloir désigner les paroles d'un air, ce qui est encore une nouvelle manière de s'exprimer. Comment croirat-on, après cette assertion, qu'*Armide* est presque d'un bout à l'autre en *chant mesuré* ; qu'il n'y a presque point de récitatif dans tout l'Opéra ; que les rôles d'Hidraot, de la Haine, des Chevaliers & des Suivantes, sont presque en entier non-seulement en chant mesuré, mais même en airs ? c'est dont assurément aucun autre Compositeur, Italien ou François, ne se seroit avisé. Pour se convaincre de ce que je dis, il n'y a qu'à jeter les yeux sur la partition, ou aller à l'Opéra & ouvrir les oreilles.

Par une suite de la même confusion d'idées & de termes, il demande *que le chant mesuré succède au récitatif ;* comme si tous les Musiciens anciens & modernes, Italiens & François, avoient jamais fait autre chose & pouvoient faire autre chose. Il vous reproche enfin de substituer *une déclamation notée au chant mesuré*, à vous, Monsieur, qui vous êtes attaché surtout à bannir le plus qu'il est possible ce récitatif insipide & monotône qui glace & appésantit tout le Dialogue des Opéras, tant Italiens que François, pour y substituer presque partout le chant mesuré ; caractère qui distingue particulièrement votre système musical de celui des autres Compositeurs.

Comme ceci n'est pas une affaire de goût, & que l'oreille la moins exercée distingue aisément un chant mesuré de celui qui ne l'est pas, c'est à M. de la Harpe à nous dire comment il a pu tomber dans de pareilles méprifes, & pourquoi il s'eſt cru obligé d'avoir une doctrine ſur le chant meſuré, s'il ne ſait pas ſeulement ce que c'eſt. Seroit-ce encore faute de ſavoir diſtinguer ce qui eſt air dans un Opéra de ce qui n'en eſt pas, que M. de la Harpe préfère *Orphée* à vos autres Ouvrages *à cauſe des airs*; qu'il en attribue le ſuccès en Italie aux *airs*; qu'il vous reproche nettement d'avoir enſuite *laiſſé là ce plan d'un Drame vraiment lyrique coupé par des airs*; comme ſi vous n'aviez plus mis d'airs dans vos Opéras poſtérieurs. Le fait eſt qu'il n'y a dans l'*Orphée* Italien que cinq airs, leſquels ſont même d'un genre différent des airs Italiens; que c'eſt par complaiſance pour nos oreilles que vous avez ajouté au premier Acte de l'*Orphée* François un ſixième air, le ſeul qui ſoit dans le genre purement Italien; que l'*Orphée* eſt de tous vos Opéras celui où il y a le moins d'airs, & qu'il y en a dix dans le premier Acte ſeul d'*Iphigénie*.

Il dit encore que votre *Orphée* a réuſſi en France parce qu'on entendoit pour la première fois ſur notre Théâtre *des airs d'expreſſion appliqués aux ſituations dramatiques*. M. de la Harpe a-t-il oublié qu'*Iphigénie* a paru avant *Orphée*? ou bien les airs paſſionnés & touchans d'Agamemnon, de Clitemneſtre, d'Iphigénie & d'Achille, qui ont conſtamment excité de ſi vifs tranſports, ne ſeroient-ils pas pour M. de la Harpe *des airs d'exprſſion* appliqués aux ſituations dramatiques? Il eſt impoſſible de lui répondre là-deſſus avant de ſavoir ce qu'il a voulu dire.

Du moins un Homme de Lettres qui ſait le Grec, doit-il ſavoir ce que veut dire le mot de *Mélopée*, qui ſignifioit chez les Grecs l'art de compoſer le chant; c'étoit pour ainsi dire la poétique du chant; mais ce n'étoit pas le chant, comme M. de la Harpe paroît l'avoir cru. S'il ne vouloit pas chercher dans Aristide Quintilien, ce que c'étoit que la Mélopée des Grecs, il n'avoit qu'à ouvrir le Dictionnaire de Musique; il n'auroit pas donné le nom de Mélopée à une *déclamation notée*; il n'auroit pas dit *la Mélopée de ce Personnage, la Mélopée de M. Gluck*. Quoique le terme d'Épopée se prenne dans un sens plus étendu relativement au Poëme Épique, que celui de Mélopée relativement à la Musique; il seroit assez singulier de dire en parlant de la Fable de l'Énéide, ou de l'épisode d'Herminie dans la *Jérusalem*, *l'Épopée de Virgile*, *l'Épopée d'Herminie*.

De telles méprises, qui échappent à un homme non-seulement de beaucoup d'esprit, mais d'un esprit très-juste & très-exercé, prouvent bien, ce me semble, que les mots qu'on emploie le plus familièrement dans le discours ordinaire, quand ils n'expriment pas des objets sensibles, sont ceux dont on abuse le plus; que la précision du langage suppose nécessairement la précision des idées; que pour appliquer avec justesse les termes d'art qui paroissent les plus simples, il faut encore avoir des connoissances plus exactes qu'on ne le croit communément. Il n'y a point d'art en effet dont la langue ne demande l'étude pour être bien entendue : on croit entendre souvent quand on ne fait que deviner, & d'ordinaire on devine mal. Je citerai encore M. de la Harpe. Il a rendu compte dans son Journal du 15 de ce mois, des Tableaux du Sallon, & il en a parlé en homme d'esprit qui ne considère que les parties de la peinture dont tout le monde est juge malheureusement; mais il emploie dans cet article un seu terme de l'art, & il l'emploie d'une manière inintelligible. C'est le mot de *Reflet.* Voici sa phrase : *Vous êtes tenté de suivre la barque qui, d'un mouvement insensible fend l'onde immobile sous les* REFLETS *d'un beau soir.* On a demandé à un grand Peintre s'il entendoit cette phrase : *Pas plus que l'Auteur*, a-t-il répondu.

Certes je n'ai pas plus d'envie de faire à M. de la Harpe un reproche d'ignorer ce que c'est que les reflets en peinture, que de faire à d'autres un mérite de le savoir.

Je désirerois seulement que les Gens de Lettres se défiassent un peu de cette facilité de parler de tout, que leur donne le talent d'écrire, & celui d'appliquer aux Arts qu'ils n'ont pas étudiés des principes trop vagues & trop généraux, ou des idées empruntées dont ils ne se sont pas donné la peine d'examiner tous les rapports. Les Artistes, plus sensibles qu'eux à la critique, parce qu'ils y sont moins accoutumés, se plaignent souvent des censures peu éclairées qu'on fait de leurs productions ; & ceux d'entr'eux qui savent écrire ont relevé quelquefois avec des railleries amères les bévues échappées aux Gens de Lettres qui ont écrit sur les Arts. M. Falconet en particulier l'a fait d'un ton qui n'est d'ordinaire ni délicat, ni mesuré ; mais malheureusement ses critiques sont trop souvent fondées. Il est vrai que le style dont il traduit Pline donne à ceux qu'il attaque une belle occasion de prendre leur revanche. Mais ne vaudroit-il pas mieux que les Gens de Lettres & les Artistes fussent unis, & qu'ils se prêtassent leurs lumières mutuelles ? Les connoissances & les réflexions de l'Homme de Lettres agrandiroient peut-être la pensée de l'Artiste ; les études & les ouvrages de celui-ci fourniroient à l'esprit & à l'imagination du Poëte de nouvelles combinaisons & des rapports nouveaux. Je vois qu'à la renaissance des Arts en Italie, les plus grands Peintres étoient amis des Savans & des Poëtes les plus célèbres; qu'ils s'animoient, se consultoient, s'éclairoient réciproquement. Jamais les Arts n'eurent plus besoin que les Hommes de Lettres s'en occupassent, mais en les considérant sous le point de vue qui est de leur domaine, en les ramenant aux principes éternels du grand & du vrai beau qui semblent se perdre entièrement. La Peinture surtout se dégrade d'une manière affligeante. Plusieurs circonstances trop sensibles entraînent presque inévitablement les Peintres à sacrifier les grands effets de l'Art aux ressources du métier. Les petits tableaux léchés, maniérés & luisans, les froides représentations de la Nature morte, les portraits & les miniatures ont remplacé ces compositions du génie où les grandes ames de l'antiquité, les grands traits de l'Histoire & toutes les passions humaines se reproduisoient sur la toile. Nos *Connoisseurs* vont se former à l'école des Brocanteurs & en prennent le ridicule jargon. Quand vous parlez à un Artiste de pensée, de caractère & d'expression, il vous parle de *ragoût*, de *tons argentins*, de *teintes suaves*. Il semble que le même goût tende à s'introduire en Musique. Ce n'est pas assez pour vous, Monsieur, d'être touchant, énergique & sublime ; on veut des contours coulans, des couleurs douces, des formes élégantes; on ne trouve que des cris pour applaudir des airs de ramage ; enfin on propose de mettre la Tragédie en Ariettes, comme le Marquis de Mascarille vouloit mettre l'Histoire Romaine en Madrigaux.

Vous voyez, Monsieur, que la manière dont M. de la Harpe employe les termes élémentaires de votre Art, pour vous combattre sur votre Art, me dispense de traiter avec lui le fond d'une question qu'il décide bien légérement : nous ne parlerions pas la même Langue. Mais s'il vouloit définir avec précision ce qu'il entend par *chant*, par *mélodie*, par *harmonie*, par *airs*, j'oserois peut-être entreprendre de lui prouver que cette mélodie si ravissante qu'il admire, & que j'admire aussi dans les beaux airs Italiens ; que ces formes symétriques, ces retours périodiques qui donnent à ces airs un effet piquant & agréable, tiennent à des procédés incompatibles avec les expressions fortes qui peignent les grands mouvemens de l'ame, lorsqu'on voudra donner en même-temps de la vérité, de la rapidité & de l'ensemble à l'action Dramatique ; que la mélodie par elle-même n'a que des moyens très-bornés pour produire les grands effets d'expression ; que c'est de l'harmonie & de la combinaison féconde & variée des instrumens que les Italiens eux-mêmes tirent ces grands effets dans leurs plus beaux airs passionnés ; quoiqu'ils y sacrifient encore une partie de l'expression à la mélodie, parce qu'ils ne cherchent jamais les effets d'un ensemble dramatique, étranger à la constitution de leur Spectacle.

J'avoue que la discussion d'une pareille question dans toutes ses parties, est fort au-dessus de mes lumières & de mes forces ; peut-être faudroit-il, pour y donner toute l'évidence dont elle est susceptible, réunir comme vous, Monsieur, à l'étude des principes généraux de tous les Arts, la science profonde du grand Artiste. Ainsi, sans entrer dans l'Art Musical, je prendrai la liberté de proposer à M. de la Harpe quelques observations qui ne supposent que les connoissances communes aux gens de Lettres.

Il croit que c'est dans les airs *que réside la puissance première de la Musique*. Mais les Grecs avoient une Musique touchante, passionnée, susceptible de toutes les expressions, & dont l'énergie & les grands effets sont prouvés par les prodiges même absurdes qu'on en raconte, & ces Grecs n'avoient point d'*airs* dans leur Musique. Mais ces beaux récitatifs obligés qu'admirent les Italiens pour la grande expression ; ces chœurs qui émeuvent si fortement la multitude dans *Iphigénie*, *Alceste*, *Armide* ; ce premier couplet si sublime du *Stabat* de Pergolese, ces *adagio* si touchans quoique exécutés seulement sur un pianoforte, ne sont pas des airs ; mais ces chansons simples & grossières qui excitent si puissamment les peuples sauvages au combat, à la joie, &c. ce *Rans des vaches*, qu'un Suisse hors de chez lui ne peut entendre sans tomber dans une mélancolie profonde, ne sont pas des airs Italiens. Il faut donc qu'il y ait dans la Musique une *puissance première*, qui puisse agir fortement & agréablement sur l'ame des hommes sans prendre la forme d'un *air*.

M. de la Harpe nous dit que les airs, *hors d'œuvre faits pour faire valoir le gosier d'une Actrice*, sont *la seule chose qui soutienne l'Opéra Italien*, parce que le peu d'intérêt du Drame, la longueur du Spectacle, l'insipidité du récitatif n'y peuvent pas attirer l'attention. Si M. de la Harpe avoit vu l'Opéra Italien, il sauroit que la seule chose qui le soutienne, c'est qu'on y va & vient, on y mange, on y joue, on y cause, on y est comme à un Concert où l'on va entendre un ou deux jolis morceaux & juger la voix & le talent des Chanteurs. Ce qui en bannit tout intérêt, c'est le caractère même du récitatif & des airs ; & c'est si peu la faute du Drame, que les Opéras de Metastase, simplement déclamés par de mauvais Acteurs, ont été écoutés avec intérêt sur différens Théâtres d'Italie. Aussi est-ce Métastase qui a écrit avant les Admirateurs de Gluck, que la Musique Italienne étoit une esclave révoltée contre la Poésie, sa légitime Souveraine, & qu'elle devoit se borner à regner dans les Concerts & à régler les pas d'un ballet sans se mêler des affaires du Cothurne.

M. de la Harpe aime tellement les airs, qu'il en veut *un ou deux dans chaque scéne* d'un Opéra. Il me semble que ce seroit beaucoup d'airs, quelque beaux qu'ils fussent. Les ports de mer sont bien utiles ; mais il ne faut pas, comme M. Caritidès, mettre tout un Royaume en ports de mer.

Dès qu'on admet le chant, dit M. de la Harpe, *il faut l'admettre le plus beau possible.* Il ajoute un peu plus bas : *quand je vais voir Zaïre, je m'attends à pleurer sur les malheurs de l'amour & à entendre des vers charmans.* Cette phrase a quelque chose de séduisant ; mais le rapprochement qu'il fait de la Poésie avec la Musique auroit dû, ce me semble, l'éclairer sur le sophisme qui en fait la base. Suivons cette comparaison.

Dans un Poëme où l'on ne se propose d'interesser que par le charme de la Poésie, comme dans l'Ode, par exemple, on peut déployer toutes les richesses de l'imagination & de l'harmonie ; non seulement la pensée peut se parer des expressions les plus sonores, des figures les plus brillantes, des vers les plus mélodieux ; mais les vers eux-mêmes en prenant des mètres variés, en fe groupant en strophes dont la forme fymétrique & régulière flatte l'oreille, repofe l'efprit & donne plus d'éclat à la penfée, peuvent recevoir un nouveau genre d'harmonie.

Mais dans un Poëme comme la Tragédie, où la Poéfie n'eft qu'un ornement acceffoire dont l'artifice doit feulement fe faire fentir fans fe laiffer trop appercevoir, parce que le premier objet eft d'intéreffer par l'intérêt des fituations, par le développement des caractères, par la peinture des paffions, ces richeffes poétiques qu'on prodigue dans l'Ode doivent fe facrifier à la vérité, à la rapidité & aux autres convenances dramatiques. M. de la Harpe fait cela mieux que moi. Il fait que le ftyle épique & lyrique n'eft pas le ftyle de la Tragédie ; il fait que fi le Poëte peut employer des figures plus animées, une harmonie plus reffentie dans les momens où l'action eft plus calme, il doit faire difparoître ces moyens de l'art dans les momens d'un grand intérêt où l'ame doit être fortement émue, parce que cette émotion forte tient à une efpèce d'illufion que tout artifice trop fenfible détruiroit.

Ce feroit donc une étrange critique que de reprocher à Sophocle de n'avoir pas écrit fes Tragédies en ftrophes comme les Odes de Pindare, parce que la forme de ces ftrophes eft d'une Poéfie beaucoup plus harmonieufe qu'une fuite de vers ïambiques ; ou fimplement de n'avoir pas mis dans fes fcènes paffionnées la même Poéfie que dans fes chœurs. On auroit cependant pu lui dire, *dès qu'on admet la Poéfie dans le Drame*, IL FAUT L'ADMETTRE LA PLUS BELLE POSSIBLE.

Ne pourroit-on pas reprocher aussi à Corneille de n'avoir pas écrit le cinquième acte de *Rodogune*, du style de *Bérénice*, & dire qu'on va à la Tragédie pour entendre des vers charmans ? Or on trouve fort peu de vers charmans dans cet acte de *Rodogune*, où il n'y en a guère que de sublimes.

Si le grand Corneille, au lieu de renoncer à l'usage de ces stances qu'il avoit trouvées établies, & qu'il a placées dans quelques monologues de ses premières Tragédies, les eût au contraire introduites dans le Dialogue le plus vif & les scènes les plus intéressantes du Drame ; s'il les eût écrites avec la poésie enchanteresse de Racine ; je ne doute pas qu'elles n'eussent pu produire les plus grands effets, réunir la chaleur, la force & le pathétique aux belles formes symétriques, régulières, périodiques, & aux charmes de la mélodie. Je ne doute pas que les plus belles de ces stances n'eussent été applaudies avec des transports peut-être plus vifs que ne l'ont jamais été les plus belles scènes de Cinna ; que Corneille n'eût été imité par ses successeurs ; que ses stances n'eussent été consacrées sur notre Théâtre ; mais il ne faut pas douter aussi que l'Art de la véritable Tragédie n'eût été ignoré. Et si un homme de génie étoit venu ensuite composer des Tragédies où il eût sacrifié ces beautés artificielles à des beautés plus mâles, plus vraies, plus énergiques, je ne doute pas encore que des hommes d'esprit n'eussent allégué, pour justifier l'usage des stances dans les Tragédies & en exalter les merveilleux effets, les mêmes raisons qu'on produit aujourd'hui pour prouver que les Ariettes Italiennes sont la forme la plus Dramatique que l'on puisse donner à la Musique.

S'il

S'il n'exiſtoit dans le monde que les Poëmes Épiques du Boyardo, de l'Arioſte & du Taſſe, les mêmes raiſons pourroient ſervir encore à nous démontrer que les octaves ſont eſſentielles à l'épopée; & l'on n'auroit pas de peine à trouver dans l'*Orlando* & la *Jéruſalem*, des octaves qui réuniſſent tous les genres de beauté dont la Poéſie eſt ſuſceptible.

J'oſe propoſer cette idée à M. de la Harpe, comme un objet digne peut-être de ſon attention. Je pourrois la développer davantage, & l'appliquer plus particulièrement à tous les Arts; mais ce détail me mèneroit trop loin.

Il me reſte à répondre à quelques traits de la critique de M. de la Harpe, qu'il m'eſt plus affligeant de relever. Un homme de Lettres d'un talent auſſi diſtingué peut bien, ſans compromettre ſa réputation, ſe tromper ſur la mélodie & le chant meſuré; mais il ne lui eſt pas permis de ſe tromper ſur ce qu'on doit à la vérité & au génie. M. de la Harpe s'en eſt trop écarté dans l'annonce d'*Armide*; & quand on ſait qu'il a rendu compte de la première repréſentation ſans l'avoir vue, il eſt difficile de croire que ce ſoit l'amour pur de l'art qui a conduit ſa plume.

Il ſe pique de la plus rigoureuſe impartialité, & voici comment ſon impartialité s'exprime. *Il paroît qu'on a été content du chœur*, Pourſuivons juſqu'au trépas, &c. Quelqu'un croira-t-il que M. de la Harpe ait voulu rendre fidélement compte de l'effet de ce chœur, qui, dans les répétitions, comme à toutes les repréſentations, a excité les tranſports les plus vifs & les plus univerſels? & peut-on voir dans cette tournure autre chose que le désir de dissimuler un succès qu'on voit avec peine ?

Dans ce même article, pour prouver que votre *Armide* ne peut pas réussir, il dit que c'est *un mauvais Opéra, que la marche n'en est pas favorable à la Musique* ; dans le cahier suivant, ne pouvant pas contester le succès d'*Armide*, il l'avoue le plus foiblement qu'il lui est possible, & il dit, *qu'avec un Poëme tel que celui de Quinault, il est bien difficile de ne pas attirer du monde.* Est-ce là de l'impartialité & de la justice ?

Et quand, afin de laisser à la musique le moins de part qu'il est possible au succès de cet Opéra, il l'attribue sur-tout à *l'exécution la plus parfaite & à la réunion des talens les plus rares*, faut-il croire que M. de la Harpe parle sérieusement ?

Et quand, pour vous contester l'honneur d'avoir conçu le premier un plan d'Opéra à la fois musical & dramatique, il dit que vous avez suivi dans *Iphigénie le plan trouvé par Algarotti*, est-ce encore l'impartialité qui lui fait avancer un fait si aisé à démentir ? car le plan de votre *Iphigénie*, plan vraiment dramatique & dont l'exécution fait beaucoup d'honneur au Poète, n'a rien, absolument rien de commun avec celui d'Algarotti, que j'ai sous les yeux, & qui n'est autre chose que celui de Racine réduit & coupé dans la forme Italienne.

Et quand, pour déprimer votre système & vos ouvrages, il dit que vous semblez *avoir pris à tâche de bannir le chant du Drame Lyrique*, & que vous paroissez persuadé, comme vos partisans le répètent, que *le chant est contraire à la nature du Dialogue &c.* comment caractériser une pareille imputation, puisque votre plan au contraire est d'animer le récitatif même par des phrases de chant presque continuelles ; que M. Rousseau trouve que le *chant vous sort par tous les pores*, & qu'aucun de vos partisans n'a pu dire ni écrire l'absurdité qu'on leur prête si gratuitement?

Et ces mots de dénigrement & de mépris qu'il emploie sans autre motif & sans autre effet que de blesser un homme de Génie, comment les concilier avec les principes d'une critique honnête & modérée ? Il vous reproche, Monsieur, d'avoir fait d'*Armide* une *Sorcière*. En appliquant d'une manière si peu décente un mot que sa mémoire lui fournit (1), y a-t-il même attaché quelque sens ? Si *Armide* est une Enchanteresse dans les vers de Quinault, M. de la Harpe nous diroit-il par quels moyens de votre art vous auriez pu en faire une Sorcière?

Est-ce un ton de critique bien décent que de dire, que le rôle d'*Armide* est presque d'un bout à l'autre une *criaillerie* monotône & fatigante ?

Est-ce avec le sentiment vrai de ce qu'il dit que M. de la Harpe vous reproche, Monsieur, *l'affectation de contrefaire la nature ?* Il sait trop bien sa Langue pour ignorer que *contrefaire* c'est imiter en charge, en burlesque ; & il me semble que jusqu'ici on n'a rien trouvé de trop burlesque dans vos Tragédies. Il semble craindre aussi que les imitations en Musique ne soient trop vraies. Qu'il se rassure. On

___

(1) Mlle. de la Mothe vouloit jouer le rôle de la Fée dans *l'Oracle*; M. de Saint-Foix ne voulut pas y consentir ; elle insista d'un ton un peu aigre : Mademoiselle, lui dit l'Auteur peu endurant, j'ai besoin d'une Fée & non d'un Sorcière.

ne prendra jamais des tons & des intervalles harmoniques, accompagnés de violons, de hautbois & de trompettes, pour *les cris d'un homme qui souffre*. Il faut avouer qu'on dit & qu'on écrit depuis quelque temps d'étranges choses sur l'imitation & la vérité dans les Arts.

Quel est donc ce triste plaisir de la Critique qui cherche à troubler l'Artiste dans ses travaux & à l'affliger dans ses succès ?

Et si l'on reconnoît cet Artiste pour un *Homme de Génie*, pour le créateur d'un genre nouveau, qui depuis plusieurs années enivre toute la Nation d'un plaisir qu'on a soi-même partagé quelquefois, est-ce dans ces premiers momens où l'on ne devroit éprouver que les mouvemens de l'admiration & de la la reconnoissance qu'on peut s'occuper à lui disputer son triomphe, & à flétrir ses lauriers sur sa tête à l'instant même où le Public vient de le couronner ?

Si cet *Homme de Génie* est un étranger qui n'a été appelé parmi nous que par le desir de mériter nos suffrages & de nous apporter des plaisirs nouveaux, ne mérite-t-il pas encore plus d'égards & de reconnoissance ?

Enfin, si cet *Homme de Génie* éprouve toutes les contradictions qui poursuivent d'ordinaire les grands talens & les grands succès ; s'il est en butte aux petites persécutions & aux manœuvres sourdes d'une cabale nombreuse de Virtuoses, de Ménestriers, de *Dilettanti* &c. &c. &c. est-ce à un Homme de Lettres à fournir des armes aux ennemis du talent, & à joindre sa voix aux clameurs de la prévention & de la jalousie ?

Lorsque M. de la Harpe a pu se résoudre à tracer ce mot impofant d'*Homme de Génie* en parlant de vous, Monfieur, comment la première expreffion de dénigrement qui s'eft offerte à fon efprit a-t-elle pu échapper à fa plume ? L'efprit, le goût, le talent même dans tous les genres, ne font pas rares, mais lorfque le ciel fait préfent à la terre d'un homme de génie, peut-on l'accueillir avec trop de refpect ? Les Gens de Lettres fe plaignent fouvent, & avec raifon, du dédain ou de l'indifférence que certaines claffes du Public témoignent pour les talens ; eft-ce à eux d'apprendre à ce Public à traiter familièrement le génie, & ne doivent-ils pas plutôt donner l'exemple des hommages qu'on lui doit ?

S'il pouvoit être permis d'attaquer fans ménagement un *homme de génie* au milieu de fes fuccès, & de s'élever contre la voix publique qui l'applaudit, ce ne pourroit être que par zèle pour un Art dont on voit corrompre les principes, pour éclairer le Public féduit, pour ramener au vrai l'Artifte qui s'égare ; mais quand on ne connoît pas même la langue de l'Art qu'on veut défendre ; quand on n'a à oppofer au fentiment du Public que fon fentiment particulier, & au jugement éclairé des plus habiles connoiffeurs que des idées vagues, fuperficielles & déjà inutilement répétées par d'autres, quelle influence peut-on avoir fur l'opinion ? quel fervice peut-on rendre à cet art qu'on ignore ?

M. de la Harpe n'a pas prétendu fans doute vous inftruire, Monfieur, en vous difant que la belle mélodie eft belle, qu'il faut aller à l'âme fans effrayer l'oreille, qu'il faut tâcher d'unir le beau chant à l'expreffion. Perfonne ne lui contestera ces grandes vérités ; mais lorfqu'il ajoûte qu'il faut unir le chant le plus mélodieux à la plus forte expreſſion, les formes ſymétriques & périodiques à la vérité de l'action dramatique, que les Compoſiteurs Italiens l'ont fait & le feront, il affirme ce qu'il n'eſt pas en état de prouver, ni même de concevoir.

Si je diſois à un Peintre, je voudrois que vous réuniſſiez la force à la grace, la perfection du deſſin à la magie du coloris, il me répondroit ſans doute, qu'il le voudroit bien auſſi. Mais ſi je lui diſois: je veux trouver dans un Tableau les touches fières, hardies & ſavantes de Michel-Ange, avec le trait pur, ondoyant & moëlleux du Corrège; les expreſſions vraies & profondes du Dominiquin, avec les airs de tête gracieux & piquans du Parmeſan; la diſtribution artificielle de la lumière, les teintes fraîches & brillantes, & les paſſages doux & harmonieux qui m'enchantent dans les Tableaux du Titien, avec ces grandes maſſes & ces fortes oppoſitions de lumières & d'ombres qui donnent aux compoſitions d'Annibal Carrache du mouvement & de la grandeur; mon Peintre me diroit peut-être, comme Apelle à Mégabiſe: *Parlez plus bas, car ce jeune garçon qui broie mes couleurs ſe moqueroit de vous.*

Il y a des genres de beauté qui s'excluent par la nature même des moyens de l'Art. Il eſt abſurde de chercher dans la figure de Laocoon pouſſant des cris, ayant tous les traits en convulſion, tous les muſcles gonflés par la douleur, la grace noble, les formes élégantes, le calme impoſant qui brillent dans la figure de l'Apollon du Belvédère?

Il y a auſſi des qualités qui s'excluent par l'imperfection de la nature humaine; le plus grand talent a ſes limites, & les plus grands Artiſtes ont toujours

sacrifié certaines parties de l'Art à celles qui les tou-
choient davantage. Mais quoique Raphaël n'ait ni
l'éclat du Guide, ni le coloris du Titien, il n'en est
pas moins le premier des Peintres.

M. de la Harpe va se récrier encore sur mon enthousiasme pour vous, Monsieur ; & moi je m'en fais
gloire. Je l'ai déjà dit : l'enthousiasme est la seule manière de sentir les Arts. Qui n'est que juste est froid ;
& il vaut mieux être enthousiaste d'un homme de
génie, que fanatique d'un talent frivole.

Mais mon enthousiasme pour un homme de génie
n'a jamais été jusqu'à affliger un de ses rivaux ; quiconque aime véritablement les Arts, peut donner des
préférences, mais non des exclusions. J'ai toujours été
le partisan & quelquefois l'ami des Compositeurs qui
ont fondé la bonne Musique parmi nous ; je n'ai jamais
été le détracteur d'aucun.

Le Maître célèbre qui se dispose à enrichir notre
Théâtre Lyrique d'une production de son génie brillant, facile & fécond, n'aura ni un admirateur plus
sincère, ni un partisan plus zélé que moi ; une réputation justifiée par vingt ans de grands succès, n'a pas
besoin d'être confirmée par nos suffrages ; & quel que
soit le plan & la méthode qu'il adopte pour un genre
de Mélodrame fort différent de ceux dont il s'est occupé jusqu'à présent, il est impossible que sa Musique
ne soit pas remplie de beautés du premier ordre, &
ne soit applaudie de tous les gens de goût.

Mon admiration pour vous, Monsieur, ne va pas
non plus jusqu'à ne rien désirer dans vos Ouvrages ; je
ne crois point que votre esprit ait tout vu, que votre
génie ait tout embrassé. J'aime aussi les airs symétriques & réguliers, les duo & les trio d'un beau chant

& d'une belle harmonie ; ceux que vous avez mis dans vos Ouvrages m'ont fait tant de plaisir, & ont été si généralement applaudis, que j'ai regretté quelquefois de n'en pas trouver dans certains momens où la situation & les sentimens des personnages me paroissent comporter ce genre de beauté. Mais avant de vous en faire un reproche, je voudrois vous demander à vous-même, par quelles raisons vous vous êtes interdit des moyens de plaire qui vous sont si faciles ? car si je m'adressois à vous pour vous parler de votre Art, ce seroit pour vous demander des leçons, & non pour vous en donner. Ce seroit pour vous demander quels sont les moyens d'expression qui appartiennent particulièrement à la mélodie ou à l'harmonie, au chant de la voix ou au jeu des instrumens ; jusqu'à quel point les accens du récitatif doivent se conformer à ceux de la déclamation parlée ; quel instinct particulier peut vous inspirer ces chants d'un caractère religieux & simple, qui semblent nous transporter au milieu d'un Temple Grec, & qui nous remplissent à la fois de terreur & de respect, tels que le chœur du premier Acte d'*Alceste*, & celui du troisième Acte d'*Iphigénie*; & enfin par quelle force de tête vous pouvez réunir à la fois le sang-froid nécessaire pour embrasser d'un coup d'œil toutes les parties d'un grand Drame, & les subordonner toutes l'une à l'autre, avec la verve & l'enthouhasme que vous portez dans l'exécution ?

Mais vous avez quelque chose de mieux à faire que d'instruire notre ignorance : continuez de nous enchanter par de nouveaux fruits de vos veilles. Résignez-vous à la critique, & même à la satyre ; c'est un impôt que le génie a payé de tout temps à la foiblesse humaine. Contentez-vous de la gloire d'avoir créé un nouveau genre de Musique Dramatique qui fera époque dans l'histoire des Arts ; car j'ose vous prédire que la révolution que vous avez opérée sur notre Théâtre lyrique s'étendra sur les autres Théâtres de l'Europe ; & tous les Compositeurs, selon qu'ils auront plus ou moins de génie & de sensibilité, s'avanceront plus ou moins dans la carrière que vous leur avez ouverte.

Il y a longtemps que cette révolution se prépare, & que tous les Gens de goût l'espèrent. Il est vrai qu'on attendoit la lumière de l'Orient, & qu'elle est venue du Septentrion. Cet accident a un peu déconcerté les Prophètes, & vous a privé de quelques Zélateurs ; mais le Public à la fin est juste, & la postérité qui ne s'embarrasse pas si vous êtes né à Prague ou à Naples, vous placera au rang du petit nombre des génies créateurs.

Recevez, Monsieur, l'hommage que je vous rends comme un bien foible tribut de mon admiration pour vos talens sublimes, & de ma reconnoissance pour le plaisir dont vos ouvrages m'ont si souvent enivré.

Journal de Paris, 23 Octobre 1777.

LETTRE

A

L'ANONYME DE VAUGIRARD.

Du 26 Octobre 1777.

M. l'Anonyme de Vaugirard, pourquoi remplir de vos longues phrases & de vos fades adulations le Journal de Paris, destiné à nous apprendre des choses plus utiles & sur-tout plus amusantes ?

Pourquoi au moins ne pas être fidèle en faisant des citations ?

Il n'est pas étonnant qu'ignorant les élémens les plus communs de la Musique, vous en raisonniez aussi mal; mais dans ce qui concerne l'Histoire, il ne seroit pas surprenant que quelquefois vous en raisonnassiez assez juste.

Cependant, dans votre Lettre à M. Gluck, vous vous montrez aussi peu exact Littérateur que mauvais Musicien.

Vous assurez *que votre Peintre vous diroit peut-être comme Apelle à Mégabise*, &c....... Monsieur, ce n'est point à Mégabise, mais à Alexandre qu'Apelle donna cette utile leçon : il ne faut qu'ouvrir Pline pour en être certain.

Je vous avoue ma surprise, que lorsque j'ai vu que vous n'ignoriez pas ce trait d'Histoire ; comment ne vous l'êtes-vous pas appliqué ? c'étoit si bien le cas ! Soyez sûr, Monsieur, qu'il n'y a pas un simple Elève du plus simple Musicien de l'Opéra qui, à vous entendre parler Musique & de tout, ne se moque de l'encens que vous prodiguez si bassement aux Autels des *faux Dieux*.

Croyez-moi, laissez-nous tranquilles, ainsi que votre Gluck, votre Marmontel, votre la Harpe, & votre Abbé soi-disant savant ; tous gens d'un grand génie, mais par trop ennuyeux.

Vous aurez beau faire, vous n'empêcherez pas qu'*Orphée* ne soit qu'un médiocre Ouvrage, *Alceste* un mauvais, & *Armide* un détestable. (Je ne parle pas de *Cythére assiégée*, il faut laisser les morts en paix). *Iphigénie* est dans une classe bien différente, & seroit un bon Opéra sans le ridicule du Poëme, qui n'a échappé aux sifflets que par le respect dû si justement à Racine, & par la beauté du sujet, qui n'a pu même s'altérer dans les mains qui l'ont si indignement barbouillé.

C'est au Public à juger seul en dernier ressort ; il peut quelque temps se laisser prévenir, & s'enthousiasmer pour des choses qui ne le méritent pas ; mais il revient bien-tôt, & fait une justice éclatante des ignorans, & sur-tout des Charlatans.

Contentez-vous, Messieurs, de tyranniser vos petites sociétés, par les prétendus élans de vos soi-disans génies ; soyez les oracles de vos caillettes, mais le Public n'a que faire de vos avis, encore moins de vos jugemens ni de votre fautive érudition.

Je suis, ou plutôt je ne suis pas, Monsieur, votre &c.

N. B. *On ne peut pas se dissimuler que l'Anonyme de Vaugirard n'ait cité un peu légèrement la réponse* d'Apelle à Mégabise, sans avoir d'autres garants que l'autorité de Plutarque ; car, ainsi que le remarque le savant & doux Auteur de la Lettre précédente, Pline affirme qu'Apelle tint le même propos à Alexandre. Le docte Critique auroit même pu observer qu'Élien assure de son côté que ce fut Zeuxis qui fit cette réponse à Mégabise. Tout cela prouve combien il est malaisé de savoir au juste à Vaugirard ce qui se disoit à Ephése il y a à peine deux mille ans.

Journal de Paris, 30 Octobre 1777.

LETTRE

D'UN

IGNORANT EN MUSIQUE,

A M. DE LA HARPE.

Vous devez être bien las, mon cher Confrère, de tous ces docteurs & praticiens de Musique que vous combattez si valeureusement depuis plus de quinze jours! Les choses, à dire vrai, ne sont pas trop égales entre eux & vous; on assure qu'ils ont étudié toute leur vie ce dont il question, & ce diable de Chevalier Gluck a déjà donné quatre Opéras qui ne laissent pas d'avoir eu une sorte de succès, que sais-je moi? quelques soixantaines de représentations. Ces gens-là sont embarrassans; il faut en convenir. Pour moi je n'ai jamais su déchiffrer une note, Dieu merci! Tenez, je crois que nous sommes à-peu-près au pair; parlons ensemble, vous aurez plus d'agrément avec moi.

D'abord je ne vous relèverai jamais sur les termes de l'Art, vous pouvez y compter. D'après cela, débitez-moi hardiment tout ce qui vous passera par la tête; confondez *le chant avec la mélodie, les airs avec le chant mesuré*: cela m'est égal. Dites que *la mélodie est opposée à la Musique instrumentale*; faites quatre fautes en trois lignes, prononcez au hazard le mot de *Mélopée* & même celui de *Reflet* : je ne fofflerai pas le mot. Je puis même vous donner un excellent garant de mon extrême bonhommie, en vous contant ce qui m'eft arrivé au fujet de votre extrait d'*Armide*; oui, il faut que je vous le dife pour gagner votre amitié, j'en avois été la dupe d'un bout à l'autre; & fur votre parole, ainfi que fur votre ton, j'aurois foutenu au Chevalier Gluck lui-même, que fon *Armide* étoit réellement la plus abominable de toutes les *Sorcières*. Arrive fur ces entrefaites l'incommode *Anonyme de Vaugirard*, qui vous prouve clair comme le jour, non pas que vous ne favez ce que vous dites, il eft trop poli pour cela, mais que vous difcourez bravement fur ce que vous ne favez pas. Tant y a qu'à la fin je me fuis apperçu qu'en fait de Mufique, vous étiez précifément auffi avancé que moi. Je vous l'avouerai, cela m'a fait plaifir : on eft toujours bien aife de fe trouver quelque petit trait de reffemblance avec les gens de mérite.

La feule chofe qui m'afflige un peu, c'eft que vous vouliez profcrire le perfifflage, ce refte de la gaîté françoife : dans ce cas-là, ne vous mettez donc pas en colère; & puis, ces vilaines gens-là vous diront encore : Monfieur le Renard, voyons votre queue ! Adieu, mon cher Confrère, fouvenez-vous bien de ne plus parler Mufique qu'à moi & à nos pareils ; je fuis fûr qu'on dira partout que je vous donne un vrai confeil d'ami. Je vous embraffe bien tendrement, & comme dit l'Hermite de Ferney, *fans cérémonie*.

CYTAROPHILE.

Journal de Paris, 30 Octobre 1777.

AUX AUTEURS
DU JOURNAL DE PARIS.

Il y a de l'Héroïsme à se déclarer le vengeur du mérite sifflé ; mais un jeune-homme bien né doit sur toutes choses consulter son cher Oncle. N'est-il pas vrai, Messieurs ?

Vous savez avec tout Paris, que mon petit neveu de Vaugirard me promit, il y a six mois, de ne plus babiller de ce qu'il ne connoissoit pas. D'après mes avis, pleins de tendresse, il avoua publiquement ses torts, & je me flattois que sa fidélité seroit égale à sa candeur : Voilà pourtant qu'il recommence à nous étourdir plus que jamais de son caquet musical.

Une pareille inconséquence est excusable à son âge ; car le petit bon-homme n'a pas encore l'esprit mûr comme son cher oncle. Néanmoins, pour arrêter cette ardeur inconsidérée, j'ai cru devoir donner de nouveaux conseils à ce neveu chéri. Voudrez-vous bien me faire l'amitié, Messieurs, de les publier dans votre Feuille incomparable.

Premièrement, mon cher neveu, pourquoi trouver mauvais que M. de la Harpe invite M. Gluck, à lui fabriquer à-peu-près une demi-douzaine de chansons par Tragédie ? Si j'aimois les chansons, par exemple, moi qui suis votre oncle, je serois donc obligé de m'en passer pour vous plaire ? vous avouerez que cela seroit dur. M. de la Harpe a la voix belle sans doute : or si vous preniez, ainsi que lui, plaisir à exercer la vôtre, vous auriez déjà convenu qu'il est difficile de se contenter à moins.

Secondement, laissez les Périodistes & les anti-Périodistes se dire périodiquement des injures, & ne vous embarrassez jamais dans une guerre de mots.

Je suppose que la fantaisie vous prenne un jour de composer de la Musique, & particulièrement de la mélodie ; vous chercherez dans le mélange heureux des sons qu'il est possible aux voix humaines de parcourir, & dans la combinaison de leur durée, les moyens de captiver le cœur & l'esprit en séduisant l'oreille. Les chants périodiques & non périodiques produisant des effets divers, vous n'excluerez ni les uns, ni les autres ; mais vous déterminerez leur emploi d'après la connoissance de leurs effets : car vous êtes quelquefois sage comme un grand garçon.

Troisièmement, ne comparez plus désormais le *Stabat* avec *Armide*, attendu que ces deux Ouvrages ne se ressemblent ni quant au sujet, ni quant à la Musique. Vous tenez un peu de ce fameux Espagnol qui, dans son enthousiasme chevaleresque, prenoit tout d'abord la femme-de-chambre de Madame la Duchesse pour la Reine de Trébizonde, & les sales écuries d'auberge, pour des Châtels.

Quatrièmement, tâchez de concevoir qu'un mot singulier n'est pas un argument décisif en faveur de M. Gluck. Le Public désire qu'il sorte à l'avenir un peu moins de chant de ses pores, & que son imagination lui en fournisse davantage.

Cinquièmement, vous vous écriez d'une manière en vérité fort plaisante, M. Gluck a paru, il a fait aussitôt de la Musique Françoise ! Je vous préviens,

mon

DE LA MUSIQUE.

mon cher Neveu, que l'on vous tiendra pour Allemand, si vous trouvez qu'*Armide* soit un ouvrage François. Désabusez-vous, croyez-moi ; c'est de la Musique de Bohême, qui a séjourné dans la rue des Fossoyeurs, & rien de plus ; entendez-vous, mon cher ami ?

Si vous aviez mon âge, ma béquille à lorgnette & mes petits yeux gris, vous pourriez avoir eu jadis le plaisir de voir la belle *Armide* aux jours brillans de sa gloire. C'étoit alors qu'on l'admiroit ! Hélas ! la pauvre fille est prodigieusement changée ! elle est aujourd'hui méconnoissable. Depuis son retour d'Allemagne, on ne sauroit tirer d'elle ni chant, ni parole. Comme elle ne cesse d'extravaguer, son Tuteur a soin de faire couvrir par un bruit effroyable de violons, de cors & de timbales, toutes les sottises qui peuvent lui échapper. Malgré cette précaution, le Public a observé que dans sa fureur, elle applique sans vergogne à des vers heureux, pleins de vigueur & d'harmonie, l'accent dur & grossier d'une vivandière ; & qu'au lieu de manifester par d'aimables airs la douce passion qui vient calmer son ame, les sons anti-mélodieux qu'elle pousse avec effort, n'imitent que les cris effrayans des chats dans leurs amours nocturnes. Voilà, mon cher Neveu, des expressions de colère & de tendresse prises dans la Nature, mais sur des modèles bien étranges ! Répétez donc avec MM. du Parterre, le fidèle Renaud & votre cher Oncle, sur l'air des Pendus, qui est aussi élevé que ceux de la Pièce nouvelle :

  Trop malheureuse Armide, hélas !
  Que ton destin est déplorable !

Sixièmement, si vous avez à cœur les intérêts de

votre cher Oncle, abrégez vos Épîtres autant que faire se pourra. Comme elles obligent de retrancher chaque jour un article important du prix des denrées, mon fripon de Pourvoyeur s'arrange en conséquence; il enfle ses mémoires en proportion de ce que vous alongez vos Lettres; & j'ai calculé que vous ne donnez pas un éloge à M. Gluck, qui ne me revienne au moins à un quart d'écu.

Hâtez-vous, mon cher Neveu, de retourner à Vaugirard. Surtout ne vous arrêtez point aux guinguettes; c'est là principalement que le goût & la raison s'altèrent. Je vous attends ce soir à souper. Croyez que vous serez reçu à bras ouverts par votre cher Oncle, qui vous aime de tout son cœur; mais qui se gardera bien de signer son nom, car il y va de son honneur que vous n'ayez pas en vain l'esprit de cacher le vôtre.

Journal de Paris, 31 Octobre 1777.

RÉPONSE

DE

M. DE LA HARPE

A

L'ANONYME DE VAUGIRARD.

L'Anonyme n'a pu se refuser aux invitations de M. Gluck. Il est entré dans la lice pour le défendre ; &, chargé d'une cause difficile, il a fait tout ce qu'un homme d'esprit pouvoit faire. Pressé sur le fonds des choses, il a incidenté sur les mots.

Il m'est facile de lui faire voir que c'est lui qui a résolu de ne pas me comprendre, quand j'étois clair pour tous les lecteurs ; que je connois très-bien la valeur & le sens des termes dont je me sers, & que je les employe dans la signification que tout le monde leur donne ; qu'il perd son temps à prouver tout ce qui n'a pas été contesté ; qu'il s'efforce sans cesse de détourner le sens de mes propositions, & de les montrer sous un faux jour ; qu'il établit des rapports entre des choses qui n'ont rien de commun, & que toutes ses comparaisons d'un art à un autre, sont mal appliquées. Je ferai voir, enfin, que toute cette dispute, réduite à son objet essentiel, est une question de fait qui ne peut être décidée que par le témoignage public, & par le temps.

D'abord tout l'artifice de l'Anonyme, dans ses chicanes sur les mots, peut être renversé d'un souffle. Il y a dans les termes d'art deux significations : celle qui est rigoureusement technique, & celle que leur donne l'usage, quand ils ont passé dans la conversation. Ainsi dans la définition stricte, les mots de mélodie & d'harmonie, dont tout le monde se sert, ne signifient, l'un qu'une succession de sons, l'autre qu'une succession d'accords. Si l'on s'en tient là, il seroit impossible de reprocher jamais à un Musicien de manquer ni de l'une ni de l'autre ; car il ne peut pas faire une phrase de chant, qu'il n'y ait *mélodie*, ni un accompagnement, qu'il n'y ait *harmonie*. Mais consultez l'usage général, & l'on vous dira que l'on entend par *harmonie*, la beauté des accords, & par *mélodie*, la beauté du chant. Que fait-on, lorsqu'on veut en imposer aux gens peu instruits par un air d'érudition, & un étalage de science ? on détourne les termes de leur acception convenue, & on les ramène à la définition scientifique. Rien n'a l'air plus grave ni plus imposant, & cela donne un ton de supériorité magistrale, dont beaucoup de gens peuvent être les dupes. Ainsi, lorsque l'on dit que M. Gluck manque de chant ou de *mélodie*, ce qui est la même chose dans l'acception générale, on répond doctement : *M. de la Harpe n'a pas daigné s'instruire de la signification des termes les plus familiers de l'art. Il confond continuellement le chant avec la mélodie, les airs avec le chant mesuré. Il appelle harmonie & accompagnement, toute Musique de l'orchestre.*

Et moi je dis à l'Anonyme, avec tous les Muficiens du monde, & fans crainte d'être démenti par aucun d'eux : je vous défie de me donner une définition du *chant*, que je ne puisse appliquer à la *mélodie*. Je vous défie de me nier que dans l'usage universel des Artistes & des Amateurs, ces deux mots ne soient pas synonymes. Ouvrez l'Encyclopédie, à l'article *Chant*. Vous trouverez : *Chant se dit de toute Musique vocale ; & dans celle qui est mêlée d'instrumens, on appelle partie du chant, celle qui est destinée pour les voix. Chant se dit aussi de la manière de conduire la mélodie dans toutes sortes d'airs.* A l'article *Mélodie*, vous lisez : *c'est l'arrangement successif de plusieurs sons, qui constituent ensemble un chant régulier.* Or si la mélodie *constitue un chant régulier*, & si le chant est *la manière de conduire la mélodie*, je demande si cela n'est pas identique. On m'apprend que la mélodie appartient aussi à la Musique instrumentale. Qui en doute ? qui a dit le contraire ? j'ai dit que M. Gluck, *puissant & fécond dans la partie instrumentale*, étoit foible & pauvre dans la mélodie. L'Anonyme en conclud que je *regarde la mélodie comme opposée à la musique instrumentale*. *Opposée* ! voilà une expression aussi étrange que la conclusion. Non, il n'y a dans tout cela rien d'*opposé*. Rien n'empêche qu'on ne puisse réunir ces deux choses. J'ai dit simplement que M. Gluck ne les réunissoit pas. Il peut, il doit même y avoir une sorte de mélodie dans les parties qu'éxécute l'Orchestre ; mais il faut bien que l'Anonyme convienne que le mérite de la partie instrumentale, consistant principalement dans la beauté des accords, & dans les effets qui résultent de leur combinaison, cela s'appelle proprement la *science* de l'harmonie ; au lieu que la Musique vocale, consistant principalement dans l'invention d'un beau chant, dans la variété & la richesse des formes à la fois agréables & régulières, s'appelle plus particulièrement mélodie. Quand on dit qu'un Compositeur excelle dans la mélodie, personne ne s'avise de penser à son orchestre ; & quand on dit qu'il a beaucoup d'harmonie, on ne songe guère à son chant. J'ai donc parlé très-correctement, lorsque d'après la définition qu'on vient de lire, & qui applique le mot de *mélodie*, de *chant* à toute Musique vocale, j'ai dit que M. Gluck manquoit trop souvent de *chant*, de *mélodie*.

L'anonyme, pour me prouver le contraire, détaille le récitatif obligé d'Agamemnon, *ces voix gémissantes des haut-bois, ces cris déchirans des violons, ces sons douloureux des cors & des bassons*, & il appelle cela *des traits d'une mélodie sublime*. J'aurois cru avec tous les Musiciens que l'effet de ce morceau, que je trouve fort beau, tenant à la réunion de toutes ces parties, devoit s'appeller une harmonie expressive. Il plaît à l'*Anonyme* d'appeller cela de la *mélodie*. Je ne sais qu'y faire. Je respecte fort sa science. Mais je le prie de permettre à mon ignorance de parler comme tout le monde parle. Je lui en demande bien pardon ; mais je suis sûr qu'il n'y aura personne qui ne m'entende, excepté lui, qui a juré de ne m'entendre jamais.

Il me reproche *d'appeler harmonie & accompagnement toute Musique de l'orchestre*. Que puis-je répondre à ce foudroyant reproche ? il faut bien que j'y souscrive, & que je reste dans ma confusion. Il ajoute que *cette méprise est commune*. Oh ! oui, je l'avoue encore. Mais ce qui n'est pas commun, c'est la manière dont il prouve cette *méprise* à propos du monologue de Renaud qui a *réuſſi ſur-tout*, avois-je dit, *par les accompagnemens*. Ecoutons ma condamnation.

» Il ne voit pas que la ſymphonie qu'exécute l'or-
» cheſtre eſt le ſujet principal, forme le véritable chant,
» & *n'accompagne rien* ; que c'eſt un tableau complet
» qui a tout ſon effet indépendamment du chant de la
» voix, & que lorſque la voix vient s'y mêler, ce récita-
» tif n'eſt qu'un acceſſoire, une partie ſubordonnée, qui
» ſeroit plutôt l'accompagnement de la ſymphonie,
» que celle-ci n'eſt l'accompagnement du récitatif «.

Voilà une doctrine neuve & curieuſe. Ordinairement ce ſont les inſtrumens qui accompagnent la voix ; ici c'eſt la voix qui accompagne les inſtrumens ; c'eſt ainſi qu'on démontre que j'employe mal les termes de l'art. Je ne m'oppoſe pas à ce que l'Anonyme en faſſe un uſage nouveau. Il faut créer des expreſſions pour de nouvelles idées ; mais moi qui n'ai fait que rappeler de vieilles vérités, je ſuis confus d'être obligé de citer encore les gros livres auxquels on me renvoye, & qu'on m'accuſe de n'avoir pas lus, & de me retrancher toujours derrière mon Encyclopédie. Il faut bien pourtant citer les Dictionnaires à ceux qui ſe battent ſur les mots, & je trouve dans un article de M. Rouſſeau, qu'on appelle *accompagnement l'exécution d'une harmonie régulière ſur un inſtrument*.

Il plaît à mon Cenſeur d'affirmer qu'une ſymphonie exécutée pendant qu'on chante un monologue ſur la ſcène, *n'accompagne rien*. Cela eſt fort ſavant ſans doute ; mais comme en même-temps cela eſt un peu extraordinaire, l'Anonyme qui poſſède ſon Molière, & qui dans un endroit me compare très-agréablement à Caritidès, devroit bien être au moins auſſi équitable que Sganarelle. Je fuis le pauvre ignorant qui s'étonne qu'on mette le cœur à droite & le foie à gauche ; l'Anonyme auroit bien dû m'excufer, & me dire comme le Médecin fagotier : *nous avons changé tout cela ; mais vous n'êtes pas obligé de le favoir.*

Les Muficiens pourront s'amufer de tout ce qu'il dit de ce même monologue où le perfonnage qui eft dans un lieu *enchanté*, ne fait (dit il) *que conter ce qu'il voit & ce qu'il éprouve*, comme fi pendant que l'Orcheftre peint les objets, ce perfonnage ne devoit pas peindre fon fentiment. Il ajoute que l'orcheftre doit exprimer *le murmure des eaux & le chant des oifeaux* ; & il a oublié que Renaud qui eft dans un lieu véritablement *enchanté*, entend une harmonie merveilleufe qui eft un effet de la puiffance d'Armide.

Un fon harmonieux fe mêle au bruit des eaux,
Les oifeaux enchantés *fe taifent* pour l'entendre.

Ainfi, quand les oifeaux *fe taifent*, l'Anonyme veut qu'on exprime leur ramage. S'il m'étoit échappé des méprifes auffi réelles, que diroit mon cenfeur qui prend un ton fi haut fur des *méprifes* imaginaires, qui fe trouvent à l'examen être les fiennes ?

Il me reproche de *confondre les airs avec le chant mefuré*. J'ouvre le Dictionnaire de Mufique, à l'article *Air*, & je lis : » Dans les Opéras on donne le nom » *d'airs à tous les chants mefurés* pour les diftinguer » du récitatif «. Or il eft bon de remarquer que je n'ai jamais employé les termes d'air & de chant mefuré que *pour les diftinguer du récitatif.* C'eft fur cette bafe que portoient toutes mes obfervations. Qu'en dit l'Anonyme ? Eft-ce là une réponfe nette & précife ?

» M. de la Harpe ne voit *de mélodie que dans la
» musique vocale*. Il ne fait pas attention qu'un mor-
» ceau de chant exécuté par le violon ou par la flûte
» n'en est pas moins du chant. »

Je vous demande pardon, Monsieur, j'avois bien
quelque idée de cette importante vérité. Ce qui pourroit vous le faire croire, si vous preniez la peine de
me lire, c'est peut-être cet endroit de mes réflexions
sur Armide, où je parlois de l'Opéra François. » On
» n'y connoissoit, disois-je, l'harmonie que dans quel-
» ques chœurs de Rameau, & *la mélodie que dans ses
airs de danse*. C'est ainsi que je ne *vois de mélodie que
dans la musique vocale*. Qu'en dites-vous, Monsieur?
vous m'accusez dans la suite de vos Lettres de manquer de bonne-foi. Je vous laisse le soin de justifier la
vôtre, dont voici encore quelques échantillons.

» M. de la Harpe dit qu'*Orphée* a réussi en France
» parce qu'on entendoit pour la première fois sur
» notre Théâtre des airs d'expression appliqués aux
» situations dramatiques. M. de la Harpe a-t-il oublié
» qu'Iphigénie a paru avant Orphée? »

Je l'ai si peu oublié qu'immédiatement après les lignes que vous citez, on trouve. » Parce que dans cet
» Opéra, & dans celui d'Iphigénie, *qui l'avoit précédé*,
» le chant mesuré venoit faire partie de la scène. « Si
j'ai cité préférablement les airs d'expression qui sont
dans Orphée, c'est qu'ils me paroissent infiniment supérieurs à ceux d'Iphigénie ; c'est que, *Objet de mon
amour, j'ai perdu mon Euridice*, & le duo *Fortune
ennemie*, & celui, *Quels tourmens insupportables*, sont,
à mon gré, ce que M. Gluck a fait de plus beau.

Vous voudriez faire croire que je ne distingue pas
même le récitatif obligé du récitatif ordinaire ; & je

les ai distingués dix fois dans ce que j'ai écrit, en les spécifiant par leurs attributs distinctifs. Vous louez beaucoup les récitatifs obligés, & je les ai beaucoup loués ; ce qui n'empêche pas que je n'aie pu dire qu'un *récitatif éternel étoit nécessairement sans effet.*

» Voici une autre erreur encore plus *extraordinaire;*
» M. de la Harpe dit que dans le Poëme d'Armide il
» n'y a pas un seul air fait pour un chant mesuré, &
» par air il paroît vouloir désigner les paroles d'un
» air, ce qui est encore *une nouvelle manière de s'ex-*
» *primer.* »

Pas si nouvelle, je vous jure. Je vous ai déjà dit que je vous laissois le *neuf* & *l'extraordinaire*, & que je me bornois à de vieilles vérités. En voulez-vous la preuve pour le mot air ? Allons. Ouvrons donc le Dictionnaire de Musique. Vous m'y avez renvoyé, Monsieur, & je vous ferai voir que j'ai profité de la leçon de manière peut-être à vous étonner un peu.

» Air. Chant qu'on adapte aux paroles d'une chan-
» son ou d'une petite pièce de Poésie propre à être
» chantée ; & par extension *on appelle air la chanson*
» *même.* Dict. de Mus. «. Cela est-il positif, Monsieur ? J'ai donc pu dire que dans le Poëme d'Armide il n'y avoit pas un seul air fait pour un chant mesuré, c'est-à-dire qu'il n'y avoit point de paroles coupées de manière à fournir au Musicien un air régulier. Vous m'objectez qu'Armide est presque d'un bout à l'autre un *chant mesuré, & qu'il n'y a presque point de récitatif.*

Je réponds que c'est vous qui abusez des termes ; qu'on vient de voir, d'après la définition de M. Rousseau, qu'il n'y avoit que *les airs* qu'on pût appeller proprement *des chants mesurés ;* que ce qu'il vous plaît d'appeller des *airs* ne consiste chez M. Gluck que dans de petites phrases de chant dont il entremêle son récitatif; & que les reproches qu'on lui fait de manquer de *mélodie* portent précisément sur cette prétention destructive de substituer des chants morcelés, des intentions de chant toujours avortées, des phrases rompues, sans unité de dessin, sans développement, à la véritable mélodie des airs complets & réguliers, qui ne peuvent être composés que sur des paroles faites exprès, & telles qu'il n'y en a point dans les scènes de Quinault. C'est ce que j'appelle avec grande raison substituer une *déclamation notée aux chants mesurés*, & sur la valeur de ces expressions, je vous renvoie encore à la définition de M. Rousseau. Car je suis obligé de placer toujours une autorité telle que la sienne, entre votre science & mon ignorance, afin que le lecteur sache ce qu'il doit penser de l'une & de l'autre.

Vous m'attaquez à présent sur le Grec. Vous prétendez que sachant ce que signifie le mot de *Mélopée*, pris dans son étymologie Grecque, je n'ai pas pu dire *la Mélopée* des Grecs, la *Mélopée* d'un Opéra. Je réponds : c'est précisément parce que je sais ce que veut dire ce mot, que je m'en suis servi dans cette acception : car *Mélopée* venant de deux mots Grecs qui signifient *parole* & *chant*, (επος parole, μελος chant) est proprement la parole chantée. Je n'ai pas plus lu Aristide Quintilien que vous-même qui le citez; & je ne m'en soucie pas; car j'ai autre chose à faire.

Mais j'ai lu comme vous l'article du Dictionnaire de Musique où l'on cite Aristide Quintilien. Je n'ignore pas que la Mélopée étoit originairement chez les Grecs la composition du chant; mais chez les modernes l'usage conforme à l'étymologie a prévalu,

& l'on appelle Mélopée une déclamation notée. L'Abbé Dubos, M. Duclos, M. de Voltaire s'en font servis vingt fois dans ce sens; & si vous aviez lu jusqu'au bout l'article qui vous a fourni votre érudition, vous y auriez vu que chez les Grecs même telle espèce de Mélopée convenoit aux Poésies Amoureuses, telle autre aux Poésies Guerrières : ce qui prouve que ce mot s'appliquoit aussi chez eux, non seulement à l'art de composer le chant, mais même à tel ou tel genre de chant appliqué aux paroles.

Après cette sortie sur le Grec, il faut bien qu'il en vienne une sur la Peinture, car vous me poursuivez dans tout genre d'art & de connoissances. Voyons si cette excursion vous réussira mieux que l'autre. J'ai appelé *reflets* les teintes que donne à la surface des objets la couleur du Ciel & la lumière réfléchie du soleil couchant, & j'appelle cet effet, en Peinture, les *reflets d'un beau soir*. Vous avez rencontré un Artiste qui trouve cette expression *inintelligible*. En ce cas, il faut que cet Artiste soit Peintre (1) comme vous êtes Musicien. Il peut encore étudier quelque temps *la Langue des Arts* avant d'en donner des leçons.

De la Peinture vous passez à la Poésie. Vous ne voulez pas que dans ce genre *le style soit la qualité la plus rare* : vous avez cru apparemment que je voulois dire la diction ; mais comme le talent du style dans son dégré le plus éminent suppose nécessairement l'imagination qui peint, la sensibilité qui émeut & la justesse de goût qui achève la perfection ; je persiste à croire que rien n'est plus rare, & qu'il s'est trouvé, & qu'il se trouvera des hommes capables de faire une Tragédie

---

(1) Cet Artiste, à qui M. de la Harpe est tenté de refuser le titre de *Peintre*, est seulement M. Vernet.

bien conduite & bien intéreſſante, ou des Poëmes bien conçus, beaucoup plus aiſément qu'un homme qui écrive comme Virgile ou Racine. Mais ſur cet article & ſur celui des *reflets*, & ſur le mot de *Mélopée* & ſur beaucoup d'autres digreſſions qui embelliſſent vos Lettres, je ne puis m'empêcher de vous dire comme Matta à M. de Senantes ſur le temps où les Allobroges ſont venus en Italie : *mais que diable cela fait-il ?*

„ Nous avons, (dites-vous) des Comédies écrites „ d'un ſtyle plus *mélodieux* que le Tartuffe. Mais où „ eſt le génie qui a fait le Tartuffe „ ?

Je ne ſais pas ce que la *mélodie* peut faire là. Mais je ſais que s'il n'y a pas de pièce mieux faite que le Tartuffe, il n'y en a pas de mieux écrite; & qu'on n'a pas plus approché du génie d'un pareil ſtyle, que du génie d'une pareille compoſition : *Mais que diable cela fait-il ?*

J'ai dit que c'étoit *dans les airs* que *réſidoit la puiſſance première de la Muſique*; vous verrez tout-à-l'heure que j'avois d'aſſez grandes autorités pour appuyer cet avis. Vous m'oppoſez la Muſique des anciens Grecs, qui, à ce que vous aſſurez, *n'avoient point d'airs*. Bien des gens vous demanderont où vous avez pris cette aſſertion très-douteuſe; & ſi je voulois comme vous, faire parade d'érudition, j'examinerois ce que les Grecs entendoient en Muſique par le mot νομοι, & les Latins par le mot *numeri :*

Mais je ne veux pas empiéter ſur les droits de l'Académie des Inſcriptions, & je me contenterai de vous obſerver que les notions très-confuſes que nous avons de la Muſique des Grecs ſeroient un mauvais moyen pour juger la nôtre.

Vous m'opposez *le rans des vaches* qui fait tant d'effet sur les Suisses. Hélas ! très-volontiers. Vous m'apprenez que *ce n'est pas un air Italien*. J'en suis convaincu du fond du cœur. Vous m'apprenez encore que le *Stabat* n'est pas un air, & vous allez jusqu'à me citer les chansons Sauvages. C'est apparemment pour autoriser toutes ces grandes leçons que vous dites quelque part qu'il y a *des Amateurs à systêmes qui ne voient de Musique Dramatique que dans les airs symétriques & réguliers*. Je suis obligé de répondre affirmativement, que jamais personne n'a dit ni imprimé qu'il n'y avoit *de Musique Dramatique* que *celle des airs*; que personne n'a jamais nié que de beaux récitatifs obligés & de beaux chœurs ne fussent aussi de la *Musique Dramatique*. On n'a rien exclu ; on a demandé que vous daignassiez ne rien exclure. On a dit que de beaux airs étoient *le chef-d'œuvre de la Musique*, étoient de l'essence du Drame Lyrique, & pouvoient avoir encore plus d'expression & plus d'effet que les chœurs & les récitatifs. C'est vous, Monsieur, avec tous les Partisans de la nouvelle doctrine, qui avez dit & imprimé que les airs complets & réguliers ne pouvoient pas être *Dramatiques ;* c'est vous qui imprimez encore aujourd'hui que *ces formes symétriques, ces retours périodiques qui donnent à ces airs un effet piquant & agréable, tiennent à des procédés incompatibles avec les expressions fortes qui peignent les grands mouvemens de l'ame ;* ce qui est absolument la même chose que d'affirmer qu'on ne peut pas peindre les passions en beaux vers, & que les rôles de Phédre & d'Hermione sont du *ramage ;* c'est vous qui imprimez que *la mélodie, par elle-même, n'a que des moyens très-bornés pour produire les grands effets d'expression ;* quoiqu'il soit généralement reconnu par tous les grands Théoriciens que l'invention d'un beau chant est ce qui prouve le plus de génie, & ce qui a le plus de pouvoir en Musique ; c'est vous qui imprimez que *c'est de la combinaison féconde & variée des instrumens que les Italiens, eux-mêmes, tirent ces grands effets dans leurs plus beaux airs passionnés,* quoiqu'il soit avéré que rien n'est plus simple que les accompagnemens Italiens, & qu'en rendant justice à l'exécution de notre orchestre, ils lui reprochent d'être trop chargé de parties & trop bruyant. Il résulte que nous n'avons rien exclu, & que c'est vous qui très-gratuitement avez prétendu exclure ; que n'essayant pas même de prouver vos motifs d'exclusion, vous tâchez de nous attribuer un tort qui est le vôtre, & dont vous ne vous justifiez pas ; & que ne pouvant rien réfuter de ce que l'on vous a dit, vous démontrez très-inutilement ce que personne ne vous a nié.

Tel est le plan de toute votre défense, Monsieur, de vous mettre sans cesse à côté de la question, comme le mien est de vous y ramener. Vous voulez trouver un sophisme dans ce que j'ai dit : » Dès qu'on admet le
» chant, il faut l'admettre le plus beau possible. Al-
» ceste est sur le théâtre pour chanter : si je retrouve
» sa douleur & son amour dans un air bien mélo-
» dieux, je jouirai de son chant en m'intéressant à
» son infortune ; comme à la Comédie Françoise,
» lorsque je viens voir *Zaïre*, je m'attends à pleurer
» sur les malheurs de l'amour, & à entendre des vers
» charmans ».

Il est impossible que ce rapprochement présente d'autre idée que la nécessité de donner à tous les Arts le dégré de beauté relative dont ils sont susceptibles, indépendamment de l'imitation. Qui croiroit que pour trouver un *sophisme* dans un principe si vrai, vous vous donniez la peine de m'apprendre que *le style épique & lyrique n'est pas celui de la Tragédie*, que *Sophocle n'a pas dû écrire les Tragédies en strophes comme les Odes de Pindare*; que d'après ce que j'ai dit, *on pourroit reprocher aussi à Corneille de n'avoir pas écrit le quatrième Acte de Rodogune, du style de Bérénice, & dire qu'on va à la Tragédie pour entendre des vers charmans*; qu'on trouve fort peu de vers charmans dans cet Acte de Rodogune, & qu'*il n'y en a guère que de sublimes*?

Je ne sais ce que le Lecteur pensera de cette manière de répondre. Pour qu'elle eût quelque sens, il faudroit que j'eusse dit, que j'eusse jamais pu dire que toutes les Tragédies devoient être écrites comme *Zaïre*; que parce qu'il y a *des vers charmans* dans cette pièce, qui offre l'expression des sentimens tendres, il doit y avoir aussi *des vers charmans* dans l'expression des passions furieuses; que *Bérénice & Rodogune* doivent être écrites *du même style*. Si j'avois pu parler ainsi, je ne crois pas que vous m'eussiez fait l'honneur de me répondre. Mais comme aucune de ces ridicules absurdités ne m'est venue dans l'esprit; comme il n'y en a pas trace dans ce que j'ai écrit; comme la phrase que vous citez, pour quiconque entend le François, ne signifie rien autre chose, si ce n'est que je m'attends à trouver dans un Drame chanté, le charme de la Musique, sans doute relative au genre, réuni à la vérité de l'expression; de même que dans un Drame écrit, je m'attends à trouver le charme du style, sans doute relatif au genre, réuni à la vérité des sentimens; que rien n'empêche que dans quelque situation

que

que ce soit, le style, touchant ou terrible, énergique ou gracieux, simple ou sublime, selon le sujet, ne soit en même-temps pur, élégant & harmonieux; que de même la Musique, dans les situations les plus violentes, & quelque expression qu'elle ait, peut offrir un chant complet, suivi, régulier, & ne doit jamais offrir un chant brisé, disparate, sans suite, sans développement, sans unité; enfin, comme il est d'une irrésistible évidence que telle a été ma pensée vraie ou fausse; que personne n'a pu s'y méprendre; que tel est le sens nécessaire, unique & absolu de la phrase que vous citez, & à laquelle vous donnez si gratuitement un sens absurde; je vous laisse apprécier vous-même l'étrange réponse que vous avez cru pouvoir me faire. Vous avez assurément beaucoup trop d'esprit, pour qu'on soupçonne votre intelligence. Il me seroit trop dur aussi de vous taxer de mauvaise foi. Ainsi les avantages que vous me donnez, loin que j'en triomphe, m'embarrassent & m'affligent. Je vois avec un véritable chagrin, combien dans une discussion qui ne devroit avoir que la vérité pour objet, on se permet aisément de la compter pour rien; & jusqu'où peut conduire l'envie d'attribuer des travers supposés à un adversaire dont on ne sauroit affoiblir les raisons.

Quant à ce que vous dites des stances employées autrefois dans les Tragédies, & que vous comparez aux airs que l'on demande dans le Drame Lyrique, je n'ai pas non plus le courage de vous prouver qu'il y a quelque différence entre des strophes naturellement étrangères à la Poésie Dramatique, & les airs qui sont de l'essence du Mélodrame.

Vous prétendez que j'en veux *un ou deux dans chaque scène*, & que ce seroit beaucoup d'airs. Vous avez raifon; mais voici ma phrafe qu'il ne vous a pas plu de citer toute entière : » Je penfe que tout » Opéra doit être diftribué de manière qu'il y ait dans » chaque fcène, un ou deux de ces airs faits pour ex- » primer la fituation du perfonnage, *à moins que la » fcène n'amène plus naturellement un duo, un trio, un » quatuor, ou un chœur analogue à l'action* ». Or, comme l'action doit amener de temps en temps ces fortes de morceaux, vous voyez qu'il n'y auroit pas trop d'*airs*. Car, quoique les duo & les trio foient auffi des *airs*, cependant comme ils forment un dialogue, ils font très-différens d'un air chanté feul, & produifent la variété néceffaire à toute compofition. Vous voyez que mes propofitions ne font jamais ridicules que lorfqu'elles paffent fous votre plume, & le lecteur voit bien pourquoi.

Après que vous avez fi mal réuffi à prouver que je n'ai pas eu raifon, vous voudriez bien prouver du moins qu'il ne m'appartenoit pas de l'avoir. Vous revenez encore à cette prétention fi fouvent réfutée, qu'on ne peut parler de la texture d'un Drame lyrique, & des effets de la Mufique, que lorfqu'on fait les règles du contrepoint. Je ne m'arrêterai point fur ce plaifant paradoxe, qui a fait rire tous ceux qui vont juger un Opéra, fans favoir comment on fait une baffe. Ce paradoxe ne fignifie plus rien, fi ce n'eft que vous auriez bien voulu que je ne diffe pas mon avis, parce que cet avis n'eft pas le vôtre. Mais ce qui eft vraiment fingulier, c'eft le raifonnement dont vous appuyez cette prétention.

» Si M. d'Alembert publioit aujourd'hui pour la » première fois fes découvertes fur la préceffion des » équinoxes & fur la théorie des fluides, M. de la

» Harpe feroit bien de les annoncer, mais je crois que
» ses lecteurs le dispenseroient de leur dire ce qu'il
» en pense «.

C'est la première fois peut-être qu'on s'est avisé d'établir un rapport entre les sciences exactes dont il n'est pas possible de dire un mot sans les avoir étudiées, & les arts d'imitation faits pour être jugés par quiconque a du sens & des organes. En vérité on devroit bien se défier de la dispute, quand on voit tout ce qu'elle fait dire aux hommes qui ont le plus d'esprit. Pour moi, je ne sais pas comment l'Anonyme peut justifier un rapprochement aussi incompréhensible, à moins qu'il n'ait voulu dire que la musique de M. Gluck étoit de l'algèbre.

Il n'est pas plus heureux lorsqu'il me compare à un homme qui voudroit *trouver dans un tableau les touches de Michel-Ange, le trait du Corrège, les expressions du Dominiquin, les airs de tête du Parmesan, &c. &c.* Tout ce débordement d'érudition pittoresque peut être de bonne grace. Mais répondre ainsi aux reproches que l'on a faits à M. Gluck, c'est précisément comme si un Ecrivain qui auroit des traits de force & d'expression dans un style d'ailleurs inégal, dur, raboteux, décousu, se justifioit de ses défauts, en disant: Quoi! voudriez-vous que j'eusse l'élévation de Corneille, la douceur & l'élégance de Racine, le coloris & la philosophie de Voltaire?

Je n'insiste pas sur le peu de rapport qu'il peut y avoir entre un tableau qui ne peint jamais qu'un moment, & un Drame qui, embrassant tant d'objets, est susceptible de tous les tons. Mon adversaire ne se pique pas tant d'exactitude, & après la comparaison des Mathématiques & de l'Opéra, il ne faut pas être difficile.

Il conclut en s'adreſſant toujours à M. Gluck : » Vous
» voyez, Monſieur, que la manière dont M. de la
» Harpe emploie les termes élémentaires de votre art,
» me diſpenſe de traiter avec lui le fonds d'une queſ-
» tion qu'il décide bien légérement. *Nous ne parlerions*
» *pas la même Langue* «.

Je crois bien que l'Anonyme avoit ſes raiſons pour *ſe diſpenſer de traiter le fonds de la queſtion*. J'ai démontré avec aſſez d'évidence, & par d'aſſez bonnes autorités, que je n'avois pas *employé* mal-à-propos *les termes de l'art*. Je reconnois, après cet examen, que mon Adverſaire & moi nous ne *parlons* pas tout-à-fait *la même Langue*. Il faut bien que je m'en conſole, puiſque du moins j'ai parlé la Langue d'un homme dont perſonne ne conteſte ni les grandes connoiſſances, ni l'excellent goût dans un art qu'il a cultivé toute ſa vie, & qu'il a enrichi de productions charmantes. Mais puiſque l'Anonyme m'a conſeillé de m'inſtruire chez cet homme de génie dont il m'allègue la puiſſante autorité, voyons ſi M. Rouſſeau ne peut pas nous inſtruire tous les deux.

Oui, Monſieur, je vous ai une grande obligation. Je vous avoue que je n'avois pas jetté les yeux ſur le dictionnaire de Muſique. Graces à vous, j'ai parcouru cet excellent Livre, regardé comme un de nos meilleurs Ouvrages Elémentaires ; & vous allez voir que ce n'eſt pas ſans quelque raiſon que j'ai dit que *mes ſenſations ſe rencontroient avec les idées des hommes les plus éclairés, & mon inſtinct avec leur ſcience*.

Voici comme je m'exprimois dans le Journal du 5 Octobre.

» Je penſe que c'eſt dans la mélodie expreſſive des
» airs que réſide la puiſſance première, le premier

» charme de la Musique ; que le récitatif ne doit oc-
» cuper de place que ce qu'il en faut pour exposer ce
» qui n'est que de fait, & pour amener le chant ; que
» le son étant par lui-même une sensation rapide &
» fugitive, ne peut faire une impression forte qu'en se
» reproduisant par une forme qui ne nuise pas à
» l'unité du dessin, par ces retours que l'oreille attend
» & retrouve avec tant de plaisir ; enfin par toutes les
» richesses du chant régulier & périodique..... J'at-
» tends de l'art du musicien qu'il trouve des chants
» douloureux, sans être désagréables ; je veux qu'il
» flatte mon oreille en pénétrant mon cœur, &
» que le charme de la mélodie se mêle à l'impression
» que je ressens. Je veux remporter dans ma mémoire
» sa plainte harmonieuse, qui retentisse encore long-
» temps dans mon oreille, & me laisse le désir de l'en-
» tendre encore, & de la répéter moi-même «.

Ces principes conformes au goût naturel de tous les Artistes & de tous les Amateurs, ont été reçus, j'ose le dire, avec une approbation générale. Vingt Musiciens m'ont dit, m'ont écrit que j'avois parlé de leur art, *comme s'il eût été le mien.* Un amateur l'a écrit à M. Gluck lui-même dans une lettre imprimée dans le Journal de Paris. Cependant, Monsieur, tous cela vous a paru prodigieusement ridicule. Vous avez avancé que *je prononçois au hasard les mots d'air, de récitatif, de chant mesuré & de mélodie ;* & en m'attribuant beaucoup plus de *lumières & d'esprit* que je n'en ai, vous m'avez refusé la très-petite portion de sens commun qu'il suffit d'avoir pour ne pas écrire sept ou huit pages sans s'entendre soi-même, & pour ne pas se servir de termes qu'on ne connoît pas. Je ne vous dirai pas qu'un des plus grands Musiciens de

notre siècle, un homme dont le nom vous en imposeroit sans doute, parce que vous respectez les talens & le génie, a dit devant des témoins qu'il étoit prêt à signer qu'il n'y avoit pas dans ce que j'avois écrit sur la musique, une idée qui ne fût juste, ni une expression qui ne fût exacte. Vous me répondriez qu'apparemment c'est un ennemi de M. Gluck. Mais enfin vous avez invoqué M. Rousseau. Ecoutez-le. » Un air sa-
» vant & agréable, un air trouvé par le génie, &
» composé par le goût, *est le chef-d'œuvre de la mu-*
» *sique.* C'est-là que se développe une belle voix, que
» brille une belle symphonie ; c'est-là que la *passion*
» vient insensiblement *émouvoir l'âme par le sens.* Après
» un bel air, *on est satisfait. L'oreille* ne désire plus
» rien. Il reste dans *l'imagination.* On *l'emporte avec*
» *soi.* On le *répète* à volonté, sans pouvoir en rendre
» *une seule note.* On l'exécute dans son cerveau tel
» qu'on l'entendit au Spectacle. On voit *la Scène*,
» l'Acteur, le Théâtre ; on entend l'accompagnement,
» l'applaudissement ; le véritable Amateur ne perd ja-
» mais les beaux airs qu'il entendit en sa vie : il fait
» recommencer l'Opéra quand il veut...... *Les diffé-*
» *rentes phrases de l'air* ne sont qu'autant de manières
» d'envisager la même image. Voilà pourquoi le sujet
» doit être un. C'est par ces *répétitions* bien enten-
» dues, c'est par ces coups *redoublés* qu'une expression,
» qui d'abord n'a pu vous émouvoir, vous ébranle
» enfin, vous agite, vous transporte hors de vous «.
Diction. de Musique, art. *Air.*

Vous allez peut-être dire actuellement que dans ce que j'ai écrit, je n'ai fait que copier M. Rousseau. Non, en vérité ; je ne l'avois jamais lu, & je suis, je vous jure, comme M. Jourdain ; *j'ai fait de la*

profe sans le savoir. Mais poursuivons. Vous n'êtes pas au bout. Allons à l'article Chant. » *Les chants agréa-*
» *bles* frappent d'abord, ils se gravent facilement dans
» la mémoire ; mais ils sont souvent l'écueil des Com-
» positeurs, parce qu'il ne faut que *du savoir pour*
» *entasser des accords*, & qu'il faut du talent pour
» *imaginer des chants gracieux*. Enfin dans son sens le
» plus resserré, *chant* se dit seulement de *la Musique*
» *vocale*..... Ce que j'entends par génie, ce n'est point
» un goût *bizarre & capricieux* qui sème par-tout *le ba-*
» *roque & le difficile*, qui ne sait orner l'harmonie
» qu'à force *de dissonnances, de contraste & de bruit;*
» c'est un feu intérieur qui inspire incessamment *des*
» *chants nouveaux & toujours agréables* »..... Article
Compositeur.

Veut-on savoir ce qu'il pense de cette unité de dessein si nécessaire dans le chant, de ces disparates continuelles, condamnées avec tant de raison dans M. Gluck, qui passe sans cesse d'un motif à un autre, sous prétexte de suivre la parole, &, après les deux ou trois premières mesures d'un air, semble en commencer un second, qui est remplacé par un troisième, &c. Ecoutons encore M. Rousseau. Il semble qu'il ait prophétisé.
» Si la Musique *ne peint que par la mélodie & tire*
» *d'elle toute sa force*, il s'ensuit que toute Musique
» *qui ne chante pas*, quelque harmonieuse qu'elle puisse
» être, n'est point une Musique *imitative*, & ne pou-
» vant toucher ni peindre avec ses beaux accords, lasse
» bientôt les oreilles, & laisse toujours le cœur froid....
» Si-tôt que deux mélodies se font entendre à la fois,
» elles s'effacent l'une l'autre, & demeurent de nul
» effet.... Les airs n'offrant *qu'un sentiment, qu'une*
» *image*, ne permettent guère au compositeur de s'é-

» loigner *du ton principal*, & s'il vouloit moduler
» beaucoup dans un si court espace, il n'offriroit que
» des *phrases étranglées, entassées,* & *qui n'auroient*
» *ni liaison, ni goût, ni chant*; défaut très-ordinaire
» dans la Musique Française, & même dans l'*Alle-*
» *mande* ». Art. *Mel. & Récit.*

Enfin veut-on savoir ce que M. Rousseau pense du récitatif, quelle place il lui donne dans un Opéra, & dans quel rapport il le voit avec les airs & le chant ? lisons l'article récitatif, & l'on pourra croire que j'avois copié ses idées.

» Le récitatif ne doit servir qu'à lier la contexture
» du Drame, à *séparer & faire valoir les airs*, à pré-
» venir l'étourdissement que donneroit *la continuité*
» *du grand bruit* ; mais quelqu'éloquent que soit le
» dialogue, quelqu'*énergique & savant* que puisse être
» le récitatif, il ne doit durer qu'autant qu'il est né-
» cessaire à son objet, parce que *ce n'est point dans*
» *le récitatif qu'agit le charme de la Musique*, & que
» ce n'est cependant que pour déployer *ce charme qu'est*
» *institué l'Opéra* «.

On peut maintenant apprécier la réponse des partisans de M. Gluck, qui, lorsqu'on leur demande que le *chant succède au récitatif*, vous disent gravement qu'il a mis son chant dans son récitatif, que *son récitatif est plein de chant*; qu'il anime le récitatif par des phrases de chant continuelles, comme dit l'*Anonyme*. On doit au jugement de M. Rousseau, ce que vaut un pareil *chant*, & une pareille apologie.

L'Anonyme me reproche de *la partialité* dans l'annonce d'*Armide*, parce que j'ai dit qu'on avoit *paru content* d'un chœur, dont le Public, selon l'Anonyme, a été *transporté*. Mais ignore-t-on que dans une assemblée auſſi nombreuſe que celle de l'Opéra on paroît *tranſporté* dans un coin, tandis qu'on eſt à peine *content* dans un autre ? Beaucoup de gens de l'Art (1) ne font aucun cas de ce chœur, *Pourſuivons juſqu'au trépas*; ils ſont peut-être trop ſévères. D'autres ſont *tranſportés*; ils vont peut-être trop loin. J'ai réſumé *qu'en général on m'a paru content.* Voilà une grande partialité.

Il m'accuſe *d'avouer le plus foiblement qu'il eſt poſſible le ſuccès d'Armide*. Et pourquoi ? ai-je jamais dit, ai-je penſé qu'Armide ne devoit pas réuſſir ? En voyant tout ce qui lui manquoit, j'ai été un des premiers à dire, & l'Anonyme ne l'ignore pas, qu'il y auroit de l'injuſtice à n'y pas reconnoître des beautés ; qu'il y avoit aſſez de ces beautés pour la faire réuſſir ſur un Théâtre où la Tragédie lyrique ne fait que de naître, & où nous n'avons encore eu de Muſique (2) que dans des Opéras-Ballets. Parmi les cauſes de ce ſuccès j'ai compté *la réunion des talens les plus rares.* L'Anonyme me demande ſi c'eſt *de bonne foi*. Oui, c'eſt *de bonne foi* que je penſe qu'un orcheſtre tel que le nôtre, des danſes auſſi parfaites que celles de nos Ballets, la voix & le chant de M. le Gros, de M. l'Arrivée, de Mlle. Le Vaſſeur, ſont une *réunion de talens très-rares.*

J'ai même regardé la beauté du Poëme de Quinault comme pouvant contribuer au ſuccès. On m'objecte que j'ai dit que ce Poëme n'étoit pas *favorable à la Muſique.* Oui, ſans doute ; à la Muſique telle que nous

_____
(1) Ces *Gens de l'Art* ſe nommeroient-ils aujourd'hui ?
(2) Depuis le moment où M. de la Harpe a écrit ces belles choſes, nous avons eu *Roland*, *Amadis*, *Atys*, *Andromaque*, *Perſée*; & *Armide* n'en a eu que plus de ſuccès.

la demandons, au *chant* proprement dit, aux *airs dramatiques*. Mais pour M. Gluck qui ne veut rien faire de tout cela, quoique rien ne lui soit plus *facile*, qui *s'est interdit ces beautés*, en quoi l'Opéra d'Armide a-t-il pu le gêner ? ne l'a-t-il pas choisi au contraire parce que les scènes n'offrant que du récitatif, il a pu y appliquer son *plan* nouveau de mettre tout *le chant dans le récitatif* ? Pourquoi donc alors la beauté de ce Poëme lui nuiroit-elle ? & où est donc la contradiction ?

Pour dernier reproche, l'Anonyme m'accuse de *blesser un homme de génie. Quel est donc*, dit-il, *ce triste plaisir de la critique qui cherche à troubler l'Artiste dans ses travaux & à l'affliger dans ses succès ?*

A qui donc doit-on faire une pareille question ? est-ce à celui qui, de l'aveu même de l'Anonyme, a tant de fois prodigué l'éloge aux grands talens de M. Gluck ; à celui qui, dans ce dernier article d'Armide, a voulu répéter encore que c'étoit *un homme de génie* ; à celui qui, pour combattre ses nouveaux systêmes, n'a cessé de lui opposer ses premières productions, & n'a blâmé son Armide qu'en lui rappellant son Orphée ? Est-ce donc à moi qu'il faut faire cette question ? C'est à ceux qui, se livrant à un enthousiasme louable sans doute dans ses motifs, mais blâmable dans ses conséquences exclusives, ont prétendu que la partie de l'Art qui manquoit à leur Artiste favori étoit un défaut dans cet Art ; que les *beautés qu'il s'étoit interdites* n'étoient pas *des beautés Dramatiques* ; que les Ouvrages des plus grands Maîtres d'Italie n'étoient bons que pour *les Concerts* ; que celui qui demandoit du *chant* dans un Opéra, & qui croyoit que ce *chant pouvoit s'allier avec l'expression & l'action*, affirmoit ce qu'il ne pouvoir ni prouver, ni concevoir; que ce ne sera qu'en suivant la marche de M. Gluck, sa méthode & ses principes, que ses rivaux pourront espérer de se placer à côté de lui.

A qui faut-il faire cette question ? A ceux qui ont accueilli par des Épigrammes *un Étranger qui n'a été appellé parmi nous que par le désir de mériter nos suffrages en nous apportant des plaisirs nouveaux*; qui ont prononcé contre lui avant de l'entendre; qui, avant de l'entendre, ont dit que la Musique ne seroit pas *Théâtrale*, & que le premier Compositeur de l'Europe qui venoit faire une Tragédie Lyrique, seroit un *Opera Bouffon*.

A qui faut-il faire cette question? A ceux qui, lorsqu'un Homme de Lettres a disserté sur la Musique sans offenser personne, lui ont répondu par un déluge de petits écrits satyriques qui prouvoient si évidemment cette intolérance que l'on ose nier; à ceux qui, lorsque ce même Homme de Lettres a parlé de la Période Musicale, mot aussi commun que la Période Oratoire, se sont récriés, comme sur une sottise rare, & ont poussé l'inconcevable excès de la prévention & du ridicule, jusqu'à imprimer que *la Période étoit la fille de l'envie & du mauvais goût*.

Voilà, Monsieur, ceux à qui vous pourriez adresser la leçon que vous me faites. Vous les blâmez sans doute. Je suis loin de vous confondre avec eux. Mais quand vous m'avez fait le reproche le plus sensible de tous, pour un homme de mon caractère, celui *de manquer à la vérité & au génie*, avez-vous cru que je ne le repousserois pas de toute la force dont je suis capable, & que je ne le ferois pas retomber de tout son poids sur ceux qui doivent le porter?

Non, j'ose le dire, je n'ai *manqué ni à la vérité, ni au génie*. Je les ai respectés tous les deux, puisqu'en défendant l'une, j'ai rendu tout ce que je devois à l'autre.

Je crois avoir conduit la question au point où il seroit inutile d'écrire davantage, & où elle ne peut plus être décidée que par le temps & le témoignage du Public. Toute vaine chicane mise à part, il s'agit de savoir si les airs complets & réguliers, que M. Rousseau appelle *le chef-d'œuvre de la Musique, le charme pour lequel l'Opéra est institué*, sont ou ne sont pas de l'essence de l'Opéra. Tous les Compositeurs de l'Europe (1) sont d'un côté, & M. Gluck avec ses partisans de l'autre. Nous allons avoir un Opéra (2) d'un grand Maître d'Italie, & nous verrons si ce n'est qu'*en suivant la marche, la méthode & les principes* sur lesquels on a fait *Armide*, que l'on pourra obtenir du succès, & si *le chant des airs* est ou n'est pas *Dramatique*.

Je souhaite, en finissant, que cette dispute, qui n'a pour objet que le progrès des Arts & la perfection de nos plaisirs, ne devienne pas de plus en plus une affaire de parti, un signal de guerre, & un sujet de scandale parmi ceux qui cultivent les Lettres & qui aiment les Beaux-Arts ; que ceux qui admirent tout dans M. Gluck, ne regardent pas comme des ennemis ceux qui préfèrent une autre Musique ; que ceux qui diffèrent d'avis en Musique,

---

(1) *Colin n'avoit pas voyagé.*

(2) Cet Opéra est *Roland*; nous l'avons vu, & nous avons vu encore *Atys & Iphigénie en Tauride*, de ce même *Grand Maître*; & tout Paris a vu si M. de la Harpe est aussi bon prophète que fin connoisseur.

se tolèrent & se pardonnent comme ceux qui ne pensent pas de même en Métaphysique & en Chymie. Mais peut-être est-ce trop demander ; peut-être est-il naturel à l'homme de porter l'amour-propre jusqu'à vouloir que les autres aient du plaisir à notre manière, sous peine de nous offenser; peut-être enfin est-il d'une triste nécessité que les opinions, les spectacles, les sciences, divisent les hommes autant que l'intérêt & l'ambition, depuis la faction des bleus & des verds dans les courses du Cirque, jusqu'aux disputes sur la Musique & sur l'air fixe.

Journal de Politique & de Littérature, 5 *Novemb.* 1777.

LETTRE

AUX AUTEURS

DU JOURNAL DE PARIS.

Si M. de la Harpe se plaignoit encore, Messieurs, qu'on n'a pu parvenir à relever dans ses observations la moindre erreur & la plus légère méprise, il faudroit qu'il fût bien difficile à satisfaire; car il me semble que la réponse de l'Anonyme de Vaugirard à M. Gluck ne laisse à cet égard absolument rien à désirer. On ne pouvoit, je crois, établir avec plus d'honnêteté & plus d'évidence, que M. de la Harpe n'a aucune connoissance de l'Art sur lequel il a écrit, & qu'il emploie les termes de cet Art sans les entendre.

J'ignore quel est l'Anonyme de Vaugirard : ce que je sais, c'est qu'il est bien instruit de la matière qu'il traite, ce qui aujourd'hui n'est pas un mérite commun ; c'est que l'urbanité qui règne dans sa discussion, & les vues qu'il y a répandues, la font lire avec plaisir & avec fruit ; c'est qu'il s'exprime toujours avec ce ton décent, modeste & grave qui sied si bien à ceux qui parlent des Arts, & qui est même le seul qu'un goût délicat puisse adopter.

J'aurois bien désiré que M. de la Harpe eût voulu suivre ce principe, & qu'il n'eût pas mis dans sa réponse à M. Gluck un persifflage amer qui suffiroit pour gâter la meilleure cause.

J'aurois pu lui paſſer des ſophiſmes, des erreurs, juſqu'à ſes prétentions d'enſeigner ce qu'il n'a jamais appris. Je lui paſſerois encore de demander des airs pour toutes les ſcènes, pour toutes les ſituations & pour tous les ſentimens, & cela, par la même raiſon que je paſſe à M. Jourdain de dire après avoir entendu une Muſique triſte ſur des paroles qui en exigent une de ce caractère : *Cette chanſon me ſemble un peu lugubre ; ne pourriez-vous pas la ragaillardir par-ci par-là ?*

Mais comment excuſer le dénigrement, l'aigreur, le ton de ſupériorité avec leſquels M. de la Harpe traite un Homme de Génie, dont les grands ſuccès étoient dignes de quelque reſpect, puiſque l'on en doit à la voix publique qui s'eſt fait entendre ſi hautement & ſi conſtamment en ſa faveur ?

Comment M. de la Harpe, s'il veut y réfléchir, ſe pardonnera-t-il ce paſſage de ſa Lettre ? Il dit à l'Auteur d'*Iphigénie*, d'*Orphée*, d'*Alceſte* & d'*Armide* : *Vous nous faites entendre de petites chanſons de guinguette ; comme ſi pour être agréable, naturel & gai il falloit être plat & commun. Pourquoi avez-vous pris la peine de noter ſur ces paroles* (voici la charmante retraite) *un air de lanterne magique qu'on chante dans les rues ?*

Eſt-il poſſible que ce ſoit un Homme de Lettres qui parle ainſi de Muſique à un des plus célèbres Muſiciens de l'Europe ? Quand on a cru remarquer des fautes dans les productions d'un Art que l'on ne cultive point, dont on ignore les procédés, dont on ne ſait pas même la Langue, & qu'on adreſſe des obſervations à l'Artiſte, il eſt ſi naturel alors de s'expliquer avec une honnête méfiance, d'uſer d'une extrême circonspection, de proposer au lieu de décider : cette retenue est l'effet, je ne dis pas d'une délicatesse rare, mais du sentiment le plus commun des convenances; & si M. Gluck ayant lu quelques-unes des Pièces de vers de M. de la Harpe, lui disoit : *Pourquoi avez-vous pris la peine de rimer des lieux-communs de Collège ?* je trouverois fort mauvais que le Musicien parlât ainsi au Poëte.

Quel est le Lecteur qui a pu supporter cette phrase ? *Cela est faux, M. le Chevalier, je n'ai dit nulle part ma doctrine*, & c'est M. de la Harpe qui reproche à M. Gluck de manquer de politesse, qui se permet une expression de ce genre; & c'est M. de la Harpe qui n'hésite pas à imprimer *cela est vrai;* qu'il relise la page 160 de son vingtième Numéro, il y trouvera *voilà leur doctrine, j'avoue qu'elle ne sera jamais la mienne.* Je demande s'il y a une formule plus claire pour annoncer que l'on a une doctrine, & quand M. de la Harpe ajoute immédiatement, *je pense au contraire que c'est dans la mélodie expressive des airs que réside, &c.* Qu'a-t-il voulu faire, & qu'a-t-il fait réellement si ce n'est d'*exposer sa doctrine ?*

Si M. de la Harpe avoit relu sa réponse avec la même attention qu'il donne aux Ouvrages qu'il analyse, il eût sans doute corrigé ces phrases : »Quand » vous avez pris le parti de persiffler, *vous avez senti » que vous étiez dans votre élément.*

» Comme vous voyez, *je suis pour le tendre.* On » persiffle beaucoup dans le Journal de Paris *pour l'é-* » *dification du Public*, &c.

» *L'un vaut l'autre*, &c.

Tout cela n'est ni bien délicat, ni bien gai, & lorsqu'on s'est déclaré dans ses critiques le défenseur du goût

goût, il faut tâcher d'en mettre un peu plus dans ses écrits ; il faut rejeter des plaisanteries & des tournures contre lesquelles on s'est élevé avec une idignation qui eût paru quelquefois risible, si le zèle n'étoit pas toujours très-louable.

M. de la Harpe demande à M. Gluck s'il le trouve plaisant : la réponse de M. Gluck sera certainement comme celle de tous les Lecteurs de M. de la Harpe ; cependant il faut avouer qu'il y a ici quelque chose de vraiment plaisant, c'est de voir M. de la Harpe en dispute réglée sur la Musique contre M. Gluck.

Risum teneatis, amici ?

Je ne puis finir sans prier M. de la Harpe de relire de temps en temps les conseils de M. de Voltaire à un Journaliste, & sans en transcrire un qu'il paroît avoir entièrement oublié.

» Surtout en exposant des opinions, en les appuyant,
» en les combattant, évitez les paroles injurieuses qui
» irritent un Auteur, & souvent une Nation, sans éclai-
» rer personne. Point d'animosité, point d'ironie. »

Journal de Paris, 3 Novembre 1777.

LETTRE

DE

L'ANONYME DE VAUGIRARD,

AUX AUTEURS

DU JOURNAL DE PARIS.

M. de la Harpe avoit déclaré formellement dans sa Diatribe contre M. Gluck, que, de quelque manière qu'on s'y prît pour le combattre, on ne viendroit pas à bout de *l'engager dans une guerre*. J'avois mieux auguré que lui-même du sentiment qu'il a de ses propres forces ; je connois, comme le Public, son goût & son talent pour la guerre Littéraire; & lorsque j'ai osé entrer en lice avec lui, je ne me suis pas dissimulé que mon attaque seroit vigoureusement repoussée : il n'y avoit que mon extrême confiance dans la bonté de mes armes qui pût me donner celle de me mesurer avec un si redoutable adversaire.

En effet, Messieurs, voilà depuis quinze jours quatre réponses de M. de la Harpe, malgré sa déclaration, à quatre critiques insérées dans votre Journal contre sa Diatribe ; & le Public se flatte que ce ne sera pas son dernier mot.

Je trouve que c'est toujours bien fait de répondre, même quand on a raison. Les hommes sont en général dupes des mots ; on prend aisément des phrases pour des raisons, & l'on est porté à regarder comme vaincu celui qui abandonne le champ de bataille; comme je ne me trouve pas tout-à-fait vaincu, j'aurai l'audace de rompre encore une lance avec M. de la Harpe.

Je reprends mon premier plan d'attaque, & je répète que pour discuter quel est le genre de Musique le plus propre au Théâtre, il faut au moins connoître les moyens de l'Art ; mais que M. de la Harpe est si peu en état de traiter une pareille question, qu'il ne s'est pas donné la peine d'apprendre la signification des termes élémentaires de la Musique : c'est ce que je crois avoir prouvé clairement dans ma Lettre à M. Gluck ; mais j'avoue que M. de la Harpe le prouve encore plus clairement que moi dans sa Réponse.

Cette Réponse me paroît un peu vague & embarrassée : je serois fâché que le trouble qui y règne fût l'image de la disposition où étoit son esprit en l'écrivant : je me le reprocherois. Quoi qu'il en soit, je vais tâcher de faire ce que M. de la Harpe a dit qu'il faisoit ; je veux dire, ramener la question à quelques points clairs & précis, que je traiterai avec le plus de simplicité & de briéveté qu'il me sera possible.

1°. J'avois dit que *M. de la Harpe confondoit le chant avec la mélodie. Pour renverser d'un souffle mon artifice & mes chicanes*, M. de la Harpe m'apprend qu'il y a dans les termes de l'Art deux significations, l'une technique, l'autre d'usage. J'ajouterai qu'un même terme a quelquefois trois ou quatre significations, & que c'est en confondant ces différentes acceptions que M. de la Harpe fait tant de méprises.

Il dit que dans la définition stricte la mélodie n'est *qu'une succession de sons, & l'harmonie qu'une succes-*

sion d'accords. Cette définition *stricte* n'est pas bien exacte, quoique copiée de deux endroits du Dictionnaire de Musique; on se trompe souvent même en ne faisant que copier; mais pour ne pas être encore accusé de *chicaner* sur les mots, passons à la définition, & écoutons le défi imposant que m'adresse mon adversaire.

» Et moi je dis à l'Anonyme, avec tous les Musi-
» ciens du monde, & sans crainte d'être démenti
» par aucun d'eux : je vous défie de me donner une
» définition du *chant*, que je ne puisse appliquer à la
» *mélodie*; je vous défie de me nier que dans l'usage
» universel des Artistes & des Amateurs, ces deux
» mots ne soient pas synonymes «.

Il seroit trop téméraire à moi de prétendre lutter corps à corps avec *tous les Musiciens du monde* à la fois; mais ne pourrois-je pas proposer modestement à leur interprète quelques doutes qu'il lui sera sans doute aisé de résoudre ?

Si la mélodie, d'après sa propre définition, n'est *qu'une succession de sons*, ne faut-il pas que la mesure s'y joigne pour constituer du chant ? Telle phrase de récitatif simple dont la mesure est indécise, ne forme-t-elle pas une mélodie ; mais ne prendra-t-elle pas le nom & le caractère de *chant*, si l'on y donne une mesure fixe & marquée ?

Le *chant* ne suppose-t-il pas toujours une mélodie convenable à la voix, propre à être *chantée* ? Ainsi, lorsqu'on dit qu'il y a du *chant* dans un morceau de *symphonie*, ne seroit-ce point parce que la mélodie pourroit en être *chantée* avec un effet agréable ? Et ne peut-il pas y avoir des phrases de musique instrumentale, qui, procédant par des intervalles que la voix ne sauroit exécuter, ne pourront pas par cela même être appeleés du chant, mais n'en seront pas moins de la *mélodie* ?

La *mélodie*, dans un sens plus resserré, ne désigne-t-elle pas une qualité qui consiste particulièrement à flatter l'oreille indépendamment de toute expression ? Le *chant*, dans le même sens, n'a-t-il pas une acception plus étendue ? Quand on dit : *il n'y a point de mélodie dans ce chant-là*, est-il bien vrai que ces deux mots soient synonymes ?

Quand M. Rousseau dit à l'article *Mélodie* : « la » mélodie vocale s'appelle chant, & l'instrumentale » symphonie, « croit-il, avec tous les Musiciens du monde, que les mots de *mélodie* & de *chant* soient toujours synonymes ?

M. de la Harpe y a-t-il bien pensé quand il dit, armé de deux passages assez vagues tirés de l'Encyclopédie : *si la mélodie constitue un chant régulier, & si le chant est la manière de conduire la mélodie, je demande si cela n'est pas identique ?* M. de la Harpe, avant de m'adresser cette demande, auroit mieux fait, je crois, de l'adresser à quelques-uns des vingt Musiciens qui lui ont fait compliment sur la manière dont il parloit de leur Art. Pour moi je trouve cette phrase la plus étrange du monde. J'aimerois autant dire que la manière de conduire un cheval est la même chose que le cheval ?

2°. M. de la Harpe avoit dit que M. Gluck, *puissant & fécond dans la partie instrumentale, étoit foible & pauvre dans la mélodie*. Je lui avois répondu, d'après M. Rousseau, & *tous les Musiciens du monde*, que *la mélodie appartient à la partie instrumentale comme à la vocale* ; ce qui est évident.

M. de la Harpe, pour me prouver qu'il fait fort bien qu'il peut y avoir de la mélodie dans la Musique instrumentale, me rappelle un autre passage de sa diatribe où il parle de la mélodie des airs de danse de Rameau : & là-dessus il m'accuse nettement de manquer de bonne-foi. Je lui repondrai sans me fâcher, que c'étoit ce même passage qui m'avoit fait dire qu'il employoit quelquefois le même terme d'une manière contradictoire ; ce qui arrive nécessairement à tout homme qui veut parler un langage qu'il n'a point appris.

M. de la Harpe ajoute : *Il faut que l'Anonyme convienne que le mérite de la partie instrumentale consiste principalement dans la beauté des accords & dans les effets qui résultent de leur combinaison.* Voilà ce dont il m'est impossible de convenir. Quand j'entends l'ouverture du *Stabat* & celle d'*Iphigénie*, je vois tout autre chose que des accords dans ces deux sublimes Ouvrages. J'y trouve des desseins caractérisés & suivis ; de grands effets résultans de la variété & du contraste des formes & des mouvemens ; des chants réguliers & expressifs appropriés aux voix différentes des instrumens, & tout aussi distincts de l'harmonie que s'ils étoient exécutés par des voix humaines. Ce mérite-là n'a rien de commun avec la beauté & la combinaison des accords.

Le mérite des Sonates de Corelli & de Handel peut consister principalement dans la beauté des accords ; mais les belles symphonies Allemandes, celles de M. Gossec & de quelques autres Compositeurs, ont un genre de mérite supérieur à celui-là pour l'effet, quoique le premier soit très-grand & très-rare.

3°. J'avois osé dire que *ces voix gémissantes des*

hautbois, ces cris déchirans des violons, &c. qui, dans le monologue d'Agamemnon, peignent la voix de la nature, les cris des Euménides & les sifflemens de leurs serpens, que croit entendre un père désolé, *étoient des traits d'une mélodie sublime.*

M. de la Harpe témoigne une grande pitié pour cette manière de s'exprimer, & il veut ne voir dans tout cela *qu'une harmonie expressive.* Mais encore une fois, si la mélodie *consiste dans la succession des sons,* je le prie d'examiner lui-même si ce n'est pas par la succession des sons, & non par des accords, que les violons & les hautbois expriment ces cris & ces sifflemens ; or, cela est si clair pour quiconque a des oreilles, que dans ces passages imitatifs, les divers instrumens exécutent le même trait à l'unisson. M. de la Harpe peut interroger là-dessus tous les Musiciens du monde, qui, je crois, lui diront comme moi, que les accords n'imitent rien.

4°. J'avois reproché à M. de la Harpe *d'appeler harmonie & accompagnement toute Musique de l'Orchestre.* Il persiste à croire que cette dénomination est exacte ; ce que je viens de dire & ce que je vais ajouter, suffira pour donner une idée des progrès qu'il a faits dans la connoissance de la Musique, depuis qu'il a lu le Dictionnaire de M. Rousseau.

5°. Je lui ai reproché d'avoir mal employé le mot d'acompagnement lorsqu'il a dit que le monologue de Renaud, *Plus j'observe ces lieux,* &c. avoit réussi surtout *par les accompagnemens.* Je lui avois objecté que la symphonie qu'exécutoit l'orchestre, destinée à peindre un lieu enchanté, étoit le sujet principal, formoit le véritable chant, & n'accompagnoit rien. Cela est assez clair ; mais pour rendre mon idée plus claire, je vais, sans le secours d'aucun Musicien ni d'aucun Dictionnaire, expliquer ce que j'entends par accompagnement.

Dans une symphonie comme dans un air, il y a un *motif*, un sujet de chant, qui est exécuté par un ou plusieurs instrumens, & qui passe quelquefois d'un instrument à un autre. L'instrument qui exécute cette partie principale s'appelle, ainsi que la voix qui exécute un chant, la partie récitante. On y joint d'autres instrumens pour fortifier ou pour embellir le sujet & pour compléter l'harmonie : ce sont ces instrumens qui forment *l'accompagnement*. Ainsi une symphonie, où la partie récitante est exécutée par les instrumens, ne peut jamais être appelée un *accompagnement*, lors même que la voix s'y mêle. Telle est précisément la symphonie du monologue de Renaud ; j'ai dit qu'elle n'accompagnoit rien, parce qu'en effet toute la première partie s'exécute avant que Renaud prononce un son, & que le tableau n'en est pas moins complet ; & lorsque la voix vient s'y joindre, ce n'est plus qu'un nouvel instrument qui entre dans l'harmonie, comme le pourroit faire un hautbois ou un cor, & dont le chant se raccorde avec le dessein, mais ne devient pas la partie principale.

J'avois ajouté que le récitatif de Renaud n'étoit là *qu'une partie subordonnée qui seroit plutôt l'accompagnement de la symphonie, que celle-ci n'est l'accompagnement du récitatif.* Voilà un passage qui divertit infiniment M. de la Harpe : *La voix qui accompagne les instrumens !* Cette doctrine lui paroît neuve, curieuse, inouie. Il est *confus* de me renvoyer encore au Dictionnaire, dont il cite un passage sur l'accompagnement, qui malheureusement n'a aucun rapport à la

question. Il est temps de faire cesser sa *confusion*, en lui citant une phrase de M. Rousseau un peu plus claire que celle qu'il m'oppose. Je trouve à l'article *Récitatif mesuré* : « On mesure le récitatif lorsque l'accom-
» pagnement étant chantant & mesuré, oblige le ré-
» citant d'y conformer son débit : C'est moins alors
» un récitatif mesuré, que, comme je l'ai dit plus haut,
» un récitatif *accompagnant* l'accompagnement «. La même expression est employée une autre fois dans la même page. Je n'ai donc pas inventé cette manière de m'exprimer, qui doit être en effet très-nouvelle à M. de la Harpe, mais qui, fût-elle nouvelle, n'en seroit pas moins très-naturelle & très-exacte pour tous Lecteurs un peu exercés à entendre de la Musique.

M. de la Harpe continue à s'égayer sur cet endroit de ma Lettre; & comme j'ai dit que l'orchestre doit exprimer le chant des oiseaux, il me rappelle ces deux vers du monologue :

Un son harmonieux se mêle au bruit des eaux,
Les oiseaux enchantés se taisent pour l'entendre.

Ainsi, dit-il, *quand les oiseaux se taisent, l'Anonyme veut qu'on exprime leur ramage*. Cette observation est sans doute extrêmement fine & plaisante; je pourrois peut-être répondre, que puisque Renaud observe que les oiseaux se taisent, il faut qu'ils aient chanté auparavant, & qu'en effet l'Orchestre a exprimé leur ramage; mais opposer à la fois une raison & un fait à un si joli badinage, cela est bien froid. J'aime mieux ne pas troubler la bonne humeur de mon Adversaire, & je regrette même sincèrement qu'il n'en ait pas mis davantage dans sa Réponse.

Suivons l'analyse de mes observations & de la défense de M. de la Harpe.

6°. Je lui ai reproché de ne pas entendre ce que c'est que le chant mesuré, & je n'ai eu besoin que de citer ses paroles pour le prouver. C'est cependant sur ce reproche que, son Dictionnaire à la main, il me relève le plus vivement, & qu'il triomphe de mon ignorance d'un ton de supériorité tout-à-fait imposant.

Je vous demande pardon, Messieurs, de m'appesantir sur des critiques de mots qui ne peuvent avoir rien de piquant pour la plupart de vos Lecteurs; mais en expliquant des mots on éclaircit des idées; & d'ailleurs je suis obligé d'entrer dans ces petits détails pour tâcher d'échapper au ridicule dont mon Adversaire veut me couvrir.

M. de la Harpe dit, dans sa Diatribe, que dans Armide *il n'y a pas un seul air fait pour un chant mesuré*. Tout ce qu'il a accumulé de petites méprises sur cette courte phrase, mérite d'être remarqué.

J'avois observé en passant, comme une expression nouvelle, l'emploi qu'il fait en cet endroit du mot *air*. *Pas si nouvelle*, répond M. de la Harpe; voyez le Dictionnaire de Musique au mot *air*; c'est un chant adapté aux paroles d'une chanson, & *par extension on appelle air la chanson même*, (c'est-à-dire, les paroles mises à l'air). Or, de ce qu'on appelle *air* des paroles auxquelles on a adapté un air, il en conclut qu'on doit donner le nom d'*air* à des paroles auxquelles, suivant lui-même, on ne peut pas adapter un air. C'est cette Logique qui est nouvelle. J'avois conseillé à M. de la Harpe de lire le Dictionnaire de Musique: *je vous ferai voir*, me dit-il, *que j'ai profité de la leçon de manière à vous étonner un peu.* Oh ! j'avoue que je suis plus étonné que je ne puis le dire du fruit qu'il a retiré de cette lecture.

Ce qu'il ajoute sur cette même phrase est encore plus curieux. Je lui ai opposé, non pas une citation, mais un fait simple & évident ; c'est qu'*Armide* est presque d'un bout à l'autre en *chant mesuré*, & qu'il n'y a presque point de récitatif. On ne s'étoit, à coup sûr, jamais avisé d'aller chercher dans un livre, si du chant étoit mesuré ou non : un enfant qui a de l'oreille ne pourroit pas s'y tromper. Mais M. de la Harpe, qui apparemment s'en rapporte plus à ses yeux qu'à ses oreilles, ouvre encore ce fatal Dictionnaire, & y trouve ces paroles à l'article Air. *Dans les Opéras on donne le nom d'airs à tous les chants mesurés, pour les distinguer du récitatif.*

M. Rousseau, en écrivant ceci, ne voyoit que les Opéras Italiens, où tout est air ou récitatif. Mais admettons la définition : il est tout simple d'en conclure qu'*Armide* n'ayant que très-peu de récitatif, & étant presque entièrement en chant mesuré, est un Opéra plein d'airs ; comme en effet il est plein d'airs, de véritables airs réguliers & symétriques. Mais M. de la Harpe appelle cela *abuser des termes*, & affirme que *d'après la définition de M. Rousseau, il n'y a que les airs qu'on peut appeler proprement des chants mesurés.* Il faut relire plusieurs fois cette phrase, pour croire que c'est ce que M. de la Harpe a voulu dire. Comment répondre sérieusement à cette manière de raisonner ? Est-il donc nécessaire de lui observer que l'emploi du mot *air* dans ce sens, est arbitraire & de pure convention ; au lieu que le mot *mesuré* exprime une chose réelle & physique ; qu'on a pu donner ou ne pas donner le nom d'*air* à un chant mesuré, mais qu'on ne peut se dispenser d'appeler *mesuré* un chant qui est réellement mesuré? Toute explication doit paroître superflue; on ne démontre pas ce qui est évident, dit M. de Montesquieu. Cependant, comme M. de la Harpe est difficile en évidence, rendons-lui son paralogisme sensible par une comparaison. On donne le nom d'*airs* aux duos & aux trios; donc, pourroit-il également dire, *il n'y a que les airs qu'on peut appeler proprement des duos ou des trios*; ou bien, *il n'y a que les duos ou les trios qu'on peut appeler proprement des airs.* Il n'y a dans cet argument que les mots de changés. Je prie à présent M. de la Harpe de nous dire s'il est toujours aussi satisfait de sa réponse : pour moi je ne suis pas tenté de me glorifier de mon avantage.

Comment d'ailleurs M. de la Harpe peut-il persister à dire qu'il n'y a point dans *Armide* de paroles coupées par des airs réguliers? Il y en a cinq ou six dans les deux premières scènes seulement.

Armide dit dans la seconde scène :

> La chaîne de l'hymen m'étonne ;
> Je crains ses plus aimables nœuds.
> Ah ! qu'un cœur devient malheureux
> Quand la liberté l'abandonne !

M. de la Harpe pourroit-il me dire ce qui manque à ce quatrain pour être mis en air, & en air le plus complet, le plus régulier, le plus *Italien* qu'on puisse faire? Ses yeux le tromperoient-ils comme ses oreilles, dans tout ce qui tient à la Musique?

7°. J'avois encore observé que M. de la Harpe n'avoit pas entendu le sens du mot *Mélopée*, qui étoit chez les Grecs l'art de composer le chant, & non un

chant composé, comme mon Adversaire le supposoit.
Je lui citois l'étymologie même du mot qui est très-
claire; il me répond en fabriquant une nouvelle étymologie, qui n'a pas de sens, & qu'il a été obligé de
rétracter deux jours après dans votre Journal; mais
sa retractation même prouve combien tous ces objets
sont étrangers à ses études. Je lui avois cité Aristide-
Quintilien que j'ai lu, mais que je ne me vantois pas
d'avoir lu, parce qu'il n'y a pas de quoi se vanter;
il me dit crûment, & d'un ton auquel je ne veux pas
attacher d'épithète, que je n'ai point lu cet Aristide-
Quintilien que je cite. Je lui cite l'article *Mélopée* du
Dictionnaire de Musique, que j'ai lu & relu : il me
répond avec une intrépidité rare que si j'avois lu cet
article jusqu'au bout, j'y aurois vu que M. Rousseau
emploie le mot de Mélopée dans le même sens que
lui; quoique tout le monde puisse aisément s'assurer
qu'il n'y a pas un seul mot dans cet article qui justifie
l'assertion de M. de la Harpe. Il m'oppose avec la
même intrépidité l'autorité de l'Abbé du Bos, quoique
l'Abbé du Bos, dans le troisième volume de ses *Réflexions sur la Poésie*, p. 60, cite ce passage d'Aristide-
Quintilien : » La différence qui est entre la Mélopée &
» la Mélodie consiste en ce que la *Mélodie* est le chant
» même écrit, & la *Mélopée* l'art de le composer; »
quoique cet Écrivain ajoute : *Ainsi la Mélopée étoit
la cause, & la Mélodie l'effet*, & qu'il répète la même
chose ailleurs. M. de la Harpe me traiteroit un peu
fièrement si j'employois de pareilles armes contre lui ;
moi je le plains d'en être réduit à des subterfuges si
peu dignes d'un Homme de Lettres, qui a plus d'esprit & de talent qu'il n'en faut pour être en droit d'i-
gnorer ce que c'est que Mélopée & Mélodie.

8°. M. de la Harpe avoit dit que *c'étoit dans les airs* (*à l'Italienne*) *que résidoit la puissance première de la Musique*. Je lui citois les Grecs chez qui la Musique avoit quelque *puissance*, & qui n'avoient point de ces airs. Il me répond que, s'il vouloit, il examineroit ce que les Grecs entendoient par νόμοι. Je suis très-convaincu qu'il est en état de nous parler des Nomes Grecs aussi-bien que des airs Italiens ; mais en attendant sa dissertation, je croirai que les Grecs ne mettoient point dans leurs Tragédies d'ariettes Italiennes. Il persiste à croire que les belles ariettes *sont de l'essence du mélodrame*, & je lui en fais mon compliment. Je lui avois cité de beaux morceaux de musique moderne qui ne sont pas des airs ; ces chants nationaux qui ont tant d'empire sur les hommes, qui par conséquent ne sont pas dépourvus de *la puissance première* de la Musique, & qui n'ont rien de commun avec les airs Italiens. Que répond à cela M. de la Harpe ? Rien.

Il avoit dit qu'il vouloit un ou deux de ces beaux airs dans chaque scène d'un Opéra. Je lui ai répondu que *ce seroit beaucoup d'airs*. Il est tout près de m'accuser de mauvaise foi, parce qu'il avoit permis de mettre à la place d'un *air* un duo, un trio, &c. & il ajoute tout de suite, qu'à la vérité *les duos & les trios sont des airs*. Je répondrai donc encore avec la même mauvaise foi : *ce seroit beaucoup d'airs.*

9°. Pour faire voir combien il est difficile de parler correctement la Langue d'un Art qu'on n'a point étudié, j'avois dit que dans l'annonce du Sallon, M. de la Harpe n'employoit qu'un mot technique de peinture (celui de *reflets*), & l'employoit d'une manière inintelligible. Je m'appuyois de l'autorité d'un Artiste, qui eſt non-ſeulement un grand Peintre, mais encore un homme de beaucoup d'eſprit, & qui n'étoit pas diſpoſé à juger ſévérement la phraſe de M. de la Harpe. Mon Adverſaire répond qu'il ſait à merveille ce que c'eſt qu'un reflet, & qu'il faut que l'Artiſte qui ne l'entend pas *ſoit Peintre comme je ſuis Muſicien*. Cela n'eſt pas poli pour le Peintre ; & je prendrai la liberté de dire à M. de la Harpe, qu'il faut être poli ſurtout avec les maſques. Pour moi, ſi j'étois Muſicien comme cet Artiſte eſt Peintre, je ſerois, de l'aveu de M. la Harpe lui-même, un des plus grands Compoſiteurs du monde. Le nom de ce célèbre Artiſte ſeroit déplacé dans une diſpute de muſique ; mais M. de la Harpe le ſaura quand il voudra.

10°. M. de la Harpe s'étoit cru obligé, en ſa qualité de Journaliſte, d'analyſer le talent de M. Gluck & le mérite de ſes ouvrages. Je lui avois dit qu'il n'étoit pas plus obligé de dire ſon avis ſur une queſtion de muſique s'il ne la ſavoit pas, que ſur une découverte de mathématiques. Il trouve ce rapprochement ridicule, incompréhenſible ; il appelle cela *comparer les Mathématiques à la Muſique*. Je n'y ſais que faire. Il n'en eſt pas moins vrai qu'on n'eſt pas plus obligé de prononcer ſur la ſcience des Mathématiques que ſur l'art de la Muſique, quand on n'a étudié ni l'une ni l'autre.

Il trouve très-plaiſant ſans doute de me faire dire qu'on *ne peut parler de la texture d'un Drame lyrique, que lorſqu'on ſait les règles du Contrepoint*, quoique j'aie dit expreſſément le contraire, & que j'aie eu ſoin de diſtinguer bien nettement les objets de la Muſique ſur leſquels les Gens de Lettres, & les ignorans mêmes pouvoient être bons juges. Il ajoute que *ce plaifant paradoxe a fait rire tous ceux qui vont juger un Opéra, fans favoir ce que c'eft qu'une baffe.* Ils auroient bien raifon de rire d'une pareille fottife, car elle eft bien ridicule. Pour moi j'ai bien ouï dire qu'il y avoit dans ma Lettre quelques endroits qui avoient fait rire ceux qui vont à l'Opéra, mais on ne m'avoit pas dit que ce fût à mes dépens.

11°. J'avois jeté dans ma Lettre à M. Gluck quelques idées générales fur les rapports qu'il y a entre la Mufique & la Poéfie & la Peinture. M. de la Harpe y répond comme au refte. Il ne cite fidélement aucune de mes phrafes ; il ne préfente aucune de mes propofitions, entières ni ifolées ; il dénature & brouille tout. Qu'il jouiffe du fuccès de ce beau talent, & que les hommes éclairés & défintéreffés nous jugent. Je n'ai pas envie de défendre ce qui ne touche que mon amour-propre : je ne mets d'intérêt qu'à défendre les principes d'un Art que j'aime, & la réputation d'un homme de génie que j'admire.

12°. Je pourrois demander à M. de la Harpe pourquoi il n'a pas tenté de juftifier plufieurs autres méprifes de mots que j'avois relevées, & qui, n'y en eût-il pas d'autres, fuffiroient pour prouver ce que j'ai avancé, qu'il parle de la mufique fans en avoir de notions précifes. Quand on a le courage de foutenir par des phrafes qu'il n'y a point de chant mefuré dans *Armide*, on ne doit jamais être embarraffé de répondre, pas même à des démonftrations mathématiques ; car en mufique la fenfation eft encore plus évidente que la démonftration.

13°. Il faut en revenir malgré moi au reproche le plus grave que j'aie fait à M. de la Harpe, & que je lui ai fait avec un fentiment d'amertume que je ne pouvois

pouvois pas diſſimuler. Je lui ai reproché d'avoir cherché à affliger un Artiſte qui ne lui avoit fait, de ſon aveu, que du plaiſir; je lui ai reproché d'avoir employé, ſans prétexte comme ſans décence, des expreſſions de dénigrement & de mépris en critiquant un Artiſte qu'il appelle lui-même un Homme de Génie; je lui ai reproché d'avoir diſſimulé le ſuccès d'*Armide* avec une partialité révoltante, & ſans autre but imaginable que l'intention de plaire aux ennemis de M. Gluck. J'ai témoigné le regret ſenſible que j'avois de voir un Homme de Lettres manquer ainſi au génie & à la vérité. J'ai prouvé ces triſtes allégations par des faits ; je voudrois que M. de la Harpe eût pu expliquer ces faits & détruire mes raiſons de manière à m'arracher un déſaveu, que j'aurois publié avec bien plus de plaiſir que je n'en aurai jamais à relever des erreurs. C'eſt ce qu'il lui étoit impoſſible de faire.

Mais au lieu de détourner de deſſus lui un reproche qui a dû en effet lui être ſenſible, il a cherché *à le faire retomber de tout ſon poids* ſur d'autres; ſans doute on peut l'appliquer à beaucoup d'autres ; mais M. de la Harpe n'a pas été heureux dans ſa récrimination. J'ai demandé *quel étoit donc ce triſte plaiſir de la critique qui s'occupe à troubler l'Artiſte dans ſes travaux & à l'affliger dans ſes ſuccès?* Il veut que j'adreſſe cette queſtion, non à lui qui a cependant cherché à affliger un Homme de Génie ; mais à ceux qui ont prétendu *que la partie de l'art qui manquoit à M. Gluck étoit un défaut dans cet Art ; que les beautés qu'il s'eſt interdites n'étoient pas des beautés dramatiques; que les ouvrages des grands Maîtres d'Italie ne ſont bons que pour les Concerts; que celui qui demande du chant, &c.*

Il ne m'est pas possible de sentir la liaison de ces idées-là. Je prie M. de la Harpe de venir au secours de mon intelligence, & de me dire comment je pourrois adresser ce reproche à M. Métastase; car il sait que c'est ce célèbre Poète lyrique qui a écrit que la Musique Italienne n'étoit bonne que pour les Concerts. Cette manière de se défendre peut faire juger de la disette de raisons où s'est trouvé mon Adversaire.

14°. M. de la Harpe est plus à son aise quand il peut s'appuyer du Dictionnaire de Musique; je conçois son étonnement & sa joie, lorsqu'ouvrant pour la première fois cet excellent Dictionnaire, il y a trouvé ses inspirations sur les beautés du chant & des airs, expliquées, dévelopées, présentées avec élégance & avec précision, appuyées sur la connoissance de l'art. Il est tout émerveillé d'avoir trouvé *par instinct* ce qu'un grand Écrivain a publié il y a dix ans; ce que plusieurs gens de Lettres ont répété depuis dans des Ecrits qu'il a lus; ce qu'il a entendu cent fois discuter dans les conversations, depuis qu'on dispute sur la Musique de M. Gluck.

Comme j'avois lu & relu non-seulement le Dictionnaire de M. Rousseau, mais encore sa Lettre sur la Musique Françoise, qui a paru il y a plus de vingt ans, & où se trouvent déjà les mêmes principes sur l'unité de dessein & de mélodie, il y a longtemps que je dis qu'on ne fait que répéter ce que cet homme célèbre a écrit; & lorsqu'on a voulu m'engager à écrire contre cette théorie moderne sur la nécessité & la beauté des airs symétriques & périodiques, j'ai dit que ce seroit à M. Rousseau qu'il falloit répondre; ce qui ne seroit jamais une entreprise aisée, même avec les meilleures raisons du monde.

DE LA MUSIQUE. 371

Il est donc vrai que tout ce que M. de la Harpe a dit sur le chant & sur les airs d'après ses Maîtres est parfaitement expliqué dans le Dictionnaire de Musique ; mais je ne serai pas pour cela dans la nécessité de réfuter cet Ouvrage. M. Rousseau qui sait fort bien ce qu'il a pensé & écrit, & les raisons de ce qu'il a pensé & écrit, y a répondu lui-même d'une manière également lumineuse & péremptoire pour les Savans & pour les ignorans.

M. Rousseau a écrit sur la Musique en homme de goût, en Philosophe & en Artiste ; mais il avoit en écrivant un peu d'humeur contre la Musique Françoise & contre Rameau. Il exaltoit la perfection de la Musique Italienne pour avilir la nôtre, & les effets de la mélodie pour combattre Rameau qui trouvoit tout dans l'harmonie. Il a fait d'ailleurs comme tous les hommes d'esprit qui veulent trop généraliser les principes & édifier des théories sans avoir assez de faits ; il s'est formé l'idée du beau sur les seuls modèles de beauté qu'il connût ; & comme les Italiens étoient les seuls qui eussent alors une Musique de Théâtre, il a cru trouver dans leurs Compositions les véritables principes de la Musique de Théâtre.

On sait s'il est aisé de faire revenir ce grand Écrivain sur l'opinion qu'il a une fois avancée, quelque étrange qu'elle paroisse ; jusqu'à présent il n'a encore désavoué que ses principes sur la Musique Dramatique. Aparemment que ses sensations ont plus d'empire sur lui que les raisonnemens ; car dès qu'il eut entendu *Iphigénie*, il convint hautement que M. Gluck avoit renversé sa théorie & changé toutes ses idées ; que cet Homme de Génie avoit exécuté ce qu'il n'avoit pas cru possible. Il ne s'est pas piqué de cette force de tête qui fait céder le plaisir à l'opinion, & les mouvemens de l'ame aux combinaisons de l'esprit. Tout le monde sait qu'il n'a manqué presque aucune représentation d'*Iphigénie*, & qu'il n'a cessé d'étudier les partitions des autres Opéras de M. Gluck; il a écrit sur un seul passage d'*Orphée* une Lettre savante (*voyez page 21*) & a commencé une analyse suivie de l'Opéra d'*Alceste*. Si M. de la Harpe croit entendre les principes de M. Rousseau mieux que M. Rousseau lui-même; s'il croit avoir de meilleures raisons que lui pour les défendre, & de meilleures oreilles pour juger de la Musique de M. Gluck, c'est contre M. Rousseau converti par les faits qu'il aura bonne grace à protéger M. Rousseau bâtissant des théories; c'est contre la *science* de cet Homme de Génie qu'on sera curieux de lui voir déployer les ressources de son *instinct*.

De mon côté je vais lui donner l'exemple d'une semblable audace. Il a imprimé, qu'*un des plus grands Musiciens du siècle étoit prêt à signer qu'il n'y avoit pas dans ce qu'il a écrit sur la Musique une idée qui ne fût juste, ni une expression qui ne fût exacte.*

Voilà qui est positif. D'après ce témoignage, il faut que toutes les idées que j'ai exposées dans cette Lettre soient fausses, & que toutes mes définitions soient inexactes. Eh bien, je *défie* M. de la Harpe (pour me servir à son exemple de cette formule que je n'aime pas) d'engager ce *grand Musicien* à signer la déclaration qu'il annonce en la motivant par quelques raisons. Je m'engage, tout ignorant que je suis, à soutenir contre lui tout ce que j'ai avancé; je le ferai avec la modestie qui convient à un écolier, & avec tout le respect qu'on doit à un grand Maître; mais avec l'assurance d'un homme qui ne parle que de ce qu'il a étudié, & qui s'est instruit longtemps par la lecture de tous les bons ouvrages qui ont été écrits en différentes Langues sur la Musique, & par la conversation des Compositeurs & des Amateurs éclairés. Si je succombe dans une lutte si inégale, comme cela est vraisemblable, le Public me saura gré du moins de lui avoir procuré les observations lumineuses & instructives d'un grand Musicien sur les principes & le langage d'un Art qui devient plus intéressant tous les jours.

J'avois d'abord voulu me plaindre à M. de la Harpe de certaines formes d'expressions qu'il a employées avec moi, & qui ne sont pas d'une politesse bien recherchée; mais j'ai pensé ensuite que c'étoient des licences autorisées par le genre polémique; & quoique ces formules ne soient pas à mon usage, je ne veux pas priver mes Adversaires de ce qu'elles peuvent avoir de commode pour eux. Je suis resté d'ailleurs persuadé que si M. de la Harpe avoit eu de meilleures raisons à m'opposer, il m'auroit traité avec plus de bonté.

Il me reste, Messieurs, à vous demander encore une fois pardon d'avoir mis à une si rude épreuve la patience de vos Lecteurs. La Musique occupe depuis quelque temps autant de place dans vos Feuilles que les discussions sur l'opération de la symphise, & sur l'usage plus ou moins dangereux des ustensiles employés à la préparation des alimens. Tout cela est bien fastidieux pour les gens du monde. Les grands objets qui les occupent; les sujets intéressans qui varient leurs conversations dans les cercles; la gaieté & le mouvement qui animent leurs soupers, ne leur permettent guère de s'arrêter longtemps sur la recherche des moyens de perfectionner les Beaux-Arts, & encore moins de conserver l'espèce humaine. Ces discussions sont tout au plus bonnes pour amuser les oisifs des Caffés.

Je promets donc de ne plus disserter si longuement sur la Musique, si j'y reviens encore; & quelque parti que prenne M. de la Harpe à mon égard, je lui DÉCLARE, comme il l'a déclaré dans les mêmes termes à M. Gluck, que probablement je ne lui répondrai plus.

Journal de Paris, 3 Novembre 1777.

A L'ANONYME DE VAUGIRARD, SUR LA RÉPONSE A M. LE CHEVALIER GLUCK,

Insérée dans le Journal de Paris, N°. 296 & suivans.

Je fais, Monsieur, beaucoup de cas
De cette science infinie,
Que, malgré votre modestie,
Vous étalez avec fracas,
Sur le genre de l'harmonie
Qui convient à nos Opéras;
Mais tout cela n'empêche pas
Que votre Armide ne m'ennuie.

Armé d'une plume hardie,
Quand vous traitez du haut en bas
Le vengeur de la Mélodie,
Vous avez l'air d'un fier-à-bras;
Et je trouve que vos débats
Passent, ma foi, la raillerie:
Mais tout cela n'empêche pas
Que votre Armide ne m'ennuie.

Votre style est plein d'embarras;
De vos Peintres la litanie,
Sur leurs talens votre fatras,
Sont une vaine rapsodie,
Un orgueilleux galimatias,
Une franche pédanterie :
Et tout cela n'empêche pas
Que votre Armide ne m'ennuie.

Le fameux Gluck, qui, dans vos bras,
Humblement se jette & vous prie,
Avec des tours si délicats,
De faire valoir son génie,
Mérite, sans doute, le pas
Sur les Amphions d'Ausonie;
Mais tout cela n'empêche pas
Que son Armide ne m'ennuie.

Par M. de Trois *.

Journal de Paris, 2 *Novembre* 1777.

VERS
D'UN HOMME

Qui aime la Musique & tous les instrumens, excepté la Harpe.

J'ai toujours fait assez de cas
D'une savante symphonie
D'où résultoit une harmonie
Sans efforts & sans embarras.
De ces instrumens hauts & bas,
Quand chacun fait bien sa partie,
L'ensemble ne me déplaît pas;
Mais, ma foi, la Harpe m'ennuie.

Chacun a son goût ici bas:
J'aime Gluck & son beau génie,
Et la céleste mélodie
Qu'on entend à ses Opéras.
La Période & son fatras
Pour mon oreille ont peu d'appas;
Et, surtout, la Harpe m'ennuie.

Par M. de Trois *.

Journal de Paris, 3 Novembre 1777.

VERS
D'UN IGNORANT,

Comme les trois quarts du monde, en Musique, & sans doute en Poésie ; mais sensible autant que personne.

Allemand ou François, qu'importe qui m'éclaire !
Je suis, en fait de goût, neutre sur le pays.
Iphigénie, *Orphée*, *Alceste*, ont su me plaire :
A Gluck effrontément j'ose donner le prix.
Laissez mûrir *Armide* ; Armide, Armide même
Renferme des beautés, & d'un ordre suprême !
Pour l'ancien genre enfin bataille qui voudra ;
A Jacques, Pierre ou Paul que la palme demeure ;
Messieurs de *Vaugirard*, la Harpe & cetera,
Ou pour, ou contre Armide écrivez : moi, j'y pleure.

Journal de Paris, 14 Novembre 1777.

A M. DE LA HARPE.

Monsieur,

Quand j'avois plusieurs médecins, je ne savois auquel m'en rapporter sur les remèdes que je devois faire; j'ai voulu aussi pendant quelque temps avoir tous les Journaux, & je ne savois que penser des livres & des Auteurs. J'ai pris mon parti de n'avoir qu'un Médecin & qu'un Journaliste; les Philosophes prétendent qu'il vaudroit mieux se passer de l'un & de l'autre; je ne suis pas Philosophe, moi; j'ai du temps & de l'argent; je ne me connois à rien, & je suis bien aise de parler un peu de tout. Ainsi vous, Monsieur, vous êtes mon Journaliste; je n'achette que les ouvrages que vous louez, & je ne m'en trouve pas mal. Cela fait que je n'ai pas occasion d'en lire beaucoup, & encore quelque fois j'en lis trop.

Ce qui m'a fait plaisir surtout dans vos Feuilles, c'est ce que vous avez dit de la Musique. Je vais à l'Opéra depuis trente-cinq ans: ce n'est pas pour entendre, comme vous l'imaginez bien; mais pour voir un joli pas de deux, pour juger la voix d'une débutante, la jambe d'une Danseuse, & pour apprendre les nouvelles. Autrefois c'étoit une manière de Caffé le plus commode du monde; mais on ne s'y reconnoît plus depuis cinq ans que ce barbare de Chevalier

Gluck est venu nous apporter sa Musique ensorcelée, où l'on chante toujours, ce qui fait qu'on n'y trouve point de chant. Tant qu'on joue ses tristes Opéras, à peine trouve-t-on à qui parler dans les corridors : on se colle aux lorgnettes ; on se foule à la porte du parterre ; on écoute avec une attention stupide tout ce tintamarre, la centième fois comme si c'étoit la première. Les Ballets sont racourcis de moitié, & encore paroissent-ils longs & ennuyeux, ces beaux Ballets qui auparavant faisoient les délices du Public & la gloire de l'Opéra François. Enfin si cela dure, il faudra que je rompe mon abonnement, & que je n'aille plus à l'Opéra que les Jeudis.

Que je vous sais bon gré de nous avoir appris ce qu'il faut penser de ce brouillon d'Allemand qui est venu tout renverser en Musique. Ah! Monsieur, les belles choses que vous nous dites sur cette mélodie, qui est la même chose que le chant, & sur le chant, qui est la même chose que la mélodie ; sur cette symétrie, qui fait si bien à l'expression ; sur ces duo, ces trio, qui sont des airs ; sur les chants mesurés, qu'il ne faut pas confondre avec les airs, parce qu'on donne le nom d'air aux chants mesurés, &c ! Je n'entends rien à tout cela, mais je suis de votre avis en tout. Je n'ai pas voulu lire un mot de cet Anonyme de Vaugirard, qui est venu vous tracasser là-dessus. Cet homme-là est bien minutieux ; il ne vous chicane que sur les mots, comme s'il falloit tant d'attention aux mots quand il s'agissoit de dire des choses. C'est d'un petit esprit. D'ailleurs ses Lettres sont mortellement longues, & j'aime cent fois mieux vous en croire que de les lire.

Quel plaisir vous avez fait au Public de lui prouver

que c'étoit aux ignorans à juger des Arts, & que tout ce qu'on a dit de plus beau sur la Musique a été trouvé par des gens qui ne connoissoient pas une note; que vous-même, par exemple, avez deviné par instinct tout ce qu'il y a dans les Dictionnaires. Vous ne sauriez croire combien vous vous êtes fait d'amis par cette charmante doctrine. Moi, je suis sûr que cela doit être vrai; & je suis persuadé que je trouverois aussi par mon instinct des vérités à étonner tout le monde, si je savois, comme vous, arranger de jolis mots d'une certaine manière, avec des tournures.... Mais j'ai autre chose à faire que des phrases; d'ailleurs, après vous, je ne sais pas en vérité ce qu'on pourroit dire dans ce genre-là.

Il me reste un petit embarras: je vous prie de m'en tirer. Je me rencontre quelquefois avec des gens qui ne manquent pas d'esprit, mais qui sont difficiles, & qui prétendent avoir lu beaucoup de livres, quoiqu'ils n'en achetent guères. Ces gens-là ont leur raison, comme vous voyez, pour prétendre qu'il faut avoir lu aussi pour savoir quelque chose. Ils disoient que tout ce que les adversaires du Chevalier Gluck ont écrit sur toute cette querelle de Musique, se reduisoit à deux principes & à deux faits: j'ai retenu leurs propres paroles. Le premier principe est qu'il faut unir autant que l'on peut la mélodie à l'expression, ce qui est une vérité de *Pedro Grullo;* le second, qu'on peut unir la plus belle mélodie à la plus forte expression, ce qui est une hypothèse dénuée de preuve, & même de sens, pour quiconque sait comment se forme la mélodie & l'expression en Musique.

Quant aux deux faits, le premier est que les Italiens ont uni la véritable expression au beau chant, ce qui eſt démenti par les Italiens eux-mêmes ; le ſecond, que M. Gluck a outré l'expreſſion & n'a point fait de chant, ce qui eſt démenti par cent mille oreilles Italiennes, Allemandes & Françoiſes.

Ces mêmes Cenſeurs prétendent que vous n'avez fait que tourner à votre manière ces idées ſi répétées, & que vous n'avez pas fait une phraſe là-deſſus qui ne ſoit la traduction élégante & littérale d'une autre phraſe de deux ou trois brochures que vous connoiſſez bien.

Comme je ne me ſoucie pas plus d'entendre les raiſonnemens de ces Meſſieurs que de lire les brochures dont ils parlent, je n'ai pas voulu diſputer contre eux ; cependant, comme vous avez affirmé dans votre Lettre à M. Gluck, que dans tout ce que vous avez écrit il n'y avoit pas une idée, une raiſon, une phraſe qui ne fût à vous, j'ai été prêt d'offrir ſur votre parole de parier que vous n'aviez copié perſonne ; mais ces Meſſieurs qui raiſonnent ſi hardiment n'ont peut-être pas dix écus dans leur poche ; & d'ailleurs j'étois bien-aiſe de vous conſulter avant de faire mon pari : cela eſt toujours plus prudent.

Si donc un de vos Abonnés & de vos plus zélés Admirateurs a quelque droit à vos bontés, je vous prie, Monſieur, de me marquer au juſte quelle eſt l'idée nouvelle que vous avez trouvée dans toute cette affaire, ou la preuve nouvelle que vous avez donnée d'une ancienne idée, ou ſeulement l'application nouvelle que vous avez faite d'un principe connu, afin que je ſache à quoi m'en tenir, & que je puiſſe dans l'occaſion accabler de votre autorité ces éplucheurs de mots & de phraſes.

Continuez, Monſieur, de plaider la cauſe de

l'inſtinct contre d'orgueilleux connoiſſeurs, qui voudroient faire accroire que l'étude des Arts eſt néceſſaire pour éclairer le goût ; ſouvenez-vous que ce n'eſt pas par des Savans que les plus grandes vérités ſe ſont établies dans le monde, & ſoyez, s'il le faut, le martyr de la cauſe dont vous vous êtes fait ſi généreuſement l'Apôtre :

> Semblable à ces premiers fidèles
> Qui combattoient juſqu'au trépas
> Pour des vérités immortelles
> Qu'eux-mêmes ne comprenoient pas.
> J. B. ROUSSEAU.

J'ai l'honneur d'être, &c.

THIBAUDOIS DE GOBEMOUCHE.

P. S. A propos, vous vous êtes ſervi dans votre dernière réponſe à l'Anonyme du mot de *Contrepoint*. Comme je n'ai pas le Dictionnaire de Muſique, & que vous l'avez, je vous prie de me dire ce qu'il faut entendre par ce mot-là.

Journal de Paris, 17 Novembre 1777.

LETTRE

DU

SERPENT D'UNE PAROISSE DE VILLAGE,

A M. DE LA HARPE.

Monsieur,

J'avons l'honeur de vous faire une Lettre pour me dépêcher de vous apprendre une chose qui vous intéressera beaucoup ; c'est qu'il faut vous dire que je sommes Serpent de ma paroisse, & que notre Curé qui s'amuse à lire les Gazettes, n'a pas de plus grand plaisir que de les lire tout haut, à cette fin que je l'entendions & que nos enfans en profitions itou. L'autre soir y lisoit le Journal de... j'avons oublié son nom ; car je ne l'ons entendu nommer que c'te fois là. Tant y a que ça part de votre pleume. Y avoit là dedans tout plein de belles choses, car je n'y comprenions goute, & de pauvres gens comme nous ne font pas faits pour entendre tous ces baragouinages-là : ça parloit contre M. Guelouque, & ça disoit comme ça que gnia pas de chant dans ses airs ; que la mélodie est la même chose que l'harmonie ; que pour faire pleurer le monde il feut faire des accords ; enfin tout plein d'autres choses que je trouvions bian dites ;

dites ; car tout ça venoit pêfle mêfle l'un fur l'autre, & moi je trouve ça mieux, à caufe que je dis à patt moi : *eh bien voyez! je n'aurions pourtant pas dit ça.* Et puis j'étions content encore parceque j'étois faché contre ce bieau M. Guelouque ; à caufe que M. le Curé qui l'aime bian, comme je vous le difois, m'avoit prêté un air de fon plus nouveau Opéras, & que ce diable d'air ne pouvoit pas aller fur mon ferpent. Pour en revenir donc à c'que nous parlions, not'Curé fefoit des grimaces en lifant vot'grimoire, comme quand le Seigneur de chez nous n'met qu'un demi as à l'offrande. A la parfin il a pris plufieurs Journal de Paris, & il m'a lu ça. Il y avoit tout plein d'écriture qu'on vous écrivoit pour fe gaucer de vous ; mois je difois à ça que c'etoit mal, que ça ne fefoit rien au monde fi vous étiez bien favant ou fi vous n'faviez ce que vous difiez ; & M. le Curé difoit que c'étoit c'que vous méritiez ; tant y a qu'il m'a dit: *Regarde, Mathurin ; toute fois & quand qu'un homme écrit comme ça de bieaux mots, c'eft pour attraper des imbéciles comme toi; tous ces diêtons-là reffemblont, fans comparaifon, aux cloches de not'village, quand alles font bian du tapage, ça vous étourdit, on n'fait plus queul air que ça joue. Un nigaut penfe tout de fuite que celui qui a écrit de fi grands mots eft bien favant; point du tout, je gage que cet homme-là ne fait pas tant feulement combien qu'il y a de clés dans la Mufique.* Moi je n'avons pas voulu gager avec lui, parce que c'eft manquer de refpect à fon Curé, & qu'il me l'auroit bian revalu à Pâques ; & pis je voyois bian qu'il avoit raifon, car il me difoit que j'avois tort, & il en fait plus lon que moi. Or donc j'ai fait le fin, & je l'y ai demandé comment qu'il vous pourroit demander ça,

Bb

Il m'a dit qu'il vous écriroit deux mots par le Journal. Moi qui ne perds pas la tramontade, je vous écris bien vîte cheuz vous pour vous dire qu'il est homme à faire ce qu'il dit; par ainsi, comme j'avons de l'amiquié pour vous, à cause que je n'aimons pas M. Guelouque, j'avons l'honneur de vous apprendre qu'y a trois clés dans la Musique, la clé *c sol ut*, la clé de *f ut fa*, & la clé de *g ré sol*, à cause de c'que vous n'savez peut-être pas çà, quoique vous parliez de *récitatif*, & de *chant mesuré*, & de *mélodie*, & d'*harmonie* autant qu'un autre. Or ça, je vous parlons là à cœur ouvert en cachette de M. le Curé. Y va être bien attrapé ! ça me rejouit l'ame quand j'y pense. Dame c'est pour le coup que vous ferez le fier ; vous lui ferez voir que vous n'êtes pas un Glaude, & que vous savez aussi bian que lui que gnia que trois clés dans la Musique. Tatigué ! que je me veux du bien de vous avoir appris ça ! Mais je nous flattons qu'en revanche vous me direz *au clair* à quoi qu'on connoît la mélodie d'avec l'harmonie, ou bien si c'est tout un. J'attendons de vous cette marque de souvenance, avec lequel j'avons l'honneur d'être de tout mon cœur, &c.

Mathurin Guillot.

P. Scripton. Si par après not' Curé vous fait encore des questions biscornues, adressez-vous à moi. Si je n'y étions pas, mes Petits Enfans de Chœur vous apprendront tout aussi-bien que moi la gamme & la note, & tout c'que vous ne savez pas.

Journal de Paris, 26 Novembre 1777.

LETTRE D'UNE DAME

A

M. DE LA HARPE.

Je ne fuis, Monfieur, ni de Vaugirard, ni d'Allemagne; mais s'il faut vous dire qui je fuis, vous ferez peut-être bien-aife d'apprendre que je fuis une femme; & me hâte de vous le déclarer pour adoucir un peu *ce fier courage*, & vous engager à difputer avec moi fans prétention & fans aigreur. Ce n'est pas que vos égards me foient néceffaires, ni que mon fexe doive s'en inquiéter. Si vous y manquiez, vous y perdriez beaucoup, & la queftion n'y gagneroit rien. J'entre en matière fans autre préambule, & commence par vous demander quelques aveux néceffaires.

Convenez avant tout, Monfieur, que vous n'etiez nullement obligé d'entrer dans la querelle fur Gluck & fur les Maîtres d'Italie. Vos premières expreffions fur cet Homme de Génie avoient été celles de l'admiration & de l'enthoufiafme. Vous aviez acquitté votre devoir particulier & celui du Public envers un grand Homme qui eft venu ajouter à nos plaifirs, & a donné un nouvel Art à l'Europe, en donnant l'exemple de faire concourir parfaitement la Mufique avec la Poésie pour l'exécution entière du Drame Lyrique. Si M. Marmontel est venu ensuite nous dire d'attendre avant de décider que nous avons du plaisir. Si on lui a répondu qu'il n'y avoit plus à attendre ; que le grand Homme qui devoit opérer la révolution étoit venu, & que les Maîtres Italiens eux-mêmes seroient obligés dorénavant à employer toutes leurs forces, & à porter sur le Drame entier ce grand talent qu'ils bornoient à se jouer dans quelques ariettes; si en un mot, chacun avoit dit ce qu'il avoit à dire pour & contre Gluck, la décision *d'un Journaliste qui a imprimé qu'il ne sait pas un mot de Musique* devenoit inutile. A qui avez-vous prétendu apprendre quelque chose ? M. M***. conviendra-t-il que vous ayez ajouté à la doctrine de son *Essai ?* Les défenseurs de Gluck croiront-ils que vous ayez renversé ses principes, & anéanti sa découverte ? Le Public jugera-t-il que vous avez pu sérieusement tenir la balance entre les Musiciens Italiens, & celui qui dans leur propre pays a partagé leurs succès? Non, Monsieur, le Public a dit, & continuera de dire que vous étiez fait comme lui-même pour regarder, écouter & rendre compte seulement du dégré de plaisir qu'il témoigne éprouver aux Tragédies de Gluck, ou à celles des Italiens. Premier aveu nécessaire.

Avouez encore, Monsieur, que la question de la préférence dûe à Gluck ou aux Italiens, étoit trop vivement agitée pour que votre autorité dût être de quelque poids. Pardonnez à la question pressante que je suis obligé de vous proposer. Avec beaucoup d'esprit, un style excellent, une manière de disputer vive & impétueuse, vous pouvez être un fort bon Journaliste. Mais pouvez-vous vous croire un juge compétent dans la plus grande queſtion de l'Art entre les premiers Artiſtes de l'Italie, & un inventeur plein de génie qui veut les forcer à travailler mieux leurs ouvrages ? Qu'avez-vous fait dans vos deux ou trois diſſertations ſur le Drame Muſical, ſi vous n'avez prétendu juger cette queſtion ? Et quel autre droit avez-vous comme Journaliſte, ſinon d'examiner ce qui étoit écrit, d'écouter ce qui ſe diſoit, d'obſerver les impreſſions qu'on éprouvoit aux Théatres, & de dire le Public doute, ou paroît ſe décider, ou décide ? Voilà le fait dont vous êtes chargé de rendre compte pour l'*Hiſtoire des Arts* & de l'eſprit humain. Mais rendre compte d'un fait, ou juger une queſtion auſſi intéreſſante, n'eſt aſſurement pas la même choſe. Vous avez donc excédé vos droits, & n'étant pas obligé à parler encore, vous avez parlé comme vous ne le devez jamais faire. Convenez encore de ceci.

Un troiſième aveu qui vous coûtera moins, c'eſt que vous êtes devenu terriblement ſavant ſur la Muſique depuis qu'on a bien voulu vous *envoyer* un extrait de l'Eſſai. Depuis ce temps vous avez lu (& comme on ſait, en liſant on apprend tout) & qu'avez-vous lu ? l'Eſſai de M. de Marmontel, plus, l'Eſſai ſur l'union de la Muſique & de la Poéſie ; plus, l'article Chant dans le Supplément de l'Encyclopédie ; plus, le Dictionnaire de M. J. J. Rouſſeau, qui, comme on fait, eſt venu long-temps après la diſpute ſur Gluck, & qui s'eſt exprimé avec la préciſion qui eſt pour les hommes d'eſprit le fruit de ces ſortes de querelles. Voilà une grande proviſion, Monſieur, & je conviens que vous & moi ſommes en droit de nous moquer de ceux qui citent les Grecs, & de leur donner des camouflets avec leur Ariſtide-Quintilien. Mais,

Avouez qu'après toutes ces lectures vous n'êtes guère plus avancé ; que ces Auteurs vous ont laissé au point où vous étiez avant de les lire ; que leur science ne s'est trouvée n'être *rien de plus que votre instinct ;* ensorte que vous étiez déjà ce que vous êtes, & n'êtes rien de plus que ce que vous étiez.

Or si cela est, avouez que vous êtes au même point en fait de Musique, où en seroit pour la Poésie un homme qui auroit lu trois ou quatre de ces poétiques que vous savez, non pas même celle de M**, mais quelqu'une excellente, comme celle de M. Marmontel, par exemple. Convenez qu'un homme qui auroit lu cela paroîtroit un grand juge de l'art Tragique, & seroit bien reçu à critiquer vos *Barmécides* au mois de Janvier ou de Février prochain. Je voudrois vous voir secouer ce Savant-là, & le renvoyer à ses trois ou quatre Poétiques, lues trois ou quatre heures. Je suppose qu'il vous dît, Monsieur, je veux des maximes imposantes, & des vers brillans & pompeux ; je veux de beaux monologues qui fassent briller une Actrice seule, des songes, de longs récits, en un mot les embellissemens poétiques par lesquels on soutient l'imagination du spectateur, & cache le vuide de la scène. Vous lui diriez, Monsieur des trois Poétiques, je veux moi de l'éloquence & de l'action, & avec ces deux choses je me passe de vos embellissemens, & n'ai point de vuide à cacher dans ma scène. Je ne m'arrête nulle part à briller, & cours tout d'une haleine depuis l'exposition de mon sujet jusqu'au dénouement de l'intrigue. Je me trompe si ce n'est ainsi que vous lui répondriez. Or je me trompe si ce n'est aussi ce que vous répond M. Gluck quand vous lui demandez des airs. Avouez que vous reſſemblez à l'homme aux trois Poétiques. Je ne ſuis pas au bout des aveux que je vous demande. Il y en a deux ou trois plus intéreſſans. J'eſpère les obtenir auſſi ; & ce ſera demain ou après demain. Quand vos aveux feront faits nous raiſonnerons avec candeur & politeſſe , & vous pourrez m'adreſſer un morceau d'éloquence & de plaiſanterie digne de vous.

Je ſuis en attendant , Monſieur , avec beaucoup d'eſtime , Votre , &c.

SECONDE LETTRE D'UNE DAME,

A

A M. DE LA HARPE.

Allons, Monsieur, du courage & de la candeur. J'ai encore d'autres aveux à obtenir de vous. Il faut vous expliquer sur des motifs assez secrets, & qui cependant ne sont pas ignorés. Je ne vous demande que franchise & politesse. Point de galanterie, je vous conjure, & encore moins d'emportement. Répondez net à mes questions. Je vous en proposois hier quatre ou cinq. En voici de plus intéressantes.

Avouez donc encore que sans l'Anonyme de Vaugirard, & ses Lettres de l'hyver dernier, qui chatouillent un peu vivement la *noble foiblesse* de votre cœur, vous seriez encore tranquille admirateur de Gluck : vantant ses beaux airs, vous passionnant pour les grands effets de son orchestre, proclamant à cris redoublés cet homme de Génie qui vient de donner à l'Europe un Théâtre Lyrique & un véritable art musical. Quelques mots entendus dans quelques conversations sur certains défauts vrais ou supposés de ce Compositeur, vous engagerent à quelques remarques bonnes ou mauvaises. Si l'Anonyme moins délicat ou moins sévère ne les eût attaquées, si le prodigieux succès de son badinage n'eût inquiété votre dignité *censoriale*, si vous n'aviez cru votre profond jugement un peu compromis, si vous n'aviez été scandalisé de voir le Public sourire à votre respectable nom, si l'oncle de l'Anonyme l'eût arrêté plutôt, avouez-le, Monsieur, avouez-le de bonne grace, vous seriez encore Gluckiste. Encore! direz-vous, le mot est fort; & moi je vous jure qu'il est vrai. Moi dis-je, qui lis fort exactement votre Journal, & qui me plais à m'y instruire, je vous dis que vous étiez Gluckiste. Je vous dis que Gluck n'étoit point alors pour vous un *Capitan*, & sa musique *du bruit*. Je vous dis que le Gluckiste le plus passionné ne se seroit pas récrié avec plus d'éloquence sur son art & son invention; qu'elle vous paroissoit une invention très-nouvelle, & un art véritable; que vous apperceviez le but de ce grand Homme! que, sans vous inquiéter sur la signification des termes de l'art, vous sentiez les effets de l'art comme M. Gluck veut qu'ils soient sentis de tous ceux qui ne sont pas Compositeurs; alors vous disiez, Monsieur, voici l'Homme que la France attendoit, & que l'Italie si féconde en grands talens, n'a pu produire; qui donnera l'unité à toutes les parties de l'Art Théâtral; qui ne sacrifiera point les scènes & les actes à un, deux, trois ou quatre airs de Concordant ou de Haute-contre; qui sera chanté non pendant un mois comme les plus grands maîtres d'Italie, mais pendant des années entières, & qui reparoîtra toujours avec succès; le premier qui aura sçu faire écouter *toute* une Tragédie lyrique, & qui nous ayant fait connoître cette manière grande & principale, nous fera paroître toute autre manière subalterne, & forcera les plus grands Maîtres à appliquer leur talent tout entier à toute la Tragédie. Je vous dis & vous répéte que voilà ce que vous penfiez, voilà ce que vous difiez équivalemment; ce que vous auriez dit mieux que moi & auffi bien que perfonne, fi l'Anonyme n'eût dérangé votre admiration en inquiétant votre vanité (pardonnez le mot, il eft néceffaire à nos aveux) alors vous auriez épargné à quelques-uns de vos amis ces noms *d'enthoufiaftes*, de *fanatiques*, *d'intolérans* ; & fi dans votre bouillante ardeur de difpute vous les aviez prodigués auffi indifcrétement, ce n'auroit pas été aux partifans de M. Gluck. Car,

Avouez que fi quelque autre Anonyme d'Auteuil ou du Congo, dans le temps que vous vous paffionniez pour Gluck, vous eût contredit en faveur de la Mufique Italienne ! qu'il vous eût dit, Monfieur, vous admirez ce *barbare* (mot poli que ces Meffieurs prodiguoient fouvent à Gluck) mais favez-vous quels font nos Maîtres ? Avez-vous un de leurs Opéras ? Avez-vous entendu un bon Concert ? Savez-vous ce que c'eft que notre chant, & ce qui le différencie du chant François ? Connoiffez-vous l'effet de nos paffages? Savez-vous avec quel art nos airs font conftruits? Avez-vous lu un feul livre même de vos François fur cette matière, &c. &c. il ne vous eût dit, Monfieur, que ce qu'on pouvoit vous dire il y a deux mois avant que votre heureux inftinct, aidé de beaucoup de converfations, vous développât tout-à-coup par *une foudaine illumination du génie*, les principes les plus myftérieux de la Mufique. Mais l'effet eût été bien différent de celui qu'a produit l'Anonyme; car vous auriez écrit pour Gluck. Vous l'avouerez fi vous voulez, mais fi vous y répugnez trop, je me charge de l'*aveu* pour vous, & le Public jugera fi j'ai auffi-bien deviné votre amour-propre que vous avez deviné la Mufique.

Tout eſt donc affaire d'amour-propre dans cette aventure. Helas ! c'eſt le ſort de preſque toutes les actions de la vie. Le Duc de la Rochefoucauld a prouvé que c'étoit le grand mobile en Morale. M. de Buffon a publié, à notre grand ſcandale, que ce l'étoit en amour, & ce n'eſt pas à une femme à répéter ce qu'il a ſi bien dit ſur l'amour phyſique. Je fus choquée de ſa doctrine à la première lecture ; mais après l'avoir bien médité je me ſuis ſoumiſe. Je vous conſeille d'en faire autant, & d'avouer que la principale queſtion que vous avez voulu traiter étoit celle de votre talent & de votre heureux *inſtinct*.

Repoſons-nous, Monſieur, car voilà des aveux pénibles pour vous, & je ſuis moi-même un peu fatiguée de ces recherches morales ſur vos motifs. Demain nous raiſonnerons un peu ſur Gluck, & nous écarterons, s'il ſe peut, vous l'amour-propre, & moi la coquetterie. A demain, Monſieur, ſi nous ne ſoupons enſemble.

PROFESSION DE FOI,

EN MUSIQUE,

D'UN AMATEUR DES BEAUX ARTS,

ADRESSÉE A M. DE LA HARPE.

Je crois & je dis, Monsieur, que tout Art qui n'excite que des sensations passagères, n'est plus qu'un métier aux yeux du vrai Philosophe.

Que, dans les Beaux-Arts, la convenance est la loi première & suprême, & que jamais cette loi ne fut plus scandaleusement violée que dans les Opéras Italiens.

Que, dans tout ouvrage dramatique, l'Auteur, soit Poëte, soit Peintre, soit Musicien, loin d'affecter de montrer son Art, doit mettre toute son application à cacher l'instrument avec lequel il imite, pour ne montrer que la chose imitée.

Que ces airs modernes que vous vantez tant & *qui se font entendre d'un bout de l'Europe à l'autre*, sont presque tous jetés dans le même moule, & que les différences qu'on y remarque doivent passer pour des variations plutôt que pour des variétés.

Que les ornemens Gothiques déshonorent beaucoup moins l'Architecture, que ce que vous appellez *richesses*, ne déshonore la Musique dramatique.

Que ce que vous appellez *pauvreté* est aux yeux

des vrais connoisseurs cette élégante & noble simplicité qui fait le prix des Beaux-Arts, l'objet des veilles du Chevalier Gluck, & le caractère de tous les chefs-d'œuvre de l'Antiquité.

Que dans les Opéras Italiens, la base de l'intérêt du Poëme n'est que dans la scène, & que la scène est tellement négligée par les Compositeurs Italiens, qu'on ne daigne pas même l'écouter.

Que le Spectateur dispensé de faire attention à ce qui précède l'air, ainsi qu'à ce qui le suit, n'apporte au Théâtre que ses oreilles, & que ce n'est aussi qu'à caresser ou à étonner les oreilles que le Compositeur met tout son talent.

Que la Musique vocale Italienne s'étant confondue avec la Musique instrumentale, la multitude de petits sons dont on a surchargé les syllabes, a presque toujours détruit l'harmonie propre du vers; & qu'au lieu d'embellir & de fortifier la parole, le Compositeur a fait dégénérer la parole en ramage.

Que, dans les Opéras Italiens, entre le récitatif & l'air, il n'y a nul rapport, nulle analogie, rien qui conduise l'oreille de l'un à l'autre; & que souvent c'est à l'ennui de la scène que l'air doit en grande partie son charme & ses succès.

Qu'au lieu de ne voir dans les mots que des syllabes propres à recevoir de vains ornemens, & à faire briller la voix du Chanteur, le Compositeur, avant de mettre la main à la plume, doit se pénétrer du Poëme, prendre la place du Poète, & se soumettant à l'accent & aux mouvemens de la Langue, exprimer & reproduire une seconde fois, par tous les moyens de son Art, les situations & les sentimens que le Poète n'a pu rendre que par des mots.

Que les Opéras Italiens, composés par le Chevalier Gluck dans la manière Italienne, ne lui coûtoient, ainsi qu'aux autres Compositeurs, qu'un mois de travail ; mais qu'ils n'avoient aussi qu'un mois de vie comme les Opéras des autres Compositeurs ; quand ceux que vous avez trouvés pauvres de Chant & de mélodie lui ont coûté une année entière d'application & *une sueur de sang* : je me sers de ses propres expressions.

Qu'il faut aux Italiens des Opéras nouveaux tous les ans, comme il faut tous les ans à nos femmes des étoffes nouvelles ; qu'en effet ce qui est joli ne plaît qu'un moment, & qu'il appartient au beau seul de plaire éternellement.

Qu'à la vérité il y a dans les Opéras Italiens des airs d'une grande & belle expression, mais qu'ils ne s'y montrent que de très-loin en très-loin, & que deux ou trois beaux airs ne font pas plus un bel Opéra que deux ou trois belles tirades ne font une belle Tragédie ; que d'ailleurs ces airs ne sont jamais Dramatiques ; car de même que dans un tableau une figure peut être pleine d'expression, & ne point se grouper avec les autres figures, & demeurer même étrangère à l'action représentée, de même dans le Mélodrame un air peut être très-expressif sans tenir à ce qui précède, ni à ce qui suit, sans devoir & sans communiquer une partie de son effet aux morceaux qui l'environnent, & dès-lors tout plein d'expression qu'il est, cet air n'est point dramatique.

Que dans ces airs de chant & de mélodie que vous demandez avec tant d'autorité, que vous aimez tant à retenir, & dont je défie que vous ayiez jamais retenu un seul, le Compositeur s'occupe si peu des paroles, que souvent il en change le sens pour avoir un mot plus favorable ; que plus souvent encore, pour quarrer ou pour arrondir le chant, il termine le sens musical, quand le sens verbal est encore suspendu, & que ces airs n'en sont pas moins vivement applaudis; tant on s'est accoutumé à regarder la Musique comme un Art dont l'effet ne doit point aller au-delà de l'oreille.

Qu'il en est des Compositeurs Italiens comme de ce Rhéteur de l'ancienne Grèce, qui renfermoit scrupuleusement la parole dans des espaces parallèles & symétriques, mais dont aussi les foibles ouvrages ne retentirent jamais au Barreau; tandis que franchissant ces puériles & misérables barrières Démosthène tonnoit, foudroyoit, & disposoit à son gré de l'ame des Athéniens.

Que la dégénération de la Musique expressive & théâtrale est encore moins affligeante, que ne le sont les éloges dont quelques-uns de nos Gens de Lettres n'ont pas honte de l'honorer.

Qu'il ne faut pas confondre la criaillerie habituelle de quelques-uns de nos Chanteurs, fruit de la mauvaise éducation qu'ils ont reçue des Maîtres de chant, avec ces cris que dans la déclamation chantante, de même que dans la déclamation parlante, les Acteurs peuvent & doivent jeter quelquefois; que les cris tels que les emploie M. le Chevalier Gluck sont dans la nature ni précédés, ni suivis, ni accompagnés d'instrumens qui, tant par la qualité de leurs sons que par les rapports que ces sons ont entr'eux, concourant à rendre l'exclamation ou plus douloureuse, ou plus terrible, ou plus lamentable, la transportent dans le domaine de l'Art, & sont en effet plus que suffisans pour avertir que tout cela n'est pas *vrai*, mais seulement *vraisemblable*, que ce n'est point là la nature elle-même, mais la nature embellie, aggrandie, imitée.

Qu'il n'est pas vrai que les Compositions des *Jomelli*, des *Galuppi*, des *Sacchini*, &c. soient exemptes des défauts que je viens de reprocher à la Musique Théâtrale Italienne ; que leurs Opéras comme ceux de tous les autres Compositeurs ne sont jamais revus deux années de suite sur un même Théâtre, & que ce qui en subsiste n'est plus entendu que dans les Concerts, où l'on va chercher de l'amusement & non de l'émotion.

Que, s'il falloit juger de la bonté d'un morceau de Musique sur ce qu'il fait d'abord son effet, ainsi que sur la facilité avec laquelle on le retient, les Brunettes, les Barcarolles & les Vaudevilles seroient ce qu'il y a de plus parfait en Musique ; qu'il se peut que les airs Italiens plaisent sur le champ, mais qu'ils ne plaisent jamais long-temps, quand dans les Opéras du Chevalier Gluck, comme dans tous les véritablement beaux ouvrages, on découvre toujours des beautés nouvelles.

Que l'Auteur du seul bon Ouvrage qui ait encore paru sur la Musique Théâtrale, Auteur Italien, & de plus Napolitain, appuie toute sa théorie sur les principes du Chevalier Gluck, & sur les grands effets de cet Opéra d'*Alceste*, qui n'a pas pu trouver grace devant vos yeux.

Que le célèbre Père Martini, qui a passé le long espace de sa vie à réfléchir & à écrire sur la Musique, n'a trouvé la réunion des véritables beautés de la Musique vocale & instrumentale que dans les Compositions de ce même Chevalier Gluck, sur lequel vous prononcez d'une manière si leste & si despotique, vous

qui

qui de votre aveu, n'avez pas même les premiers élémens de l'Art.

Que ceux qui partagent & répandent la doctrine que je viens d'exposer ne sont ni plus enthousiastes, ni plus intolérans que ne l'étoient Molière & Despréaux, quand le premier ridiculisoit, & le second foudroyoit les *Concetti*, qui, de la Littérature Italienne du seizième siècle, avoient passé dans la nôtre.

Qu'en regardant le Chevalier Gluck comme le Créateur de la Musique Théâtrale & Dramatique, on n'a jamais prétendu qu'il dût fermer la carrière, parce qu'il l'a le premier ouverte ; & quel grand talent pourra jamais épuiser le trésor immense de nos sensations ? Que seulement on affirme que ce ne sera qu'en suivant, je ne dis pas sa manière, car chaque Artiste doit avoir la sienne, mais sa marche, sa méthode & ses principes, que ses rivaux pourront espérer de se placer à côté de lui.

Que les Admirateurs du Chevalier Gluck s'honorent de porter jusqu'à l'enthousiasme le sentiment que leur inspirent les beautés de ses productions sublimes ; qu'à leurs yeux l'Homme de génie est une chose sacrée, que l'attaquer & le critiquer, c'est déclarer la guerre aux Arts mêmes, & qu'ils les aiment ces Arts, comme les adversaires du Chevalier Gluck aiment leurs opinions.

Journal de Paris, 28 Octobre 1777.

COUPLETS
A M. GLUCK,
PAR M. SAURIN
DE L'ACADÉMIE FRANÇOISE.

Sur l'air : *Du haut en bas.*

Ton Art divin,
Puissant Maître de l'Harmonie,
Ton Art divin,
En miracles s'épuise en vain ;
Plus tu triomphes, plus l'Envie
Montre de fureur & décrie
Ton Art divin.

De tous les temps,
Ce fut aventure pareille
De tous les temps.
Laisse dire les mécréans ;
Reine du cœur & de l'oreille,
Ta lyre sera la merveille
De tous les temps.

Journal de Paris, 28 Décembre 1777.

VERS
SUR L'OPÉRA D'ARMIDE
ET DE ROLAND.

A la fontaine de l'Amour,
Gluck, pour l'Héroïne du Tasse,
Nous fait tous boire à pleine tasse,
Et nous enivre tour à tour.
Depuis ce temps, triste & farouche,
La jeune Amante de Médor,
Fuit, ou n'ose rester encor
Qu'avec son anneau dans sa bouche.
Sur le sort de cette Beauté
Aucun enchanteur ne prononce:
Le sage Merlin consulté,
Seul, lui dicta cette réponse :
» Pour rendre à vos yeux leur pouvoir,
» D'Armide employez la magie,
» Et, comme elle, faites-vous voir
» Sous la forme de Rosalie.

Journal de Paris, 10 Janvier 1778.

LETTRE
DE MM. LES AMATEURS
A M. LE CHEVALIER GLUCK.

Nous avons, Monsieur, dans notre répertoire de Musique une scène d'Armide (le perfide Renaud me fuit.) M. Cambini qui en est l'Auteur, par principe de délicatesse, & par déférence pour ce morceau, si bien traité dans votre Opéra, nous prie de ne plus exécuter sa scène.

Vous pouvez être assuré, Monsieur, que nous partagerions l'honnêteté & la délicatesse de M. Cambini, s'il étoit possible que sa scène nuisît à la vôtre, ou la vôtre à la sienne. Les deux scènes, à leur place, l'une au Théâtre, l'autre au Concert, ont un mérite différent, & elles ont toutes deux celui qui leur est propre. Nous espérons, Monsieur, que vous répondrez à cette Lettre de manière à déterminer M. Cambini à continuer de jouir du succès de son ouvrage, qui étoit connu à notre Concert deux ans avant que vous eussiez fait vôtre Opéra.

RÉPONSE

DE M.

LE CHEVALIER GLUCK

A LA LETTRE PRÉCÉDENTE.

M. Gluck est très-sensible à l'honnêteté de MM. les Amateurs & de M. Cambini; il a l'honneur d'assurer ces Messieurs qu'il aura grand plaisir à entendre exécuter la scène d'Armide de M. Cambini. Cela seroit une tyrannie en Musique, que de vouloir prétendre que les Auteurs ne puissent pas faire exécuter leurs productions. M. Gluck n'entre en aucune concurrence avec personne, & il aura toujours plaisir d'entendre de la musique meilleure que la sienne. Il faut avoir seulement pour but la progression de l'Art.

Journal de Paris, 12 Janvier 1778.

LETTRE AUX AUTEURS DU JOURNAL DE PARIS.

Messieurs,

Je m'attendois à lire ce matin dans votre Journal un récit de l'effet qu'a produit sur les Spectateurs la dernière représentation d'Armide. Cet ouvrage a éprouvé le sort de tous ceux du même Auteur ; c'est-à-dire, qu'il a été d'autant plus goûté, qu'il a été vu plus souvent. La dernière représentation étoit la vingt-septième ; la Salle étoit pleine & les applaudissemens étoient égaux. Les Spectateurs ont paru regretter que l'on retirât cette Pièce, précisément dans le moment où le jeu des Acteurs, des Danseurs & de l'orchestre a paru porté à sa perfection. Vous ne serez peut-être pas fâchés d'apprendre que les vingt-sept représentations d'Armide ont produit 106000 livres, & que les quatre Opéras, Iphigénie, Orphée, Alceste & Armide ont produit 801000 livres, sans y comprendre la recette immense des représentations données pour la Capitation.

J'ai l'honneur d'être, &c.

Journal de Paris, 25 Janvier 1778.

ÉPITRE
DE M. FRAMERY,
A M. LARRIVÉE,
JOUANT LE RÔLE DE ROLAND;

Sur ce qu'il avoit dit : Qu'il n'y a qu'une vérité dans le monde, & que c'est M. Gluck qui l'a trouvée.

De la Nature imitateur sublime,
Quelle énergie & quelle majesté !
Par quels accens dans mon cœur exalté
Fais-tu passer la fureur qui t'anime ?
De tes combats comme il est agité !
De tes tourments comme il est tourmenté !
Comme bientôt la douce volupté
Vient reposer mon ame trop émue !
Est-ce de l'Art le langage apprêté ?
D'où lui viendroit cette force inconnue ?
N'est-ce pas là, dis-moi, la VÉRITÉ ?
Quand plus sauvage & moins forte, peut-être,
Tenant de toi son éclat emprunté,
Par toi perdant son âpre dureté
Auprès D'UN SEUL tu crus la reconnoître,
Séduit sans doute, étois-tu transporté
De ce plaisir qu'avec simplicité,
Sans nul effort son rival a fait naître ?
Pour être atteint, le cœur est-il flatté ?

Avec l'horreur, le cri, l'atrocité,
Il est ému, mais il est révolté;
Plaire toujours est l'art qu'il faut connoître.
Rapproche donc tes yeux de la clarté,
De tout parti cesse d'être entêté;
Mais du *vrai goût* ami, digne de l'être,
S'il n'en est qu'un, toi, qui l'as présenté,
Confesse au moins son véritable Maître.

Quoique j'aie prétendu par ces vers payer à M. Larrivée la juste admiration que je lui dois, je ne m'aveugle pas au point d'espérer qu'il en sera flatté, puisqu'en rendant justice à ses talens, je me trouve choquer ses opinions; mais je n'en signe pas moins cette Épitre, pour ne pas m'écarter de la loi que je me suis faite. Je m'en dispenserois, peut-être, si elle ne contenoit que des éloges.

Si les sujets de plainte personnelle, que je crois avoir contre M. Larrivée, n'ont rien altéré de l'enthousiasme qu'il m'a fait éprouver dans le rôle de Roland, aucune autre considération ne m'empêchera jamais de l'assurer du parfait dévouement avec lequel je suis, &c.

FRAMERY.

Journal de Paris, 4 *Février* 1778.

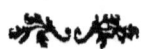

LETTRE
AUX AUTEURS
DU JOURNAL DE PARIS.

Messieurs,

Je ne sais comment ni par quel moyen la Lettre que j'ai reçue de M. Framery se trouve insérée dans votre Journal. Comme il est question de mon refus de me charger d'un rôle dans l'Olympiade & de mon opinion en Musique, je pense qu'il est nécessaire que ma réponse soit également publique. J'ai l'honneur de vous l'adresser en vous priant de l'insérer le plutôt qu'il vous sera possible. J'ai à vous observer avant tout, que le titre de l'Épître de M. Framery, tel que vous l'avez fait imprimer est entièrement conforme à l'original que j'ai entre les mains, mais que mes expressions ont été changées. Je n'ai point dit qu'il n'y eût qu'une vérité dans le monde, mais seulement qu'il n'y en avoit qu'une en Musique, & que M. Gluck l'avoit trouvée.

J'ai l'honneur d'être, &c.

LARRIVÉE.

Journal de Paris, 5 Février 1778.

RÉPONSE
DE M. LARRIVÉE
A L'ÉPITRE
DE M. FRAMERY.

Je ne sais point répondre en vers, en conséquence je prie M. Framery de trouver bon que je lui écrive en prose. J'ai refusé le Rôle qu'il me destinoit dans l'Olympiade, parce qu'il m'étoit impossible de le chanter, & par cela seul M. Framery ne doit pas avoir de sujets de plainte contre moi; s'il n'avoit fallu que réciter mon Rôle & que je ne l'eusse pas accepté, j'aurois eu tort.

Après m'être disculpé sur ce qui peut l'avoir fâché, je le remercie mille fois des éloges qu'il veut bien me prodiguer. J'ai dans l'Opéra de Roland un superbe Rôle, & si l'amour-propre conduit quelquefois à la perfection, souvent aussi ne donne-t-il que l'émulation pour l'atteindre. C'est dans cette dernière classe que je me range avec justice, trop heureux d'avoir pu satisfaire les deux Auteurs de cet ouvrage.

A l'égard de mon opinion particulière en Musique, je ne prétends point être juge ni de l'un ni de l'autre Musicien; mais je ne puis pas ne pas avoir senti de l'enthousiasme. Mon cœur aux accens de M. Gluck a été transporté, ému, attendri, enlevé; j'en suis convenu, j'en conviens encore; & ce qu'a fait ce Compositeur sur mes sens par sa Musique, je ne l'avois éprouvé jusqu'alors que médiocrement, même par ce qui a été réputé le meilleur possible. Dans ce moment-ci mes sens sont affectés, mais ne sont point enlevés. Peut-être en est-il de mes sens pour la Musique, comme de mon cœur pour l'amour. Quand on a éprouvé une grande passion, on n'a plus que des goûts. J'envoie à M. Framery mes remercîmens, ma profession de foi, & le prie de ne pas douter des sentimens avec lesquels j'ai l'honneur d'être, &c.

LARRIVÉE.

Journal de Paris, 5 Février 1778.

LETTRE
DE MADAME ***.
A MADAME ***.

Plaignez-moi, ma chère amie, de ce que je ne peux plus lire de sang froid tout ce qui paroît sur la Musique. Vous savez les raisons qui m'empêchent d'en parler, & de prendre part aux disputes actuelles : il faut que je soulage mon cœur en vous écrivant mes observations. Avez-vous lu cette apologie de Roland dans le dernier Journal de M. de la Harpe? avez-vous observé cette affectation marquée, cette manière minutieuse de louer & d'approfondir des choses, qui, si elles étoient fortement senties, n'auroient pas besoin de ces recherches d'expression, de ces petites nuances dans le détail, si peu faites pour le grand talent, & si prodiguées, pour faire observer au Lecteur & au Spectateur ce qui lui auroit sans doute échappé sans le goût & le tact de M. de la Harpe ; mais heureusement il est venu au secours du Public qui s'égaroit, & il s'y est pris à temps pour redresser son jugement; car, sans lui, on n'eût jamais cru avoir entendu trente beaux morceaux dans cet Opéra. Il est vrai qu'il n'en indique que douze ; mais les &c. &c. suppléent à ce qui manque à son énumération. Peut-être aussi que son imagination les lui a fait doubler & tripler, parce qu'ils sont fort répétés ; si tel a été son motif, & s'il pense comme moi, que les bonnes choses ne sauroient trop s'entendre, en ce cas, il eût pu les évaluer plus encore qu'il n'a fait;

Mais je ne prétends pas critiquer *Roland*. Il y a des airs charmans, dans lesquels on reconnoît un grand Maître. Je suis assez bonne Musicienne pour avoir un avis à moi, & je me sens la force d'entreprendre une discussion approfondie avec M. de la Harpe, que je soutiendrois aussi savamment que lui, si cela étoit nécessaire. Aussi, quoique je sache très-bien quelle différence il y a entre l'harmonie sublime de M. le Chevalier Gluck, & la mélodie agréable de M. Piccini, comme je ne veux point en admirant l'un, déprécier l'autre, mon objet, ma chère amie, est de vous rendre compte de l'effet qu'ont produites sur moi les réflexions de M. de la Harpe. J'avoue que je suis offensée, & même indignée de la façon dont il parle de notre Siècle & des jugemens du Public. Pourquoi l'injurier ce Public de ce qu'il a trouvé ridicule, une chose qui l'est en effet? Pourquoi montrer de l'humeur, & même de l'aigreur, dans le même moment où il dit: *Qu'il est loin de rien conclure du grand succès de Roland contre la Musique de M. Gluck, & qu'il laisse cette Logique à l'esprit de parti.* N'avons-nous pas vu quel a été le succès de l'esprit de parti, & à qui le champ de bataille est resté? Y a-t-il de l'adresse à indisposer ce Public contre Roland, en lui disant qu'il est un imbecille de s'appercevoir d'une disconvenance choquante dans la situation où elle est placée? Si M. de la Harpe eût été le Contemporain de Quinault, je gagerois bien qu'il n'eût pas été si indulgent pour lui, & qu'il ne lui eût pas passé une chose à peine supportable à la lecture, & qui est grotesque à la représentation. Pourquoi ne veut-il pas accorder au Public un goût auſſi épuré, qu'il l'auroit eu lui-même, ſi l'enthouſiaſme ne l'aveugloit pas? & comment s'eſt-il écarté *de ſa modération ordinaire* pour s'établir le juge abſolu? Je penſe n'être pas la ſeule qui aie été bleſſée du ton de M. de la Harpe; & ſi j'étois à portée de lui donner un conſeil, dont il voulût faire uſage, je lui dirois que par amitié pour MM. Piccini & Marmontel, il feroit bien d'abandonner leur ouvrage, qui n'a pas beſoin d'être ſoutenu par lui pour faire plaiſir.

Journal de Paris, 8 *Février* 1778.

BUSTE DU CHEVALIER GLUCK,

Placé, par ordre du Roi, au Foyer de l'Opéra.

On a remarqué que les Ouvrages de M. le Chevalier Gluck n'admettoient point d'indifférens; les Amateurs de la Musique ne peuvent l'entendre sans enthousiasme, & les personnes sur qui elle manque son effet deviennent ses détracteurs. Les partisans de ce savant Compositeur ont porté leur admiration pour son génie jusqu'à proposer une souscription pour lui ériger une Statue. La souscription a été remplie; le Buste a été fait par M. *Houdon*, célèbre Sculpteur, & il a été exposé au Sallon de l'année 1777.

Le Roi a ordonné que ce Buste fût posé dans le grand Foyer de l'Opéra, où étoient déjà placés ceux de Quinault, Lulli & Rameau: les ordres de Sa Majesté ont été exécutés hier, & celui de M. le Chevalier Gluck a été posé à côté de celui de Rameau.

Journal de Paris, 15 *Mars* 1778.

LETTRE
AUX AUTEURS
DU JOURNAL DE PARIS.

Le 30 Mars 1778.

Vous ne vous êtes pas apperçus, Messieurs, en ne relevant, dans la Lettre insérée au dernier N°. du Journal de Littérature, que ce qui regarde l'annonce qui vous est si adroitement reprochée, & le coup de chapeau donné si spirituellement à MM. de la Harpe & Marmontel, que quelques personnes en concluroient que le surplus est exact. Vous répondrez peut-être que cela vous est indifférent. J'en conviendrai avec vous, si vous voulez ne regarder que M. Gluck & ses Ouvrages, dont les beautés ou les défauts ne dépendent ni de la pluie ni du beau temps, ni de beaucoup d'autres circonstances; mais il importe que les faits soient vrais. Il importe, si l'on veut juger par la première règle de l'arithmétique, entre *Roland* & *Iphigénie*, de faire voir qu'*Iphigénie* a sur *Roland* les avantages les plus marqués. Je vais suivre le plan de l'Anonyme.

Voici le Tableau des recettes pour les douze premières représentations de l'un & de l'autre Opéras.

IPHIGÉNIE

IPHIGÉNIE.

Première du Mardi 19 Avril 1774,	6212 liv. 10 f.
Seconde du Vendredi 22, . . .	6036 liv.
Troisième du Dimanche 24, . .	5620 liv.
Quatrième du Mardi 26, . . .	6053 liv. 10 f.
Cinquième du Vendredi 29, . .	5739 liv.
Sixième du Mardi 10 Janvier 1775,	5547 liv. 10 f.
Septième du Vendredi 13, . . .	5764 liv.
Huitième du Dimanche 15, . .	4227 liv. 10 f.
Neuvième du Mardi 17, . . .	4447 liv. 15 f.
Dixième du Vendredi 20, . . .	5575 liv. 10 f.
Onzième du Dimanche 22, . . .	3556 liv. 10 f.
Douzième du Mardi 24, ...	3053 liv. 10 f.
Total. . .	61833 liv. 5 f.

ROLAND.

Première du Mardi 27 Janv. 1778,	5773 liv. 15 f.
Seconde du Vendredi 30, . . .	5677 liv. 15 f.
Troisième du Mardi 3 Février, .	5495 liv. 5 f.
Quatrième du Vendredi 6, . . .	5231 liv.
Cinquième du Mardi 10, . . .	5395 liv. 15 f.
Sixième du Vendredi 13, . . .	5501 liv. 15 f.
Septième du Mardi 17, ...	4583 liv. 10 f.
Huitième du Vendredi 20, . . .	5475 liv. 10 f.
Neuvième du Mardi 24, . . .	4562 liv. 10 f.
Dixième du Vendredi 27, . . .	5215 liv. 10 f.
Onzième du Mardi 3 Mars, . .	4519 liv.
Douzième du Vendredi 6, . . .	4519 liv. 10 f.
Total. . .	61920 liv. 15 f.

RÉCAPITULATION.

IPHIGÉNIE. . . . . 61833 liv. 5 f.
ROLAND. . . . . . 61920 liv. 15 f.

Roland excède de . . . 87 liv. 10 f.

La recette totale des douze premières représentations de Roland monte à 61920 liv. 15 f. & non pas à 62500 liv. comme le dit l'Anonyme. On voit qu'au total *Roland*, pendant ces douze représentations, a produit de plus qu'*Iphigénie* 87 liv. 10 f. *Iphigénie* a été donnée après Pâques, *Roland* au mois de Janvier. *Iphigénie* a été donnée trois fois par semaine, *Roland* deux fois. *Iphigénie* a, dans ses douze représentations, cinq mardis, quatre vendredis & trois dimanches. On connoît l'opinion de l'Anonyme sur les vendredis. *Roland*, dans ses douze représentations, a six mardis & six vendredis.

Mais ce qui marque le succès des Ouvrages de M. Gluck, c'est qu'ils plaisent d'autant plus qu'ils sont plus entendus. Suivons les représentations des deux Ouvrages, depuis la date de la Lettre de l'Anonyme. *Roland* a eu jusqu'à présent quatorze représentations ; continuons le Tableau de la recette.

IPHIGÉNIE.

Les douze premières représentations 61833 liv. 5 f.
Treizième représent. du Vendredi, 5737 liv.
Quatorzième représent. du Dim. 3248 liv.

Total. . . 70818 liv. 5 f.

ROLAND.

Les douze prem. représentations,	61920 liv. 15 f.
Treizième représentation, ...	3957 liv. 15 f.
Quatorzième représentation, . .	3526 liv. 15 f.
Total. . .	69405 liv. 5 f.

RÉCAPITULATION.

IPHIGÉNIE, . .	70818 liv. 5 f.
ROLAND, . . .	69405 liv. 5 f.
Iphigénie excède de . .	1413 liv.

Iphigénie a déjà sur *Roland* l'avantage de 1413 liv. On a vu avec quelle délicatesse l'Anonyme retiroit de la classe des Ecrivains à longues oreilles, MM. de la Harpe & Marmontel. Son zèle pour M. Piccini l'emporte jusqu'à opposer à M. Gluck la recette de la reprise d'*Adèle de Ponthieu*. Il est vrai qu'il dissimule que l'Administration de l'Opéra, effrayée du peu de recette d'*Adèle de Ponthieu* pendant un hiver, fut contrainte d'y joindre le *Ballet de Médée*, dont tout le monde a su le succès. Mais d'ailleurs, prendre, pour opposer à la Musique de M. Gluck, dans le nombre de nos Opéras nationaux, la Musique d'*Adèle*, n'est-ce pas ce que Despréaux appeloit *choisir Childebrand*?

J'ai l'honneur d'être, &c.

Journal de Paris, premier Avril 1778.

LETTRE
A M. DE LA HARPE
SUR LA LETTRE
D'UN CÉLÈBRE COMPOSITEUR,

Insérée dans son Journal du 25 Mars dernier.

JE n'ai, Monsieur, pu lire qu'aujourdhui votre N°. du 25 Mars. J'en suis fâché ; car vous ne recevrez que demain mes complimens sur le choix de vos Correspondans en Musique.

Dans je ne sais quel N°. précédent, j'ai lu une Lettre puissamment raisonnée, où quelque célèbre Auteur sans doute, mais qui vraisemblablement n'est guère Musicien, prouve que la Musique n'est pas un Art, parce qu'elle a fait des progrès, & que la Danse en est un, parce que l'Auteur fait un Traité sur la Danse.

Dans celui-ci c'est un *célèbre Compositeur* qui vient nous apporter une règle infaillible pour apprécier le mérite des Ouvrages de Théâtre, à l'usage de ceux qui n'ont ni esprit, ni goût, ni oreille, pourvu qu'ils sachent deux règles d'arithmétique. Vous conviendrez, Monsieur, que cela est bien commode, sur-tout pour les Journalistes.

Je ne dirai rien au premier, sinon que le Maître à danser de M. Jourdain portoit encore plus loin l'excellence de la danse, qu'il mettoit non seulement fort au dessus de la Musique, mais même de la Philosophie; *car si on savoit bien danser, on ne feroit pas tant de faux pas dans le monde.*

Mais le Calculateur mérite qu'on lui dise un mot; il n'aura rien perdu pour attendre.

Il s'annonce comme le représentant des gens raisonnables, & le champion du bon goût. Il y a une République en Europe qui ne choisit que des étrangers pour mettre à la tête de ses troupes, & l'on dit qu'elle s'en trouve bien. Je ne crois cependant pas que les gens polis le prennent jamais pour leur représentant. Je m'en rapporte à vous, Monsieur, à qui on parle si souvent de politesse.

Nous croyons, sur votre parole, que ce rude Défenseur du bon goût est un *célèbre Compositeur*; car, comme il dit que vous êtes un homme de goût en Musique, s'il en compose, il ne peut manquer d'être au moins *célèbre*. Nous ne chicanerons pas M. Griffon là-dessus; & comme la *célébrité* suppose de beaux Ouvrages & de grands succès, nous croirons sans peine qu'il compose en Musique avec autant de gloire que vous en jugez.

Mais pourquoi montre-t-il tant d'humeur contre le Public, contre le Journal de Paris & contre M. Gluck? Il peut avoir à se plaindre du Public, qui peut-être n'est pas tout-à-fait de votre avis sur la *célébrité* de ce *Compositeur*. Le Journal de Paris n'auroit-il pas dédaigné par hazard d'imprimer quelque Lettre d'aussi bon goût que celle dont vous avez orné le vôtre? Mais qu'est-ce qu'il peut y avoir de commun entre *ce célèbre Compositeur* & M. Gluck? Il accuse les Gluckistes de montrer toujours *le petit bout d'oreille*.

En écoutant sa musique & sa prose, peut-être en effet vaudroit-il mieux n'en avoir point du tout ; mais croyez-moi, Monsieur de la Harpe, ne parlons plus *d'oreilles* & parlons de calcul.

Le célèbre Compositeur nous donne un tableau de finance pour estimer les talens de MM. Gluck & Piccini ; & ce tableau est à-peu-près raisonné comme la plupart de ceux qu'on présente au Contrôle général. Il a découvert que le produit moyen des 158 représentations des Opéras de Gluck, étoit moindre que celui des douze premières représentations de Roland, & qu'en conséquence Gluck est à Piccini comme 3 est à 5. C'est le cas de dire comme Rabelais, *ergo Gluc*. Il y a deux beaux corollaires à tirer de ce calcul ; l'un est qu'un Opéra qui a 50 représentations a nécessairement moins de succès que celui qui n'en a que quatre ; l'autre, qu'à mesure que les représentations d'un Drame se multiplient, son mérite diminue dans la même proportion. D'où il s'ensuit, par exemple, que *Warwick* vaut mieux qu'aucune Tragédie de Racine ; car le produit moyen des douze premières chambrées de *Warwick* excède certainement celui des représentations de toutes les Pièces de Racine ; & par les mêmes règles *Orphanis* vaut mieux que *Warwick*, ce dont vous ne conviendrez peut-être pas. Il s'ensuit encore, & vous en conviendrez plus aisément, que les quatre dernières représentations de Roland ayant tombé de cent pour cent, le mérite de cet Opéra, a, par conséquent, baissé de moitié. Mais nous ne parlerons de Roland & de son succès qu'à la trentième représentation, de crainte que vous ne nous mettiez au nombre de ces *Détracteurs* de M. Piccini dont vous parlez, & que je ne connois pas ; car les admirateurs de M. Gluck n'en ont écrit eux-mêmes que des éloges. Et pourquoi *détracteroient*-ils M. Piccini ? Les vrais & redoutables détracteurs des talens sont les prôneurs ignorans & mal-adroits, & il n'a guère eu à se plaindre que de ses amis.

En effet, Monsieur, si M. Piccini n'étoit pas bien persuadé de la pureté de vos intentions, & ne savoit pas que vous ne plaisantez jamais, ne croiroit-il pas que vous avez voulu vous moquer de lui, lorsqu'en louant le Monologue de Roland, vous avez dit que la Musique peignoit *la sérénité* de l'espérance & le *calme* de la nuit, tandis que les vers de Quinault expriment l'impatience inquiète d'un amant forcené qui se plaint que le Soleil *luit toujours*, & que *la nuit est loin encore*. Cette manière d'entendre & de juger la Musique, est tout-à-fait rare & piquante.

En 1730, on voulut donner une belle Fête à Limoge en l'honneur du Gouverneur de la Province. Il y eut une espèce d'Opéra. La décoration représentoit la Nuit & un Ciel tout parsemé d'étoiles. La première scène étoit un monologue qui commençoit par ce vers :

Soleil, vis-tu jamais une si belle nuit !

Pourquoi avez-vous mis ce vers-là en prose ? Vous savez bien que les beaux vers y perdent toujours.

Voulez-vous vous voir un autre ours émoucheur ? c'est votre *célèbre Compositeur*, qui reproche aux Gluckistes qui se sont tant moqués de la *Période*, d'avoir ignoré ou feint d'ignorer qu'une *Période* en Musique n'étoit autre chose qu'une phrase. Je savois bien que beaucoup de gens qui se croient connoisseurs en Musique comme en Éloquence, prennent souvent des phrases pour des périodes ; mais j'ai peine à croire que les gens d'esprit, qui ont parlé les premiers de la Musique périodique, y aient attaché ce sens-là ; cela n'auroit empêché personne de rire de la Période, excepté peut-être *le célèbre Compositeur* & Consorts, qui, dans cette petite échauffourée de musique, n'ont jamais eu beaucoup d'envie de rire. Mais aussi pourquoi vont-ils s'imaginer qu'avec des périodes ou des phrases, on puisse détruire l'œuvre du génie ?

Si vous pouviez, Monsieur, faire entendre à votre *célèbre Compositeur*, que des phrases ne sont pas toujours des périodes, & qu'en revanche il pût vous apprendre à battre à trois & à quatre temps, afin que vous ne preniez plus du chant mesuré pour du récitatif, vous gagneriez l'un & l'autre à ce petit échange d'instruction. Sur ce, j'ai l'honneur d'être, &c.

Ergo Gluc.

Journal de Paris, 25 *Avril* 1778.

AUX AUTEURS
DU JOURNAL DE PARIS.

Messieurs,

J'ai lu votre article Opéra dans le N°. d'hier, & j'ai été très-scandalisé. J'ai entendu souvent vous reprocher de la partialité pour M. Gluck: permettez que je vous reproche dans ce moment le contraire. Vous avez bien dit que le succès prodigieux de cette cinquième ou sixième reprise d'Iphigénie prouve parfaitement que le propre des belles choses est non-seulement de résister au temps, mais même de devoir au temps plus de force & d'éclat; mais vous auriez dû ajouter que ceux qui demandent s'il existe une Musique Dramatique, n'ont qu'à comparer les impressions qu'ils reçoivent en entendant les Opéras de M. le Chevalier Gluck, & celles qu'ils ont reçues en écoutant les Opéras des Compositeurs qu'on lui oppose. Un sourd même pourroit résoudre cette question: il lui suffiroit de bien observer dans les deux cas l'attention, l'air, le maintien de l'assemblée.

On imprimera autant de lignes, autant de phrases, autant de brochures qu'on voudra; l'honneur d'avoir opéré la grande révolution dans la Musique Dramatique restera au Chevalier Gluck. Sans doute il y a de très-belles choses dans les Opéras Italiens ; mais les Italiens n'ont pas encore fait un Opéra qui soit une belle chose. C'est toujours une étoffe usée & commune, à laquelle se trouvent cousus quelques lambeaux de pourpre éblouissans.

Purpureus laté, &c.

Journal de Paris, 28 Septembre 1778.

ANNONCE DE L'OPÉRA D'IPHIGÉNIE EN TAURIDE DE M. LE CHEVALIER GLUCK.

Le Poëme est de M. *Guillard*. L'Auteur a eu en vue de ne point s'écarter du genre tragique, & nous croyons devoir le louer de n'avoir introduit dans son sujet aucun épisode étranger. L'intérêt roule uniquement sur l'état malheureux où se trouvent *Oreste* & *Pilade*, sur l'amitié connue de ces deux Héros, sur le contraste du caractère noble & tendre d'*Iphigénie* avec le cruel ministère dont elle est chargée, & enfin sur la manière dont est ménagée la reconnoissance du frère & de la sœur. Les Chœurs, si nécessaires au Spectacle pour la pompe du Théâtre & les effets de Musique, ont été jusqu'à présent presque toujours défectueux, en ce qu'ils retardoient l'action & refroidissoient l'intérêt. M. *Guillard*, qui a puisé son sujet chez les Grecs, a suivi leur manière. Les femmes Grecques, Prêtresses sous Iphigénie, partagent ses fonctions, ses sentimens, son respect pour la famille d'Agamemnon, & sont ses seules confidentes.

Nous ne croyons pas inutile de remarquer que le mot *Amour* n'est pas prononcé dans le cours entier des quatre Actes qui composent cette Pièce, & c'est sans doute le premier exemple de ce genre donné au Théâtre de l'Opéra. Cela nous paroît être une double difficulté pour le Poëte & le Muficien. La Tragédie commence on ne peut plus heureufement; c'eft la tempête qui fait échouer & brifer le vaiffeau d'Orefte. Iphigénie & les Prêtreffes effrayées parcourent le Théâtre, en priant les Dieux de détourner leurs foudres vengeurs. Il réfulte de cette fituation intéreffante une feconde innovation. La Pièce commence, pour ainfi dire, avec le premier coup d'archet, & n'a pas de Symphonie qu'on appelle proprement *Ouverture*. Elle finit, comme la Tragédie de Guimon de la Touche, par la mort de Thoas, que Pilade tue au moment où ce Tyran fuperftitieux eft prêt de facrifier Orefte. L'Auteur fait enfuite defcendre Diane; mais on voit avec peine cette intervention, qui paroît abfolument inutile : on défireroit que l'Auteur, qui a eu le courage de fuivre un plan purement tragique, eût profité du précepte d'Horace, *Ne Deus interfit*, & qu'il eût terminé par un Trio entre Iphigénie, Orefte & Pilade.

Ce Poëme eft le premier effai de M. Guillard, & paroît propre à lui faire honneur.

La Mufique eft de M. le Chevalier Gluck. Cet Auteur eft fi connu depuis qu'il eft venu enrichir notre Théâtre de fes fublimes compofitions, que nous croyons inutile de nous étendre fur fon éloge. Nous obferverons feulement qu'il n'a employé aucune des reffources qui fembloient être de l'effence du genre de la Tragédie Lyrique, & qui font l'agrément principal des Pièces anciennes. Il n'y a dans fa Pièce ni Ballet, ni maximes d'amour mifes en chant; le feul qui exifte termine le premier acte, & produit l'effet le plus terrible. Ce font les Habitans de la Tauride qui se réjouissent de la prise d'Oreste & de Pilade. L'air de danse est relatif à la situation, & rend parfaitement la joie barbare de ces Sauvages, qui jouissent d'avance du supplice de ces deux malheureux. L'Auteur a mêlé à ses instrumens des cymbales, un triangle & des tambours de basque. Ce son étranger paroît transporter les Spectateurs au milieu des Cannibales, qui dansent autour du poteau où leur victime est attachée.

Il nous est absolument impossible de détailler ici les beautés de cet étonnant Ouvrage. Chacun des personnages a le style qui convient à son caractère connu, & aux différentes situations dans lesquelles il se trouve. Les rôles d'Oreste & Pilade contrastent parfaitement ensemble, & l'on a remarqué que, pour la première fois, Pilade paroît sur la scène en véritable Héros. On a admiré particulièrement la Tempête, le Chœur des Habitans de la Tauride, le Songe d'Iphigénie, le Chœur des Euménides, ceux des Prêtresses au moment du sacrifice, l'Air de Thoas au premier acte, les Airs de Pilade, ceux d'Iphigénie, la scène des deux amis, & le Duo qui la termine.

Journal de Paris, 19 Mai 1779.

AUX AUTEURS
DU JOURNAL DE PARIS.

Messieurs,

J'ai lu le compte que vous avez rendu de la première représentation d'*Iphigénie en Tauride*, & j'étois de votre avis fur la defcente de Diane. Il me fembloit, comme à vous, que toutes les fois que l'on peut fe paffer d'une Divinité, il eft nuifible de la faire intervenir. Je voyois même avec chagrin cette intervention, dans une Pièce qui, d'après votre extrait, n'a de bafe, pour produire le plus grand intérêt, que l'amitié & la nature.

J'ai vu la troifième repréfentation, & je tremble que votre obfervation ne faffe fupprimer par la fuite cette Divinité. Trop préoccupés des règles d'Ariftote & d'Horace, vous avez vu, dans leur violation, une forte de facrilège; mais moi qui ne les connois point, moi qui ne prends pour règle que mon cœur, je vous avoue que le malheureux Orefte m'intéreffe au point, que je ne pourrois fortir de la falle, fi j'avois à craindre le retour d accès dont on m'a rendu le témoin, & je fuis fi difficile à cet égard, qu'il ne faut rien moins que la parole de la Déeffe, pour me donner toute la tranquillité dont j'ai befoin.

Je ne crois pas trop préfumer, en fuppofant que

ma sensibilité vous disposera à avoir pour moi quelques égards. Je les réclame pour vous prier d'insérer ma Lettre.

Voudrez-vous bien vous charger en même temps de faire connoître à l'homme sublime qui consacre ses veilles pour le plaisir des ames sensibles, qu'il a éveillé chez moi un sixième sens, que je tiens à la vie par un lien de plus, & qu'il est & sera à l'avenir le désespoir de tous ceux des Compositeurs qui seront assez bien organisés pour le comprendre ; & que, si les Anciens ont dit, en voyant la Statue de Jupiter Olympien, que Phidias avoit ajouté à la Religion, nous pouvons dire de l'Auteur des deux Iphigénies, d'Orphée, d'Armide & d'Alceste, qu'il a mis une combinaison de plus pour le bonheur ou le malheur de la vie.

Je suis, &c.

LA M. DE C***.

Journal de Paris, 29 Mai 1779.

LETTRE

SUR

IPHIGÉNIE EN TAURIDE,

DE M. LE CHEVALIER GLUCK.

Vous me demandez, Monsieur, l'analyse des beautés musicales de l'*Iphigénie en Tauride* : je suis encore trop près de ce chef-d'œuvre, j'en suis trop pénétré, trop ému, pour être en état de vous satisfaire. Malheur aux Ouvrages de sentiment & d'imagination qui, au moment où ils paroissent, se laissent analyser ! Attendez que mes premières impressions se soient affoiblies, & sur-tout songez à la difficulté, ou plutôt à l'impossibilité de réussir dans une pareille entreprise, sans avoir la partition sous les yeux. Je me bornerai donc à vous tracer l'esquisse de deux morceaux qui suffiront, si je ne me trompe, pour faire sentir à quel point M. Gluck est tout-à-la-fois Peintre & Poëte.

Je commencerai par l'Ouverture, qui n'est autre chose que le tableau même de l'orage par lequel le Poëte a ouvert la scène. Vous savez que les tempêtes en Musique ne sont souvent que du bruit, & qu'il en est de ces sortes d'imitations, comme de ces peintures gothiques où l'on ne reconnoît guère les figures qu'à la faveur d'un écriteau.

Pour donner à son tableau plus d'énergie & de vérité, M. Gluck le fait précéder par un morceau de Musique

Musique d'une douceur d'harmonie & de mélodie. qui, en peignant le calme de la Nature, le porte au fond de nos cœurs. Un coup de timbale détruit ce tableau, & change toute la situation : l'orchestre se trouble & frémit sourdement ; l'orage est déja formé, mais il ne menace encore que de loin ; il avance, il croît par degrés ; les cors & les trompettes, qui d'abord ne se faisoient entendre que de temps en temps, comme pour en annoncer l'approche & la violence, s'unissent au fond de l'orchestre devenu bruyant & terrible : l'orage éclate. Imitateur attentif & fidèle de la nature, le Musicien donne à la tempête quelques momens de relâche, & profite de cet intervalle pour faire entendre les voix gémissantes d'Iphigénie & des Prêtresses qui, se répandant en désordre sur le Théâtre, implorent la clémence des Dieux. Mais loin de s'appaiser, l'orage ne fait que s'accroître : l'orchestre plus courroucé, plus perçant & plus aigu, présente à-la-fois mille images effrayantes : il peint & le mugissement des flots, & le sifflement des vents, & les rapides feux des éclairs, & le murmure du tonnerre, & ses épouvantables éclats. Iphigénie & ses compagnes recommencent leur prière, & leur prière est toujours repoussée. Ici ne croyez pas que le Compositeur épuisé se contente de faire passer par des modulations nouvelles les traits & les passages dont il s'est déja servi. Un des grands mérites de M. Gluck est d'aller toujours au delà des idées communes, & de varier, de fortifier & d'accroître l'expression par des moyens qui, jusqu'à lui, étoient demeurés cachés dans les secrets de l'Art. Enfin, l'orage perd de sa force : il s'étoit accru par degrés ; il tombe insensiblement : les sons deviennent plus graves, les mouvemens plus tranquilles, & l'harmonie plus rapprochée & plus douce. Il ne subsiste plus que quelques restes d'agitation exprimés de loin en loin par les flûtes. La sédition cesse; la paix & l'ordre se rétablissent: tout reprend sa place, & le calme est rendu à la Nature.

M. Gluck va se montrer aussi grand Poëte qu'il vient de se montrer grand Peintre. Après ses premiers accès de fureur, Oreste tombe anéanti sur un banc de pierre, & chante ces paroles:

<blockquote>
Le calme rentre dans mon cœur. ...
Mes maux ont donc lassé la colère céleste !
Je touche au terme du malheur.
Dieux justes ! Ciel vengeur !
Vous laissez respirer le parricide Oreste.
</blockquote>

Mais écoutez les instrumens, ils vous diront que c'est là de l'accablement, & non du repos: ils vous diront qu'Oreste a perdu, non le sentiment de ses peines, mais seulement la force de les faire éclater. En effet, son chant d'autant plus admirable, d'autant plus vrai, qu'il ne parcourt qu'un très-petit nombre de cordes, & que sur-tout il n'a rien de périodique; son chant est accompagné par des alto-violes, qui peignent la voix sourde & menaçante des remords, pendant que les violons expriment une agitation profonde, mêlée de soupirs & de sanglots. C'est ainsi qu'après une violente tempête, on voit les flots se mouvoir & se balancer long-temps avant de se calmer & de s'applanir. A ces traits neufs & hardis, on reconnoît sans peine le génie & la touche de l'Artiste qui, dans le premier acte d'*Iphigénie en Aulide*, fait repousser par l'orchestre, devenu l'interprète de Diane, la prière que Calchas adresse à cette Divinité; qui, dans le second acte d'*Armide*, transporte tout-à-coup l'effet principal à l'orchestre, & change un tableau d'histoire en un paysage charmant, dont Renaud contemple les différentes beautés; qui, dans le second acte d'*Alceste*, attache à un air de divertissement & de danse, un chant plein de douleur & de larmes. Voilà des beautés dont l'Auteur n'a trouvé nulle part le modèle. S'il est aujourd'hui du bon ton & du bon air de dédaigner les discussions sur la Musique, n'en accusons que les Musiciens, dont la plupart mettent tout leur talent à amuser l'oreille par de petites formules, par de vaines chansonnettes, par le son de trois ou quatre voyelles plus ou moins richement brodées. Qu'à l'exemple du Chevalier Gluck, on fasse servir ce bel Art à remuer l'ame, à peindre les passions, à réveiller des sentimens & à exercer la pensée; &, quelque prix que nous attachions aux choses de pur esprit & de pur agrément, les Musiciens, malgré le dédain d'une classe de personnes qui ne savent pas assez que la vraie politesse, celle des mœurs, est le fruit de la culture & de la perfection des Arts, les Musiciens iront se placer à côté des plus grands Poëtes.

Mercure, 15 Juin 1779.

ÉVÉNEMENT.

Nous avons trouvé aux Champs-Élisées un Manuscrit qui nous a paru être de la main d'une femme. La singularité du titre nous fait prendre le parti de remettre à l'Auteur, par la voie de l'impression, son Manuscrit, qu'il doit regarder comme perdu : nous espérons que l'accueil du Public engagera l'Anonyme, homme ou femme, à nous pardonner cette petite infidélité.

MES ÉTONNEMENS EN MUSIQUE.

Il est difficile de s'intéresser à un Art, d'en chérir les progrès, & de ne pas s'occuper avec réflexion des divers jugemens qu'on en porte, surtout lorsque cet Art, sortant d'une longue inertie, éprouve une révolution subite; qu'il attire toute l'attention d'un peuple éclairé, & divise étrangement ses opinions. Celles que nous avons recueillies nous ont paru remarquables, en ce qu'elles appartiennent aux personnes à qui elles conviennent le moins : elles forment une contradiction sensible avec leurs principes les plus reconnus; de sorte qu'à juger par l'apparence, chacun auroit dû opiner autrement qu'il n'a fait. Ces jugemens tant soit peu bizarres pourroient presque s'appeler des effets sans cause : ils en ont une cependant, mais trop éloignée des causes ordinaires, pour que la foible portée de notre vue puisse y atteindre : nous ne doutons pas que la pénétration du lecteur ne supplée à la nôtre.

DE LA MUSIQUE. 437

Eh! qui fait? il en est peut-être de ces singularités comme des phénomènes de la nature, qui s'expliquent les uns par les autres : la cause d'un de ces jugemens découverte, servira peut-être de clé pour tous les jugemens de la même espèce.

Si nous ne craignions pas de reprendre les choses de trop loin, nous observerions que les personnes, qui avoient proscrit avec le plus de véhémence notre idiome, & l'avoient déclaré anti-lyrique, se sont montrés, par une contradiction bien subite, les Admirateurs les plus passionnés de *Roland*. Entre ces deux jugemens si opposés, n'auroit-on pas avec raison désiré quelque modification préparatoire, quelque nuance intermédiaire? Cette rétractation si soudaine & si entière n'a-t-elle pas plutôt l'air d'une conversion miraculeuse, que d'une abjuration sentie & raisonnée? De telles disparates enfin ne donnent-elles pas de fâcheux préjugés sur tous les jugemens de ceux qui les ont commises, surtout si leurs jugemens inclinent constamment à l'exclusion & à la rigueur? Quoi qu'il en soit, il faut en convenir, cette rétractation est aujourd'hui nécessaire, & l'exemple du Citoyen de Genève sur le point fait loi. Car enfin, que nous obtenions du génie de M. Piccini sept ou huit Opéras aussi beaux que *Roland*; que les Bach, les Sacchini, les Traïetta, les Paesiello, nous enrichissent aussi de leurs productions; que restera-t-il à dire sur l'Opéra des Italiens, comparé avec celui des François, sinon, que l'un, monstrueux dans son ensemble, n'a que de belles parties; & que l'autre forme un tout admirable qui ravit & qui enchante? Cette opinion une fois reçue, il n'y aura plus qu'une observation à y joindre, c'est que les Italiens seront venus à Paris apprendre à faire des Opéras complétement beaux, ce que ne promettoit pas le dur anathême lancé contre la Langue & le goût peu musical des François. Mais cet Art ignoré de l'Italie, de qui ses Artistes l'auroient-ils appris? Chut! n'écrivons que pour raconter nos surprises.

Lorsque nous n'avions que notre vieille psalmodie Françoise, qui, peu liée aux paroles, se traînoit indifféremment à côté d'elles, ou ne s'y attachoit que pour les écraser de son poids: cette classe d'hommes dont l'esprit éclaire les jugemens, & qui prononce sur les Arts encore plus par réflexion que par instinct, réprouva cette Musique froide & inactive, qui trahissoit partout l'expression des paroles. L'expression! l'expression, dit-on alors; on n'eut point d'autre cri, &, il faut en convenir, ce précepte étoit bien placé dans la bouche de ces hommes doués d'une intelligence supérieure, qui cherchent dans les Arts le plaisir de l'esprit & du cœur. Leur conseil a été suivi: l'Allemagne nous a envoyé un homme de génie, qui s'est attaché essentiellement à cette expression tant recommandée; un homme, dont le systême pourroit ainsi s'exposer en peu de mots. ”Que la Musique en chambre se permette quelques
” écarts & d'oisives complaisances; soit: mais au
” Théâtre, liée à l'action, au jeu des passions, si elle
” retarde l'une & refroidit l'autre, elle manque es-
” sentiellement à la Tragédie, qui lui confioit le
” succès de ces grandes Opérations; elle substitue un
” tranquille amusement aux touchantes émotions de
” la scène. Établissons donc entre la situation, les
” paroles & la musique, la plus grande convenance
” possible, & nous aurons rempli nos fonctions de
” Musicien Dramatique”. Que cet homme rare ait

exécuté ce qu'il a conçu; qu'il ait mis une prodigieuse expression dans ses ouvrages, je n'en saurois douter, puisque les ennemis de son talent ne le lui contestent pas: ce n'est pas là-dessus que porte le reproche qu'ils lui font: je dois croire que les partisans de l'expression sont par excellence ceux de M. Gluck; non: ce sont les plus froids spectateurs de ses ouvrages. Ce ne sont pas toutefois les seuls qu'il ait contre lui. Ceux qui avoient sucé le lait de la vieille musique, lents à dépouiller les préjugés de l'enfance, & ne pouvant dénaturaliser leur goût, ont rejetté des tournures de chant nouvelles: mais (que le Lecteur redouble d'attention, il y a ici complication de singularité) le reproche que M. Gluck essuie de la part des Lullistes, est d'avoir modulé à l'Italienne des paroles françoises, projet, selon eux ridicule: car les Lullistes ne pensent pas qu'il soit autant permis à un Homme de génie de dire en fait de Musique, *il n'y a plus d'Alpes*, qu'il le fut à Louis XIV de dire, *il n'y a plus de Pyrénées*. Cependant M. Gluck, traduit devant ces juges, fut déclaré *coupable de mélodie Italienne*, tandis qu'ailleurs on le déclaroit *coupable de mélodie Françoise;* situation bizarre, & qui ressemble à celle de cet homme accusé tout-à-la-fois d'impuissance & d'adultère. Placé entre ces deux partis, dont chacun lui intente une accusation directement contraire à celle de l'autre, M. Gluck a dû se dire: ″ Ces gens-ci sont entre eux bien plus
″ ennemis d'opinion qu'ils ne sont mes ennemis. Ce
″ n'est pas moi qu'ils attaquent; car je n'ai dit mon
″ secret à personne: je ne me suis donné ni pour un
″ Musicien François, ni pour un Musicien Italien; ce
″ n'est donc pas moi qu'ils contredisent; mais ils se
″ donnent l'un à l'autre un démenti formel & très-

» injurieux, dont à leur place je me tiendrois offensé ».
Ce raisonnement ne manque pas de justesse. Eh bien ! admirez la singularité ! les deux partis divisés d'opinion, se sont trouvés liés d'intention ; ils se sont regardés comme armés pour la même cause. O mystère inconcevable ! en voici un qui n'est guère plus facile à concevoir. Les Lullistes qui croyoient ne pouvoir en conscience jurer que par la Musique Françoise, ont cru pouvoir sans déroger à leur serment, jurer par M. Piccini & par Roland. Arrêté par cette singularité, j'ai cherché dans Roland & dans les ouvrages de l'illustre Italien quelques traces de la Musique Françoise ; je n'en ai pu trouver aucune. Je suis donc resté dans une confusion muette, me demandant par quelle espèce d'enchantement chacun dans cette affaire a l'air d'opiner contre son propre avis ; & admirant la bizarrerie des circonstances, qui fait donner à un grand Musicien, à M. Piccini, des éloges qu'il prendroit peut-être pour des injures. En effet, avec l'intention de le louer, oseroit-on lui dire en face: » Ah ! Monsieur, que j'aime votre musique ! elle me » rappelle tout-à-fait celle de feu M. Lulli ».

Plus j'ai observé de choses neuves & piquantes, plus mon rôle d'Observateur m'a plu. « Dans cette dis-
» cussion, me suis-je dit, les Zélateurs de la Musique
» Italienne forment incontestablement le parti le plus
» éclairé ; c'est-là que résident sûrement le goût & le
» savoir : attachons-nous à eux ; examinons de bien
» près & sans aucune partialité, ce qui les rend indiffé-
» rens pour les Ouvrages de M. Gluck. *C'est qu'ils*
» *manquent de mélodie* : bon ! m'y voilà. Je conçois
» le reproche ; vérifions s'il est fondé. Je ne m'y connois
» pas assez pour en juger par moi-même ; mais le

» témoignage des plus grands Muſiciens ne ſauroit
» me tromper en pareille matière. S'il s'agiſſoit de
» prononcer ſur les vraiſemblances de la ſcène, ſur
» tout ce qui concerne l'Art du Théâtre, on pourroit
» m'objecter que les Muſiciens de profeſſion manquent
» dans cette partie d'inſtruction & de lumières. Mais
» ce n'eſt pas là le point en litige ; il s'agit de ſavoir
» ſi telle Muſique chante ou ne chante pas : le fait eſt
» du diſtrict des Muſiciens ; ils ont contracté un beſoin
» de mélodie, beſoin d'inſtinct & d'habitude qui la
» leur rend néceſſaire. Toute Muſique qui chantera
» mal ſera traitée par eux, comme la vieille Muſique
» Françoiſe, avec dégoût & mépris «. Mais, que
vois-je ! tout ce que Paris renferme de Muſiciens
diſtingués par la délicateſſe de leur goût, ſe paſſionne
& s'extaſie aux Opéras de M. Gluck : (1) ceux même
dont les ſens fatigués par l'âge, & par un trop long
exercice de leur Art, étoient comme émouſſés, ſemblent
ranimés par ſa mélodie, & recouvrent en l'écoutant
l'inſtinct de la jeuneſſe. Quoi ! les Artiſtes les plus
ſenſibles & les plus ſavans goûtent un charme de
mélodie inexprimable, là où quelques Amateurs ſe
plaignent qu'il n'y en a point ! Où les uns trouvent
pour l'oreille une délicieuſe pâture, les autres diſent
qu'ils mâchent à vide & reſtent à jeûn ! Qui pourroit
ſe défendre de la ſurpriſe (2) ?

---

(1) MM. Janſſon, Rault, Goſſec, Cambini, Righel, Langlé, &c. &c.

(2) Un tiers de l'Orcheſtre de l'Opéra a tour-à-tour congé pour les répétitions des nouveaux Opéras. Nul d'eux n'a voulu uſer du privilège pour les répétitions d'*Iphigénie en Tauride*.

Au reste, il y a une expérience sûre à faire sur ceux qui se portent pour Mélodistes si passionnés. Menons-les à un concert purement instrumental; que tous les morceaux en soient choisis & variés; que tous soient d'une mélodie exquise; ceux pour qui cette mélodie a tant de charmes, conduits en quelque sorte à ses sources pures, vont s'en abreuver avec délices..... Je me trompe, & ma conjecture est encore une fois en défaut. Ces Auditeurs distraits, inattentifs, ennuyés, n'entendent rien de tout ce que leur dit une mélodie instrumentale. Quoi! ne savent-ils qu'un air est chantant, que lorsque cet air a des paroles? Mais ces paroles, quelque bien adaptées qu'elles soient, ne constituent pas la mélodie du morceau, ne font pas qu'il ait du chant, si effectivement il en manque; ces paroles ne peuvent pas non plus faire sentir la mélodie à celui qui sans ce secours ne la sent pas. Eclaircissez-moi donc toutes ces obscurités. J'apperçois dans l'orchestre du concert les Musiciens enthousiastes de M. Gluck (mais qui le sont sans nuire à la gloire de personne); je les vois s'enivrer de la mélodie qu'ils produisent. Chacun des sons qui sort de leur instrument porte une inflexion qui le distingue & le caractérise. Leur archet, leur souffle & leurs doigts commandent aux sons de vivre & de parler; ils leur font dire mille fois plus que toutes les paroles qu'on pourroit y joindre. « Ah! m'écriai-
» je, voilà les vrais juges en mélodie; voilà les vrais
» connoisseurs en Musique : ceux-là savent la langue;
» ils l'entendent; ils la parlent avec goût, avec grâce,
» avec énergie; les autres ne comprennent la Musique
» qu'avec le secours de la version interlinéaire; ils
» savent qu'un son est touchant lorsqu'il y a au dessous
» un mot qui le leur indique ».

Le concert finit, & moi, toujours tourmenté de mes doutes, je questionne un de nos Admirateurs ultramontains; je le prie de me définir le mot *Chant*, pour lequel je l'ai vu soutenir une dispute si vive. Je craignois d'abord d'avoir fait une proposition peu séante, à l'air dont on la reçut. Embarrassé, interdit, on fut assez long-temps sans me répondre. Enfin, après y avoir rêvé : « J'appelle *Chant*, me dit-on, ” des phrases de Musique suivies, & assez agréables ” pour qu'on puisse avec plaisir les chanter, même ” sans accompagnement. Monsieur, repris-je avec ” vivacité, votre définition convient à la plupart des ” morceaux que nous venons d'entendre au concert; ” comment ne les avez-vous pas goûtés? Elle ne ” convient presque point aux airs Italiens; comment ” les goûtez-vous si fort, & spécialement pour leur ” chant? Je suis bien trompé, si l'on peut chanter ” seul le début du *Stabat*. Des plus beaux airs Italiens ” retranchez l'orchestre, vous y trouverez les landes ” arides de ces passages où la voix ne fait qu'accom- ” pagner l'instrument ».

Tout en discourant, nous enfilions la route de l'Opéra : c'étoit le jour des *Bouffons*, & je me vois réservé à des surprises nouvelles. On chante; mon homme applaudit avec transport. Je m'empresse de lui demander quelles sont les paroles, croyant devoir les compter pour beaucoup dans les causes de son ravissement; il ne les avoit pas entendues. Un de mes voisins, qui tenoit le livre, me les fait lire; elles étoient absolument sans caractère. L'air étoit plein de roulades, de traits d'exécution, tels que ceux qui venoient d'illustrer les Virtuoses du concert; mais ceux-ci avoient plongé dans l'ennui notre Auditeur dégoûté, tandis que l'air Bouffon réveilloit sa langueur. Assuré qu'avec lui la Sonate cesse d'avoir tort lorsqu'on la chante en Italien, j'eus bien envie de lui demander si la voix qu'il venoit d'entendre avoit mis dans son chant autant de précision, de grâce, & sur-tout de *justesse* que M. Rault en avoit mis dans son Concerto de flûte ; mais je fus retenu par mon instinct timide, & j'eus peur de désobliger.

On prolongeroit à l'infini l'énumération de singularités semblables ; mais c'est donner trop de temps à des sottises : coupons court à celles que j'écris.

Quelles que soient toutes ces opinions inconséquentes, je n'y vois aucun mal, si l'une ne tyrannise pas l'autre ; si le moins instruit ne prétend pas faire honte au plus habile de son admiration pour des chef-d'œuvres. A ce prix, vivons en paix ; laissons à chacun son foible d'opinion pour ce qu'il sent, & même pour ce qu'il ne sent pas. Souvenons-nous de Voltaire, & disons avec lui :

<blockquote>
On hait la tyrannie ;
Mais la plus exécrable & la plus impunie
Est celle qui commande & la haine & l'amour.
</blockquote>

Journal de Paris, 25 *Mai* 1779.

AUX AUTEURS
DU JOURNAL DE PARIS.

Messieurs,

Il m'est tombé par hasard entre les mains un exemplaire du *Petit Prophète de Bohemischbroda*, Brochure qui parut en 1752, dans cette grande querelle des Bouffons, où les gens d'esprit & de goût écrivirent de fort bonnes plaisanteries contre cette vieille psalmodie que nous appelons *Musique Françoise*, & qu'ils trouvoient, avec assez de raison, pauvre sans simplicité, lourde sans dignité, triste sans expression : ils eurent les rieurs pour eux. Mais ils proposoient à nos Compositeurs d'écrire des Opéras dans le goût du fameux air du *Tracollo*, qui a peur d'être pendu, & de l'air encore plus fameux de la *Polenta*, où l'on entend distinctement le bruit des pois qui bouillent dans une marmite ; cette idée ne parut pas tout-à-fait si heureuse. On renvoya ces pauvres Bouffons, qui m'amusoient beaucoup, parce qu'ils étoient vraiment Bouffons ; on imita leurs airs à l'Opéra-Comique, où ils réussirent ; mais on ne voulut pas croire que le style du *Tracollo* & de la *Polenta* pût être celui de Thésée ni de Dardanus ; & l'on se passa de bonne musique à l'Opéra comme devant. Je reviens au petit *Prophète*. Cette plaisanterie m'avoit amusé dans le temps ; elle m'amuse encore en la relisant ; mais j'y ai trouvé un passage qui m'a embarrassé. Il faut se rappeler que c'est un Ecolier de Prague, inspiré par une voix qui, après lui avoir donné un soufflet, lui dit de fort belles choses sur la Musique : voici le passage.

 « Et j'ai formé un homme exprès, & j'ai organisé sa
» tête, & je l'ai animé, & je lui ai dit : ayes du gé-
» nie, & il en a eu.

» Et quand il fut temps, je l'envoyai & je lui dis:
» empare-toi de la scène qu'ils ont appelée Académie
» de Musique, encore que ce n'en soit pas une, &
» purges-là de toute cette mauvaise Musique qu'ils
» ont fait faire par des gens que je n'ai jamais
» avoués.

» Et tu les étonneras par le feu & la force de l'har-
» monie que j'ai mise dans ta tête, & par l'abondance
» des idées dont je l'ai pourvue.

» Et ils appelleront baroque ce qui est harmonieux,
» comme ils appellent simple ce qui est plat. Et quand
» ils t'auront appelé barbare pendant quelque temps,
» ils ne pourront plus se passer de ta Musique, car elle
» aura ouvert leur oreille ».

Voilà assûrément un morceau qui a un grand air de prophétie. On ne peut pas douter que ce ne soit une de ces figures par laquelle la voix a voulu désigner un réformateur de la Musique. On pourroit croire, si l'on ne connoissoit l'usage de ces figures symboliques, que Rameau est le Réformateur désigné par le Prophète ; mais on sait trop bien que les Prophètes de la Musique Italienne ne prophétisent pas pour annoncer à l'univers la Musique de Rameau. On voudroit donc savoir si ce grand Réformateur est venu, ou s'il n'est pas venu ; & l'on prie M. Gabriel-

Johannes-Nepomuscenus-Franciscus de Paula *Waldsto-re*, dit *Waldstoerchel*, s'il a encore quelque communication avec la voix qui lui donnoit des soufflets, de nous apprendre lequel des grands Compositeurs de ce siècle est figuré dans la prophétie ci-dessus.

Journal de Paris, Juin 1779.

LETTRE

D'UN

AMATEUR DE MUSIQUE

A UN HOMME QUI NE LA SAIT PAS.

Vous me confiez, Monsieur, vos doutes sur quelques points de la Musique, & vous m'invitez à les résoudre. Ce qui vous embarrasse principalement, c'est de connoître le véritable sens du mot *mélodie*, afin d'en faire une application juste. Vous êtes importuné d'entendre dire que des Opéras qui charment les connoisseurs & ceux qui ne le sont pas, manquent de *chant*, de *mélodie* : cette imputation vous semble même impliquer contradiction avec le succès prodigieux de ces ouvrages. Vous ne vous trompez pas ; & sans savoir la musique, vous êtes mieux conduit par vos lumières naturelles, que d'autres par de prétendues notions qui les égarent. Tâchons d'établir quelques principes qui puissent sur ce point éclaircir & fixer vos idées.

Il n'y a dans la Musique, & il ne peut y avoir autre chose que la *mélodie* & l'*harmonie*, du *chant* & des *accords* : l'art au-delà ne comporte rien. La mélodie consiste dans la succession agréable des sons mesurés ; l'harmonie dans la co-existence, même non mesurée, des sons que l'oreille a jugés compatibles l'un avec l'autre. Je ne pense pas que personne puisse attaquer

ces

ces définitions ; or, leur juftesse une fois reconnue, elles expliquent ce que vous défirez favoir. Déjà vous comprenez que c'est dans la mélodie que réside le pouvoir de la Musique; qu'elle en constitue la force ou la molleffe, la grace ou l'énergie ; elle feule imprime aux fons un caractère & des traits qui les diftinguent. L'harmonie n'a qu'une forme & qu'un vifage ; la mélodie change à chaque inftant de figure & de phyfionomie ; l'harmonie confifte dans un fonds d'accords affez bornés ; ce font les mêmes que l'on emploie partout, & fouvent dans le même ordre; les combinaifons de la mélodie font inépuifables & infinies. Enfin pour ajouter l'expérience au raifonnement, dépouillez l'air le plus charmant de fes formes mélodiques, exécutez en tous les accords ; vous en aurez l'harmonie complette ; mais fi cette harmonie ne peut pas feulement rappeler à l'oreille ce qu'étoit l'air primitivement ; reconnoiffez donc qu'en retrancher la mélodie, c'eft en retrancher l'air tout entier ; c'eft fubftituer la pierre brute & en bloc, à celle que l'induftrie du cifeau avoit façonnée.

Sans doute ces notions trop fimples & trop communes ne méritent pas qu'on s'y arrête ; mais elles peuvent conduire à d'autres moins triviales & plus utiles.

J'ai cru m'appercevoir que beaucoup de perfonnes fe méprennent au véritable fens du mot *mélodie*, & ne regardent comme *chantante* que la mufique qu'ils peuvent chanter. Je ne parle que pour ceux qui font de bonne foi ; il en eft, je le fais, qui fuient la vérité auffi confcienticufement que d'autres la recherchent ; à ceux-là que pourroit-on dire ? Eclairons les hommes dont l'erreur eft involontaire; pour les faire revenir d'une notion fausse, exposons-leur les fausses conséquences qui en découlent. Si l'on ne reconnoît pour chantant que ce que l'on peut chanter, tout ce que l'ignorant, sans voix, sans oreille & sans exercice, ne sauroit exécuter, ne sera point du chant. Tous ces morceaux aimables à la fois & brillans, que l'instrument des premiers Virtuoses a fait goûter & redemander à la multitude, excédant la portée & les moyens naturels de la voix, n'auront point de chant. Tous ceux où la mélodie principale circule & se promene du dessus à la basse, de la voix aux instrumens, ne seront point du chant. L'ouverture d'*Iphigénie* que tout le monde entend avec transport, & que personne ne peut chanter seul d'un bout à l'autre, ne sera point du chant : ces conséquences vicieuses se pressent & se multiplient sous ma plume ; c'est un torrent qui m'entraîne. Rapprochons-les de nos principes d'abord établis & reconnus incontestables ; nous sentirons que ces conséquences sont inadmissibles.

Observez, Monsieur, que les morceaux susceptibles d'être chantés par tout le monde, & *emportés* (comme on dit) par la multitude, sont des morceaux simples, courts, & presque tous gais ou gracieux : ce sont en quelque sorte des chansons d'un usage populaire. A Dieu ne plaise que nous voulions par ces mots en diminuer le prix ! Ce n'est pas nous qui proscrirons ces chants naïfs, innocens & familiers ; nous savons trop qu'ils plaisent aux connoisseurs ainsi qu'aux ignorans ; ils sont, comme le pain, l'aliment du pauvre & du riche. Mais estreindre toutes beautés en musique, à cet ordre de beautés, & toute mélodie à ce caractère de mélodie, c'est visiblement abuser des mots, c'est raisonner sur l'Art en homme qui à peine en effleure la superficie.

Fortifié des principes que nous venons de vous inculquer, Monsieur, lancez-vous donc dans l'arène; combattez pour le grand Homme que vous admirez, & mettez cette admiration si juste à l'abri des insultes de l'erreur & de l'ignorance. Sa Musique ne chante pas, vous dira-t-on ? Répondez : *avec quoi donc charme-t-elle l'oreille du connoisseur & de celui qui ne l'est pas ? Est-ce avec des accords ? il n'en a pas introduit un nouveau dans la Musique ; & vous savez combien le pouvoir des accords est borné.* —— Chantez, vous dira-t-on, ce qui vous plaît tant dans l'ouverture d'Iphigénie, dans les fureurs d'Oreste, dans son calme agité & turbulent, &c. —— » Me préserve le » ciel, répondrez-vous, de vouloir exécuter seul ce » qui requiert le concours unanime d'une voix & de » soixante instrumens : lorsque je commettrai de telles » méprises, que mon oreille se ferme pour toute » Musique; je ne serai plus digne d'en entendre. Eh ! » que m'importe que la mélodie choisisse pour organe » une flûte ou basson, une voix seule, ou trente ins- » trumens tour-à-tour ? dans quelque détour sinueux » qu'elle s'échappe & semble se perdre, je m'attache » à sa poursuite avec un instinct que rien ne peut » mettre en défaut. Mon oreille en quelque sorte se » multiplie aux Opéras de M. Gluck ; comme Argus » aux cent yeux, je suis présent à tout, & tout me » satisfait. »

Une observation essentielle, Monsieur, & que je vous recommande, c'est que, tandis que chaque Musicien adopte uniquement le tour de chant, le style mélodique propre à son siècle, le Génie de M. Gluck infiniment étendu embrasse la mélodie de plusieurs âges : il ressemble au Nestor d'Homère, qui rassemble en lui les lumières de diverses générations. S'agit-il de convoquer dans le Temple d'Apollon les Prêtresses consacrées à son culte (1) ? la marche qui les conduit est telle à peu près que Corelli auroit pu la composer : la mélodie en est simple ; & l'harmonie même, comme dans Corelli, se montre austère & pure : à peine une seule dissonance y altère l'heureuse sympathie, la douce compatibilité des sons. Si Calchas donne une leçon imposante aux Souverains, & leur apprend à fléchir sous la loi des Dieux ; la mélodie se rapproche de celle de Lulli, avec plus de force & de dignité que Lulli n'en mettoit dans la sienne. De ces morceaux, si simples qu'ils appartiennent à d'autres siècles, passez graduellement aux airs superbes d'*Orphée*, d'*Alceste*, d'*Armide*, de la dernière *Iphigénie*; passez à tous ces récits d'Orchestre, animés par une mélodie moderne, si puissante & si variée, vous aurez parcouru un temps immense de la durée de l'art; vous aurez vu le génie de M. Gluck couvrant tout ce vaste intervalle, & touchant à la fois aux deux extrémités : vous aurez vu ce Musicien fécond, propriétaire de toutes les richesses de Mélodie qu'il rassemble, en régler l'usage, convenablement à chaque situation, à chaque effet dramatique. Sans doute l'appréciateur exclusif qui ne sait pas distinguer dans Géminiani, Handel, Rameau, Vinci, Hasse, &c. des beautés réelles, ne saura pas discerner dans les Opéras de M. Gluck, celles qui tiennent au genre de ces divers Compositeurs; mais dans quelle classe obscure

_____

(1) Opéra d'Alceste.

doit-on réléguer le prétendu Connoisseur, pour qui le beau n'est beau qu'à telle date, à telle époque & sous tel nom ? Que penseroit-on au contraire d'un Peintre qui s'appropriant le mérite de plusieurs manières, uniroit à la touche sévère & terrible de Michel-Ange, les graces & les molles attitudes de l'Albane ? Prononcez, Monsieur, & faites ensuite l'application ; elle n'est pas difficile. J'ai l'honneur, &c.

Journal de Paris, premier Juin 1779.

RÉPONSE
A LA LETTRE
D'UN
AMATEUR EN MUSIQUE,
A UN HOMME QUI NE LA SAIT PAS.

Si j'en juge, Monsieur, par le rapport des idées, par la conformité du style, & par le ton de modération qui est commun à votre Lettre, & à la diatribe insérée dans le Journal de Paris du 25 Mai, sous le titre de *mes étonnemens en Musique*, vous êtes l'amant ou l'époux de la Dame qui a perdu son manuscrit aux Champs Élisées. Cette Belle est un autre vous-même; j'en ferois la gageure.

Que vous soyiez une seule personne ou deux corps animés d'un même esprit, unis d'un nœud licite ou défendu, vous avez un mérite que l'on ne vous contestera pas, & qui est d'autant plus louable, que, dans ce moment de fermentation relativement à la Musique, tous les principes d'équité semblent être détruits par l'esprit de parti. Vous parlez avec modestie d'un Art dont vous paroissez posséder les secrets; vous venez à l'appui d'un grand homme contre lequel on se déchaîne avec fureur, lui qui n'a jamais attaqué le mérite de personne, & qui n'a d'autres griefs que d'avoir travaillé pour nos plaisirs; vous le défendez sans nuire à aucun Musicien; &, lorsque les ennèmis de M. Gluck prétendent étouffer cinq succès (aussi éclatans que ceux d'*Orphée*, d'*Armide*, d'*Alceste* & des deux *Iphigénies*), par le succès seul de *Roland*, vous, Monsieur, & Madame votre épouse, vous témoignez de l'admiration pour les talens de M. Piccini; vous demandez à son génie *sept ou huit Opéras aussi beaux que Roland*, sans même observer que le morceau le plus beau de cet Ouvrage est fait à la manière de M. Gluck. Vous nous deviez compte de cette observation, ne fût-ce que pour établir une preuve que ces deux hommes célèbres (qui ne sauroient avoir des idées différentes sur la mélodie & l'harmonie, sur la Musique en général) se trouveront également rapprochés dans les effets de cet Art, quand M. Piccini, abjurant ses principes ultramontains (1), adoptera ceux du Théâtre François, régénéré & agrandi par M. Gluck.

Si je me plais, Monsieur, à admirer l'impartialité avec laquelle vous rendez justice aux grands Maitres, mon but n'est pas seulement de faire valoir la forme honnête dont vous savez revêtir votre opinion; c'est à votre opinion même que je dois mon principal hommage. Moi ! ignorant & confirmé dans mon ignorance par la plupart des écrits modernes sur la Musique, où je n'ai reconnu, pour toute doctrine, qu'un emploi vague de mots techniques, tels que *rhythme*, *mètre*, *mode*, *motif*, *période*, &c.&c. au milieu de ces abus, ou, si vous l'aimez mieux, de ces

---

(1) Ces principes sont de faire du Spectacle un Concert, un Café, un lieu de rendez-vous pour la conversation.

simulacres de science, quelle obligation ne vous ai-je pas de m'avoir éclairé par une définition simple & précise du mot *mélodie*, par l'indication que vous faites de la transmigration de cette mélodie, passant de la voix à la basse & aux divers instrumens : vous développez la magie de ce que je n'avois que senti dans les Opéras de M. Gluck : vous me transportez à la représentation d'*Armide*, d'*Orphée*, d'*Alceste* ; dans ce dernier ouvrage je m'arrête à ce chœur singulier de Démons, où les voix, toutes à l'unisson, *soutiennent une seule & même note pendant un intervalle de seize mesures*. Transporté de l'effet de ce chœur, je m'étois toujours écrié : *Cela est superbe, mais cela ne chante pas;* tandis que vous, Monsieur, qui, en homme vraiment instruit, suiviez le procédé du génie, vous vous disiez, sans doute : » M. Gluck n'a pas cru que des » Diables, qui viennent réclamer leur proie, dûssent » varier leurs intonations ; c'est la basse qu'il fait chan- » ter ; il confie la mélodie à son orchestre, où le » concours de ces *Tromboni* produit un effet si im- » posant ».

Guidé par vous, éclairé par vos lumières, c'est ainsi que désormais je jouirai doublement des chefs-d'œuvres de ce grand Homme : j'en fais déjà l'épreuve à cet endroit sublime du second Acte d'*Iphigénie en Tauride*, lorsqu'Oreste exténué par un excès de fureur, tombe dans un état d'épuisement, qu'il prend pour du calme : l'Homme de génie ne lui fait proférer alors que des sons inarticulés, & l'Orchestre devenant l'Acteur principal, rend merveilleusement ce tumulte intérieur inséparable de l'ame du malheureux Oreste.

Il seroit inutile de citer tant d'autres exemples dont

les Opéras de M. Gluck font remplis ; il n'y a véritablement que ceux qui (selon votre expression très-heureuse) fuient consciencieusement la vérité, qui puissent méconnoître que M. Gluck, » *propriétaire de* » *toutes les richesses de la mélodie, en varie les effets,* » *en règle l'usage, en distribue l'emploi à telle voix ou* » *à tel instrument, toujours convenablement à chaque* » *situation.* » Votre comparaison de ce grand Homme avec Nestor embrassant les lumières de plusieurs générations, paroîtra juste à tout homme de bonne-foi.

Mais, Monsieur, vous qui pénétrez si bien les causes, me permettriez-vous de rechercher avec vous celles du despotisme que tant d'ignorans *à voix fausse & qui battent faux la mesure*, prétendent exercer ? Quelle est donc cette manie particulièrement affectée à la Musique, de dogmatiser sur un art que l'on ne connoît pas ? Nous n'avons point eu de schismes en faveur de l'immortel *Vernet* contre *Carle-Vanloo*. En Littérature, jamais pour écraser Racine on n'a mis en opposition à ses divines Tragédies les charmantes Fables de la Fontaine, & la *Pupille* n'a jamais été citée comme une preuve que *Mahomet* est une mauvaise Tragédie. Cette façon d'opiner qu'on ne s'est jamais permise qu'en Musique, ne seroit-elle pas une suite de cette erreur si commune que vous relevez : *On ne reconnoît pour chantant que ce que l'on peut chanter : tout ce que l'ignorant, sans justesse de voix, sans oreille, sans l'exercice, peut se faire entendre à lui seul, il l'appelle du chant, & ce qui se refuse à son organe n'en est point.* Cet ignorant aura beau voir la Colonnade du Louvre, la Vénus de Médicis, les chefs-d'œuvres sortis du pinceau de Raphaël ; il sent qu'il ne fera jamais ni bâtiment, ni statue, ni tableau ; il juge dès-lors que l'Architecture, la Peinture, la Sculpture font des Arts étrangers pour lui, fur lefquels il ne doit pas prononcer; mais *il chante*, (qu'on me pardonne cette expreſſion, il n'y en a pas d'autre pour dire qu'il rend en fons bien ou mal aſſortis ces CHANTS NAÏFS ET FAMILIERS, ALIMENT DU PAUVRE COMME DU RICHE) *il chante donc;* & parce que fon organe, outrageufement faux, a créé quelques fons; il raifonne Mufique, il s'établit Profeſſeur en cet Art.

Que font enfuite nos Docteurs ? ils lifent quelques Dictionnaires lyriques, & ils en recueillent autant de fruit que cet autre qui croyoit favoir Bayle, parce qu'il en avoit lu le Dictionnaire entier, en confondant de fuite les deux colonnes de chaque page: enfin, ils confignent dans mainte & mainte brochures *les modes majeur & mineur, le mètre, &c. &c.* Voulez-vous maintenant favoir au jufte à quoi vous en tenir fur leur fcience ? amufez-vous d'une expérience qui m'a réuſſi complètement avec quelques-uns d'eux. Propofez dans un Concert un concours entre deux fymphonies, & faites exécuter deux fois la même, en obfervant feulement un intervalle de deux ou trois autres morceaux de Mufique; aucun des juges, fenfible à l'identité *du ton, du mouvement*, de chaque note enfin, ne dira de la feconde fymphonie: ›› C'eſt la ›› même que la première ››. Paſſez enfuite à un clavecin; priez M. Piccini de s'y accompagner quelques airs d'un de fes ouvrages encore inconnus ici (de la *Vittorina*, par exemple, Opéra bouffon exécuté à Londres); qu'aux paroles italiennes du genre bouffon, fur lefquelles un des airs a été fait, il fubſtitue (fuppofons) ces paroles pathétiques de l'Opéra de *Roland*: ›› J'ai perdu ce que j'aime, Medor n'eſt plus rien pour

» moi ». Qu'au contraire M. Piccini, dans cet essai de plaisanterie, remplace le style noble & tragique de Roland: *Je me reconnois, &c.* par ces paroles:

> » Prends ce papillon,
> » Mon Compère,
> » Sur le cotillon
> » De ma Mère, » &c.

Vous entendrez ces Messieurs crier, dans tous les cas, *bravo, bravissimo* : je citerois bien encore quelques autres essais assez plaisans à faire de la science de nos Décisionnaires; mais leurs jugemens en disent assez; & puis comme vous, Monsieur, je ne veux point me faire d'ennemis.

J'ai l'honneur, &c.

Journal de Paris, 11 *Juin* 1779.

PARODIE

DU

CHŒUR D'IPHIGÉNIE EN TAURIDE:

O Diane foisnous propice !

O Minerve, fuis-je en Attique?
Dans Délos, Apollon, infpire-tu ces chants?
Ce font les Mufes que j'entens....
France, les Dieux t'ont donné leur Mufique.

Journal de Paris, Juin 1779.

BOUTADE

D'UN CITOYEN DE PARIS,

EN PERRUQUE NOUÉE,

Sortant de voir la nouvelle Iphigénie *du Chevalier*
GLUCK.

Destructeur de la paix publique,
Brigand ! quel instinct diabolique
Au sein de Paris t'attira ?
Ennemi du rhythme gothique
De la phrase périodique
Qu'un grand Poëte célébra;
Rends-nous notre chant pacifique,
Notre fredon soporifique,
Et tous nos flon flon la rira....
Quoi donc ! le pouvoir tyrannique
De ton déchirant Opéra
Renverse en un jour tout cela.
Quoi ! d'un théâtre léthargique
La terrible scène tragique
S'empare ; on y sanglottera.
Plus de batelage Italique.
Le trône, le sceptre lyrique,
Aux mains d'un tyran restera.
Entends mon vœu patriotique.
Dès que le sommeil t'atteindra,
Puisse quelque furie étique,

D'un ton traînant & syllabique
Te crier: Qu'il meure ! il mourra ;
Il a tué notre Musique.
Puis quand l'effroi t'éveillera,
Que du lit il te chassera,
Puisse la chûte d'un portique
Ecraser ta tête rustique,
Et le démon qui l'inspira !
Eh ! périsse ton style antique,
Et ta sublime poétique,
Et ton orchestre despotique,
Et ton génie, & cætera !

Journal de Paris, 20 Juin 1779.

AUX AUTEURS DU JOURNAL DE PARIS.

Monsieur,

Notre enthousiasme pour les productions sublimes de M. le Chevalier Gluck, justifié par les succès brillans & soutenus de ses nombreux Ouvrages, ne nous empêche point d'honorer les talens par-tout où nous les appercevons, & de rendre par conséquent à M. Piccini toute la justice qui lui est due. Notre estime, pour être proportionnée, n'est rien moins qu'exclusive. Tels sont les sentimens du grand nombre des partisans de M. le Chevalier Gluck; & le silence qu'ils ont gardé sur l'Opéra de *Roland*, &c. &c. prouve assez les égards qu'ils ont pour M. Piccini.

C'est d'après cette façon de penser & d'agir, que nous nous empressons de désavouer, de blâmer & de proscrire, autant qu'il dépend de nous, une Brochure qui paroît sous le titre d'*Entretiens sur l'état actuel de l'Opéra de Paris*.

L'Auteur de cette Brochure, en affectant de critiquer d'une manière outrée & ridicule les Ouvrages de M. le Chevalier Gluck, & de prodiguer des éloges plus outrés & plus ridicules encore à la Musique de Roland, s'est manifestement proposé, par des contre-vérités si palpables, de persifler M. Piccini, & d'indisposer le Public contre lui. Une méchanceté si réfléchie est sans doute impardonnable, & nous serions extrêmement fâchés qu'on nous soupçonnât d'avoir employé cette ruse perfide & malhonnête pour affliger un Compositeur estimable, & le priver de l'indulgence dont il peut avoir besoin pour les Ouvrages qu'il se propose de donner par la suite.

Nous vous prions de vouloir bien insérer cette déclaration de nos sentimens dans une de vos plus prochaines feuilles, & de nous croire très-sincèrement,

Messieurs,

Vos très-humbles, &c.
LES GLUCKISTES.

Journal de Paris, 4 Juillet 1779.

AUX AUTEURS
DU JOURNAL DE PARIS.

Messieurs,

Notre admiration pour M. Piccini est si peu exclusive, que nous l'accordons également à tous les grands Maîtres Italiens, anciens & modernes. Nous croyons, avec toute l'Europe, qu'il n'y a d'autre Musique que l'Italienne, & qu'il est un des plus habiles Compositeurs qu'ait jamais eu l'Italie : voilà tout. Nous louons même avec plaisir ce qu'il y a de bon dans les Ouvrages de M. Gluck, c'est-à-dire, ce qui s'y rapproche le plus du genre Italien, comme presque tout Orphée, & plusieurs morceaux de ses autres Opéras. Si quelque chose a pu nous indisposer contre lui, c'est le fanatisme de ses partisans, c'est la suprématie usurpée qu'ils ont prétendu lui donner, ce sont les erreurs où ils l'ont entraîné, en lui faisant quitter, pour une Musique qu'ils appellent *Grecque*, pour une prétendue Mélopée, le genre le plus sage qu'il avoit emprunté de ses Maîtres.

Le sentiment d'un particulier n'est pas toujours, sans restriction, celui du corps dont il est membre. Nous ne voulons ni défendre ni condamner la Brochure intitulée : *Entretiens sur l'état actuel de l'Opéra de Paris*. C'est au Public à la juger ; mais nous déclarons & certifions que les éloges que l'on y donne à

M. Piccini, ne font rien moins qu'une ironie. Après ce que les Gluckistes se sont permis dans le genre admiratif, ont-ils le droit de fixer des bornes dans ce même genre ? Leur modération au sujet de Roland est vraiment méritoire ; mais ont-ils oublié les plaisanteries sur l'*Orlandino*, & les belles dissertations sur le monologue du troisième acte, & l'attaque gratuite de l'un d'entr'eux sur un repos final & sur une faute de ponctuation, quoiqu'il n'y eût ni faute de ponctuation, ni repos final ? Au reste nous déclarons encore que si l'Auteur de la Brochure a eu un tort, c'est de comparer M. Piccini à M. Gluck. Ce parallèle étoit inutile ; mais il ne peut en aucune sorte nuire à M. Piccini, qui a tout aussi peu besoin d'éloges que d'indulgence. Il ne faut point de prôneurs à la bonne Musique, mais bien des apologistes à la mauvaise ; & quand M. Piccini n'existeroit pas, ou quand on ne trouveroit rien de bon dans tous ses Ouvrages, ceux de M. Gluck n'en vaudroient pas mieux.

Nous avons l'honneur d'être,

LES PICCINISTES.

Journal de Paris, 7 Juillet 1779.

VERS

A M. LE CHEVALIER GLUCK,

A l'occasion de la Brochure intitulée : Entretiens sur l'état actuel de l'Opéra.

Peintre des passions & souverain du cœur,
    Tu sus franchir, en dépit de l'erreur,
Les bornes qu'à ton Art l'usage avoit prescrites ;
    Et ton génie éludant ses limites,
    D'un Art nouveau tu devins l'inventeur.

Des Welches nos ayeux la langue peu sonore,
Par toi d'un rhythme heureux s'entichit & s'honore.
Tu sus apprécier ses sons rêches & sourds.
    On sait le terrible anathême
Qu'avoit lancé contre elle un Sage de nos jours :
Ce Sage t'entendit ; il changea son système.

Laisse dire les sots, & poursuis tes succès ;
Enrichis-nous long-temps de tes savantes veilles ;
    Que l'envie assemblant ses traits,
    S'élève contre tes merveilles ;
    D'autres pourront amuser nos oreilles ;
Tu parles à nos cœurs, c'est gagner ton procès.

Journal de Paris, 7 *Juillet* 1779.

AUX GLUCKISTES.

Messieurs,

État des différens genres de mérite, de la Brochure intitulée : *Entretiens sur l'état actuel de l'Opéra*.

Comme Gluckiste, & Gluckiste très-décidé, je propose au corps infiniment nombreux dont je suis un membre assez peu recommandable, de revenir sur la délibération insérée dans le N°. 185 du Journal de Paris.

J'invite ma Compagnie à changer une clause de l'acte visé par elle : l'arrêté fut de laisser tomber d'elle-même dans le plus profond oubli la Brochure intitulée : *Entretiens sur l'état actuel de l'Opéra*.

Je pense au contraire qu'il faut la faire connoître & la répandre ; c'est le plus rude châtiment qu'on puisse infliger à son Auteur. Mais dans l'état où est l'ouvrage, sous peine d'ennui, l'on n'y sauroit toucher ; il convient donc d'en donner

DE LA MUSIQUE. 469

un simple extrait infiniment court, qui fasse juger de la doctrine qu'il renferme : laissons faire ensuite le Public ; il moriginera le particulier qui commet un attentat contre son goût & ses plaisirs, en décriant des Opéras suivis avec transport.

Talent de définir.

» Le chant *n'est pas la na-*
» *ture*, mais il la supplée, de
» même que l'harmonie des
» vers, qui semble s'éloigner
» de la nature, peut devenir
» un moyen d'illusion ». Par la justesse & la clarté de cette définition du mot *Chant*, le Public jugera de toutes les autres : il jugera des connoissances de l'Auteur en prosodie, par l'observation suivante :

Connoissances en Prosodie.

» Peŭvĕnt-ĭls ōrdōnnēr qu'ūn pērĕ,
» Dĕ sā māīn prĕsēnte à l'aūtēl,
» Et pātĕ dŭ bāndeāu mōrtēl, &c.

Telle est la manière dont ces vers sont scandés dans le chant de M. Gluck : voici ce qu'en dit la Brochure : » Que veut dire
» ce chant *tout coupé de dac-*

Gg 3

» tyles ? »

Où est cette suite de dactyles ?

Science de la Nomenclature.
L'Auteur de la Brochure appelle *Rondeau* l'air, *O toi qui prolongeas mes jours*, & plusieurs autres coupés de même : il ignore jusqu'à la nomenclature de l'Art ; il ne sait pas que ce qui caractérise le *Rondeau*, c'est le retour du commencement après *plusieurs* couplets : si le simple *da capo* constitue le *Rondeau*, tous les airs Italiens sont des Rondeaux.

Graces du style.
Voulez-vous apprécier le style du Censeur véhément ? » Se battre les flancs pour s'é- » vertuer, &c. aiguillonner son » génie..... fureur factice qui » laisse M. Gluck dans l'épui- » sement & occasionne *des chu-* » *tes terribles*.... paroles tour- » mentées. » (reproche appliqué aux airs les plus faciles) » style *roide*, *roideur* de l'air, » mélodie *roide*, des chants » trop *roides* même pour des » chants infernaux ». Du *roide* sans cesse du *roide*, & toujours reproché surtout aux airs les plus doux & les plus faciles.

Impartialité....
Voulez-vous connoître son impartialité ?

DE LA MUSIQUE. 471

Dans Roland *tous* les airs, *tous* les récitatifs, *tous* les ballets, *tous* les chœurs tendent à faire de *tous* les groupes particuliers un groupe général où *tout* est d'accord, *tout* est vrai, &c. &c.

Goût en Littérature....

Voulez-vous estimer la justesse & la délicatesse de son goût en Littérature ?

» M. Gluck doit-il être fier » d'avoir eu *tant de succès* avec » les plus beaux sujets du mon- » de qu'il a traités chez une » Nation accoutumée *à ne voir* » *sur son Théâtre lyrique que* » *d'insipides absurdités* ». O ! Quinault, Quinault !

RÉCAPITULATION.

Talent de définir.. o
Connoissances en
 Prosodie .... o
Science de la No-
 menclature...... o
Graces du style.... o
Impartialité ...... o
Goût en Littérature o
Somme totale
 du mérite de
 la Brochure..oooooo

» M. Piccini, au contraire, a » traité un sujet non-seulement » peu intéressant, mais même » *si ingrat, qu'il a fait plus de* » *tort à la sublime Musique de* » son Auteur, qu'il n'a pu l'ins- » pirer ; & *malheureusement* (1) » il semble qu'on veuille le » borner désormais à des sujets » pareils ».

―――――――――――

(1) *Malheureusement !* il est donc malheureux d'avoir fait

Gg 4

Ombre de Quinault! fors de la tombe: pourfuis ton abfurde Calomniateur comme les Furies pourfuivent Orefte; mais ne chante pas auffi bien qu'elles chantent dans Iphigénie & dans Armide; le coupable alors ne feroit pas puni, il jouiroit du plaifir de t'entendre. Fais mieux, ombre du grand Quinault! tranfmets le foin de ta vengeance à l'Académicien célèbre qui voulut te fervir en adaptant tes Opéras aux formes Italiennes: il n'eft pas moins infulté que toi dans la Brochure; il a choifi tes ouvrages, il les a mis entre les mains de M. Piccini ces ouvrages *fi ingrats, qu'ils ont fait tort à fa fublime Mufique*, (comme on l'a vu ci-deffus.) Que l'Académicien outragé foit donc à la fois fon vengeur, celui de M. Gluck & le tien: qu'il fouette le Calomniateur fur ta tombe, & que le Public applaudiffe à cette juftice avec autant d'ardeur qu'il applaudit à la nouvelle Iphigénie.

Adieu, mes chers Camarades; je courrai à la quinzième repréfentation de cet Opéra, & je crains, ce qu'à la quatorzième tant de perfonnes ont éprouvé, de n'y pas trouver place.

Roland: c'eft l'Anonyme qui nous en avertit: il réfulte encore clairement du parallèle que nous citons, que fi M. Gluck a gâté par fa Mufique les plus beaux Poëmes du monde, M. de M. a gâté par fon Roland la plus belle Mufique du monde.

Journal de Paris, 11 Juillet 1779.

A L'AUTEUR DE LA BROCHURE
SUR L'ÉTAT ACTUEL
DE L'OPÉRA, ET COMPAGNIE.

Il est peut-être impoli de ne pas croire sur parole un corps aussi respectable que le vôtre, Messieurs, mais j'ai le défaut de n'être persuadé que quand je vois & je touche. Je vous prie donc de vouloir bien m'indiquer, par la voie du Journal de Paris, l'adresse où je pourrai voir la partition de l'ariette de *Bertoni* que M. le Chevalier Gluck a empruntée, selon vous, pour faire celle d'*Orphée*, *L'espoir renaît dans mon ame*. A cette prière je joindrai celle de me prouver suffisamment que l'Ariette, que vous aurez la bonté de me montrer, est vraiment de *Bertoni*, & qu'elle a été faite avant celle de M. le Chevalier Gluck.

J'ai l'honneur d'être, &c.

L. C. D. B.

Journal de Paris, 18 Juillet 1779.

ANECDOTE.

On fait le succès extraordinaire que l'*Orfeo* du Chevalier Gluck a eu sur presque tous les Théâtres d'Europe. Après avoir été joué vingt-huit fois de suite sur celui de Parme, où toute l'Italie étoit rassemblée pour la Fête du mariage de l'Infant, on le grava. C'est le premier Opéra Italien qui ait été gravé. On engagea quelque temps après M. Bertoni à mettre en Musique le même Poëme pour le Théâtre de Venise ; il le fit avec succès. On fit graver sa partition ; mais il exigea qu'on mît à la tête un *Avis au Lecteur*, dont voici la traduction littérale.

» Ce n'est pas sans quelque frayeur que j'ai accepté
» la proposition de mettre en musique l'*Orfeo* du cé-
» lèbre Signor Calzabigi, après l'heureux succès qu'a
» justement obtenu dans la même entreprise M. le
» Chevalier Gluck chez toutes les Nations de l'Eu-
» rope. En me mettant à l'ouvrage, me trouvant
» dépourvu du secours du Poëte, que j'aurois pu con-
» sulter au besoin, je regardai comme une circons-
» tance aussi heureuse qu'utile pour moi, d'avoir sous
» les yeux la partition du Compositeur, pour suivre
» ses traces, au moins dans la marche qu'il a tenue.
» C'est aux hommes d'un discernement juste & délicat
» à juger de la différence qu'il y a dans le reste.

» Le succès de mon ouvrage a passé toutes mes
» espérances, & d'après les instances qu'on m'a faites
» pour le publier, je n'ai pu me dispenser de le laisser
» graver.

„ Je me trouverois fort heureux si je pouvois, non
„ pas obtenir, comme M. le Chevalier Gluck, les
„ applaudissemens des autres Nations, mais du moins
„ trouver auprès d'elles une partie de l'indulgence qu'on
„ m'a montrée à Venise.

„ Pour prix de ma condescendance, j'ai exigé de
„ MM. les Éditeurs, qu'ils mettroient cet avis à la
„ tête de l'Ouvrage, afin de rendre justice à qui elle est
„ dûe, & d'éviter toute imputation de vanité, défaut
„ très-étranger à mon caractère. „

Ce qui me paroît mériter attention dans cette Préface, c'est de voir qu'un habile Compositeur, qui avoit déjà mis en musique, sans en être le moins du monde effrayé, (senza trepidazione) des Poëmes sur lesquels les Vinci, les Jomelli, les Buranello, les Hasse, &c. avoient déployé toutes les richesses de leur Art, éprouve ce moment de frayeur en remettant en musique l'*Orfeo*, après M. Gluck; qu'il se trouve fort heureux d'avoir la partition sous les yeux pour suivre la marche & la disposition générale que M. Gluck lui avoit tracée; qu'il ait imité les intentions, les mouvemens, & souvent même les motifs de tous les morceaux intéressans de l'original, & que cette imitation ait encore eu un grand succès chez les Italiens mêmes, qui semblent ne désirer & ne goûter que la nouveauté. Je me contenterai d'exposer ce fait, & je laisse aux gens d'esprit à en tirer les conséquences.

Essai sur la Musique, Tome IV. p. 458.

RÉVOLUTION DES CHAMPS-ÉLISÉES.

LULLI,

AUX AUTEURS DU JOURNAL.

Justice, Messieurs, & justice prompte; la Cendre de Lulli profanée! Encore par qui.... & où? dans une rapsodie informe, où l'on trouve tout, excepté de l'esprit, de la raison, de l'honnêteté & des connoissances. On lit dans certains Essais historiques, littéraires & critiques sur les accouchemens, que je m'amusois (de mon vivant s'entend) à battre la mesure avec les pieds sur le ventre des Actrices grosses, & que je les faisois avorter en cadence. Quelle infamie! Je vous ai dénoncé, Messieurs, le coupable, vous savez votre devoir. Il est tout naturel de chercher à maintenir sa réputation d'homme honnête; je n'ai plus que celle-là à garder, on me force d'oublier celle de Musicien; mais que Gluck donne des loix sur la scène où je régnai si long-temps; que vos feuilles consacrent les triomphes d'un talent sublime; que sur le trône, la Vertu, unie aux Graces, répande ses bienfaits sur ce génie créateur; je ne vois là que les succès mérités d'un grand Homme; je jouis de sa gloire presqu'autant que de la mienne propre; on m'a fait trembler ces jours derniers, en m'annonçant que j'allois l'embrasser; qu'il vive encore un demi-siècle pour sa gloire, pour les plaisirs de sa Nation, & même pour le tourment de l'envie.

Je suis, quoique mort, &c.

Journal de Paris, Août 1779.

RÉPONSE

DE M**.

A L'AUTEUR DES ENTRETIENS

SUR

L'ÉTAT ACTUEL DE L'OPÉRA DE PARIS.

J'AI lu, Monsieur, votre réponse (1); j'ai senti tout ce qu'elle a de *fin* & de *malin*, & je vous proteste qu'elle ne m'a point fâché ; j'ai vu avec plaisir que vous aviez fait des progrès rapides dans l'art d'écrire; car votre objet est devenu clair, correct & même élégant, ce qui manquoit essentiellement à votre Brochure. Je voudrois pouvoir vous faire le même compliment sur le fond des idées; mais peut-être que les amis que vous avez consultés se connoissent mieux en style qu'en Musique.

Je voudrois surtout un peu de bonne-foi dans les allégations. Vous prétendez, Monsieur, que je vous ai traité *d'écrivailleur impertinent, sans goût, sans politesse, de pédant scholastique, sans esprit*, &c. je ne vous ai dit aucune de ces injures-là.

Je n'ai pas affirmé non plus que vous fussiez l'*Agent Italien* d'une Cabale aux abois; mais je l'ai cru, & votre réponse me le prouve.

---

(1) Imprimée dans le Mercure du 14 Août dernier.

DE LA MUSIQUE.

Vous me faites dire *qu'un homme qui écrit mal, n'est pas fait pour parler de Musique*; je n'ai jamais pensé une pareille sottise: Rameau & Tartini écrivoient mal, & étoient bien faits pour parler de Musique.

Vous écrivez sur le dactyle de belles choses qui ne sont pas à ma portée; mais vous vous obstinez à dire que l'air d'Agamemnon, *Peuvent-ils ordonner*, &c. est tout en dactyles, quoiqu'il ne s'y trouve pas un seul dactyle. Pour s'en convaincre il ne faut qu'un peu de bonne-foi & des yeux pour distinguer une blanche d'une noire & une noire d'une croche.

Vous comparez les succès de Jodelle dans un temps d'ignorance, où l'Art étoit dans son enfance, aux succès de M. Gluck, dans un temps où la Musique a été portée à sa perfection: vous oubliez que les Admirateurs de Jodelle ne connoissoient rien de mieux que les pièces de Jodelle, & qu'on ne les jouoit pas sur le même Théâtre que *Cinna* & *Andromaque*; au lieu que c'est sur les Théâtres de l'Italie même & sur les Théâtres de l'Europe, où l'on exécute continuellement la meilleure Musique Italienne, que la Musique de M. Gluck a eu les succès les plus constans; c'est après avoir entendu Roland, le chef-d'œuvre de la Musique Dramatique, selon vous, qu'on a applaudi avec plus de transport à *Armide*, à *Alceste*, à *Iphigénie*. C'étoient des ignorans qui applaudissoient Jodelle; ce sont des Maîtres de l'Art qui ont élevé un monument public à M. Gluck. Il est un peu étrange qu'on ait pu hazarder un pareil argument; il est bien plus étrange qu'on ose le répéter.

Vous avancez que l'air de bravoure d'Orphée & la marche des Prêtresses d'Alceste, sont *visiblement* pillés; comme vous aviez avancé que le trait d'Alceste, *il m'arrache le cœur*, étoit pillé de Sacchini, qui l'a cependant copié de M. Gluck. Ces imputations gratuites & injurieuses ne prouvent *visiblement* que le désir & l'impuissance de nuire.

Vous convenez que ce que vous appelez un *duo*, n'est pas proprement un *duo* ; que vous avez cru *voir le même chant note pour note* où il n'y a pas le même chant ; que vous avez pris du chant mesuré pour du récitatif, & un mouvement *animé* pour un *allegro*. Il faut remarquer que les Adversaires de M. Gluck ont toujours eu le malheur de tomber dans ces petites méprises, & que c'est sur ces méprises qu'ils fondent les critiques les plus sévères. Par exemple, vous reprochez durement à M. Gluck d'avoir mis des paroles pathétiques sur un mouvement gai, & cela eût été en effet extraordinaire. On vous fait voir que ce mouvement n'est rien moins que gai : *à la bonne heure*, répondez-vous tranquillement ; *eh bien, c'est* animé *que je devois dire*. Prenez-y garde, Monsieur, vous pillez Molière. Lorsque M^e. Jacques dépose que la cassette de l'Avare est rouge ; on lui dit qu'elle est grise ; *eh oui*, répond-il, gris-rouge ; *c'est ce que je voulois dire*.

Pour vous prouver que la Musique des deux *Iphigénies*, d'*Alceste*, d'*Orphée* & d'*Armide* est de la bonne musique, vous proposez à M. Gluck de faire dans *Narcisse* une Musique intéressante sur des paroles qui ne le soient pas : *alors*, dites-vous, *sa gloire sera complette & sans nuage*. Hélas ! il a joui pendant vingt ans de cette gloire si pure, & il s'en est dégoûté. Pour moi, je trouve que vous n'avez pas senti vous-même toute l'étendue de vos principes ; le Musicien de la *Nouveauté* se connoissoit encore mieux que vous en vraie gloire : il vouloit faire un Opéra fans paroles, qui ravît par le charme feul de la Mufique. Voilà certainement le triomphe le plus complet de cet Art.

Si la Mufique que vous prônez n'eft pas dramatique, il faut convenir que les raifonnemens de la plupart de fes Prôneurs le font infiniment. Vous m'apprenez que l'Europe *entière rit de la manière dont je marque les rangs des Compofiteurs* ; vous me faites trop d'honneur : mais je crains bien que l'Europe ne foit plus occupée de fes guerres, de fon commerce & de fes récoltes, que des Brochures & des Extraits des Journaux.

L'Univers, croyez-moi, ne fonge guère à nous.

D'ailleurs, je n'ai jamais marqué le rang d'aucun Compofiteur ; c'eft à vous, Monfieur, qu'il appartient d'écrire *pour mettre à fa place* un Artifte, à qui l'Europe entière en a donné une que perfonne ne lui ôtera. Vous voyez, Monfieur, que, pour avoir imprimé une réponfe, on n'a pas toujours répondu à fes critiques : mais vous croyez fans doute qu'il faut toujours avoir l'air de répondre :

Dictum eft tamen, non ut aliquid diceretur, fed ne taceretur.

J'ai l'honneur d'être, &c.

Journal de Paris, Août 1779.

ANNONCE
DE
LA REPRISE
DE L'OPÉRA D'ALCESTE.

La première représentation de la reprise d'*Alceste* a eu le succès que l'on doit attendre de tout chef-d'œuvre rendu avec les talens, l'intelligence & le zèle que l'on connoît aux Acteurs qui sont chargés des principaux rôles.

On a observé que la Musique en Italie varie suivant le goût des différens âges, c'est-à-dire, que telle composition qui a obtenu les suffrages d'un temps, n'est plus de mode pour un autre. Cette observation vraie a fait tirer la conséquence que la Musique n'étoit point un Art. Nous croy... que cette conséquence est fausse, & que ce n'est poin. à l'Art, mais aux Compositeurs, qu'il faut attribuer cette variété, du moins quant à la Musique dramatique. Plusieurs Ouvrages dont notre Théâtre Lyrique s'est enrichi depuis quelque temps, semblent en donner une preuve assez sensible. On peut assurer, par exemple, que les représentations d'*Alceste* produiront dans cent ans les effets qu'elles produisent aujourd'hui, si l'exécution n'en est point altérée, parce que le Compositeur a pris ſes baſes dans la nature, qui ne varie point, & qu'il a aſſez d'énergie & de fécondité, pour donner à ſes perſonnages & aux ſituations les différens accens qui leur conviennent.

Journal de Paris, Octobre 1779.

A M. GLUCK,

En lui envoyant une Imitation en vers de l'Ode de DRYDEN, *sur le pouvoir de la Musique.*

Le Spartiate belliqueux
Respiroit les combats à la voix de Tyrtée ;
Alexandre soumis dépendoit, dans ses vœux,
    De l'Art savant de Timothée.
Ta chaleur, tes élans, tes traits vifs & profonds
Ont de cet Art dans toi réveillé la puissance ;
    Le froid méchanisme des sons
    A fait place à leur éloquence.
Il nous faut des tableaux, & non pas des chansons.
    Par la terreur tu consternes mon ame ;
    Tu l'amollis par la pitié ;
L'amour à tes accens communique sa flamme ;
Tu fais tonner la rage ou gémir l'amitié.....
La Musique est parfois sœur de la Poésie,
Et la scène lyrique, avec étonnement,
Voit enfin de nos jours, grace à ton énergie,
    L'auguste & sombre Tragédie,
Sans madrigaux notés, exprimer son tourment.
Trop foible pour te suivre en ta marche hardie,
Loin de nous l'automate à ses calculs borné,
Qui sous les lois d'Euclide enchaîna Polymnie !
    C'est dans un cœur passionné
    Que tu puisas ton harmonie.
Bien sentir, c'est créer ; crois-moi, triomphe en paix,
    Quand l'ignorance te déchire.

Eh ! quels raisonnemens opposer au délire ?
Le grand homme attaqué répond par ses succès,
Et l'envie est punie au moment qu'elle admire.
Poursuis ; que sa fureur ajoute à ton repos.
Quand la gloire est au comble, il faut bien qu'on l'expie.
  L'enthousiasme ou la haine des sots
  Sont les deux malheurs du génie.

Par M. Dorat.

Almanach des Muses, 1780.

F I N.

TABLE
DES ARTICLES
CONTENUS
DANS CE RECUEIL.

Lettre à *M. D.* un des Directeurs de l'Opéra de Paris. page 1

— Lettre de *M.* le Chevalier Gluck à *l'Auteur du Mercure de France.* 8

Annonce de l'Opéra d'Iphigénie en Aulide. 11

— Épitre Dédicatoire de l'Opéra d'Alceste, par *M.* Gluck. 15

— Traduction de l'Épitre dédicatoire que *M.* le Chevalier Gluck a mise à la tête de son Opéra de Pâris & Hélène. 18

Extrait d'une Réponse du Petit-Faiseur (J. J. Rousseau) à son Prête-nom, sur un morceau de l'Orphée. 21

Iphigénie en Aulide. 28

Lettre de *M. l'A. A.* à Madame D'**. 29

Lettre de *M. L. A.* à Madame I.. C. D. B. 40

— Lettre de *M.* le Chevalier Gluck à *L. B. D. R.* 42

La Soirée perdue à l'Opéra, par *M. L. A.* 46

Le Souper des Enthousiastes. 62

DES ARTICLES.

Vers sur l'Opéra d'Alceste.	93
Lettre de M. Framery à l'Auteur du Mercure.	96
Réponse de M. le Chevalier Gluck à un Écrit que M. Framery a fait paroître dans le Mercure de France du mois de Septembre 1776.	100
Anecdote.	102
Au Rédacteur du Courrier de l'Europe.	103
Défense de M. Gluck.	107
Lettre aux Auteurs du Journal de Paris.	110
Lettre aux Auteurs du Journal de Paris.	112
Annonce de la reprise d'Iphigénie en Aulide, par M. de la Harpe.	113
Première Lettre de l'Anonyme de Vaugirard, aux Auteurs du Journal de Paris.	115
Réponse de M. de la Harpe à la Lettre précédente.	118
Seconde Lettre de l'Anonyme de Vaugirard, aux Auteurs du Journal de Paris.	125
Troisième Lettre de l'Anonyme de Vaugirard.	129
Quatrième Lettre de l'Anonyme de Vaugirard, aux Auteurs du Journal de Paris.	135
Cinquième Lettre de l'Anonyme de Vaugirard, aux Auteurs du Journal de Paris.	141
Lettre de l'Anonyme de Vaugirard, aux Auteurs du Journal de Paris.	146
Essai sur les Révolutions de la Musique en France.	153
Annonce de l'Essai sur les Révolutions de la Musique en France.	191

Analyse de l'Essai sur les Révolutions de la Musique, &c. 194

Lettre d'un Gentilhomme Allemand à qui on avoit prêté l'Essai sur les Révolutions de la Musique. 197

La Brochure & M. Jérôme, petit Conte moral. 202

Réponse solide à l'Essai sur les Révolutions de la Musique. 212

Lettre d'un Hermite de la forêt de Sénart (M. L. M. D. C.) aux Auteurs du Journal de Paris. 214

Lettre de M. L. A. A. à l'Hermite de la forêt de Sénart. 217

Lettre aux Auteurs du Journal de Paris. 220

Extrait d'une Lettre d'un véritable Allemand à un autre qui fait semblant de l'être. 222

Le Gouteux, Maître de danse, Conte, à l'usage de plus d'un Auteur. 229

Lettre aux Auteurs du Journal de Paris. 232

Vision. 237

Lettre de M. L. A. A. au P. Martini. 240

Réponse du P. Martini à la Lettre précédente. 249

Réflexions sur l'Opéra d'Armide. 252

Anecdote. 255

Annonce de l'Opéra d'Armide. 257

Annonce de l'Opéra d'Armide, par M. de la Harpe. 259

Lettre de M. le Chevalier Gluck à M. de la Harpe. 271

Lettre à M. le Chevalier Gluck. 276

Lettre de M. le Chevalier Gluck à l'Anonyme de Vaugirard. 280

DES ARTICLES. 489

Réponse de l'Anonyme de Vaugirard à M. le Chevalier
 Gluck. 282
Lettre à l'Anonyme de Vaugirard. 314
Lettre d'un Ignorant en Musique à M. de la Harpe. 317
Aux Auteurs du Journal de Paris. 319
Réponse de M. de la Harpe à l'Anonyme de Vaugi-
 rard. 323
Lettre aux Auteurs du Journal de Paris. 350
Lettre de l'Anonyme de Vaugirard, aux Auteurs du
 Journal de Paris. 354
A l'Anonyme de Vaugirard, sur la réponse à M. le
 Chevalier Gluck, insérée dans le Journal de Paris.
  375
Vers d'un Homme qui aime la Musique & tous les instru-
 mens, excepté la Harpe. 377
Vers d'un Ignorant, comme les trois quarts du monde,
 en Musique, & sans doute en Poésie ; mais sensible
 autant que personne. 378
A M. de la Harpe. 379
Lettre du Serpent d'une Paroisse de Village, à M. de la
 Harpe. 384
Lettre d'une Dame à M. de la Harpe. 387
Seconde Lettre d'une Dame à M. de la Harpe. 392
Profession de Foi, en Musique, d'un Amateur des
 Beaux-Arts, adressée à M. de la Harpe. 396
Couplets à M. Gluck, par M. Saurin de l'Académie
 Françoise. 402
Vers sur l'Opéra d'Armide & de Roland. 403

Lettre de MM. les Amateurs à M. le Chev. Gluck. 404

Réponse de M. le Chevalier Gluck à la Lettre précédente. 405

Lettre aux Auteurs du Journal de Paris. 406

Épître de M. Framery, à M. Larrivée, jouant le rôle de Roland ; sur ce qu'il avoit dit : qu'il n'y a qu'une vérité dans le monde, & que c'est M. Gluck qui l'a trouvée. 407

Lettre aux Auteurs du Journal de Paris. 409

Réponse de M. Larrivée à l'Épître de M. Framery. 410

Lettre de Madame ***, à Madame ***. 412

Buste du Chevalier Gluck, placé par ordre du Roi, au Foyer de l'Opéra. 415

Lettre aux Auteurs du Journal de Paris. 416

Lettre à M. de la Harpe sur la Lettre d'un célèbre Compositeur, insérée dans son Journal du 25 Mars dernier. 420

Aux Auteurs du Journal de Paris. 425

Annonce de l'Opéra d'Iphigénie en Tauride de M. le Chevalier Gluck. 427

Aux Auteurs du Journal de Paris. 430

Lettre sur Iphigénie en Tauride de M. le Chevalier Gluck. 432

Événement. 436

Aux Auteurs du Journal de Paris. 445

Lettre d'un Amateur de Musique à un homme qui ne la sait pas. 448

DES ARTICLES.

Réponse à la Lettre d'un Amateur en Musique, à un homme qui ne la sait pas. 454

Parodie du chœur d'Iphigénie en Tauride. O Diane sois-nous propice! 460

Boutade d'un Citoyen de Paris, en perruque nouée, sortant de voir la nouvelle Iphigénie *du Chevalier Gluck.* 461

Aux Auteurs du Journal de Paris. 463

Aux Auteurs du Journal de Paris. 465

Vers à M. le Chevalier Gluck, à l'occasion de la Brochure intitulée : Entretiens sur l'état actuel de l'Opéra. 467

Aux Gluckistes. 468

A l'Auteur de la Brochure sur l'état actuel de l'Opéra & Compagnie. 473

Anecdote. 474

Des Champs-Élisées. Lulli, aux Auteurs du Journal. 476

*Réponse de M.** à l'Auteur des Entretiens sur l'état actuel de l'Opéra de Paris.* 478

Annonce de la reprise de l'Opéra d'Alceste. 482

A M. Gluck, en lui envoyant une imitation en vers de l'Ode de Dryden, sur le pouvoir de la Musique. 484

Fin de la Table.

www.ingramcontent.com/pod-product-compliance
Lightning Source LLC
Chambersburg PA
CBHW050607230426
43670CB00009B/1295